수용전념치료의 확장,
가치의 예술과 과학

The Art & Science of Valuing in Psychotherapy

Copyright © 2009 by Joanne Dahl, Jennifer C. Plumb, Ian Stewart, & Tobias Lundgren
New Harbinger Publications, Inc.

All Rights Reserved

Korean translation copyright ⓒ2022 by LIFE&KNOWLEDGE PUBLISHING
Korean translation rights arranged with Guilford Publications, Inc.through EYA (Eric Yang Agency)

이 책의 한국어판 저작권은 EYA (Eric Yang Agency)를 통해
New Harbinger Publications와 독점 계약한 삶과지식이 소유합니다.
저작권법에 의하여 한국 내에서 보호를 받는 저작물이므로 무단 전재 및 복제를 금합니다.

수용전념치료의 확장, 가치의 예술과 과학

저자 조앤 달, 제니퍼 플럼, 이안 스튜어트, 토비아스 룬드그렌
역자 이강욱, 곽욱환, 김도훈, 김선욱, 김혜경, 나의현, 노양덕, 방현숙, 이태주, 전유진, 정진, 조철래

초판 1쇄 인쇄 2022년 11월 14일
초판 1쇄 발행 2022년 11월 28일

등록번호 제2010-000048호
등록일자 2010-08-23

발행처 삶과지식
발행인 김미화
편집 박시우(Siwoo Park)
디자인 다인디자인(E.S. Park)

주소 서울시 강서구 강서로47길 108
전화 02-2667-7447
이메일 dove0723@naver.com

ISBN 979-11-85324-67-8 (93180)

- 이 책은 저작권법에 따라 보호받는 저작물이므로 무단전재와 무단복제를 금합니다.
- 이 책의 내용 일부 또는 전부를 이용하려면 반드시 저작권자와 삶과지식의 서면 동의를 받아야 합니다.

수용전념치료의 확장, 가치의 예술과 과학

수용전념치료를 활용하여 가치 있는 행동을 발견하고
탐색하며 그 행동에 전념할 수 있게 도와주는 안내서

The Art & Science of Valuing in Psychotherapy

저자 • 조앤 달JoAnne C. Dahl, Ph.D. · 제니퍼 플럼Jennifer C. Plumb, MA.
이안 스튜어트Ian Stewart, Ph.D. · 토비아스 룬드그렌Tobias Lundgren, MS.

역자 • 이강욱 · 곽욱환 · 김도훈 · 김선욱 · 김혜경 · 나의현
노양덕 · 방현숙 · 이태주 · 전유진 · 정 진 · 조철래

추천사

채정호
가톨릭대학교 서울성모병원 정신건강의학과 교수
대한정서인지행동의학회 창립이사장 및 명예회장

인간은 참으로 놀라운 성취와 진보를 이루었다. 꿈을 상상하고 숙고하고 실행하고 협조하며 함께 할 수 있는 목표를 실제로 이루어왔던 덕일 것이다. 그러나 그 때문에 굳이 겪지 않아도 될 마음의 고통을 가지고 사는 사람들을 양산하게 되었다. 상황에 맞지 않게 우울하고, 이유 없이 불안하며, 자신을 위협하지 않는 대상에게도 분노한다. 삶의 의미를 잃어버리고 지옥보다 더 힘든 하루를 견디어 내느라 괴로워하며 심지어 스스로 목숨을 끊기도 한다. 심리학과 정신의학은 이런 사람의 마음을 이해하고 그 고통을 치유하기 위하여 실제로 효과적인 다양한 방법들을 만들어왔다. 하지만 적어도 현시점에서 가장 중요한 패러다임 변혁을 이루어낸 치료법은 수용전념치료일 것이다. 수용전념치료는 이제까지의 치료 방법과는 분명히 다르다. 한 사람이 가진 경험, 소인, 문제가 무엇이든 혹은 어떤 상황이든 "그럼에도 불구하고" 가치에 초점을 맞추고 가치에 일치하는 행동을 실천하도록 하여 현재 환경에서 더 효과적으로 기능할 수 있도록 돕는 효과적인 방법이다. 그래서 고통을 겪고 있는 사람이 자신의 가치를 파악하고 가치에 일치하는 삶을 살아갈 수 있도록 한다. 그 어떤 증상도 최소한 부분적으로는 가치와 맞지 않는 삶을 살고 있기 때문이라는 통찰은 고통 속에서도 이제까지와 다른 삶을 살 수 있게 하는 원동력이 된다.

종종 "가치"라는 용어를 단순히 언어로 받아들이는 순간 철학, 종교, 윤리나 도덕 등에서 주창해온 것과 "융합"되어버리는 반응이 일어난다. 수용전념치료에서 이야기하는 가치는 행동과학과 임상을 통하여 규명된 것으로 그동안 개념으로 규정되고 인식된 가치와는 달리 생동력을 가지고 살아서 움직인다. 기존 방식의 가치라는 틀은 인간을 오히려 제한하고 억압하는 부작용을 가져올 수 있다. 이 책은 임상 현장에서 가치를 다루어야 하는 이유를 설명하는 것에서 시작하여 실제적으로 가치 활동 과정을 실행하고 가치를 기반으로 사례를 다루는 방법을 익히게 하며 가치 행동을 개발하고 유지하는 모든 과정을 자세히 설명하고 있다. 부가적으로 관계틀이론, 언어의 함정, 기능 맥락주의 등 수용전념치료가 존재하도록 하는 이론적 배경에 대해 분명하면서도 간결한 통찰을 얻을 수 있는 것도 큰 기쁨이다. 가치라는 주제를 다루기 위하여 10년 넘게 노력하고 새로운 평가 방법과 개입 방식을 개발해온 저자들이나 국내에 이런 방법을 소개하기 위하여 노력해온 역자들 모두 가치에 부합하는 행동을 해왔기에 이 책이 만들어지고 번역될 수 있었을 것이다.

    삶에 관한 근본 질문은 결국 가치가 무엇인지 묻는 것이다. 인간의 의미와 목적이 무엇인지에 관한 질문은 궁극적으로 우리의 삶을 이끌어가는 가치를 중심으로 펼쳐질 수밖에 없다. 너무도 많은 사람이 아파하며 존재 목적을 잃고 방황하고 있는 대한민국의 현실에서 "당신 삶의 모습을 스스로 선택할 수 있다면 무엇을 선택할 것인가?"라는 어쩌면 인생의 가장 중요한 질문에 답을 얻을 수 있게 해주는 책이 될 것으로 믿는다. 우리 모두 함께 가치를 명료화하고, 함께 작업하며, 우리의 가치에 부합하는 행동을 지속적으로 해나갈 것을 다짐하며 이 책을 읽고 함께 실행하는 삶을 살기를 추천한다.

추천사

신 영 철
강북삼성병원 정신건강의학과, 기업정신건강연구소

추천의 글을 써 달라는 부탁을 받고 깊은 고민에 빠졌다. 책의 제목이 '수용전념치료의 확장, 가치의 예술과 과학'이다. 수용전념치료야 이미 정신의학이나 심리치료 분야의 큰 축을 담당하고 있으니 대충은 이해가 되는데 도대체 '가치'가 무엇이란 말인가? 물론 그 동안 행동변화를 위한 통합 모델이라고 할 수 있는 수용전념치료에 이미 가치의 개념이 충분히 들어 있음은 누구나 알고 있지만 그래도 가치라고 하면 왠지 좀 어렵고 지나치게 철학적으로 느껴진다.

우리의 삶에 있어서 가치를 다루는 것이 왜 중요한가? 치료와 상담에 있어서 왜 가치를 다루어야 하는가? 실제로 가치가 중요하다면 환자나 내담자가 추구하는 가치를 어떻게 탐색해야 하는가? 그를 진정 가치 있는 행동으로 이끌기 위해서는 구체적으로 어떻게 접근해야 하는가? 복잡한 생각이 꼬리에 꼬리를 문다. 좀 엉뚱하지만 여기서 잠시 내가 하는 강연의 일부를 들려드릴까 한다.

결혼 만족도 조사 결과를 보면 재미가 있다. 안타깝지만 당연히 결혼하기 전이 최고다. 결혼과 동시에 떨어지기 시작하는 만족도는 바닥을 모르고 추락한다. 그런데 50대 중반이 되면 놀라운 일이 벌어진다. 바닥을 친 만족도가 서서히 올라가는 것이 아닌가, 이 무슨 변고인가? 포기 했다는 뜻이다.

'선생님, 그 원수를 포기하고 나니까 마음이 좀 편해요.'

상대를 바꾸기 위해 20년 이상을 용을 쓰지 않았는가? 왜 저 인간은 저렇게 말하고,

저렇게 생각하고, 저렇게 행동할까? 마음에 들지 않는 상대의 행동을 바꾸기 위해 모든 에너지와 열정을 쏟지 않았는가? 결과적으로 소용이 있었는가? 당연히 아니다. 아, 저 인간은 원래 저렇게 생겼나 보다. 포기하고 상대를 그대로 받아주니 마음이 좀 편안해졌단다. 같이 웃지만 이건 '포기'가 아니고 '수용'이다. 어찌할 수 없는 부분을 수용하고 나니 상대를 바꾸려는 열정과 에너지를 어디에 쓰게 되겠는가, 바로 자기 자신이다. 내가 편안해 지니 오히려 관계도 좋아지는 것이다.

어찌할 수 없는 부분을 수용하게 되면 내가 정말 해야할 일, 내가 정말 할 수 있는 일에 초점을 맞추게 된다. 포기가 아니라 수용이 문제 해결의 첫 번째 단계라면 그 다음 단계는? 자신의 삶의 가치를 찾아가는 단계가 아닐까? 그저 이런 생각을 가지고 원고를 읽기 시작했다. 그런데 역자들의 서문을 읽고 책을 펴기 시작하면 얼마 지나지 않아 곧 머리가 멍해 온다는 사실을 깨닫게 된다. 이건 환자나 내담자를 위한 치료 개념이 아닌 나 자신을 위한 지침서가 아닌가!

진료실에서 가끔 세상 사람들이 알만한 사람들을 만난다. "제가 모그룹 사장이었습니다." "제가 누구 오른팔이었습니다." 얼굴만 보면 알만한 사람들이다. 분노로, 불안으로, 불면으로 나를 찾아온다. 왜? 어느 날 일어나보니 자리가 없어졌단다. 명함이 사라진 것이다. 명함이 사라지고 인생이 끝났다고 생각하는 사람들이다. 목숨을 걸고 그 자리를 유지했다. 모든 것을 희생하고 그 자리를 지키지 않았던가? 그런데 그 자리가 사라지니 당연히 인생이 사라지고 만다. 이제 우리가 가진 명함, 자리, 외적인 요소를 빼고 이야기 해 보자. 그럴싸한 명함이 없어도 당신은 여전히 좋은 사람인가? 가치 있는 사람인가? 명함을 빼고 무슨 무기를 가지고 있는가? 이건 사실 나 자신에게 던지는 질문이기도 하다.

이런 질문과 답을 통해 자신의 소중함을 깨닫고 치료자와 함께 삶의 방향을 탐색해 나가는 것이 어쩌면 가치를 기반으로 하는 치료가 아닐까? 고통조차 우리 인생의 한 부분으로 받아들이고, 그 고통을 회피하지 않고 감내하며, 가치를 통해 우리 삶의 새로운 나침반을 만들어 가는 것, 그것이 가치 기반 치료의 시작인 것 같다.

수용전념치료 공동체는 그 동안 가치라는 주제를 다루기 위해 오랜 시간 연구를 해 왔다. 켈리 윌슨을 비롯한 저자들은 가치에 대한 새로운 평가 방식과 개입 방식에 대해 그들이 연구하고 고민한 결과물을 이 책을 통해 우리에게 보여 주고 있다. 그 동안의 치료는 문제를 파악하고 그 문제를 해결하는데 중점을 둔 치료들이 대부분이었다. 그러나 가치를 핵심 과정으로 하는 수용전념치료는 그 방향부터 다르다. 표면의 성과를 추구하는 과정에서 마음에 갇혀 버리는 인간 본연의 속성을 언어에 관한 새로운 이론인 관계틀이론으로 명쾌히 설명함으로써 가치로 다가가는 실용적인 방법을 체계적으로 제시하고 있다. 삶의 고통조차, 아픔조차, 슬픔조차 우리 인생의 한 부분임을 수용하고 다시 일어서 현실에 두 발을 디딜 수 있도록 안내해 준다. 과거에 갇히지 않고 바로 지금 여기에 있는 현실을 바탕으로 미래를 향해 나아가는 것, 이것이 수용전념치료의 출발이 아니겠는가.

이 책을 소개해 준 맥락행동과학연구회 여러분들께 감사를 드린다. 이 그룹은 인간 행동의 기저에 깔려 있는 맥락과 행동이 가지는 기능에 대해 공부하는 전문가들의 모임이다. 이전부터 이들이 열정을 가지고 인간의 인지, 행동, 정서에 대해 끊임없이 공부해 왔다는 사실을 잘 안다. 그들의 열정에 큰 박수를 보낸다.

다시 처음으로 돌아가 보자. 가치란 무엇인가? 여전히 답이 어렵다. 정신건강의학과 전문의나 심리 분야의 전공자, 상담가는 물론이고 삶의 목표나 방향에 대해 끊임없이 고민하고 성찰하는 모든 분들에게 이 책이 멋진 길잡이가 될 것이라고 확신한다.

역자 서문

가치가 무엇일까? 인간이라면 누구나 마땅히 삶의 가치를 추구해야 하는가? 언어의 형태로 선포되었던 가치를 추구하는 인류의 숱한 도전이 실패로 돌아간 허무한 역사를 돌이켜보면, 오히려 우리를 짓누르고 있는 삶의 의미를 덜어내어야 삶 그 자체의 본질을 회복할 수 있을지도 모른다. 이 책은 가치에 관한 이러한 혼란스러움을 인간의 행동 원리와 인간의 언어나 인지 발달에 관한 새로운 과학 패러다임으로 명쾌하게 해소하고 있다.

우리는 흔히 '마음의 목소리를 따르라'라는 말을 듣는다. 이 말을 맥락 행동과학의 눈으로 다시 표현하면 '가치 추구 행동'이라고 할 수 있을 것이다. 이 책은 혐오적 조절보다는 유인적 조절을 받으며, 삶의 활력을 되찾게 해주는 행동의 나침반 역할을 하는 것이 바로 가치라고 정의하고 임상 현장에서 이를 어떻게 다룰 수 있는지를 보여준다. 역자들은 과거 인간과 동물을 동격으로 보았던 행동주의에서 어떻게 이렇게 인간적이면서 연민 어린 가치 이야기가 나올 수 있는지 의아했다. 이 점은 언어 발달에 관한 최신 개념인 관계틀이론으로 설명할 수 있다. 탄탄한 과학 이론을 기초로 하면 샛길로 빠지는 것을 막을 수 있다.

가치 작업은 심리치료가 미래를 향해 현재의 발을 내딛도록 돕는다. 역자들은 '가치'를 알고, '가치' 방향으로 꾸준히 행동하는 것이 인간이라는 점을 이 책을 통해서 깨달았다. '가치의 예술'은 그저 살아감에 익숙해지는 우리의 일상을 훨씬 더 다채롭고 생생하게 해준다. 또 이 책은 환자와 치료자가 각자 동등한 한 사람의 인간으로서 치료실 안팎에서 나아갈 방향을 잃지 않게 도와주는 책이므로 가치작업에 관한 이론을 다지려는 사람에게도, 실질적인 임상 역량을 키우려는 사람에게도 쏠쏠한 재미를 안겨줄 것이다.

　　가치 있는 삶에 동반되는 활기, 충만함, 생명력은 회피하고자 하는 정서적인 고통을 기꺼이 직면하면서 나아갈 수 있도록 하는 힘이 된다. 이 책은 깊고 넓은 바다와 같은 인생의 항해 길에 길라잡이가 되어줄 가치의 예술과 과학의 세계로 독자 여러분을 초대한다.

역자 일동

머리말

수용전념치료acceptance and commitment therapy(ACT)는 인간이라는 조건을 극복하는 데 도움이 되는 심리학을 만들고자 하는 광범위한 노력의 일환이다. 머나먼 목표를 향해 나아가는 일이라는 게 본래 더디게 느껴지긴 하지만, 숱한 노력이 더해지면서 이제 점차 그 발걸음이 가벼워지고 있다. 최근 이러한 도전을 진지하게 받아들이는 공동체 형성이 전 세계적으로 늘고 있음은 명백하다. 많은 사람이 합류하여 다양한 작업을 진행하고 있고, ACT 지도자들은 특정 문제에 관한 프로토콜 제작 그 자체에는 더이상 만족하지 않는다. 대신 응용 영역 전반을 아우르는 주제에 관한 저작물에 점점 더 많은 관심을 쏟고 있다. 이 책이 바로 그런 예 중 하나이다.

이 책은 또 다른 놀라운 면을 보여주고 있는데 한번 설명해 보겠다.

ACT는 행동과 인지에 개입하는 현대 심리치료 기법의 하나로 수용과 마음챙김 과정 그리고 전념과 행동의 변화 과정을 결합하여 심리 유연성을 증진하려고 한다. 이것은 기능 맥락주의functional contextualism의 과학 철학과 관계틀이론relational frame theory(RFT)에 의해 확장된 현대 학습 이론에 기반을 두고 있다. 또 우리가 맥락 행동 과학contextual behavioral science(CBS)이라고 부르는 과학의 발달 모델이 그 기초가 된다. 이처럼 ACT는 단순히 특정 기법을 모아 놓은 조합이 아니라 행동 변화를 위한 하나의 통합 모델이고, 고유의 철학, 이론, 발달 전략과 연계되어 있다.

지금 당신이 붙들고 있는 이 책은 이런 작업을 발전시키려는 공동체 활동 중 가장 주목할 만한 특징을 드러낸다. 저자들은 스웨덴(조앤 달JoAnne Dahl과 토비아스 룬트그렌Tobias Lundgren), 아일랜드(이안 스튜어트Ian Stewart), 미국(젠 플럼Jen Plumb) 등 여러 국가의 출신이다. 또한 그들은 임상 연구자면서 교육자이거나(조앤 달, 젠 플럼, 토비아스 룬트그렌), 기초 행동과학자(이안 스튜어트)이다. 이 책의 내용은 상담실에서 흔히 접할 수 있게 매우 실용적이면서 동시에 심오한 주제와 현대의 최신 학습 이론을 담고 있다. 경험적 근거 자료이기에 쉽게 활용할 수 있고, 응용과학이면서 또한 기초 과학에 기초를 둔 이 책은 수용전념치료, 관계틀이론, 맥락 행동과학의 공동체가 추구하는 가치와 전략의 축소판이라고 할 수 있다.

이 책은 위에서 언급한 수준의 다양성과 초점의 깊이만큼 새로운 것을 열어나갈 가능성 또한 품고 있고, 대다수 응용 분야 서적과 비교할 때 색다른 종류의 논의를 담고 있다. 독자는 매우 실용적이고 활용 가능한 학습 방식으로 도움을 받는 동시에 이러한 혁신이 어디서 시작되었고 어떤 식으로 작동하는지 이해함으로써 어떻게 새로운 연결을 시도하고 새로운 방법을 만들어 나갈지 터득하게 된다. 이 책은 독자가 단지 수동적인 지식의 수혜자 처지에서 벗어나 전문가의 길로 들어설 수 있게 안내한다.

전문성은 새로움을 창조할 수 있게 한다. 이 책은 한편으로는 수용전념치료에 관한 것이지만, 다른 측면으로는 심리치료 전반에 걸쳐 관련되어 있고, 어쩌면 모든 종류의 행동 변화와 관련성을 갖는다. 전 세계 모든 문화가 가치와 목적이란 주제에 점점 더 민감하게 다가가고 있다. 한때 주로 영적 혹은 종교 기관에 편중되었던 가치 논의가 이제 일, 건강, 가정생활 그리고 치료 일부가 되었다. 대중 매체나 정치 지도자 연설에서도 이런 변화를 쉽게 엿볼 수 있다.

다음 두 가지 점에서 단순 기법을 넘어서 전문성을 갖추는 것이 중요하다. 첫째, 기존 임상 작업에서 가치 작업이 얼마나 심오한 변화를 만들 수 있는지가 훨씬 더 명확해졌다. 가치 작업은 강력하다. 그것은 평가에서부터 사례개념화와 개입에 이르기까지 모든 것을 재구성한다. 가치의 가능성을 알아차리고 그 중요성을 이해하기 시작할 때 비로소 임상 개입의 새로운 장이 열린다. 이는 인식과 이해에 관한 것으로 기법의 문제를 넘어선다.

전문성이 중요한 두 번째 이유는 공동체 문화가 가치라는 주제를 어떤 식으로 다룰지 학습이 이루어지는 바로 그 지점에서 임상가와 행동 건강 전문가가 도움을 줄 수 있다고 기대하기 때문이다. 우리는 종교 지도자나 정치인, 옹호 단체, 조직위원회 등에서 하던 방식대로 하지 않는다. 우리는 행동과학과 임상이 밝혀낸 기반 위에서 가치에 관해 실용적으로 말하는 법을 배워야 한다. 아직 초기 단계이다. 우리가 어떻게 해야 하는지 알아내야 할 수많은 작업을 앞두고 있지만, 한 가지 사실은 분명하다. 행동과학 전문가가 그 과정에 참여하려면 전문성이 필요하다.

수용전념치료 공동체는 가치라는 주제를 완벽하게 다루기 위해 거의 10년 동안 노력해 왔다. 켈리 윌슨을 비롯한 이 책의 저자들은 새로운 평가 방법과 개입 방식을 개발하는 데 앞장서 온 리더들이다. 마침내 그 작업의 결과가 나오고 있다.

미리 경고한다. 당신은 변하지 않을 수 없을 것이다. 이 책이 당신 삶에 변화를 주겠지만, 더 중요하게는 당신이 치료하는 사람들의 삶에도 변화를 주게 될 것이다.

스티븐 C. 헤이즈 박사
네바다대학 르노
네바다주
2009년 3월

목차

추천사 - 채정호   IV
            신영철   VI
역자 서문   IX
머리말   XI

1장 수용전념치료에서 다루는 가치의 개념

철학적 가정   3
행동분석과 가치   7
수용전념치료와 가치 그리고 현대의 심리치료   11
요약   14

2장 수용전념치료와 관계틀이론

관계틀이론   15
수용전념치료   27
요약   51

3장 융합과 잠재적 언어 함정

문제를 파헤치기: 융합의 영향   54
언어 함정 1: 개념화된 자기에 융합   56
언어 함정 2: 느낌에 관한 생각에 융합   60
언어 함정 3: 추론과 규칙에 관한 언어 구성과 융합   65
언어 함정 4: 성과에 융합   70
요약   77

4장 ACT 방식의 가치 활동 과정

1단계: 핵심 가치 확인하기	80
2단계: 행동의 기능 살펴보기	84
3단계: 가치 추구를 위해 목표 선택하기	98
4단계: 선택을 평가하고 행동 패턴을 만들기	101
요약	103

5장 자비와 치료관계

자기 자비를 위한 전제 조건	107
치료관계에서 가치의 역할	108
치료적 과정: 역사와 역사의 만남	113
치료관계를 개선하기	116
치료자의 가치 선언	127
내담자와 치료자 가치가 충돌할 때	129
요약	130

6장 가치를 기반에 둔 사례개념화와 평가

가치와 흔히 나타나는 문제들	134
인생선을 확립하기: 경험 은유	145
사례개념화 요약	152
가치 과녁을 사용하여 내담자의 가치를 평가하기	153
가치 평가를 사용하여 치료할 때 빠지기 쉬운 함정	164
가치 경로에 전념하기 위한 맥락 만들기	166
요약	166

7장 수용전념치료의 핵심 과정과 가치

탈융합: 문자성을 내려놓기	171
현재 순간을 알아차림: 경험에 열린 태도를 함양하기	186

맥락으로서 자기를 함양하기: 경험을 초월한 자기	189
수용과 자발성: 마음의 고통이 있을 때도 가치 있는 삶을 살아가기	196
요약	202

8장 전념 행동을 개발하고 유지하기

유연성: 가치 행위의 핵심 요소	204
가치에 따라 시도해보기	205
무엇이 가치를 지속하게 만드는가?	211
가치 과녁 워크시트를 활용하여 전념 행동 촉진하기	216
치료에서 가치 경로 유지하기	222
내담자와 함께 가치 행동 계획 세우기	227
요약	237

9장 가치 나침반

가치 나침반: 치료를 위한 코스 만들기	240
치료 시작부터 가치 나침반 사용하기	251
치료 중반에 가치 나침반 활용하기	269
치료를 종결할 때 가치 나침반 적용하기	271
가치와 일관된 삶: 몇 가지 중요 주제들	272
요약	277

| 참고 문헌 | 279 |

1장
수용전념치료에서 다루는 가치의 개념

삶에 관한 근본 질문은 결국 가치가 무엇인지 묻는 것이다. 인간의 의미와 목적이 무엇인지에 관한 질문은 궁극적으로 우리의 삶을 안내하고 규정짓는 가치를 중심으로 전개된다. 철학자들은 수 세기 동안 가치의 개념을 탐구해 왔고, 가치에 관한 질문으로부터 사실에 관한 질문을 구분하여 이러한 차이가 인간 행동에 어떤 영향을 미치는지 질문을 던져 왔다. 도덕성이 어떻게 확립되는가? 우리는 자기 행동을 어떻게 선택하는가? 우리 삶의 목적을 조형하는 것은 무엇인가? 수용전념치료에서 가치는 내담자가 자기 삶 깊은 곳에서 중요하다고 여기는 쪽을 향해 일관된 방향을 선택하고, 그 방향을 향해 움직이게 만드는 목표를 확립하도록 도움을 준다. 수용전념치료 치료자라면 가치를 치료의 맥락으로 사용하여 다음과 같이 질문을 던질 것이다. "당신 삶의 모습을 스스로 선택할 수 있다면 무엇을 선택할 것인가?"(Wilson & Murrell, 2004, 135) 가치는 효과가 지속되는 유용한 지침을 제공함으로써 치료가 끝난 후에도 계속해서 내담자의 활기찬 삶을 촉진한다.

이 책은 심리치료 전반에 걸쳐, 특히 수용전념치료에서 다루는 가치를 활용하는 데 도움을 주기 위해 쓰였다. 수용전념치료는 인간이 겪는 고통을 치료하기 위해 기능 분석을 통한 접근을 채택하는 현대 치료법이다. 이 치료법은 관계틀이론(Hayes, Barnes-Holmes, & Roche, 2001)으로 알려진 인간의 언어와 인지에 대한 개념화와 명시적으로 연결되고 그 타당도가 경험적으로 입증된 바 있다. 심리학 분야에서 또 다른 사회과학 분야에서 사회적 맥락의 가치에 관해 많은 연구가 이루어져 왔으므로 우리가 제시하는 것이 가치에 접근하는 유일한 방법이라거나 심지어는 유일한 심리학적 접근이라고 할 수도 없다. 하지만 우리는 독특하면서도 제공할 만한 값어치가 있는 무언가를 갖고 있다고 확신한다. 수용전념치료에서 제시하는 가치의 관점은 다른 여러 개념에서 다루는 가치와 중요한 차이점이 있다. 수용전념치료는 인간 언어와 인지를 설명하는 행동학적 기초인 관계틀이론, 즉 명시적으로 언급된 과학 이론과 철학적 가정에 기반을 둔다. 관계틀이론과 수용전념치료는 모두 기능 맥락주의라는 과학 철학의 기초 위에 놓여 있다. 이처럼 관계틀이론과 기능 맥락주의는 수용전념치료의 개발과 실행을 조형하는 데 큰 도움이 되었다. 따라서 우리의 가치 분석은 심리 개입에 직접 연결되고, 행동 원리와 인간의 언어 및 인지에 관한 이론에 기반을 두며, 충실하게 발전해 온 과학 철학의 토대 위에 놓여 있다. 게다가 가치에 관한 관점이 유익하고 내담자 삶을 풍요롭게 할 수 있다는 점을 시사하는 자료를 점점 더 많이 보유하게 되었다.

여기서 제시하는 개별 개입 각각을 지지하는 자료를 모두 갖추고 있지는 않지만, 수용전념치료 모델 전반과 그 모델에서 주장하는 변화 과정은 다양한 문화와 집단에서 보이는 여러 심리 문제들에서 그 경험적 타당성이 입증되었다(Hayes, Luoma, Bond , Masuda, & Lillis, 2006). 추가로, 수용전념치료가 언어의 행동학적 기초 모델을 응용하여 확장한 것이므로 수용전념치료에 기반을 두고 있거나 수용전념치료와 일관된 방법이나 기술 또는 개입전략이라면 유사한 과정 및 원리와 연결되어 유용하게 사용될 수 있을 것이다. 따라서 일단 기초 모델과 기본 원리를 이해하고 나면 수용전념치료는 매우 창의적으로 될 수 있다.

이 책은 가치 맥락 안에서 수용전념치료를 수행하는 데 독립적으로 활용할 수 있는 단계별 안내서이다. 그렇지만 다른 관련 서적이나 논문을 읽거나 추가 훈련을 받는다면 당신의 수용전념치료 작업은 한층 더 강력해질 것이다.

가치를 기반에 둔 심리치료의 특징이 드러나는 실제 과정과 개입법을 자세히 논의하기 전에 먼저 기능 맥락주의와 그 과학적 기저에 있는 철학을 소개한 다음, 행동 분석의 원리를 소개할 것이다. 2장 전반부에서는 관계틀이론의 기초, 특히 가치와 연관성이 있고 임상 개입에 적용할 수 있는 개념을 검토하고, 후반부에서는 수용전념치료를 소개할 것이다. 때때로 수용전념치료에 관해서 다소 어렵거나 기술적인 배경을 제시하더라도 끈기 있게 읽어 나가길 바란다. 이러한 배경에 익숙해지면 우리가 수용전념치료에서 하는 것이 무엇인지에 대한 관점을 가질 수 있게 된다. 수용전념치료에 관한 기초 지식을 심층적으로 이해하는 것이 치료 수행 자체에 반드시 필요하다고 주장하지는 않지만, 이러한 이해가 치료자가 더 유연해지고 심리치료 개입의 효과를 증진하는 데 도움이 된다고 믿는다.

철학적 가정

과학 철학이 응용 심리학자와 임상가에게 중요한 이유가 무엇일까? 과학자나 치료자를 비롯하여 모든 인간이 기울이는 노력에는 그것에 영향을 미치는 세계에 대한 일련의 가정이 존재한다는 것이 일부 철학자의 입장이다. 다음을 상상해보라. 당신은 하늘이 왜 푸른지 알고 싶다. 당신이 묻고 있는 바로 이 질문이 세계와 그것의 물리적 속성에 관해 학습했던 방식을 포함하여 당신이 경험한 역사에 따라 영향을 받고 있고, 당신이 이것을 질문할 만한 하다고 여기게끔 이끈다. 또 당신이 그 질문에 어떻게 답할 수 있을지 생각해 보라. 세계관이 지구를 창조한 신의 역할에 초점을 맞추고 있다면 기도하거나 성직자와 상담하거나 혹은 성경을 읽음으로써 질문에 답하려 할 것이다. 세계관이 하늘을 지각하는 인간 작용에 초점을 둔다면 아마 눈이나 뇌를 연구할 것이다. 과학자 역할에 관한 논의에서 스키너는 세계에 대한 "객관적인" 관찰 같은 것은 없다고 주장한다(Skinner, 1974). 인간성이 개입되는 순간 우리가 관찰하는 대상과 상호 작용하는 방식을 조형하는 모든 종류의 신념과 이전 경험을 우리 자신에게 가져오게 된다.

　이 점은 치료 작업에서도 마찬가지다. 작업에 영향을 미치는 많은 가정을 하고 있음을 당신이 미처 깨닫지 못할 수 있지만, 그것은 실제로 존재한다. 당신이 어느 분야의 임상가라는 사실, 당신이 하는 치료의 유형, 당신이 선택한 내담자 등은 모두 당신 삶의 오랜 경험적 사건에 의해 영향을 받는다. 수용전념치료에서는 가장 기본적인 철학적 가정에서 출발하여 처음부터 우리 작업에 영향을 미치는 가정이 무엇인지 솔직하게 드러내고자 한다. 그것이 지금 이 주제에 약간의 지면을 할애하는 이유다.

세계관

스티븐 페퍼Steven Pepper(1942)는 세계와 세계의 진실을 발견하는 방법론으로서 또 과학에 대한 일련의 가정으로서 *세계관*을 설명하였다. 모든 세계관은 근원 은유root metaphor 즉 세계를 이해하는 보편적인 방식과 세계에서 진리를 분별하는 수단인 *진리 기준*에 의해 특징 지워진다. 어떤 특정 세계관도 이런 특징이 그 세계관이 기반을 두고 있는 과학적 접근 방식을 근원적으로 조형하고 다른 세계관에 기반을 둔 과학적 접근과 사이에 근본적인 차이를 만든다. 대표적으로 두 가지 세계관이 있는데, 주류 심리학 대부분에서 사용되는 세계관인 *기계론*mechanism과 관계틀이론과 수용전념치료의 세계관인 *맥락주의*contextualism가 그것들이다.

기계론

기계론적 접근의 근원 은유는 기계이다. 기계론자에게 세계란 부품과 부품들 사이의 역학 관계로 구성된 기계와 같다. 과학자의 역할은 그 기계를 구성하는 부품 수준까지 분석해서 그 부품들이 서로 어떻게 작동하는지를 설명하는 것이다. 이 접근의 진리 기준은 이론과 실제 사이의 대응성이다. 즉 대응성이 클수록 즉, 이론과 실제가 더 잘 들어맞을수록 더 진실에 가까운 이론이다. 심리학 분야에서 전통적인 인지 이론을 이 접근법의 예로 들 수 있는데, 이 이론이 현재 주류 인지행동치료의 과학적 배경의 기초를 제공한다. 전통적인 인지행동치료의 맥락에서 과학자 역할은 생각과 행동 단위를 구성 요소로 분해하고 이 요소들이 어떻게 서로 영향을 미치는지 이해하는 것이다. 과학자는 그러한 연구를 통해 정상 사고를 포함하여 정상으로 작동하는 마음의 정확한 모델을 구축할 수 있다. 한편, 응용 인지과학자로서 심리치료자는 역기능 사고와 신념으로 작동하는 마음을 분석하여, 핵심 사고와 신념을 수정하거나 대체함으로써 그것들을 교정하려고 노력한다. 예를 들어, 아론 벡의 전통적인 인지행동치료에 기반을 둔 우울증 모델에서는 마음속에 핵심 신념 템플릿이 있다고 가정한다. 그래서 부적응적일 때 역기능적이거나 비합리적인 자동 사고가 생성되고, 이것이 기분과 행동에 부정적 영향을 미친다(Beck & Emery, 2005). 치료 개입은 비적응적 핵심 신념과 그에 따른 비합리적 사고를 수정하여 긍정적인 기분과 적응에 도움이 되는 행동을 촉진하는 것이다.

맥락주의

맥락주의 접근의 근원 은유는 맥락 속에 있는 사건 혹은 행위이다. 이 관점에서는 발생하는 맥락을 이해함으로써 사건이나 현상을 이해할 수 있다. 이 접근의 진리 기준은 성공적인 작동 여부이다. 다른 말로 하면, 사건에 관해 설명한 대로 미리 설정된 목표를 달성할 수 있으면 진리이고, 그렇지 않다면 진리가 아니다. 심리학 분야에서 행동분석이 기능 맥락주의의 한가지 예이고, 관계틀이론(언어 및 인지에 적용되는 행동분석이다.)과 수용전념치료(언어의 관계틀이론에 기반을 둔 심리치료이다.) 역시 그러하다.

행동분석은 수용전념치료와 관계틀이론 모두를 포괄하는 광범위한 분야로, 심리학에서 기능 맥락주의가 적용될 수 있음을 보여준다. 행동분석의 기본 단위는 조작자 혹은 선행사건(반응 이전에 나타나거나 반응 장면을 설정하는 자극), 행동, 결과(행동에 뒤따르는 자극)를 포함하는 3항 수반성이 된다. 이렇게 믿을 수 없을 정도로 단순한 개념이 매우 기본적인 것부터 매우 복잡한 경우에 이르기까지 행동분석에 사용된다. 지금껏 논의에서 가장 중요한 점은 행동이 발생하였던 맥락이 행동분석의 근본 대상이고, 행동과 맥락을 분리할 수 없다는 사실이다. 따라서 행동과 맥락의 분석 단위는 맥락 안에서 발생하는 행동act-in-context이라는 맥락주의 개념과 일치한다. 진리 기준에서 보면, 맥락주의자가 강조하는 과학적 목표는 결과의 중요성과 관련된 행동분석 단위 그 자체와 행동분석의 실용적 특성 모두를 포착한다. 여기서 행동에 대한 예측과 영향력을 사전에 특정할 수 있으면 어떤 분석이든 최종성을 확립하는데 충분하다고 간주한다. 행동분석에서 진리는 목표를 기초로 하므로, 이 경우 목표의 본질은 행동분석 심리학을 기능 맥락주의의 한 형태로 만들게 된다.

이것은 수용전념치료와 관계틀이론과 관련이 있는데 행동 사건(외현 행동, 사고, 느낌)을 구성 요소로 잘게 쪼개어 분석하는 데는 관심이 없기 때문이다. 오히려 개인의 독특한 역사와 현재 환경의 영향이라는 맥락 안에서 어떻게 행동이 발생하는지 알아보는 것이 관심의 대상이다. 수용전념치료에서 행동 변화는 사고 내용이나 느낌의 형태를 바꾸는 것이 아니라 맥락을 이해하는 것과 관련이 있다. 우리는 고통스러운 개인 역사에 대한 그 사람의 생각을 바꾸려 하는 대신 바로 그 생각과 그 사람의 관계를 변화시키려고 작업한다. 그러면 그 사람은 과거나 현재의 개인 경험에 의해서가 아니라 자신의 가치에 의해 인도되는 의미 있는 삶을 살 수 있다.

추가로 수용전념치료와 관계틀이론의 기초가 되는 기능 맥락주의의 행동학적 접근 방식에는 철저한 실용적 특성이 있으므로 분석이 행동의 형태나 외양이 아니라 항상 행동의 기능(그것이 환경에 미치는 결과)에 초점을 맞춘다. 수용전념치료와 관계틀이론에서는 이 점이 모든 유형의 행동을 분류하고 변별하는 기초가 된다. 따라서 이러한 특수한 관점에서 보면 서로 달라 보이는 두 개의 행동이 같은 결과를 초래한다는 점에서 유사한 기능을 가질 수 있다. 예를 들어, 늦게까지 일하거나 술을 마시는 두 가지 유형의 반응이 모두 우울한 생각을 피하기 위한 것이라면 서로 기능적으로 유사할 수 있다. 다른 한편으로 형태가 비슷한 행동이 기능적으로 다를 수 있다. 예를 들어, 한 사람은 우울한 생각을 피하려고 늦게까지 일을 하지만 다른 사람은 승진을 위해서 늦게까지 일을 할 수 있다. 그러므로 이 책에서는 특정 행동이 가치에 부합되는지를 평가할 때마다 항상 그 행동이 가치를 추구하거나 실현하는지, 아니면 가치를 감소시키거나 무효화하는지에 초점을 맞춘다.

철학적 가정 요약

요약하면, 기계론이 주류 인지심리학의 가정과 목표를 제공하는 반면, 기능 맥락주의는 행동분석과 관계틀이론, 또 수용전념치료의 임상 적용에서 가정과 목표를 제공한다. 행동분석, 관계틀이론, 수용전념치료의 기반이 되는 기능 맥락주의 가정에 관한 이러한 간략한 소개가 이 접근 방식이 갖는 맥락적이고 실용적인 본질을 이해하고 음미하는 데 도움이 되기를 바란다. 이런 점들이 이 책에서 제시하는 가치에 대한 관점의 이론적 배경을 제공한다. 우리는 기능 맥락주의 철학에서 유래된 행동분석, 관계틀이론, 수용전념치료의 몇 가지 일반적 특성을 설명함으로써 기능 맥락주의에 대한 논의를 마무리했다. 다음 절에서는 가치와 관련된 행동분석의 중요한 몇 가지 원칙들을 살펴볼 것이다.

행동분석과 가치

수용전념치료와 관계틀이론은 그 이론과 경험적 근거를 행동분석에 두고 있다. 따라서 수용전념치료와 관계틀이론, 또 이러한 틀 속에서 가치를 어떻게 개념화할지 살펴보기에 앞서 행동분석과 그것이 가치에 접근하는 방식을 먼저 소개하는 것이 유용할 것이다. 곧 살펴보겠지만 가치를 다루는 전통적인 행동분석 접근은 언어를 포함하여 복합적인 인간 행동의 분석을 생략한다는 점에서 다소 단순하였다. 가치를 확인하는 것은 그 자체가 정의(定義)상 언어 과정이고, 심지어 가치가 암묵적이거나 인식할 수 없는 경우에도 언어 과정이 큰 역할을 한다. 그러므로 가치의 자세한 기술적 측면을 논의하기 위해서는 2장에서 다루는 관계틀이론의 언어를 소개할 필요가 있을 것이다. 언어의 막대한 역할에도 불구하고 모든 가치는 틀림없이 비언어적 환경에 기반을 두고 있는데, 더 구체적으로 말하면 비언어적 강화에 기반을 두고 있다.

정적 강화와 부적 강화

강화는 특정 결과를 생성하는 반응이 증가하는 것으로 정의되는 행동학적 개념이다(Skinner, 1974). 강화는 정적이거나 부적인 것으로 개념화된다. *정적 강화*의 결과는 *유인* 자극의 제시이다. 일반적인 용어로 표현하면 어떤 식이든 동기를 부여하거나 바람직한 자극을 제시하는 것이라고 할 수 있다. 예를 들어, 부모의 칭찬은 어린이에게 강력한 유인 결과이다. 따라서 아이가 부모 말을 자꾸 따라 하는 것처럼 이런 결과를 생성하는 반응 형태는 특정 상황에서 증가하는 경향이 있다. *부적 강화*의 결과는 어떤 식이든 혐오스럽거나 바람직하지 않은 자극을 제거하는 것이다. 부적으로 강화된 반응의 예로는 큰 소리나 귀에 거슬리는 잡음을 차단하기 위해 손으로 귀를 막는 것을 들 수 있다. 부적 강화는 도피와 회피의 두 가지 형태로 더 세분할 수 있다. *도피*는 이미 존재하는 혐오 자극을 멈추기 위해 일어나는 반응이고, 반면에 *회피*는 혐오 사건의 발생을 막기 위해 일어나는 반응이다. 우리가 방금 사용한 예가 도피를 보여준다. 그 사람은 자신의 귀를 막음으로써 이미 발생한 혐오스러운 소리를 피하려 하고 있기 때문이다. 회피의 한 가지 예로는 하늘에 짙은 구름이 보일 때 우산 쓰는 것을 들 수 있다. 이 예에서는 아직 비가 내리지 않았기에 옷이 젖은 혐오 자극에서 도피하는 것이 아니다. 대신 우산을 씀으로써 비에 젖는 일을 피하고 있다.

가치라는 주제와 관련하여 정적 강화와 부적 강화 형태의 변별이 중요하다. 기존의 행동이론, 수용전념치료, 관계틀이론 등의 관점에서 볼 때 가치는 도피하거나 회피하는 것보다는 동기를 부여하거나 강화하거나 성취를 향해 작업하는 쪽의 관점에서 정의된다. 즉, 가치는 부적 강화보다는 정적 강화로 정의된다. 사실 수용전념치료 관점에서는 부적응적 회피를 정신병리의 주된 원인으로 간주하는 반면, 우리 삶에서 가치 있게 여기는 것을 추구하는 행동은 건강하고 활력 있는 인격의 신호로 간주한다. 실제로는 틀림없이 이보다 훨씬 더 복잡할 것이다. 병적 회피와 가치 기반 행위가 행동 실험실에서 종종 연구되었던 단순 형태의 회피와 강화보다 여러 면에서 더 복잡하기 때문이다. 하지만 이 정도면 개념을 잡기에는 괜찮은 출발점이다.

가치가 어떤 식으로든 정적 강화와 관련된 것이라면, 이 시점에서 정적 강화를 좀 더 자세히 살펴보는 것이 적절할 것이다.

정적 강화와 가치

스키너를 포함한 행동분석가들은 자극의 강화 속성을 주제로 논의한 바 있다. 스키너(1938)가 일차 강화와 이차 강화를 언급했는데, *일차 강화물*에는 음식, 음료, 성, 수면 등이 포함된다. 최소한의 학습으로도 이 자극들이 강화물임을 알 수 있도록 생물학적 조율이 이루어지는 것이 우리 조상들에게 진화적으로 유리하였다. 우리도 이러한 생물학적 성향을 계승하고 있다. *이차 강화물*은 조건화 과정을 거쳐 강화 속성을 획득하는데, 달리 표현하자면 일차 강화물과 연합이 이루어지는 것이다. 이 경우 조건화가 이루어지는 성향은 물려받지만, 조건화가 될지 아닐지는 개인이 처한 맥락과 개인의 특정 삶의 경험에 달려있다. 이는 무엇이 강화물이 될 수 있을지 그 조건에 융통성이 있음을 의미하며 개인마다 각자 다른 강화물을 찾을 수 있다.

돈, 좋은 성적, 관심, 승인 및 애정은 모두 조건화된 강화의 예이다. 정도의 차이는 있으나 이들은 모두 음식이나 성적 접촉과 같은 일차 강화물과 어느 정도 직접적인 관련성을 갖는다. 돈은 음식과 같은 일차 강화물의 공급과 직접 관련이 있으며, 좋은 성적 또한 다소 덜 직접적이지만 일차 강화물의 획득과 관련이 있다. 예를 들어, 좋은 성적을 받으면 높은 학업 성취도를 통해 취업이 쉽게 되고, 경제적 자립이 가능하게 되고, 필수품 구매가 가능해지고, 자신이 더 매력적인 결혼 대상이 되게 한다.

관심, 애정 및 사회적 승인은 사회적으로 매개된 일차 강화물과 연합을 이루어 조건화 강화물이 된다. 아이들은 부모의 승인과 관심을 음식, 따뜻함, 껴안기 등 일차 강화물과 연합하는 것을 학습한다. 나중에는 인생을 살아가면서 잠재적인 성적 파트너의 관심, 승인 및 애정이 성적 접촉과 연합되어 있음을 학습하게 된다. 돈이나 승인과 같은 몇 가지 조건화 강화물은 하나 이상의 일차 강화물과 관련되어 있기에 *일반화 강화물*이라고 부른다.

인간에게 매우 중요한 또 다른 강화물로는 환경 조작에 성공했다는 사실 그 자체가 있다. 스키너에 따르면 단순히 "효과적이다"나 "옳다"는 것 그 자체가 선천적으로 강화의 특성을 가진다. 다시 말해, 효과적이거나 옳다는 것이 종종 일차 강화물의 획득과 연합되어 있다. 이러한 연합은 사회적 승인과 같은 일반화 강화물에 의해 매개될 수 있다. 사회적 승인은 그 자체로 일차 강화물 획득과 연합을 이루기도 하고, 일차 강화물에 접근할 수 있는 환경을 성공적으로 조작한다는 점에서 더 직접적으로 확립될 수 있다.

따라서 스키너 학파 관점에서 보면, 매우 다양한 자극이 일차 강화물과 연합을 통해 강화 속성을 획득할 수 있으며 이러한 조건화 강화물은 행동을 조절하는 데 독립적으로 기능할 수 있다.

가치: 단순 강화를 넘어서

앞서 제시한 논의를 바탕으로 가치가 강화와 연합되어 있다는 점을 더 구체적으로 논의할 수 있다. 즉, 가치를 삶의 측면(예: 의미 있는 관계)에서 생각해 보면 특정 유형의 조건화 강화물(예: 애정)과 연합되어 있고, 이는 다시 직접적으로든 간접적으로든 일차 강화물과 연결되어 있다고 할 수 있다. 사실 이러한 행동학적 접근이 지금 우리가 가치를 다루는 데 유용한 출발점을 제공한다. 이는 가치가 일차 강화물이라는 생물학적 속성과 연관성을 갖고 있으면서 동시에 각자 서로 다른 개인사로 인해 얻으려고 애쓰는 조건화 강화물에도 변동이 발생하므로 각자 학습하는 가치에 융통성이 있음을 시사한다. 하지만 여전히 일부 중요한 요소가 빠져 있다.

첫째, 조건화 강화물이 가치를 설명할 수 있다고 암시했지만, 그 조건화 과정이 어떻게 작동하는지 세부 사항을 충분히 제공하지 않았다. 원래 중립적이던 자극이 어떻게 조건화되는지 또 이러한 조건화 과정을 통해 생물학적 강화물이 아닌 자극이 어떻게 강화물로서 지위를 획득할 수 있는지 설명했다. 하지만 우리는 명시적인 자극의 페어링 과정이 인간에서 볼 수 있는 매우 복합적이고 분화된 가치 체계의 생성을 설명할 수 있을 것이라 기대하기는 어렵다고 주장한다. 둘째, 가치의 복합성 문제와 별도로, (세계 평화와 같은) 추상적이고 고차원적 가치의 결과는 종종 특정 개인에게는 시간상으로 멀리 떨어져 있거나 혹은 삶이 끝난 뒤에 일어나므로, 실제 강화물로서 기능할 가능성이 작다. 셋째, 조건화가 돈, 승인 등과 같은 이차 강화물을 만들 수 있다고 언급하였다. 하지만 이와 같은 강화물이 실제로는 종종 우리가 가치라고 이해하는 것과 정반대로 작용할 수 있다. 많은 심리치료와 철학의 전통에서 제시했듯이 부나 사회적 승인을 추구하는 것이 심리적으로 건강한 가치 추구를 저해할 수 있다. 사실 생물학적 강화물에서도 종종 이런 경우가 있는데, 예를 들어, 과식이나 성 중독은 진정한 가치의 발달을 막는다. 뒷장에서 논의하겠지만, 장기적인 지속가능성이 심리적으로 건강한 가치의 핵심이다. 이차 강화물, 심지어는 일차 강화물도 유형에 따라 최종적으로는 가치와 상반될 수 있다.

결론적으로, 단순한 강화 과정으로부터 복합적이고, 장기적이고, 지속 가능한 가치가 개발되기 위해서는 단순 강화 과정 이상의 무언가가 있어야 한다. 우리는 그것이 존재한다고 믿는데, 언어 행동 혹은 언어가 해답을 제공한다고 주장한다. 2장에서는 관계틀이론을 소개하고, 관계틀이론이 어떻게 조건화 견해를 견지함으로써 가치를 개념화하는지 논의하고, 덧붙여 언어를 통한 조건화 개념이 무엇인지 설명하려 한다. 더욱이, 이러한 언어적 행동이론은 장기적인 가치 행동과 단지 겉보기로만 가치에 기반을 둔 행동을 구별케 하는 기능 유형이 무엇인지 기술적 측면에서 설명할 수 있게 해 준다.

이미 철학(기능 맥락주의)과 과학(행동분석) 양쪽 측면에서 수용전념치료의 핵심 기반을 제공하였으므로 수용전념치료가 가치에 접근하는 방식의 핵심 특징에 관한 개요로 1장을 결론 지으려 한다.

수용전념치료와 가치 그리고 현대의 심리치료

수용전념치료 임상가는 내담자가 자신의 가치를 파악하고 가치와 일치된 삶을 함양하고 증진하는 것을 도울 수 있다. 다른 형태의 인지행동치료와 차별화되는 수용전념치료의 핵심 양상 중 하나는 명시적으로 가치에 초점을 맞추고 가치에 일치하는 행동 유형을 형성하는 것이다. 수용전념치료는 기능 맥락주의에 기반을 둔 개입으로서 증상 감소보다 기능에 더 중점을 둔다. 수용전념치료 치료자의 전반적인 목표는 개인의 과거 역사에 기록된 경험, 소인, 문제에도 불구하고 내담자가 현재 환경에서 더 효과적으로 기능할 수 있도록 돕는 것이다. 수용전념치료에서도 증상이 중요하다. 예를 들어, 내담자가 매일 공황 상태에 빠진다거나 때때로 너무 우울해서 침대를 벗어날 수 없다는 사실을 수용전념치료 치료자라고 해서 무시하는 것은 아니다. 하지만 수용전념치료 방식의 접근은 증상을 맥락에서 검토한다. 예를 들어, 우울증은 개별 문제가 아니라 맥락과 역사에 기반을 두고 있는 것으로 간주하고, 적어도 부분적으로는 가치 행위가 부족해서 지속된다고 본다. 수용전념치료에는 함께 작동하는 여러 과정이 포함되어 있는데, 이들은 직접 내담자 경험을 변화시키려 하기보다는 내담자가 다른 방식으로 자신의 경험과 관계를 맺게 도와줌으로써 삶의 가치 영역에 더 충분히 참여할 수 있도록 한다. 이렇게 증상의 감소 대신 기능과 과정에 초점을 맞추기 때문에 수용전념치료 임상 연구자는 종종 행동의학, 중증 정신질환, 직장 스트레스와 소진, 심리 문제 예방과 같이 전통적인 주류 심리치료의 범위를 벗어나는 영역에서도 작업한다.

수용전념치료에서 말하는 가치의 정의

수용전념치료에서 얘기하는 가치의 정의는 수용전념치료의 첫 번째 저서인 수용전념치료: 행동 변화에 대한 경험적 접근Acceptance and Commitment Therapy: An Experiential Approach to Behavior Change(Hayes, Strosahl, & Wilson, 1999)에서 처음 제시된 이후 최

근까지 계속해서 개선되었다. 새로운 정의를 구성하는 각 부분의 함의를 검토하기 위해 2장에 더 많은 지면을 할애할 것이고, 여기서는 간략하게 그 정의만 제시하고자 한다. 이제 가치를 "자유롭게 선택되고, 가치 행위의 패턴에 참여하는 활동 그 자체에 내재된 지배적 강화물을 확립하며, 지속성이 유지되고 역동적으로 진화하는 행동 패턴이 언어적으로 구축된 결과"로 정의한다(Wilson, 2009, 66). 이는 핵심적으로(기술적 용어는 무시하고) 가치가 삶의 의미를 제공하는 것이고 긴 시간에 걸쳐 우리 행동을 조정할 수 있는 활동 유형과 연결되어 선택된 개념임을 의미한다. 그러한 유형의 예로는 파트너에게 사랑스럽게 행동하거나 자녀와 함께 지내는 것을 들 수 있다. 이런 의미에서 가치는 결코 성취되거나 충족되거나 완성될 수 없다. 오히려, 가치는 각 행동의 사례마다 그 목적이나 방향을 제시하는 역할을 한다. 2장에서는 수용전념치료에서 정의하는 가치와 다른 핵심 과정들을 철저히 검토할 것이다.

심리치료의 초석으로서 가치 작업

다음 장에서 살펴보겠지만, 수용전념치료 개입에 포함된 많은 요소 중에서도 가치 작업은 치료의 많은 부분에서 적용될 수 있는 유용한 틀을 제공하는 한 가지 요소이다. 은유적으로는 가치가 치료를 위한 나침반과 같아서 치료 작업에 참여하는 내담자에게 변함없는 방향 감각을 제공한다. 특히 가치 작업은 다음 과정을 지원한다.

- ▶ 내담자가 자신에게 중요한 것을 명확하게 정의하도록 돕기
- ▶ 의미와 목적에 대한 감각 만들기
- ▶ 단기적, 장기적으로 특정 목표 설정을 위한 틀을 제공하기
- ▶ 내담자가 가치 있는 방향으로 나아가면서 힘든 생각과 감정을 더 기꺼이 경험할 수 있는 맥락을 제공하기
- ▶ 더 중요한 가치와 관련된 순간에 가치 기반 행동의 강화 속성을 내담자가 더 잘 알아차리도록 연습하게 돕기

가치 작업에는 세 가지 중요한 단계가 있다. 첫째, 가치 명료화는 내담자 행동을

안내할 가치 진술을 개발하는 과정이다. 이것은 치료의 전 과정에 걸쳐 진행된다. 치료를 시작할 때 내담자는 자신의 가치를 분명히 인식하지 못하거나 자신의 가치에 일치하는 행동 참여를 어려워할 수 있다. 치료가 진행됨에 따라 내담자 행동이 더 유연해지면서 내담자에 의해 선택된 가치와 가치를 지향하는 행동이 변해갈 수 있다. 의도한 방향에서 너무 멀리 벗어나지 않았는지 확인하려고 나침반을 주기적으로 점검하는 것처럼, 치료에 참여한 내담자는 자기 행동이 가치에 일치하는 것을 확인하기 위해 치료 과정 전반에 걸쳐 반드시 가치 명료화에 참여해야 한다. 둘째, 목표 개발을 위해 내담자와 임상가는 함께 작업한다. 목표란 자신이 언급한 가치의 방향으로 내담자가 이동하기 위해 평가와 활동 완수가 가능한 별개의 행동을 말한다. 자신의 가치에 맞는 특정 목표를 선택하는 일은 연습이 필요하다. 특정 목표가 자신의 가치에 부합하는지를 결정하려면 내담자는 가치와 일치된 행동의 강화 속성을 인식할 수 있게 연습해야 한다. 셋째, 내담자는 자신의 가치에 부합하는 행동 유형을 점점 더 많이 만들어서, 매 순간 의미를 쌓아 나가고 작업을 수행하는 목적을 개발해야 한다.

이러한 행동 유형의 특성이 중요하다. 우리는 어떤 사람의 행동이 회피나 지나치게 엄격한 규칙에 따라 유도될 때, 유연하게 행동하는 능력이 감소할 것이라고 제안한다. 예를 들어, 어떤 여성이 높은 곳을 두려워하면 다리를 건너야 하는 상황을 피하려 할 것이고, 심지어 반대쪽에 중요한 무언가(예: 딸 졸업식)가 있을지라도 다리를 건널 때 느끼는 불안을 그녀가 견딜 수 없다고 믿을 것이다. 이 경우, 다리를 건너지 않는다면 그녀에게는 공포에 대응하는 유연성이 거의 없다고 말할 수 있다. 그녀는 어떤 대가를 치르더라도 그저 회피한다.

대조적으로, 어떤 사람이 자신의 불편한 생각과 감정을 행동으로 연결할 필요 없이 그저 지나가는 경험으로 받아들일 때 다양한 행동을 선택할 가능성은 더 커진다. 다리를 피하려는 행동 대신 다리를 건너는 선택을 할 수도 있고, 심지어 고소 공포를 일으키는 다른 상황에 기꺼이 머무르려 할 수도 있을 것이다. 간단히 말해, 혐오 자극(예: 공포와 회피) 조절 아래에 있는 행동은 행동 목록의 축소로 이어질 수 있지만, 유인 자극(예: 수용과 가치 기반 선택) 조절 아래에 있는 행동은 광범위하고 유연한 행동 목록으로 이끈다. 치료자로서 가장 중요한 목표는 내담자가 장기간에 걸쳐 유연하고 의미 있는 행동 목록을 만들고 유지할 수 있게 돕는 것이다.

요약

1장에서는 가치 개념의 이론적 배경을 소개하고 논의했다. 구체적으로는 수용전념치료와 관계틀이론의 근간이 되는 철학적 토대로서 기능 맥락주의를 소개했다. 수용전념치료가 행동치료이기 때문에 수용전념치료의 일반적인 내용, 특히 가치와 관련된 몇 가지 행동분석의 핵심 원리를 소개했다. 마지막으로 수용전념치료 관점에서 개념화한 가치를 간략하게 소개했다. 다음 장에서는 관계틀이론을 소개하고, 수용전념치료에서 말하는 가치의 정의를 철저히 검토하며, 수용전념치료 모델에 포함된 다른 핵심 과정들을 자세히 살펴볼 것이다.

2장
수용전념치료와 관계틀이론

이 장에서는 가치를 이해하는 데 도움을 주기 위해 수용전념치료와 관계틀이론의 이론과 원리를 더 자세하게 설명한다. 이전 장에서 수용전념치료와 관계틀이론의 기본 이론인 행동분석과 함께 그 기저에 있는 과학철학적 입장인 기능 맥락주의를 소개한 바 있다. 이번 장에서는 수용전념치료와 관계틀이론을 더 상세하게 설명하면서 기술적 언어를 꽤 많이 사용하게 된다. 이는 수용전념치료 관점에서 가치를 어떻게 개념화하는지 이해하는 데 중요하다. 이 책을 읽는 동안 우리가 채택한 가치 접근 방식의 기초가 되는 심리치료인 수용전념치료와 이것의 기반을 이루고 있는 언어에 관한 행동 이론, 즉 관계틀이론에 최소한 어느 정도는 익숙해져야 한다. 이 장 이후로는 가치에 관한 논의를 지속하면서 기술적 언어 사용을 최소한으로 줄일 것이다.

먼저 관계틀이론으로 넘어간다. 관계틀이론을 소개하고 그 개념을 정신병리 의제와 관련지어 설명함으로써 수용전념치료를 소개하는 무대를 마련한다.

관계틀이론

1장에서 전통적인 행동분석의 개념으로는 조작적 강화의 측면으로 가치를 설명했다. 생물학 기반의 일차 강화물과 조건화된 이차 강화물은 모두 우리 삶의 가치 영역에서 중요한 역할을 한다. 따라서 가치를 분석하는 유용한 출발점으로 강화의 개념을 제시했다. 그러나 인간 가치의 특성이 매우 복합적이고 고도로 추상적이어서 그 이면에 자리 잡은 학습의 본질을 설명하는 데 전통적인 조건화 개념만으로 충분치 않아 보인다. 그 이유 중 하나는 가치 이해에 핵심이라 여겨지는 인간 언어의 특성을 적절히 이해하지 못했기 때문이다. 따라서 우리는 특정 행동분석에서 언어와 인지에 초점을 맞춘 최신 이론인 관계틀이론으로 논의의 방향을 옮겨간다.

관계틀 구성하기

관계틀이론(RFT; Hayes 등, 2001)은 언어와 고위 인지 기능에 대한 행동분석 방식의 접근이다. 이러한 현상을 *임의로 적용되는 관계 반응*arbitrarily applicable relational responding이라고 설명하고, *관계틀 구성하기*relational framing로 부르기도 한다. 이 개념은 다음과 같이 설명된다. 동물은 사물 사이의 물리적 관계에 반응하게끔 훈련할 수 있다. 예를 들어, 물건의 배열 중에서 가장 큰 사물을 일관되게 선택하도록 훈련할 수 있다. 물론 인간도 이렇게 할 수 있고 아주 어린 나이부터 가능하다. 하지만 관계틀이론은 언어를 사용하는 인간이라면 대상의 물리적 관계뿐 아니라 상황에 따라 어떤 관계가 적절한지를 결정하는 맥락 단서에도 추가적인 유형의 관계 반응을 보인다고 주장한다. 이는 다른 동물에서는 보이지 않는 반응이다.

예를 들어, 언어를 사용하는 아이에게 가상 인물 A와 B에 대해 "A가 B보다 키가 더 크다."라는 말을 들려줬다고 해 보자. 이후 누구 키가 더 작으냐고 물으면, 아마 아이는 다른 얘기를 더 듣지 않고도 "B"라고 답할 것이다. 이 반응은 물리적 관계보다 맥락 단서인 "더 크다"와 "더 작다"를 기반으로 한다. 이렇게 배운 관계는 어떤 식으로든 더 이상 물리적 관계에 의존할 필요가 없고, 물리적 특성과 상관없이 어떤 자극에도 임의로 적용될 수 있으므로 임의로 적용되는 관계 반응이라고 부른다.

관계틀이론에 따르면 언어 학습은 임의로 적용되는 관계 반응의 수없이 다양한 패턴 학습을 기반으로 하는데, 이를 관계틀이라 부른다. 대등("0.5는 1/2과 같다."), 반대("크다는 작다의 반대이다."), 차이("보트는 선박과 다르다."), 비교("코끼리는 쥐보다 더 크다."), 관점 취하기("나는 여기에 있다. 그리고 너는 거기에 있다.") 등이 그 예들이다. 이런 관계틀 이외에도 다른 관계틀이 있을 수 있고(Dymond & Barnes, 1994, 1995, 1996, Roche & Barnes, 1996, 1997, Steele & Hayes, 1991), 관계틀을 만드는 인간 능력을 훈련할 수 있다는 경험적 연구가 늘어나고 있다(Barnes-Holmes, Barnes-Holmes, & Smeets, 2004, Berens & Haye s, 2007, Luciano, Gomez-Becerra, & Rodriguez-Valverde, 2007).

관계틀이론은 이런 패턴을 포함하여 모국어 공동체와 인간 사이의 상호작용에 다중으로 노출되면서 배우게 되는 조작 행동의 여러 가지 형태가 관계틀이라고 주장한다(Barnes, 1994, 1996, Hayes, 1991, 1994, Hayes & Hayes, 1989, 1992). 모든 관계틀은 상호 함의mutual entailment, 조합적 함의combinatorial entailment, (자극) 기능의 변형transformation of functions의 세 가지로 정의되는 특징을 포함한다. *상호 함의*는 두 물체 사이의 한 방향의 관계가 자동으로 반대 방향의 두 번째 관계를 일으킨다는 사실을 말하는 것이다. 예를 들어, 어떤 사람에게 두 개의 외국 동전을 주면서 동전1이 동전2보다 더 가치 있다고 말하면, 그 사람은 동전2가 동전1보다 가치가 작다고 유도해 낼 것이다. 다시 말해, 첫 번째 관계는 두 번째 관계의 적절성을 수반하며, 이 둘 중 어느 쪽이 먼저 훈련이 되는지와 상관없이 작동한다. 즉, 이것은 상호적이다. *조합적 함의*는 두 관계가 결합하여 세 번째 관계를 만드는 현상이다. 예를 들어, 세 개의 외국 동전이 있을 때, 동전1이 동전2보다 더 큰 가치가 있고 동전2가 동전3보다 더 큰 가치가 있으면 동전1과 동전3 사이에 '더 큰'이라는 함의가 생기고, 3과 1 사이에 "더 작은"이란 함의가 생긴다.

관계틀이론에서 보면 언어는 우리의 행동을 통제할 수 있는 기능을 가진 과정이다. 그러므로 관계틀 구성에서 심리적 관련성이라는 측면에서 보면 *기능의 변형*(더 정확히는 *자극 기능의 변형*)이 매우 중요하다. 기술적인 측면에서 보면, 두 개의 자극 A와 B가 관계에 참여하고 자극 A가 심리적 기능을 갖는 경우, 이들의 관계 때문에 특정 조건에서 B의 자극 기능이 변형될 수 있다. 예를 들어, 아이에게 동전을 보여주고 상점에서 사탕을 사는 데 사용할 수 있음을 얘기해 주었다고 상상해보자. 아이에게 동전으로 사탕을 살 수 있다고 말하면 동전에 가치가 생겨나 호감을 느끼게 된다.(기술적 용어로는 동전에 유인 기능이 부여되었다고 한다.) 아이에게 두 번째 동전을 보여주고 이 동전이 첫 번째 동전보다 더 큰 가치가 있다고 말하면, 두 번째 동전의 심리적 기능이 첫 번째 동전보다 더 바람직하거나 더 유인적인 것으로 변형된다. 두 동전 중 하나를 택하라고 하면, 아이는 두 번째를 선택할 것이다. 곧 알게 되겠지만, 기능의 변형은 임상 현상을 설명할 때 특히 중요하다.

우리는 사회언어적 공동체와 상호작용을 통해 관계를 유도하므로 유도된 관계 내부에 있는 자극들 사이의 관계 네트워크를 정교화한다. 처음 언어를 접할 때부터 이 관계 네트워크는 빠르게 확장이 일어나고 이러한 확장은 평생 지속된다. 아이에게 발생하는 것으로 잘 알려진 '언어 폭발'은 관계 네트워크 정교화의 명백하고 뚜렷한 예이다. 일단 아이들이 몇 가지 간단한 관계를 유도할 수 있는 능력을 획득하면 새로운 사물과 사건의 확장된 조합을 명명할 수 있고 이들 사이에서 관계를 유도해 낸다. 아이들이 성인으로 성장하면서 지속적인 언어 상호작용이 일어나는데, 이는 수많은 다른 대상과 사건, 또 그들 사이의 관계를 포함하여 점점 더 복잡한 다중관계 네트워크를 만들어낸다. 인간에게는 우리 자신, 생각, 감정, 관점, 다른 사람, 환경을 포함하여 우리가 마주치고 생각하는 모든 것이 정교한 언어 관계 네트워크의 일부가 된다. 따라서 인간에게 세계는 언어적이고, 매우 특별한 경우를 제외하고는 결코 언어에서 벗어날 수 없다. 언어는 우리의 막강한 장점인 생각하는 능력과 필요에 따라 환경의 틀을 구성하는 능력을 선사했지만 동시에 인간만이 독특하게 갖는 정신병리에 취약한 잠재적 약점을 부여한다. 이미 관계틀이론을 이용하여 수용전념치료와 정신병리에 직접 관련된 언어 과정을 모델화하고 이를 검증한 많은 경험적 연구가 있다. 다음 절에서는 심리학, 정신병리학, 정신치료 등과 관련이 있고 수용전념치료 관련 지식의 토대가 되는 관계틀이론 분석의 기본 측면을 살펴보고자 한다.

양방향 자극 관계

언어는 단어와 대상 사이의 관계처럼 자극들 사이에 양방향 또는 상호 함의 관계를 허용한다. 그래서 어떤 사물이 어떤 단어와 관련이 있다고 하면 그 단어는 그 사물과 관련이 있고, 그 반대도 마찬가지이다. 이는 인간과 다른 동물 사이에 중대한 차이를 만드는 기초가 된다. 예를 들어, 비둘기가 이전에 충격을 받았을 때 빨간 디스크를 쪼면 모이를 얻을 수 있는 실험 설정을 생각해 보자. 비둘기는 이를 쉽게 학습할 것이다. 이전의 충격은 혐오스러웠겠지만 빨간 디스크를 통해 충격이 있었음을 알리는 건 혐오스럽지 않다. 언어를 사용하지 않는 동물의 경우 중립 자극(빨간 디스크)을 조절하여 심리적으로 강력한 자극(충격) 기능의 일부를 획득하게 만들려면 중립 자극이 강력한 자극 이전에 주어져야만 한다. 강력한 자극 이후 주어지는 중립 자극은 조건화되지 않는다. 즉, 비언어적 조건화는 단방향 자극 관계를 기반으로 한다.

이제 외상성 교통사고를 겪은 성인과 관련된 실제 상황을 고려해보자. 외상 이후 그는 자동차 여행을 두려워하고 피한다. 이 회피는 그의 삶과 가치를 방해하기 시작한다. 예를 들어, 그는 자신의 경력에 가치를 두고 있었는데 운전을 하지 않으면 정시 출근이 어려워진다. 비둘기가 빨간 디스크를 쪼는 것으로 충격을 알릴 수 있었던 것처럼 그는 치료자와 상담하는 것으로 자동차 사고를 '알릴' 수 있다. 게다가 비둘기가 빨간 디스크를 쪼는 행위가 모이로 강화되었던 것처럼, 사고에 관해 얘기하는 것이 자기 삶을 다시 회복시키는 데 도움이 될 수 있음을 알고 있을 것이다. 그렇다면 그는 실제로 치료자에게 이야기할까? 아마 말하지 않을 것이다. 사람과 비둘기의 상황 사이에 있는 주요 차이점 중 한 가지가 사람에게는 외상 사건뿐 아니라 사건에 관해 이야기하는 것 역시 혐오스럽다는 사실이다. 이것은 외상 사건 그 자체와 사건에 관한 대화 사이에 양방향의 관계와 이에 따른 기능 변형이 생겼기 때문이다. 충돌사고의 혐오 기능 중 일부가 충돌에 관한 이야기로 옮겨가 그런 대화 자체에서 혐오스러움을 발견하게 된다.

예를 들어, 충돌에 관해 이야기하거나 심지어 생각만 해도 충돌 직전 경험했던 것과 똑같이 강렬한 두려움을 느낄 수 있고, 충돌로 인한 불쾌한 시각 또는 청각 경험을 부분적으로 재경험할 수 있다. 충돌에 관해 이야기하거나 심지어 생각만으로도 이러한 혐오적인 현상을 어느 정도 재경험하게 되기 때문에 치료를 포함하여 충돌과 관련된 행동을 요구받는 상황을 피하게 된다. 하지만 이러한 혐오스러운 심리 경험을 언어적으로 재노출하는 것은 비록 불편하게 느껴지겠지만 도움이 될 수도 있다. 경험했던 바를 이야기함으로써 자신을 혐오스러운 심리 기능에 노출하게 되면 충돌 경험에 의해 대화 그 자체와 자동차나 자동차 여행을 포함하여 대화의 대상에 조건화되었던 기능이 어느 정도 소거될 것이다. 이것은 자동차나 자동차 여행과 접촉하는 수준을 이전 상태로 돌아가게 하여 더 온전히 자신의 가치에 맞추어 살 수 있게 돕는다.

관계 일관성

관계틀이론의 관점에서 볼 때, 모든 연령대의 학습에서 매우 중요한 부분이 관계 반응의 일관성을 유지하기 위한 강화이다. 처음에는 대체로 사회적으로 중재되는데, 부모나 교사 같은 권위자들은 우리가 하는 말과 행동 사이의 일관성(예를 들어, 진실 말하기)이나 언어 기술과 실제 사이의 일관성(설명 정확도)에 관심과 칭찬을 제공한다. 이후, 일관성 강화는 비사회적 환경에서도 문제 해결 능력을 통해 중재된다. 예를 들어, 새로운 컴퓨터 프로그램을 배우면 관련 업무 작업을 더 빠르게 완수하는 것처럼 조건화된 강화가 생성될 수 있다. 따라서 사물을 이해하고 정답을 도출하는 관계 일관성은 우리에게 매우 큰 강화로 작용한다.

가치에 부합하는 삶을 살아갈 때 사물을 파악하는 것은 매우 중요하고 또 유용한 요소이다. 가치 추구에 연결된 목표를 달성하기 위해서는 종종 문제 해결이 필요하다. 예를 들어, 어떤 사람은 의사가 되어 다른 사람을 돕는 것을 가치로 삼을 수 있다. 그가 이 목표를 소중히 여긴다면 의과대학 진학, 의사고시 통과 등 의사가 되기 위한 많은 하위 목표를 달성해야 한다.(역주: 이때는 언어의 문제 해결 능력이 가치를 실현할 수 있는 쪽으로 작용했다.) 따라서 관계의 일관성은 우리 삶에서 매우 유용할 수 있다.

하지만 관계 일관성을 위해 학습을 해야 했던 필요성이 동시에 우리를 가치로부터 효과적으로 단절시킬 수도 있다. 예를 들어, 얼굴에 심하게 상처를 입은 자동차 사고 피해자의 경우를 생각해 보자. 그 사람의 가치에 친밀한 관계, 결혼, 가족 등이 포함될 수 있다. 하지만 사고 이후 그는 자신이 항상 흉터가 남은 채 지낼 것이고 데이트를 하더라도 이제 그다지 매력적이지 않을 것이라고 추론하면서 데이트를 포기하려 할 것이다. 또 미래의 데이트 상황을 염두에 두고 얼굴 흉터를 계속 불안해하고 괴로워할 수 있다. 그는 이 상황을 정확하게 '진단'한 다음 자신의 '올바르고 논리적인' 이야기에 집착하면서 이것을 데이트 회피를 위한 근거로 삼을 수 있다. 그는 인생이 불공평하며 승자와 패자가 있기 마련이므로 자신의 패배를 인정할 수밖에 없다는 식으로 철학적인 이유를 댈 수도 있다.

데이트와 관련하여 발생하는 큰 불안감이나 불편감을 회피하려는 행위를 정당화하려는 분명한 사실 외에도, 그의 이야기가 강화로 작용하는 또 다른 중요한 이유가 있다. 그것은 관계틀이론이 제시하는 것처럼, 종종 단순히 이해가 잘 된다는 사실 그 자체에 의해 혹은 그렇게 이해된 것이 어떤 사건들로 확인됨으로써 강화의 수반성을 가질 수 있게 된다는 점이다. 이 경우 그의 이야기는 섹스와 매력, 성공과 실패, 심지어 금욕주의와 같은 이상적인 것과 관련하여 잘 확립된 관계 네트워크들과 일관성을 갖고 있다. 하지만 때때로 옳다는 느낌이 아무리 좋다고 해도 틀림없이 이 남성에게는 데이트를 계속함으로써 가치에 부합하는 활동을 하는 것이 매우 중요할 것이다.

규칙과 규칙 지배 행동

스키너는 규칙 지배 행동rule-governed behavior과 수반성에 의한 조형 행동contingency-shaped behavior을 비교하였다(Skinner, 1989). 인간이 아닌 동물은 자신이 처한 환경에서 주로 *반응적 조건화*(자극끼리 짝짓기 또는 연합)와 *조작적 조건화*(행동의 결과를 통해 상황에 반응하는 법을 학습)를 통해 배우지만 언어를 사용하는 인간은 어떻게 행동해야 하는지를 규정하는 '규칙'을 통해 매우 빠르게 학습하는 능력을 보여준다.

우리가 세상에 가장 효과적으로 대응하는 방법을 항상 직접 경험을 통해 배울 수는 없으므로 규칙은 매우 중요하다. 예를 들어, 우리는 모두 '얇은 얼음 위를 걷지 마시오.'와 같은 규칙을 듣고 따랐지만, 대부분이 얇은 얼음을 피하는 법을 배우기 전에 얼어붙은 차가운 호수에 빠져 본 경험을 해 보지 않았다. 우리는 직접 경험하는 것보다 규칙으로부터 배우는 것이 훨씬 더 효율적이다.(때로는 생명을 구하기도 한다.) 아무 규칙 없이 컴퓨터를 작동하거나 차를 운전하는 방법을 배우려 한다고 상상해보라! 실제로 규칙은 우리가 하는 거의 모든 일에 적용된다. 왜냐하면 우리는 끊임없이 다른 사람들로부터 배우면서 행동 규칙을 추출하기 때문이다.

규칙의 예로는 다음과 같은 것이 있다. "오후 3시, 시청 입구에 서 있으면 너를 만나러 갈게." 이 규칙은 시간과 공간상의 선행사건, 반응의 형태와 맥락 그리고 결과의 본질을 구체적으로 특정하고 있다. 언어적으로 유능한 인간은 한 번 이 행동 규칙을 듣기만 하면 요구되는 행동이 비교적 정밀해야 할 때 추가적인 훈련 없이도 그 규칙에 따라 행동할 수 있다. 이런 이유로 스키너는 규칙이 매우 중요한 수반성 특정 자극contingency-specifying stimuli이라고 생각했다.

규칙과 규칙 지배 행동이 우리 행동에 지대한 영향을 미친다는 것을 알려주는 기초 연구가 많이 있다(Weiner, 1970; Lowe, 1979). 더욱이 규칙은 긍정적인 영향을 줄 수 있지만, 부정적인 영향을 줄 수도 있다. 달리 표현하면 정신병리의 발생과도 관련될 수 있다. 규칙은 사람들이 세계를 더 효과적으로 탐색하는 데 도움을 주는 반면, 환경을 조절할 수 있는 다른 원천들을 배제함으로써 우리 행동을 규칙의 강력한 영향 아래에 둘 수 있다(Kaufman, Baron, & Kopp, 1966). 피아노 연주법을 배우는 초반에 실수를 많이 한 뒤 '나는 절대 피아노를 연주할 수 없을 거야.'라는 규칙을 만들어 그것에 반응하는 아이를 생각해 보자. 이후 그 아이는 그 규칙을 따르게 되면서 배우려고 노력하거나 수업 듣는 것을 완전히 포기할 수 있다. 실패했음에도 시도를 계속했다면 아마도 자신이 훌륭하게 연주하는 것을 들으면서 강화를 받는 경험을 할 수 있었을 것이다. 하지만 그는 규칙을 따랐기 때문에 강화물과 접촉할 수 없었다. 규칙에 근거를 둘 때 수반성에 둔감해지는 현상을 다룬 경험적 기초 연구들이 많이 이루어졌다. 규칙의 영향 아래에 있는 인간은 환경 변화에 대한 적응력이 훨씬 더 심하게 저하되었다(Hayes, Brownstein, Haas, & Greenway, 1986; Matthews, Shimoff, Catania, & Sagvolden, 1977, Shimoff, Catania, & Matthews, 1981). 또 관계틀이론에 기반을 둔 최근 연구에서 우울한 사람들은 응종^{pliance}이라는 현상, 즉 다른 사람들이 제공하는 규칙의 통제 아래에 있을 가능성이 더 클 수 있음을 암시하였다(McAuliffe, Barnes-Holmes, & Barnes-Holmes, 2004). 예를 들어, 표본대응 과제에서 규칙을 깨면 금전 보상을 얻을 수 있음에도 불구하고 실험자가 제공한 규칙에 따라 반응할 가능성이 일반 대조군에 비해 우울증 임상군에서 더 높았다.

관계틀이론으로 규칙 분석하기

스키너와 이후 경험적 연구의 결과에서 규칙이 중요하다는 점을 분명히 했음에도 불구하고, 기초 행동분석은 규칙이 무엇인지 만족스러운 정의를 제공하지 못하였다. 하지만 이 문제는 언어에 접근하는 관계틀이론의 출현과 함께 변화를 가져오게 되었다. 관계틀이론은 관련된 관계틀과 이들 사이에 관계의 유도가 일어나게 하는 단서를 통해, 또 이들 관계를 통해 변형되는 심리 기능과 그 기능의 변형을 일으키는 단서의 측면에서 규칙 지배 행동을 분석할 수 있게 한다(Barnes-Holmes 등, 2001). 이런 관점에서 시청 정문 밖에서 누군가를 만나는 규칙을 분석해 보면 다음과 같은 특정 관계틀로 이루어진다. 단어(시청)와 실제 대상이나 사건 사이의 대등 관계coordination relations, 시간적 선행 사건을 나타내는 용어로 명시된 전후 관계before-after relations, 관점(나-당신) 관계perspective relations 그리고 수반성을 명시하는 만약, 그렇다면 관계if-then 등이다. 기능 변형과 관련해서는 '밖에 서 있다'는 단어가 청자가 규칙에 명시된 맥락에서(예: '오후 3시') 시청 건물에 더 가까이 서 있도록 시청 건물이 가지는 행동의 기능을 바꾼다.

관계틀이론은 주어진 규칙과 실제 행동을 일치시키는 정도에 따라 규칙을 따르는 것인지 아닌지를 결정할 수 있다고 제안한다. 더 기술적으로 말하자면, 규칙을 따르는 사람에서는 규칙으로 이루어진 관계 네트워크와 규칙에 따라 명시된 대상이나 사건 사이에서 유지되는 관계, 이 둘 사이의 대등 여부가 행동을 계속해서 조절하는 원천으로 작용한다. 다시 말하자면, 청자가 비임의적 환경에서 규칙에 의해 정해진 사건이 실제로 규칙에 따라 특정된 관계 안에서 일어나고 있음을 보고 있다면 그는 규칙을 따르고 있다. 예시에서, 청자의 시계가 오후 3시를 가리킬 때 그가 시청 밖에 서 있음을 인식한다면 그는 규칙을 정확하게 따르는 중이다.

규칙 지배 행동을 생성하는 수반성

로버트 제틀과 스티븐 헤이즈(1982)는 규칙 지배 행동과 관련하여 언어의 기초 과정을 관계틀이론으로 분석하는 작업을 보완하였고, 이에 따라 규칙 지배 행동을 생성하는 세 가지 범주의 수반성을 제안하였다. 이들을 응종, 선례 따르기, 증진이라고 부르며 치료에 유용하게 활용할 수 있다. 경우마다 설명 과정(즉 규칙과 행동 사이에 대등 관계를 유도하는 과정)이 발생하지만, 행동의 효과를 결정하는 추가의 패턴이 있다. *응종*pliance은 규칙을 따름으로써 사회적으로 강화를 받았던 역사의 지배 아래에 있는 규칙 지배 행동이다. 바꾸어 말하자면 과거에 그 사람이 그렇게 했을 때 강화를 받았기 때문에 규칙을 따른다. 예를 들어, "코트를 입으렴. 밖은 춥단다."라는 말을 들었을 때, 이전에 아이가 그렇게 하지 않으면 처벌을 받았다는 단지 그 이유만으로 코트를 입는다. 이것이 응종이다. *선례 따르기*tracking(또는 규칙의 선례 따르기)는 규칙과 (그 규칙의 전달과는 별개인) 환경이 대등 관계로 주어졌던 역사의 조절 아래에 있는 규칙 지배 행동이다. 예를 들어, 한 아이가 "코트를 입으렴. 밖은 춥단다."라는 규칙에 반응했지만, 코트를 입을 때 자신이 따뜻해지기를 원해서 입었다면 이는 선례 따르기이다.

　*증진*은 어떤 사건이 결과로서 기능하는 정도를 변경하는 규칙 지배 행동이고 동기적 증진과 형성적 증진의 두 가지 형태가 있다. *동기적 증진*motivative augmenting은 이미 결과로 작용했던 자극의 효과성을 변화시킨다. 예를 들어, 당신이 "맛있는 초코바 한 개 어때?"라는 말을 듣는다면 이 말은 당신이 실제로 초코바를 더 쉽게 가질 수 있게 되는 것과 상관없이 초코바를 받을 때의 강화 효과를 높여준다.(역주: '맛있는'이라는 표현에 주목하라.) 이것이 동기적 증진 규칙이다.(이 장 뒷부분에서 그 개념과 작동 이론을 설명할 것이다.) *형성적 증진*formative augmenting은 자극에 대해 (이전에는 일어나지 않았던) 결과에 따른 기능을 만들어낸다. 예를 들어, '이 티켓은 돈 가치가 있다.'라는 규칙은 이전에는 중립적이었던 종이의 기능을 변형시켜 강화물로 작용하게 만들 수 있다.

　규칙 지배 행동을 기능적으로 뚜렷이 구별되는 응종, 선례따르기, 증진의 세 범주로 분류하는 것은 치료 맥락에서 중요하다. 예를 들어, 규칙이 행동에 과도한 영향을 미치는 결과를 보이는 연구에서 얻은 근거와 이러한 영향이 정신병리에 특별히 심하게 작용하는 점을 고려할 때, 수용전념치료와 관계틀이론에서는 심리치료에서 규칙의 영향을 약화하는 것이 중요하다고 주장한다. 우리는 수용전념치료 치료자로서 치료에 임할 때 치료자가 제공한 규칙이니까 꼭 지켜야 하는 것(응종)처럼 여겨지지 않도록 해야 할 필요가 있음을 알게 되었고, 오히려 내담자 스스로 자신의 상황에서 수반성과 접촉할 수 있도록 하는 데 관심을 두게 되었다. 예를 들어, 전통적인 치료자가 제시하는 규칙의 전형적인 예는 "그건 당신이 가진 비합리적인 생각입니다. 당신은 그런 생각 대신 긍정적인 면에 초점을 맞추어야 합니다." 일 것이다. 이 예에서 치료자는 내담자에게 사고 통제 유형의 규칙을 제공하는 것과 별개로 (기초 연구에서 사고 통제 노력이 장기적으로는 역효과를 낳는 것으로 나타났다(Wegner, 1994). 즉 생각하지 않으려 애쓰는 것이 실제로는 생각의 빈도를 오히려 증가시킬 수 있다.)내담자에게 추가적인 응종을 조장하고 있고(예: '당신은 해야만 합니다.'), 언어의 관계 네트워크에서 일관성이 중요함을 강조하고 있다(즉, 생각이 '비합리적'이라고 암시함으로써). 이런 이유로 수용전념치료 관점에서는 명시적 규칙 제공이 도움이 되지 않을 가능성이 크다고 본다. 오히려 대부분의 수용전념치료 치료자는 따라야 한다는 규칙 제공을 피하려 한다. 차라리 언어의 조절 기능을 약화시키는 탈융합이나 탈문자화를 연습시킨다. 더욱이 내담자와 의사소통은 은유나 체험 연습과 같은 간접 수단을 통해 이루어진다. 이는 직접 명시된 규칙보다 지시하는 경향이 덜 하고 내담자가 자기 행동을 탐색하도록 만들고, 자기 행동이 가치에 효과적으로 접촉하게 하는지 여부를 알아차리게 이끌 수 있다.

특히 응종의 과도한 영향이 문제가 될 수 있지만, (수용전념치료 모델에 관해 논의할 때 알 수 있을 것이다.) 세 유형의 규칙 모두 정신치료에서 조절의 중요한 원천이다. 잠시 후 다룰 것이지만 동기 증진 규칙을 이용하여 가치를 처방하는 경우 특히 그렇다. 또한, 내담자가 가치 있는 결과와 접촉하게 할 가능성이 큰 행동을 처방하는 규칙에서도 그렇다. 앞에서 예를 들었던 시청 밖에서 누군가와 만나는 상황에서 이 규칙이 광장공포증 환자에게 주어졌고 그 규칙을 얘기한 사람이 환자에게 시청에 나올 여자와 교제를 이어갈 수도 있다고 말했다고 해 보자. 이 경우 규칙을 따르는 것이 힘들고 불안을 유발하지만 어쩌면 새로 만들 수 있는 관계에 그 환자가 충분한 가치를 둔다면 결과의 강화적인 가치가 규칙을 따르게 할 가능성을 높인다. 특히 치료 맥락에서 가치에 부합하는 활동의 중요성을 배웠다면 더욱더 그럴 것이다. 치료 초반에는 이러한 규칙을 따르는 것이 상대적으로 응종에 기반을 둔 것일 수 있다. 하지만 치료가 진전되면서 더 많은 선례 따르기가 일어나게 될 것이다.

자기 규칙

관계틀이론은 다른 사람이 제공한 규칙을 분석하는 것 외에 자기 규칙을 분석하는 것도 허용하는데, 이 과정은 어느 정도 자기의 개념을 분석하는 데 의존한다. 관계틀이론은 언어 공동체와 다중으로 상호작용을 하는 시간이 지나면서 언어적 자기 개념이 출현한다고 제안한다. 자신과 다른 사람의 행동을 언급하는 수많은 질문과 답변(예: "어제 뭘 했니?", "내가 지금 뭘 하고 있지?")을 바탕으로 아이는 화자의 관점에 근거하여 직시적^{deictic} 관계('나-당신', '여기-저기', '지금-그때')에 비추어 반응하는 법을 배운다. 나는 언제나 '여기'와 '지금'에 있고, 당신과 다른 사람들은 일반적으로 '거기'와 '그때'에 있을 가능성이 더 크다. 이런 이유로 그 아이는 다른 사람과 다른 자신에 대한 고유한 관점을 가지게 되며 자기 개념을 발전시킨다.

사실 관계틀이론은 개념으로서 자기, 과정으로서 자기, 맥락으로서 자기를 포함하여 심리적으로 차이가 있는 여러 범주의 자기가 출현함을 나타낸다. *개념으로서 자기*self-as-content는 '나는 스무 살이다.' 또는 '나는 남성이다.'와 같이 자기를 설명하는 관계 구성이다. *과정으로서 자기*self-as-process는 '나'라는 맥락에서 발생하는 심리 과정을 지속적으로 변별하는 것이고, 감정('나는 화가 나.') 또는 생각('나는 지금 먹는 생각을 엄청나게 하고 있어.')의 유형을 포함한다. *맥락으로서 자기*self-as-context는 다른 자기들(개념으로서 자기와 과정으로서 자기)이 발생하는 맥락에 연속성이 있음을 변별하는 것이다. 다시 말해 내가 나의 행동을 묘사할 때 항상 '여기'와 '지금'으로 묘사한다. 이것은 언제나 그렇다. 우리는 이 현상을 이 책 전반에 걸쳐 '자기 초월감' 또는 '관찰자 관점' 등의 용어로도 사용할 것이다. 이 장 후반부와 이 책 전체에 걸쳐 맥락으로서 자기의 개념에 많은 시간을 할애할 것이므로 아직 이 개념이 명확하게 받아들여지지 않아도 걱정할 필요가 없다.

관계 구성은 언어적 자기 지식self-knowledge을 엄청나게 유용하게 만든다. 예를 들어, 인간은 언어로 미래를 구상하고 세부 사항을 계획할 수 있다. 이러한 미래 계획에는 '내일 7시에 일어나야 해.'와 같은 자기 규칙이 포함된다. 이런 식의 자기 규칙은 규칙을 정하고 나서 비교적 가까운 시간 안에 발생할 전략적 행동을 나타낸다. 이는 *전략적 자기 규칙*의 예이다. 하지만 '나는 내 파트너와 더 친밀한 관계를 원해.'처럼 자기 규칙은 더 지배적인 가치의 장기적 목표를 명시적으로 언급할 수도 있다. 후자는 *가치적 자기 규칙*의 예이다. 전략적 자기 규칙과 가치적 자기 규칙은 둘 다 미래의 행동을 언급하지만, 이들 사이에는 금방 알 수 있는 확연한 차이가 있다. 예를 들어, 7시에 일어나야 하는 것 같은 전략적 규칙에서 규칙에 따라 지정된 행동 용어는 상대적으로 정확한 기능을 갖는 경향이 있다. 이 경우 관련 행동('일어나기')과 선행 조건('7시에')이 모두 명확하게 정의된다. 하지만 가치적 규칙에서는 종종 그렇지 않다. 위의 예에서 '더 친밀한 관계'라는 용어의 의미는 '7시에 일어나기'보다 더 복잡하다. 또 규칙에 의해 요구되는 행동의 본질이 전략적 규칙의 경우보다 훨씬 더 불분명하다

동기 증진 규칙

앞에서 정의한 바와 같이 동기 증진 규칙은 이전에 확립된 강화물이 결과로서 기능하는 정도를 바꾼다. 따라서 관계틀이론에서는 가치 진술 또는 자기 규칙을 동기 증진 규칙으로 분석할 수 있다. 이들은 가치 있는 방향으로 강화가 이루어지는 기능을 증진하는 역할을 한다. '파트너와 더 친밀한 관계를 원해.'와 같은 가치 진술은 의심할 여지 없이 관계 네트워크나 그 네트워크와 관련된 강화의 측면에서 훨씬 더 복잡하지만 그 작동 방식은 초코바와 같은 단순한 경우와 비슷하다. '더 친밀한'과 같은 단어는 친밀감의 기능을 갖는 감정, 감각, 지각 일부를 떠오르게 해서 이러한 결과를 만드는 행동이 일어날 확률을 높여주는 경향이 있다.

수용전념치료

앞에서 관계틀이론의 중요한 특징을 일부 논의하였고, 이제 수용전념치료 이론을 본격적으로 소개할 만한 분위기가 되었다. 이 장의 나머지 내용에서는 여섯 개의 주된 문제 영역의 관점에서 보는 수용전념치료의 정신병리 모델과 영역별로 개입의 표적으로 삼고 있는 여섯 가지 핵심 과정을 소개할 것이다. 개별 과정마다 논의의 마지막 부분에서 관계틀이론이 해당 과정을 개념화하는 방법을 간략히 살펴본다. 수용전념치료와 관계틀이론의 연결에 관해 더 많은 것을 배우고자 하는 사람들은 다음을 참조하고, 그렇지 않다면 이 장을 건너뛰어도 좋다.

언어(관계틀 구성)는 우리가 의사소통하고, 과거를 기억하고, 문제를 해결하고, 미래를 계획하고, 위험을 고려하고, 선택지를 토의하고, 행동 방침을 결정하고, 성공 확률을 계산할 수 있는 매우 유용한 기술이다. 하지만 언어는 양날의 검이기도 하다. 지난여름 거닐었던 해변을 기억하는 것처럼, 우리는 상처받았던 모든 시간을 기억할 수 있다. 과거를 기억하는 능력은 미래 계획을 세우는 데도 중요하지만 동시에 자신의 실수를 반추하게 만들고, 실패라고 지각한 것을 자책하게 하며, 우리가 누구인지 오랜 시간 확립해 온 개념화를 방어할 수 있도록 허용한다. 수용전념치료의 접근법은 인간이 사용하는 언어와 인지의 정상적인 과정이 정신병리의 발달과 유지에도 중요한 역할을 할 수 있다는 생각에 근거한다.

관계를 구성은 실제 환경에 있는 단서를 무시할 때 문제가 될 수 있다. 예를 들어, 광장공포증을 가진 내담자는 대등과 비교의 '관계틀'에 기반을 두어, 그가 공황 발작을 겪었던 장소뿐만 아니라 사람들을 만날 수 있는 다른 장소도 회피할 수 있다. 이렇게 하면 보통 시간이 지나면서 자신의 가치를 희생시키고 행동의 반경을 축소할 수 있다(Hayes, 1989). 시간이 지남에 따라 우리의 생각이 마치 우리 자신에 실제 위협이 되는 것처럼 반응할 수 있음은 과장이 아니다. "총이 사람을 죽이지 않는다. 사람이 사람을 죽인다."는 문구를 보았을 것이다. 이 말은 우리의 생각과 정확히 일치한다. 생각이 우리를 해칠 순 없지만, 그 생각에 반응하는 우리의 행동이 우리를 실제로 해칠 수 있다. 문제가 되는 언어 구성은 우리의 가치와 일치하지 않는 행동 패턴을 촉진할 수 있다.

전통적인 수용전념치료에서 심리 문제를 개념화하는 범주에는 경험 회피, 인지 융합, 현재 순간과 접촉 부족, 개념화된 자기에 집착, 불분명한 가치, 가치 있는 활동에 참여 부족 등 여섯 가지 기본 과정이 포함되고 이 모든 것이 심리적 경직성으로 귀결된다. 한편 이러한 문제 영역을 뒤집어서 보면 수용전념치료의 여섯 가지 개입전략이 된다. 수용전념치료 모델의 네 가지 영역은 각각 가치와 전념을 통해 가치 일관성 행동values-consistent behaviors에 영향을 줄 수 있다. 이 책의 주요 초점은 이러한 문제들이 가치에 어떤 영향을 미치는지에 두고 있다. 우리는 내담자가 더 가치 있는 삶을 살면서 심리 유연성을 갖도록 돕는 전략을 제공할 것이다. 이어지는 절에서는 이러한 문제가 가치와 가치 일관성 행동에 어떻게 영향을 미치는지 간단히 살펴보고, 책의 나머지 부분에서 이를 더욱 깊이 다룰 예정이다. 다음 절에서 수용전념치료 모델을 살펴볼 때 가치 일관성 행동을 조성하는 데 사용할 수 있는 핵심 중재 기법 몇 가지를 소개하고자 한다. 다시 말하지만, 이 기법 역시 나중에 다뤄지는 장에서 훨씬 더 자세하게 논의할 것이다.

경험 회피와 수용

인간에게 특히 문제가 되는 언어 수반성은 개인(내적) 사건이 다른 행동을 일으키는 원인이 되는 규칙이다. 이는 부정적으로 평가된 개인 사건이 위험한 것이고 통제의 대상이라는 언어 규칙을 만들고, 경험 회피로 특징지어지는 반응의 생성으로 이어질 수 있다(Hayes 등, 2006). *경험 회피*란 자신에게 해가 된다고 하더라도 자신의 경험을 통제하고 변경하거나 혹은 그러한 경험에서 탈출하려는 시도를 말한다(Hayes, Wilson, Gifford, Follette, & Strosahl, 1996). 수용전념치료 관점에서 중요한 것은 경험 회피의 형태가 아니라 그 행동의 기능이다. 다시 말해, 다양한 행동이 자신의 경험을 회피하는 데 도움이 될 수 있다. 화를 내거나, 술이나 약물을 사용하거나, 특정 사람이나 장소를 피하거나, 강박 행동을 하거나, 가치 있는 활동을 철회하거나, 지나치게 잠을 많이 자는 것 등을 할 수 있다. 이러한 다양한 행동은 각각 비슷한 기능을 수행한다. 즉 불쾌한 무언가를 일시적으로 완화해 준다.

원치 않거나 불편한 것으로 평가될 수 있는 많은 신체적, 심리적 경험이 있다. 우리는 특정 상황에서 혹은 어느 정도는 개인 역사의 일부에 기초하여 위협적이거나 해로운 기억과 신체 감각을 경험할 수 있다. 결과적으로, 우리는 회피하려고 애씀으로써 이러한 개인 경험에 대처하는 방법을 배운다.

이렇게 공포, 고통 또는 고립이 발생할 가능성이 있는 상황을 예측하고 피할 수 있는 능력은 생존에 매우 적합한 것이고 역사적으로 인간에게 큰 도움이 되었다. 예를 들어, 두려운 상황을 회피나 탈출로 반응했던 사람들은 생존했고 자기 유전자를 다음 세대로 전달할 수 있었다. 수용전념치료 관점으로 볼 때, 회피와 도피 행동이 비언어적 환경에 실제로 존재하는 것과는 달리 위협이 순전히 언어적으로 유도된 것일 때 경험 회피 기능을 갖는다고 말할 수 있다. 전쟁터에서 과각성은 외상 생존자를 잘 도와준 것이었으나 집으로 돌아왔을 때 조그만 소음이나 소란 하나하나를 모두 위협으로 느끼는 경우를 생각해 보라. 맥락이 바뀌었지만 행동은 그대로이다. 물질 남용, 자해, 폭식이나 폭음과 같은 일부 회피 행동은 그 자체로도 해롭거나 치명적일 수 있다.

불행히도 경험 회피는 우리가 달가워하지 않는 경험을 회피하거나 도피할 때 단기적으로는 극단적으로 잘 작동하므로 대처 전략으로 경험 회피를 계속 사용할 가능성이 크다. 예를 들어, 광장공포증 환자가 쇼핑몰 방문을 회피하면 단기적으로 불안이 낮아진다. 하지만 장기적으로는 원치 않는 경험에 대해 더 민감해질 가능성이 커지고 그러한 경험과 접촉하지 않은 상태를 지속하려고 더 많은 회피와 도피의 패턴에 참여할 수 있다. 경직된 경험 회피의 패턴이 만연하게 되면 행동 선택의 폭이 과도하게 좁

혀지고, 이전보다 훨씬 작은 수준의 불편한 경험도 경험하지 않으려는 경과를 밟게 된다. 장기적으로 볼 때, 경험 회피는 내담자를 가치 있는 길로 인도하지 않는다. 예를 들어, 마약 중독자는 마약을 사용하여 순간적으로 슬픔을 피할 수는 있지만 장기적인 행동 결과는 매우 부정적일 것이다.

　기능 맥락주의 관점에서 볼 때 우리 관심사는 '무엇'을 경험하느냐가 아니고 그 경험과 '어떻게' 관계하는가이다. 우리의 감각과 경험은 그 자체로는 좋지도 나쁘지도 않다. 오히려 특정 시점에 무엇을 얼마나 기꺼이 경험할지에 영향을 주는 것은 개인 경험이 일어나는 맥락이다. 예를 들어, 어떤 사람은 상급자 슬로프에서 스키를 탈 때 발생하는 두려움을 느끼고 싶어 할 수 있다.(실제로 이런 유형의 각성은 두려움이 아니라 흥분이라 말할 수도 있다.) 하지만 같은 사람이 많은 청중 앞에서 연설할 때 생기는 두려움을 기꺼이 느끼려고 하지 않을 수 있다. 첫 번째 맥락에서는 기꺼이 두려움을 느낄 수 있지만, 두 번째 경우 첫 번째에 비교해 논리적으로는 훨씬 더 안전하더라도 회피해야 할 대상이 될 수 있다. 주목할 점은 흥분과 두려움으로 인해 발생하는 신체적 감각은 두 상황에서 거의 같다는 점이다. 단지 두 경우에 각각 처한 맥락과 자신의 신체 감각과 맺는 관계가 서로 다를 뿐이다.

　경험 회피는 과연 가치와 어떤 관련이 있을까? 안전한 삶을 살기 위해 진정한 활력을 주는 것을 모두 피해 버리고 오로지 편안하고 쉬운 삶을 선택한 내담자를 상상해 보자. 미래가 너무 불확실하고 불명확한지를 알기에 자신의 가치에 일치하는 삶을 살지 못한다고 말하는 내담자를 만나 보지 않은 사람이 우리 중에 얼마나 될까? 개(개에게 심각하게 물린 후)나 높은 곳(사다리에서 떨어진 후)처럼 두려움에 처할 수 있는 상황이나 경험을 회피하려는 내담자를 보는 것은 드문 일이 아니다. 또 의미 있는 삶을 사는 데 정말 중요한 삶의 영역을 회피하기 시작한 내담자도 자주 만날 수 있다. 죽음, 이별, 이혼, 친구와 다툼, 또는 누군가가 멀리 떠나 관계가 끝나버린 후 더는 새로운 관계를 맺지 않으려는 내담자를 상상하기가 어렵지 않다. 대부분 사람들이 자신과 가까운 사람을 잃어버리는 고통을 경험한 적이 있고 이를 잘 기억할 것이다. 어떤 내담자가 사랑하는 사람을 잃어버린 후 다른 사람들과 가까워지는 것을 피하기 시작했다고 상상해보자. 그는 자신이 깊은 관심을 보였던 사람을 잃었을 때 찾아오는 슬픔, 외로움, 상실감 또는 다른 감정들을 피하려고 할 수 있다. 예상되는 개인적인 상실 경험을 피하고자 친구 관계를 줄일 수도 있다. 또 다른 예로는, 위험성이 자신의 가치 영역과 관련되어 있다고 할지라도 실패가 너무 두려워 위험을 감수하지 않으려는 내담자를 상상해보자. 자신의 직업이나 지역 사회에 변화를 가져오는 가치에 일치된 삶이 너무 위험하다고 느껴 자신이 느끼기에 진정한 가치보다 현 상황에 안착하기가 더 쉽고 편하다고 생각할 수도 있다.

이 익숙한 사례들은 일부 사람들에서 활기차게 살기보다는 조용히 살려 한다는 점을 보여준다. 우리는 누군가가 어떤 일(사례와 같이 친밀감이나 직장과 사회에 변화를 가져오는 것)을 '가치 있게' 여기거나, 특별히 규정된 방식(위험을 무릅쓰고 가치를 추구하기)으로 행동해야 한다고 주장하는 것이 아니다. 우리가 말하고 싶은 것은 부정적인 경험을 피하려고 자신의 가치에 일치된 삶을 살지 않는다면 무의미함과 자기 의심이 들 수 있다는 사실이다.

수용전념치료는 경험 회피의 대안으로 수용을 가르친다. 수용이란 믿음이나 마음의 상태라기보다 행동을 말하며, 개인 사건의 빈도나 형태를 변경하려는 불필요한 시도 없이 이를 적극적으로 인식하고 받아들이는 것을 말한다. 수용은 개인 경험의 본질을 변화시키지 않고(불안은 여전히 불안이다.) 오히려 그 사건을 개인적으로 경험하려는 바(불안을 기꺼이 경험한다.)를 변화시킨다는 점이 중요하다. 임상가로서 우리는 자신의 인생 역사와 순간순간의 맥락 속에서 효과적이고 가치에 의해 유도되는 삶을 살기 위해 불안의 기능(단지 하나의 예일 뿐이다.)을 무언가를 회피하는 것에서 적극적으로 받아들이는 것(수동적으로 물러나는 것이 아니라)으로 바꾸기를 희망한다.

수용은 은유, 체험 연습, 감정이 밀접하게 관련된 내담자 삶의 예시를 통해 촉진된다. 내담자가 인생에서 겪는 어려움을 토로할 때 치료자는 내담자가 자기 생각, 감정, 기억이나 신체 감각을 경험하지 않으려고 채택하는 방법이 무엇인지 조사한다. 은유와 체험 연습은 내담자가 자기 경험을 통제하거나 도피나 회피를 하려 할수록 인생에서 더 많은 비용을 치러야 한다는 점을 알아차릴 수 있게 돕는다. 예를 들어, 사회적으로 부적절해지는 느낌과 싸우면서 다른 사람들 근처에 가면 극도로 예민해지는 내담자는 중요한 것을 포기하면서 다른 사람들과 상호작용하는 것을 중단한다. 내담자는 (곧 다루게 될) 수용과 탈융합 작업을 통해 가치 있는 활동에 참여하며 살 수 있도록 혐오적인 개인 경험을 수용하는 법을 배운다.

수용과 관계틀이론

관계틀이론 관점으로는 수용의 핵심을 다음과 같이 개념화할 수 있다(Barnes-Holmes, Barnes-Holmes, McHugh, & Hayes, 2004).

1. 잠재적으로 청자가 혐오적으로 경험할 수 있는 사건과 접촉하게 하는 행동을 취하도록 특정 규칙이나 관계 네트워크를 제공한다.(예: "수용한다는 것은 내가 불편함을 느끼더라도 파티에 참석한다는 것을 의미하는 거야.")
2. 그 규칙을 따르게 되면 그 사건(파티에 참석)과 그 사건의 맥락에서 오는 불편감과 접촉이 이루어진다.
3. 그러한 접촉이 유도되었음을 묘사하는 관계 네트워크가 있다.("나는 파티에 와 있고 불편하게 느낀다.")
4. 3에서 유도된 네트워크와 원래 규칙 사이에 대등 관계가 유도된다.("나는 파티에서 불편함을 느낄 거라고 생각했고 지금 정말 불편하다고 느낀다. 따라서 내가 옳았다.")

관계 구성의 관점에서 볼 때 4번에서 발생하는 두 네트워크 사이의 대등 관계는 수용 전략의 효율성에 중요한 역할을 한다. 앞서 언급했듯이 언어적 인간에게 일관성은 강력한 일반 강화물이므로 네트워크 사이에 관계가 갖는 일관성은 그 자체가 강화 사건이다. 따라서 비록 수용 규칙이 혐오 상황을 언급하고 있지만, 적어도 상황의 혐오적인 측면을 성공적으로 예측할 수 있다는 것만으로도 수용이 다시 이루어질 가능성을 높이는 데 충분할 수 있다. 이는 개인 사건을 통제하려는 전략을 대안으로 삼았으나 제대로 작동하지 않아서 과거의 어느 시점에 비일관성을 체험하였던 경우 특히 그러하다.

당신은 관계틀이론에 대한 이런 설명을 이해하면서도 수용에 관해 설명하는 보통의 예와는 다르게 느낄 수 있다. 하지만 이것은 수용전념치료의 다른 과정과 별개로 순수하게 수용에 국한된 관계틀이론의 설명이다. 물론 자연적으로는 수용전념치료에서 수용이 결코 이런 식으로 분리되지 않는다. 항상 가치와 같은 다른 수용전념치료 과정의 맥락에서 이루어진다. 앞선 예시가 수용전념치료 맥락 안에서 발생했다면 우정이나 사회적 상호작용 등의 가치가 그 행동을 이끌고 있을 것이고, 내담자 또한 그 가치와 관련하여 관계를 유도해 낼 것이다.(예를 들어, "불편한 감정이 내가 이렇게 하는 걸 멈추게 할 순 없잖아. 나에겐 다른 사람과 우정이 중요하기 때문에 이렇게 하는 거야.") 하지만 관계틀이론 언어를 사용하여 수용전념치료의 각 과정을 분리된 독립 단위로 설명하려는 현재의 목적을 이루기 위해서는 이 과정에 개별적으로 집중해야 한다.

인지 융합과 탈융합

인간은 자신의 사회언어적 학습 이력에 기초하여 생각을 문자 그대로의 진실 또는 반응해야 할 대상으로 경험하는 경향이 있다. 생각을 반드시 응답해야 하는 문자 그대로의 진리로 경험하는 것, 즉 *인지 융합* 혹은 간단히 *융합*이라고 하는 것이 많은 내담자에서 특별히 문제가 된다. 우울증으로 고통받는 사람은 흔히 자신이 반추 사고로 시간을 소모하고 있다고 묘사하고, 불안에 시달리는 사람은 종종 두려움에 관한 생각이 오히려 문제를 한층 더 키우고 있음을 알게 된다.

우울증 병력이 있고 반추하는 데 상당한 시간을 보내고 있음을 알게 된 내담자를 생각해 보자. 특히 이런 내담자에게는 "나는 비참하게 혼자 남아 있어도 싸."라는 생각이 달라붙어 있을 수 있다. 만약 그가 이런 생각이 들 때마다 "진실"이라고 반응한다면 다음 둘 중 하나가 일어날 것이다. 그는 자신의 가치에 일치하지 않더라도 주로 집에 머무르거나 삶에서 다른 사람들과 어울리지 않는 방식으로 자기 생각에 부합하는 행동을 할 수 있다. 또는 생각과 싸우면서 자신에게 다음과 같이 말할 수도 있다. "힘내, 너는 친구가 있어. 밖으로 나가야만 해." 그렇지만 우울증이 있으면 흔히 그렇듯이 곧이어 다른 부정적인 생각이 불쑥 나타나기도 한다. "어제 일을 기억해? 샌드라는 너를 보고 많이 기뻐하지 않았어. 너는 그 무리 속에서 결코 어울리지 못할 거야." 만약 그가 이런 생각 속에서 우물쭈물한다면, 자신의 주변에 있는 것들을 놓칠 가능성이 크고, 그 결과 가치 있는 활동에 참여할 가능성이 줄어들 것이다.

융합은 외부 세상에 반응할 수 있게 해주는 대신 개인 경험에 끊임없이 반응해야 하는 방식으로 삶이 지배당하게끔 대가를 치르게 만든다. 사람들은 이처럼 융합된 입장에서 생각의 형태나 빈도를 줄이기 위해 외현 행동을 조직한다. 만약 생각을 관리하려고 하면서 자신의 주변 세상을 조직한다면, 행동의 유연성이 떨어지고 가치와 일치하는 삶을 살 가능성이 줄어들 것이다.

인지 융합과 경험 회피는 우리 대부분에서 관련이 있다. 개인 경험을 부정적으로 평가하고 그것에 더 많이 융합될수록, 우리는 그것을 기꺼이 경험하려 하지 않는다. 나아가 개인 경험에 대한 평가(예: 원치 않는 또는 나쁜 것)와 융합이 무언가를 기꺼이 하지 않으려는 상태로 만들 수 있다. 예를 들어, 불안을 겪는 사람들은 종종 "이건 좋지 않아.", "이렇게 느껴서는 안 돼." 또는 "이건 참을 수 없어!"와 같이 불안과 관련된 생각을 한다. 또 이러한 생각들이 문자 그대로의 진실로 경험되므로 경험을 관리하거나 상황에서 탈출하려는 시도가 필요하다. 많은 내담자에게서 그렇듯이 개인 경험이 인과적이고 위협적이라는 입장을 취하면서 경험을 회피하는 방식의 행동 패턴만 강화된다.

또 인지 융합은 가치의 명확성을 부족하게 만드는 데 큰 역할을 한다. 우리가 배우고 성장할 때 다른 사람이 우리에게 더 안전하고 효율적으로 되게끔 규칙을 가르쳐 준다. 하지만 우리는 어떤 규칙을 적용하는 데 경직되어 있거나 필요하지 않은 규칙을 적용함으로써 다른 사람이 우리에 대해 생각하거나 원하는 바에 따라 행동할 수도 있다. 다음 장에서는 다른 사람이 우리에게 가르쳐 준 규칙과 도덕에 융합됨으로써 나타나는, 경직되고 유연하지 않은 행동들이 우리를 가치 있는 방향으로부터 얼마나 멀어지게 할 수 있는지 상세하게 논의할 것이다.

*인지 탈융합*은 생각을 그저 하나의 단순한 사건으로 경험하게 하는 과정이다. 생각은 순식간에 발생하므로 직접 생각에 도전하고 반응하거나 생각을 통제하려고 애쓸 필요가 없다. 인지 탈융합 기법은 생각의 형태나 빈도, 또는 그 원인이 되는 맥락을 바꾸려고 하기보다는 생각의 바람직하지 않은 기능을 변화시킴으로써 언어를 탈문자화한다. 탈융합 기법의 목표는 개인 경험에 대한 대체 반응을 새로 만들거나 강화함으로써 개인 경험이 갖는 문자 기능의 지배력을 낮추는 것이다. 예를 들어, 두려워하는 단어를 소리로만 남을 때까지 큰 소리로 반복하거나, 생각을 마치 물줄기를 따라 떠다니는 나뭇잎에 써진 글자처럼 관찰하거나, 생각에 모양, 크기, 색깔, 질감, 형태를 부여할 수도 있다. 내담자에게 "나는 걸을 수 없어."를 큰소리로 반복하면서 방을 가로질러

걷게 하거나, 생각의 과정에 이름을 붙이는 연습("나는 '내가 쓸모없다'는 생각을 하고 있다.")을 하게 할 수 있고, 어떤 생각을 일으킨 '자신의 마음에 감사하기'와 같은 작업에 참여하게 요청할 수도 있다. 탈융합의 결과는 생각이나 다른 개인 사건들에 대한 믿음성 또는 집착을 감소시키는 것이고, 그런 것들이 나타나는 빈도가 금방 변하지는 않는다. 생각을 생각으로 인식하게 하는 이러한 능력은 내담자가 자신의 가치를 향해 움직일 때 도움이 된다. 내담자는 "나는 절대 성공할 수 없으므로 시도하지 않을 것이다."라는 생각을 믿기보다는 그러한 생각이 있음을 알아차리고 가치에 일치된 행동을 선택하는 것을 배울 수 있다.

탈융합과 관계틀이론

관계틀이론 관점에서 언어는 말로 의미를 표현하고 듣고 이해하는 것을 포함하는데, 이런 과정은 맥락에 의해 조절되는 관계 유도와 그러한 관계를 통한 기능 변환에 기반을 두고 있다. 어떤 관계가 유도될지 제어하는 신호를 관계적 맥락Crel 단서라고 하고, 어떤 기능이 변형될지 제어하는 신호를 기능적 맥락Cfunc 단서라고 한다. 이러한 형태의 맥락 조절이 작동하는 이면에는 표준적인 사회언어적 조건이 존재하고 이것이 언어와 융합을 일으킨다. 따라서 언어는 (예컨대 생각의 형태로) 생각, 추론, 평가 등의 과정이 자각되지 않은 채 발생한다. 이러한 언어와 융합은 반드시 해가 되지는 않고 수많은 맥락에서 유용하기까지 하다. 실제로 환경에 효율적으로 반응하기 위해서는 언어가 유도하는 인간의 행동이 촉진되어야 한다. 하지만 언어 자극이 행동 조절에 필요한 다른 원천에 손상을 끼치면서까지 주도권을 행사하기 시작할 때 언어와 융합이 문제가 될 수 있다. 결과적으로 행동 목록의 범위가 축소되고 가치 기반 행동의 가능성이 줄어든다. 인지 탈융합은 인지 융합의 반대이다. 관계틀이론 관점에서 보면 탈융합은 언어 사건의 기능적 맥락을 조작하여 기능 변형 과정을 방해함으로써 언어의 행동 조절 능력을 감소시킨다. 예를 들어, 수용전념치료에서 맥락으로서 자기와 관련된 개입을 하는 동안 치료자는 내담자가 자신의 생각(관계 행동의 산물)을 그때 거기서 일어났던 사건으로 관찰할 수 있도록 지금-여기-나의 위치 혹은 관점을 확립하려고 시도한다. 생각에 대해서 변화된 맥락은 가치를 저해하는 회피 등의 문제 기능을 포함하여 기능의 변형 수준이 낮아지게 한다.

현재 순간에 접촉하기

자신의 경험에 적응적이고 유연한 방식으로 대응하기 위해서는 순간순간 무슨 일이 일어나고 있는지 마음챙김으로 알아차리는 것이 필요하다. 하지만 흔히 사람들은 자신의 감정, 기억, 신체 감각, 걱정, 반추 등에 빠진 나머지 특정한 순간에 어떤 다른 일이 일어날 수 있는지, 특히 그들의 가치와 부합하여 살 기회가 있음을 알아차리지 못한다.

현재 순간과의 접촉이 결핍되면 사람들은 자기 생각과 느낌을 인식하는 데 어려움을 겪는다. 심지어 그런 경험이 겉으로 드러난 행동을 안내할지라도 그렇다. 사람들은 생각이나 경험을 인식하지 못한 채, 본질적으로는 "마음놓침mindlessly"의 행동을 하면서 자신의 생각에 자동으로 반응할 수 있다. 우리 생각의 대부분은 과거에 일어났거나 미래에 대한 예측 또는 문제 해결과 관련되어 있다. 종종 이러한 개인 경험들이 우리의 관심을 사로잡고 우리를 현재 순간에서 계속해서 벗어나게 하여 결국 주변 세상으로부터 멀어지게 한다. 마음놓침 행동의 비교적 흔한 예를 하나 살펴보자.

집으로 운전하거나 이동하면서 어떻게 그곳에 도착했는지 전혀 알아차리지 못한 적이 있는가? 만약 운전해서 갔다면, 정지 신호나 주변 차들에 적어도 어느 정도는 효과적으로 반응했을 것이다. 그렇지 않았다면 사고를 났을 것이다. 만약 대중교통을 이용했다면 당신은 어떤 버스 또는 기차를 타야 할지, 어디에 앉을 건지, 언제 내릴 것인지 선택했다. 하지만 이 모든 행동은 그것에 대해 '언어 행위'(생각하고 규칙을 따르는 것)를 하고 있었음을 깨닫지 못한 채 발생했다. 결정을 내리고 규칙을 따르는 언어 과정이 어떤 수준에서 작동하고 있었지만, 그 당시 당신은 그것들과 접촉하고 있지 않았다. 아마 차 안에서 저녁 식사에 대해 생각을 하며, 마치 벌써 집에서 요리하는 것처럼 여겼을지도 모른다. 비록 실제로는 거기 그리고 그때 일어날 일이지만, 이런 식으로 지금 그리고 여기서 미래가 경험될 수 있다. 마찬가지로 기차 여행을 하는 동안 당신은 그날 일찍 상사와 나눈 대화를 재현하고 있을 수도 있다. 이런 식으로 과거는 이미 일어났음에도 불구하고 지금 그리고 여기에 살아있다.

이것은 어떻게 보면 비교적 무해한 예였지만, 다른 측면에서는 우리가 경험하는 것과 우리 주변에서 무슨 일이 일어나고 있는지 알아차리지 못할 때의 위험성을 전달하고 있다. 자살 시도, 자해, 약물 남용만큼 위험하지는 않더라도 많은 내담자가 마음을 놓친 상태로 집에 운전해서 오는 것 같은 위험한 행동을 할 수 있다. 현재 순간과 접촉하지 않으면 그것이 아무리 가볍고 덜 위험한 형태라 할지라도 대가를 치르게 된다. 여기서 특히 중요한 것은 가치 행위를 하면서 얻는 강화 효과에 접촉할 기회를 잃는 것이다. 어떤 사람이 자신의 경험과 주변 세계에 접촉하지 않으면 가치에 일치하는 행동을 인식하고 강화를 받기 매우 어렵다.

수용전념치료 치료자는 계속해서 마음을 놓치고 사는 것이 아니라, 내적 그리고 외적 세계와 비판단적인 접촉을 지속하도록 적극적으로 장려한다. 현재 순간을 알아차리는 일의 목표는 내담자가 외부 세계를 더 직접 경험할 수 있게 하여 그의 행동이 더 유연해지고, 그의 행위가 자신이 선택한 가치와 더 많이 일치되게 하는 것이다. 내담자는 사건(생각과 같은 개인 사건과 상황과 같은 외적 사건)을 평가하기보다는 그저 간략하게 기록하고 묘사하도록 권고를 받는다. 내담자가 자기 생각, 감정 그리고 다른 개인 사건에 대해 탈융합이 이루어지고 비판단적으로 관찰할 수 있는 태도를 기르기 위해서는 알아차림 과정이 적극적으로 권장된다. 내담자는 이러한 태도를 통해 가치 기반 행동이 어떻게 작동하는지 확인할 수 있다.

현재 순간에 접촉하기와 관계틀이론

행동분석과 관계틀이론 관점에서 현재에 머무는 것을 중심축으로 삼는다고 하면, 이는 외부 환경이 행동을 규제하는 효과를 높이고 전형적 수준의 기능 변환을 줄이기 위해 현재 환경에 의도적으로 주의를 기울이도록 지시하는 규칙을 즉각 따르도록 하는 것을 포함한다. 이 규칙을 계속해서 따른다면 이전에는 크게 두드러지지 않았으나 자신의 가치 있는 목표(예: 일상적인 사회적 상호작용 안에서 자기 행동과 타인의 행동)와 관련되어 중요하게 작용할 수 있는 환경적인 측면을 변별하는 능력을 향상할 수 있다. 또한 이 규칙을 따르는 연습을 지속하면 행동에 대한 언어의 조절 효과의 약화를 촉진하는데, 이는 수용전념치료 접근법의 중요한 요소이기도 하다. 충분한 연습을 계속해서 함으로써 현재에 중심을 잡고 머무는 일의 긍정 효과가 변별될 수 있고 그러한 효과는 조작자 행동을 강화하여 결국 긍정 피드백 고리가 생성될 수 있도록 작용한다.

개념으로서 자기 대 맥락으로서 자기

우리는 삶을 통해 여러 가지 사건을 경험하게 되고 시간이 지나면서 우리 자신이 누구인지에 관해 (오래 지속되는) 이야기를 구성하는 경향이 있다. 인간으로서 우리는 일관성을 추구한다. 우리는 자신에 관한 이런 개념화를 입증해주는 증거를 찾으려 하고 그것과 맞지 않는 증거는 무시하는 경향이 있다. 행동을 예측하고 통제하는 일은 모든 경험을 포괄하는 안정적인 자아감에 접근할 수 있을 때나 가능하지만, 우리는 타인에 대한 특정 경험에 더 쉽게 집착하고 그 경험에 힘을 쏟게 된다. 개념화된 자기(또는 개념으로서 자기)에 경직된 방식으로 또 문자적으로 집착하는 일은 우리가 하는 행동의 다양성을 제한할 수 있다. 많은 내담자가 특정 증상이나 특정 문제를 자신을 위협하는 것으로 경험할 수 있다는 점에서 개념화된 자기에 대한 집착이 문제가 된다. 또는 내담자는 자신이 선택한 가치에 일치하는 삶을 희생하면서까지 자신의 문제가 자기 삶을 조종하고 있다는 믿음에 점점 더 집착하게 된다.

자신의 개념화를 매우 야심이 큰 사람으로 발달시킨 내담자를 상상해보라. 그는 항상 최고가 되려고 노력하는 나머지 맡은 프로젝트를 즐길 수 있는지 또는 성취한 사람이 맛볼 수 있는 보상이 어떤 것인지 돌아볼 여유가 없고 긴장을 늦추는 법도 없다. 성취에는 아무런 문제가 없지만, 내담자의 어떤 행동도 가치 영역과 연결되어 있지 않다. 만약 그가 압박을 받으면, 아마 치료자인 당신에게 실패가 두렵다고 말할 것이다. 그는 아주 짧은 시간 동안만 자신에 대한 만족감을 느끼는데, 이런 일은 항상 성과를 달성하거나 프로젝트를 첫 번째로 끝내거나 직장에서 최고 성적을 거두었을 때만 발생한다. 최신 전자 기기를 제일 먼저 사지 않으면 상사가 시시하게 생각할까 봐 걱정한다. 실수했을 때는, 자신이 완벽하지 않음을 스스로 또 다른 사람들에게 인정받지 못할까 봐 두렵기에 거짓말을 하거나 은폐를 위한 갖은 노력을 하는 경향이 있다. 야심 차고 완벽해야 한다는 자기 개념은 오랫동안 활력을 느낄 수 없을 정도의 극도로 구조화된 존재를 만들어낸다. 이런 내담자들은 탈진 상태가 되었거나 위기가 발생했을 때(임박한 이혼, 직장에서 해고, 경제적 문제) 원하는 모든 '것'을 가졌지만, 갑자기 자신의 주변을 둘러싸고 있는 것들과 단절되었다는 느낌을 받을 때 치료를 받으러 나타난다.

수용전념치료 치료자는 개념으로서 자기에 초점을 맞추는 것과 달리, 초월적 자기감 또는 맥락으로서 자기감을 함양하도록 격려한다. 자신의 경험을 관찰하는 것과 평가를 하지 않고 그 경험을 묘사하는 것은 두 가지 모두 생각이나 다른 개인 경험이 발생하는 관점에 대한 감각을 키우는 데 도움이 된다. 인간의 언어로 인해 나-너, 지금-그때, 여기-저기와 같은 관계틀이 발생하고, 그 결과로 위치나 관점으로서 자기감이 발달하면서 초월적인 자기감이 생길 수 있다. 이 관점은 내담자가 개인 경험에 의해 규정되고, 위협당하고, 통제받는 것이 일어나지 않도록 하는 데 도움을 준다. 이로써 그들은 특정 경험의 발생에 집착하거나 힘을 쏟지 않으면서도 자신에게 일어나는 경험의 흐름을 알아차릴 수 있다. 수용전념치료에서 말하는 맥락으로서 자기는 은유와 체험 과정을 포함하는 수용, 탈융합, 마음챙김 연습으로 조성된다. 개방적이고, 탈융합이 되어 있고, 초월적 자기감의 관점에서 볼 수 있다면 가치에 일치하는 행동이 훨씬 더 강화될 수 있고 의미 있는 것으로 경험될 가능성이 크다.

맥락으로서 자기와 관계틀이론

초월적 자기 또는 맥락으로서 자기에 관한 관계틀이론의 관점은 이미 자기 규칙에서 다루었다. 수용전념치료와 관계틀이론은 자기의 출현을 자신의 행동에 대한 언어적 변별이라는 측면에서 설명한다. 아동은 점차 관점 사이의 관계, 즉 직시적 관계(나-너, 여기-거기, 지금-그때)에 적절하게 반응하는 법을 배움으로써 관점에 대한 감각을 발달시킨다. 일단 적절한 수준의 관점 취하기가 발달하면 관계 행동의 일정한 위치를 변별할 수 있다. 즉 '나'는 항상 '여기'와 '지금'에서 반응하는 것으로 여겨지고, '너'(일반적으로 다른 사람)는 '거기' 그리고 종종 '그때' 있는 것으로 간주된다. 수용전념치료와 관계틀이론이 초월적 자기라고 부르는 이 행동 궤적은 모든 생각과 감정에 대한 맥락을 제공한다.

가치 활동

앞 장에서 우리는 가치에 대해 수용전념치료에서 개정한 정의를 "자유롭게 선택되고, 가치 행위의 패턴에 참여하는 활동 그 자체에 내재된 지배적 강화물을 확립하며, 지속성이 유지되고 역동적으로 진화하는 행동 패턴이 언어적으로 구축된 결과"로 제시했다(Wilson, 2009, 66). 이제 이것이 의미하는 바가 정확하게 무엇인지 하나씩 살펴보겠다.

자유롭게 선택된

가치가 자유롭게 선택된다는 생각은 언뜻 수용전념치료와 관계틀이론의 행동학적 토대와 모순되는 것처럼 보일 수 있다. 행동 심리학자는 행동 패턴이 궁극적으로 환경과 상호작용하는 개인사에 의해 결정된다고 생각하지 않는가? 사실 기능 맥락주의 관점에서 보면 자유 의지나 결정론 모두 궁극적으로 '진실'이 아니다. 오히려, 이러한 관점에서 행동 기술의 방식을 결정하는 것은 실효성workability이다. 심리치료의 목표가 가능한 새롭고 유연한 행동을 장려하는 것이라면 행동을 자유롭게 선택할 수 있다고 여기는 쪽이 훨씬 더 유용하다.

심지어 엄격한 과학의 맥락이라 할지라도 사람들이 자신의 행동을 자유롭게 선택한 것으로 묘사할 것 같은 상황을 분석하는 것이 합리적이다. 스키너의 관점에서 보면 자유는 주로 혐오적 통제로부터 자유로워지는 경우를 뜻한다. 우리는 혐오 상황을 회피하거나 그 상황에서 도피하기 위해 노력할 때보다 스스로 자신을 위해 긍정 강화를 만들기 위해 활동할 때 더 자유로워진다. 이전에도 제시하였듯이 언어는 단순한 강화와 처벌의 과정보다 상황을 더 복잡하게 만든다. 하지만 이 스키너식 개념화가 근본적으로 중요한 통찰을 제공하므로 우리도 같은 접근법을 채택한다. 혐오적 조절로부터 자유로워지는 것을 자유롭게 선택된 행동을 정의하는 데 가장 중요한 요소로 간주한다. 게다가 우리는 장기적인 긍정 강화의 원천이 많을수록 한 가지에만 만족하려 들지 않을 것이다. 따라서 가치의 맥락에서 긍정 강화를 추구할 때 다양성과 장기적 지속 가능성 역시 중요하다.

언어적으로 구축된 결과

다음으로 '언어적으로 구축된 결과'라는 말이 무슨 뜻일까? 이것은 단순히 가치가 가치 행위의 결과가 언어 개념과 관련 있음을 의미한다. 예를 들어, 관계에서 친밀감이 어떤 사람의 가치 중 하나이고 이것이 무엇을 뜻하는지 설명하라는 요청을 받으면

"내 감정과 경험에 대해 다른 사람에게 솔직하고 숨김없이 말할 수 있는 것"이라고 말할 수 있다. 이는 과거에 경험했던 친밀감의 일부 속성에 대한 추정이나 일반화뿐 아니라 이전 삶에서 실제로 경험했던 친밀감에 기초한 언어물의 구축 또는 언어적 설명이다. 이처럼 언어로 구축된 결과는 우리가 의미하는 가치의 핵심 요소이다. 왜냐하면 가치는 근본적으로 우리가 그것을 달성하기 위해 특정 방식으로 행동하게끔 (가치 행위에 참여) 동기부여를 하기 때문이다.

지속성이 유지되고 역동적으로 진화하는 행동 패턴

'지속성이 유지되고 역동적으로 진화하는 행동 패턴'의 의미는 비교적 간단하다. 우리는 평생 다양한 활동 패턴에 참여하고 있고 이들 중 일부는 이전 절에서 논의되었던 것처럼 언어로 구축된 종류의 결과를 생성한다는 점에서 가치와 관련이 있다. 예를 들어, 우리는 관계에서 친밀감을 일으킬 가능성이 큰 특정 행동 패턴에 참여할 수 있다. 친밀한 관계라는 조건을 시작하고 확립하고자 할 때 중요한 패턴에는 사교, 데이트, 관계가 발전하면서 솔직함을 확인하거나 강화하기, 관계가 더 깊어지면서 적절한 순간에 감정을 개방하기 등이 포함된다. 성인이 되면서 많은 데이트 상황과 관계를 경험할 수 있고, 이런 경험을 언어로 묘사하는 것은 역동적으로 진화하는 활동 패턴을 형성함으로써 언어로 구축된 가치에 더 가까이 다가갈 수 있게 한다. 이런 과정은 시간이 지나면서 축적되는 경험과 함께 계속 진화할 것이다. 다시 말해 어떤 사람이 데이트와 낭만적인 상황을 경험하고 그것에 대해 묘사한다고 할 때 친밀감에 대한 그의 생각이 자신의 행동 패턴에 꾸준히 참여하도록 동기를 부여한다. 그뿐만 아니라 비록 친밀감의 핵심 개념(믿음, 솔직함, 가까움)이 상대적으로 계속 유지되겠지만 그러한 행동 패턴 역시 어느 정도는 친밀감에 대한 그의 언어적 개념이 진화하도록 할 것이다.(역주: 가치는 한 번 정하면 그대로 따라야 하는 것이 아니라 가치가 경험을 이끌고 경험이 다시 가치를 부분적으로 재정립하는 상호역동적인 관계이다.)

지배적 강화물을 확립하기

가치는 특정 행동 패턴에 대해 지배적 강화물을 확립하도록 언어적으로 구축된 결과이다. '지배적 강화물predominant reinforcers 확립하기'의 의미를 이해하려면 가치가 본질적으로 동기 증진 규칙이라는 점을 기억해야 한다. 이 규칙은 이전에 확립된 결과가 강화물이나 처벌제로 기능하는 정도를 변화시키는 데 작용하는 언어적 관계 네트워크로 정의될 수 있다. 더 간단히 말하면, 가치는 어떤 행동을 통해 특정 결과를 만들 때 우리에게 한층 더 큰 동기를 부여하는 생각이다. 이성 관계에서 친밀감을 중요시했던 사람의 예로 다시 돌아가 보자. 그가 친밀함의 가치를 생각하거나 회상하면 그 가치는 그녀와 데이트를 하거나 관계를 맺음으로써 생기는 전형적인 결과를 더 매력적으로 만들고 그 행동에 대한 동기를 강화하게 된다. 그 결과, 감정적으로 친밀한 대화에 참여하고 싶은 욕구가 증가할 수 있다. 누군가의 가치를 말하거나 떠올리는 것은 그러한 가치에 따라 행동하는 전형적인 결과에 훨씬 더 큰 동기를 부여하므로 그 사람이 가치에 따라 행동할 가능성을 더 커지게 한다.

가치 행위의 패턴에 참여하는 활동 그 자체에 내재된

'가치 행위의 패턴에 참여하는 활동 그 자체에 내재된'은 이전 단락에서 언급했던 지배적인 강화물을 상세히 묘사한 것이다. 이 문구는 그야말로 이러한 지배적이고 전형적인 강화물이 특정 유형의 활동에 내재되어 있음을 암시한다. 강화물은 동기부여의 위력을 높일 수 있는 가치 전념 행동의 특정 패턴에서 비롯되는데, '내재된'이라는 용어는 말 그대로 이러한 강화물이 비전형적이고, 인위적이고, 단기적인 것이 아니라 전형적이고, 자연적이고, 지속 가능한 것이라는 사실을 강조한다. 관계의 친밀함을 들었던 예로 되돌아가자면, 내재적 강화물은 사회적 수용, 정서적 지지, 신체 접촉, 성적 흥분 등이다. 이러한 강화물은 각각 친밀한 관계의 전형적이고 자연스러운 측면이다. 그런 면에서 강화물은 관계가 지속되는 한 유지 가능할 것으로 예상할 수 있다.

가치의 다른 측면

앞서 가치의 기본적인 정의에 대해 수용전념치료의 관점에서 설명했던 것과 더불어 우리가 잠시 논의해야 할 몇 가지 추가적인 특징이 있다.

가치는 사회언어적 맥락 안에서 발전한다. 비록 다른 사람이 우리에게 얘기 하는 것으로 가치를 정의하지는 않지만, 가치는 사회언어적 맥락 안에서 발전한다. 다른 사람들은 무엇이 '좋은지' 혹은 '나쁜지', 무엇이 중요한지, 무엇을 원하는지 등의 관점에서 우리가 말하는 것을 조형한다. 사회공동체는 우리가 원하는 것을 (희망적으로는 정확하게) 설명하라고 가르친다. 어머니가 아이의 마음을 읽을 수는 없지만 아이가 부엌 의자를 캐비닛으로 옮겨 무언가를 하려고 하면 아들이 뭔가를 원하는 것으로 추측할 수 있다. 어머니는 "거기서 무엇이 필요하니?"라고 물을 수 있고, 아들은 "시리얼을 원해요." 하고 대답할 수 있다. 시간이 지나면서 우리는 점점 더 복잡한 일을 하면서 우리가 원하는 것, 목적 그리고 삶의 방향에 대해 진술을 발전시키는 방법을 배운다.

가치는 결코 완벽하게 획득되지 않는다. 수용전념치료에서 가치는 선택된 것이고 언어로 구축된 결과로 정의된다. 이는 결코 완전하게 충족될 수 없지만, 특정 방향의 행동에 동기를 부여하는 역할을 한다. 예를 들어, 친밀한 관계에서 보살피는 사람이 되려는 가치는 결코 충족될 수 없다. 비록 그 사람이 결혼한다고 해도 (하나의 구체적인 목표) "나는 결혼했으므로, 보살핌을 완수했어. 이제 다음 단계로 넘어가야 해."처럼 말하는 것은 어리석은 일이 될 것이다. 가치로서의 보살핌은 구체적인 목표를 충족하는 것이 아니다. 그것은 개인 정보를 공유하고, 파트너의 일상을 묻고, 친구의 희망을 예측하는 등의 행동을 기반으로 한다. 그것은 가치를 향하는 방향에 흩어져 있는 행동일 뿐이다.

규칙으로서 가치. 가치를 문자 그대로 받아들인다면 어떤 대가를 치르더라도 지켜야 할 진리 또는 규칙으로 볼 수 있다. 그것은 기술적으로는 규칙이지만 자유롭게 선택되고 어떤 특정 행동을 처방하는 것은 아니다. 즉, 내담자가 관계에서 양육에 가치를 두고 있다면, 이 양육 규칙은 어떻게, 누가, 무엇을 또는 얼마나 자주 양육 행동에 참여하는지 나타내지는 않는다. 규칙으로서 가치가 이상적으로는 우리에게 의미와 강화를 주려는 목적을 가진 일반적인 행동 패턴을 지향한다. 우리는 행동이 강화되는 결과를 추적함으로써 그러한 가치에 부합되는 특정 행동을 선택하는 법을 배워야 한다. 따라서 가치가 우리에게 방향을 제시하지만 우리는 그 과정을 모니터하는 법을 배워야 한다. 규칙이라는 용어에 엄격하다는 의미가 함축되어 있음에도 불구하고 개인의 가치에 일치하여 살아가는 데는 유연성 또한 중요하다. 근본 가치가 비교적 같게 유지되더라도 그 가치를 체현하는 행동은 다양한 생활 환경에 따라 시간을 두고 형태가 변할 수 있다.

관계틀이론과 가치

가치에 대한 수용전념치료 정의는 앞에서 언급한 대로 '자유롭게 선택되고, 가치 행위의 패턴에 참여하는 활동 그 자체에 내재된 지배적 강화물을 확립하며, 지속성이 유지되고 역동적으로 진화하는 행동 패턴이 언어적으로 구축된 결과'(Wilson, 2009, 66)이다. 관계틀이론의 관점에서 가치의 두 가지 핵심 기능은 가치가 동기부여 기능을 증진하는 규칙이고 계층 관계 네트워크를 포함한다는 점이다. 이 두 개념이 어떻게 가치와 관련이 있고 수용전념치료의 정의와 어떻게 조화를 이루는지 자세히 살펴보자.

동기 증진 규칙

가치를 관계틀이론으로 접근하는 방식은 행동주의 초기의 접근 방식에 기반을 두면서도 한 걸음 더 나아간다. 1장에서 가치의 개념을 강화물 측면에서 기술하였던 초기의 행동분석 접근법에 대해 논의했다. 이 접근법에서 인간의 가치와 관련된 많은 강화물이 언어적 조건화를 통해 유인적 기능을 얻게 된다고 했지만, 언어적 조건화가 생길 수 있는 과정을 설명하지는 않았다.

심리학자 샘 레이글랜드(Sam Leigland, 2005)는 강화와 별도로 가치와 관련된 또 다른 행동 개념으로 확립 조작establishing operant을 제안했다(Michael, 1982). 이는 특정 강화물의 실제 강화 효과를 조작하는 것이다. 행동 실험실에서 고전적인 예로 드는 확립 조작은 음식 박탈이다. 이는 음식의 강화력 즉 가치를 높여준다. 더 일반적으로는, 확립 조작을 어떤 것이 얼마나 가치가 있는지에 영향을 미치는 역사적 변인으로 간주할 수 있다. 하지만 인간의 가치가 복잡하다는 맥락에서 볼 때 우리는 '언어적 확립 조작'을 참조해야 하고, 가치에 대한 관계틀이론 접근 방식의 핵심 개념인 동기 증진 규칙을 이런 맥락에서 언급하고 있음을 설명한다.

현재 정의에 따르면, 가치는 특정 행동 패턴에 대해 지배적 강화물을 확립하며 언어로 구축된 결과이다. 관계틀이론에 따르면 가치는 본질적으로 동기 증진 규칙, 즉 이전에 확립되었던 결과가 강화물 또는 처벌제로서 기능하는 정도를 변경시키는 언어적 관계 네트워크이다. 가치의 경우, 언어적 관계 네트워크는 언어로 구성된 결과(예: "지역사회")이고, 이것은 해당 가치 영역(예: 잘 구성된 지역사회 활동 또는 지역사회 구성원의 인정)과 전형적으로 관련이 있는 특정 사건이 특정 가치 기반의 행동(예: 지역사회 구성원을 집으로 초대하기, 지역사회 모임을 구성하기 등)에 대해 강화제로서 기능하는 정도를 높여준다.

계층적 관계 네트워크

수용전념치료에서 정의하는 가치는 '지배적 강화물을 확립하는' 것에 이바지하는 '언어로 구축된 결과'로 설명된다. 우리는 지배적 강화물 확립이 동기 증진 규칙에 기초한다고 설명했다. 이렇게 '언어로 구축된 결과'는 관계틀이론의 관점에서 무엇을 의미할까?

언어적 결과는 그 결과에 의한 기능이 적어도 어느 정도는 관계틀에 참여하는 것에 기반을 둔 자극이라는 의미를 내포하고 있다. 예를 들어, 교사가 아이에게 정답을 맞히면 매번 색깔 스티커를 얻게 될 것이고 그 색깔 스티커는 주말에 사탕으로 교환할 수 있다고 말했다고 해 보자. 이 경우 색깔 스티커는 사탕으로 유도된 관계에 참여함으로써 결과에 의한 기능을 얻었으며 아이의 정답 수는 늘어날 수 있을 것이다. 하지만 이것은 단순히 언어적 결과일 뿐이다. '언어로 구축된 결과'는 어떤 것일까? 언어로 구축된 결과는 유도된 관계 반응이 관여되어 있고 특정 유형의 행동에 의한 결과라는 개념에서 보면 언어적 결과와 일부 유사한 측면이 있다. 그러나 "언어로 구축된"이라는 용어를 사용하면 유도된 관계 반응이 훨씬 더 광범위하고 복잡하며 결과가 상대적으로 추상적일 수 있음을 나타낸다. 관계틀이론 관점에서 볼 때 유도된 관계 네트워크는 계층적이다. 이러한 의미에서, 언어로 구축된 개념을 정의에 대한 견해의 예로 설명하면, 이는 공정성, 범죄, 법률 시스템 등의 다양한 개념들을 포함하는 광범위하고 복잡한 관계 네트워크와 계층적 관계에 있는 용어이다. 만약 정의 혹은 정의로운 세상이 누군가에게 가치가 있다면, 이렇게 언어로 구축된 개념이 특정 상황에서 유도된 관계 네트워크와 일치하는 행위를 행동할 가능성을 높여주는 결과로 작용할 수 있다. 예를 들어, 어떤 사람이 특정 조직을 지지하는 신문에 편지를 쓰는 것이 어떻게든 정의를 지지한다고 믿는다면, 그가 그렇게 할 가능성이 더 커질 것이다.

규칙으로서 가치를 다룰 때 주의할 점

관계틀이론의 관점에서 보면, 가치 일관성 행동은 다음의 규칙을 따른다는 점에 유의해야 한다. 우리가 규칙 따르기를 다소 부정적인 관점으로 논의했기 때문에 일부 독자로서는 다소 혼란스러울 수도 있다. 하지만 수용전념치료 방식으로 행동한다고 해서 규칙을 따르는 행동을 다시는 하지 않겠다는 의미가 아니다. 관계틀이론의 관점에서 보면, 이는 언어 사용을 중단함을 의미하기 때문에 불가능하다! 사실 종종 규칙에 따라 행동하는 것이 중요하다. 특히 그러한 규칙이 핵심 가치나 가치와 일치된 행동을 규정하는 경우 더욱 그러하다. 따라서 수용전념치료는 규칙을 따르는 행동을 반대하지 않는다. 다만 더 유연하게 규칙에 반응하고, 미래에는 심리 유연성이 더 잘 작동하는 규칙을 따르게 되기를 제안할 뿐이다.

전념의 결핍 대 가치를 행동으로 실천하기

많은 사람이 자신이 선택한 가치에 일치하는 삶을 사는 데 오랜 기간 어려움을 겪는다. 감정과 같은 특정 심리 경험은 가치 있는 활동에 참여하는 데 걸림돌이 될 수 있다. 왜냐하면, 한 개인이 가진 심리 증상이 하나 이상의 기능 영역에 영향을 미치기 때문이다. 일반적으로 내담자는 치료를 시작할 때 흔히 가치에 일치하는 삶이 결핍되어 있다고 말한다. 내담자는 보통 자신의 행동이 증상을 없애거나 줄이고 싶은 욕망에 지배당한다고 말하면서 치료에 온다. 이럴 때 내담자는 대개 자신이 선택한 가치나 환경의 변화에 민감하지 않은 비효율적인 규칙을 따름으로써 원치 않는 경험을 회피하거나 도피하려고 한다.

게다가 내담자가 가치에 더 일치하는 삶을 추구하기 *이전에* 심리 경험을 제거하거나 다룰 수 있어야 한다고 믿고 있다. 그들은 가치 방향과 일치하는 행동에 대한 참여를 희생하면서까지 불안을 조절하려 애쓰면서 시간을 보낼 수 있다. 일부 내담자는 두렵거나 이전에 피했던 개인 경험에 접촉하지 않으려고 애쓰면서 '살얼음판을 걷는 것'처럼 살아간다는 느낌을 보고할 수도 있다. 전체적으로 보면, 가치에 일치하는 행동 패턴에 참여하지 않으면 내담자는 자기 삶에 목적이나 의미가 없거나 삶이 너무 고통스럽다고 느낄 수 있다.

행동 부족과 대조적으로 전념 행동은 개인의 가치와 일치하도록 설정되어 구체적 목표에 따르는 대규모 행동을 말한다. 수용전념치료 프로토콜에는 거의 항상 행동 변화를 위한 단기적 및 장기적 목표와 관련된 치료 작업과 과제가 포함된다. 행동을 변화시키려는 이런 노력은 수용전념치료의 다른 과정을 통해서도 다루어지고 있는 심리 장벽과 접촉하는 것으로 이어진다. 가치와 일치된 행동이 늘어날 수 있도록 크고 작은 단계들이 계획될 수 있다. 가치 방향으로 단계를 밟으면 시간이 지남에 따라 해당 방향으로 추가 단계를 만드는 것이 쉬워진다. 이를 위해서는, 개인의 가치와 관련된 무언가를 시도하고 실패할 때 발생할 수 있는 불편함을 어느 정도 수용하는 것이 중요하다.

가치 있는 삶은 여러 형태를 취할 수 있지만, 기능적으로 볼 때 목적이 있다. 가치 일관성 행동에 대한 특정 선택은 내담자의 가치와 관련된 목표에 가장 효과적인 것이 무엇인지를 기반으로 한다. 수용전념치료에서는 실효성이라는 용어를 사용하여 내담자에게 특정 가치와 관련하여 무엇이 효과적인지 설명한다. 어떤 행동도 완벽하거나 이상적이지 않으므로 어떤 행동이든 그 행동의 적합성은 그 행동에 대한 기능 분석에 기초한다. 임상가의 임무는 내담자가 자신의 행동에 대한 기능 분석가가 되도록 돕는 것이다. 이러한 기법을 개발함으로써 내담자는 치료 후에도 그리고 평생 더 큰 가치의 행동을 할 준비를 하게 된다.

예를 들어, 대가족과 함께 있을 때면 늘 심하게 비난받는 느낌이 드는 내담자를 생각해 보자. 이 내담자는 자신의 가치가 친척과 함께 있어도 평화로운 날을 즐기는 것이라 말할 수 있다. 그에게 실효성이란, 가족들에게 험한 말로 되갚아 주고 싶지 않기 때문에 가족들이 서로 적대적일 때 대화에서 빠져나오려는 것으로 보일 수 있다. 하지만 만약 내담자가 같은 가족 구성원들과 더 친밀한 관계를 발전시키고 싶다면, 그는 곤란한 상황에서도 더 솔직하고 친밀한 관계를 형성하기 위해 노력하면서 많은 가족이 참여할 수 있게 애쓰는 쪽을 선택할 것이다. 실효성은 무엇이 효과적이냐에 관한 것이지만 그 효과는 오직 개인의 목표와 가치의 측면에서만 평가될 수 있다.

전념 행동과 관계틀이론

전념 행동은 본질적으로 가장 높은 수준에 핵심 가치를 두고 있으며 가치의 계층적 관계 네트워크에 부합되는 행위를 처방하는 규칙에 따라서 반응한다. 예를 들어, 가족 간의 친밀감이 누군가의 핵심 가치이고 가정에서 보내는 시간이 가족과 더 많은 접촉을 촉진하는 목표가 된다면, 그 사람은 가정에서 더 많은 시간을 처방하는 규칙을 만들어 낼 수 있다.("나는 매주 토요일 집에서 아이들과 시간을 보낼 것이다.") 그가 만약 이 규칙에 일치하는 행동을 계속한다면, 그는 자신의 가치에 대한 전념 행동을 보여주고 있다.

심리 유연성

이 장에서 설명한 여섯 가지 핵심 영역 각각의 문제가 심리 경직성을 유발하고, 이는 개인의 가치 쪽으로 방향을 잡지 못하는, 경직되고 위축된 행동 목록으로 나타난다. 우리는 내담자들 사이에서 다양한 형태의 행동 경직성을 본다. 여기에는 가치에 의해 유도되지 않는 엄격한 규칙 따르기, 경험 회피, 과도한 융합, 개념화된 자기에 대한 집착, 가치 없는 방향성의 지속, 가치 일관성 행동의 결핍 등이 포함된다.

수용전념치료의 목표는 심리 유연성을 조성하려는 것이다. 이는 개인을 가치 있는 방향으로 움직이게 하는 광범위한 행동 목록으로 특징지어진다. 전체적으로 볼 때, 수용전념치료의 여섯 가지 기본 개입 과정은 서로 다른 과정들을 지지하면서 모두 심리 유연성을 목표로 한다. 즉, 의식이 있는 인간으로서 현재 순간에 완전히 접촉하고 선택된 가치를 위해 행동을 지속하거나 변화시키는 과정이다.

가치: 수용전념치료의 핵심 요소

수용전념치료가 문제 행동의 기능을 검토하는 것처럼 가치 있는 행동의 기능도 검토되어야 한다. 각 수용전념치료 과정이 가치에 연결되고 유용하고 강력한 작업이 이루어지려면 각각의 과정이 가치 작업에 관여해야 한다. 수용전념치료 과정들은 별개로 분리되는 것이 아니라 상호작용하고 서로에게 영향을 미치는 과정으로 개념화하는 것이 좋다. 다음 페이지의 도표는 이러한 과정들이 서로 어떻게 어울리는지를 보여 준다.

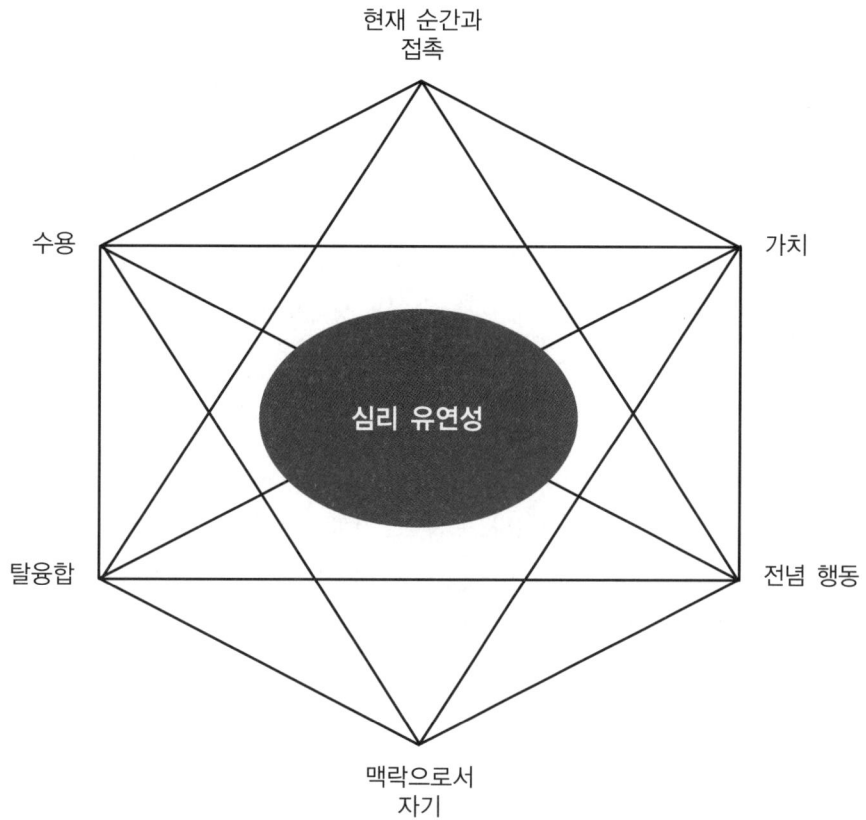

이 도표에서 가치와 전념 행동은 함께 행동의 변화 과정으로 간주한다. 내담자가 어려움을 겪고 있는 심리 변수가 수용전념치료의 다른 과정들을 통해 해결되면 의미 있는 행동 변화가 장기간 발생할 가능성이 크다. 이것이 가치가 수용전념치료 작업의 핵심 부분이 될 수 없다는 걸 의미하는 것은 아니다. 사실 가치는 종종 치료 초기 단계에서 다루어지는데 이런 점은 이 책의 뒷부분에서 설명할 전략이다. 수용전념치료 작업의 대부분은 내담자가 인생에서 가장 원하는 바를 중심으로 이루어진다. 가치는 내담자가 중요한 것을 향해 나아갈 때 필연적으로 경험하게 되는 힘겨운 생각, 감정, 기억 등을 소중하게 만들어 준다.

잠시 시간을 내어 당신에게 가장 중요한 것이 무엇인지 생각해 보자. 이제 이 가치와 일치하는 삶을 사느라고 어느 정도 고통이 발생하였던 가장 최근의 시기를 상상해보라. 어쩌면 당신이 소중하게 생각하는 사람과 무언가 함께 할 것을 깜빡했거나 직장에서 실수했을 수 있다. 당신의 삶에서 중요한 무언가가 있는데 당신의 가치와 관련해 계획한 대로 진행되지 않은 상황이 있었을 수도 있다. 어쩌면 관계가 일찍 끝났거나, 직장에서 해고되었거나, 가족 구성원이 당신에게 화를 냈거나, 갑작스러운 경제적 문제가 발생했을 수도 있다. 많은 경우 우리가 계획하고 열심히 일했는데도 바라는 대로 해결되지 않아 심리적 고통이 유발된 적이 있다. 더욱이 우리가 가치와 일치된 행동을 하더라도 가끔 이 행동을 하는 것이 어렵다고 생각할 수도 있다. 예를 들어, 만약 진실한 관계를 갖는 것이 당신에게 중요하다면 상대방에게 화가 났다고 말할 필요가 있고, 이것이 그 순간 불편할 수 있다.

이러한 상황에서 불편함을 다루는 방법이 가치 일관성 행동을 강화할 수도 있고 경험 회피나 융합, 개념화된 자기에 기초를 둔 행동에 참여하게 할 수도 있다. 핵심은 예측에서 벗어난 일에 관한 생각이나 느낌 그 자체가 아니라 그러한 생각이나 느낌과 어떻게 관계를 맺느냐이다. 수용전념치료는 내담자가 자신의 가치에 참여함으로써 발생할 수 있는 불편함과 관계를 변화시킬 수 있도록 돕는 것을 목표로 한다. 탈융합과 맥락으로서 자기와 관련된 작업은 실패에 관한 생각을 문자 그대로 받아들여 굳이 행동으로 이어져야 할 필요가 없음을 알 수 있게 해준다. 수용 관련 작업은 사장과 월급 인상에 관해 이야기할 때 발생할 수 있는 불편함이 사실은 이 문제가 중요하기 때문이라는 점을 인식하도록 도와준다. 전념 행동은 가치 행위의 패턴을 탈융합과 수용의 입장에서 행동으로 옮기는 것이다.

우리는 치료를 하는 동안 가치 작업을 계속하기를 권고한다. 치료 초기에 수용, 탈융합, 현재 순간을 알아차림, 맥락으로서 자기 등에 관한 기법이 구축되기 전에 내담자는 여전히 오래된 패턴에 갇혀있을 것이다. 그들은 융합된 상태에서 경험 회피를 계속할 수 있다. 그래서 가치에 일치하는 삶을 살려고 하기보다는 두려움이나 상처, 버림받음으로부터 자신을 보호하는 방식으로 행동할 수 있다. 내담자가 수용, 탈융합, 초월적 자기감을 인식할 때 그들이 더 효과적이고 강화를 주는 목표와 가치를 선택할 가능성이 커지고 이는 활력을 경험하게 해준다.

요약

당신이 수용전념치료 모델의 다양한 핵심 과정을 이해하고 그것의 근본 원리에 익숙해져서 이 모델이 당신의 작업에 영향을 줄 수 있기를 바란다. 또한 이 장에서는 수용전념치료 작업에서 가치의 역할에 대해 논의하였다. 수용전념치료 각 과정에 대해서도 시간을 할애하였는데 수용전념치료가 단순한 기술 모음이 아니라 모델이라는 점을 명확히 하고 싶었기 때문이다. 이에 더해 앞으로 이 책 전반에 걸쳐 가치 작업을 한 꺼풀씩 벗겨내면서 각 과정의 관점에서 가치 작업을 논의할 것이다. 우리는 기법과 이를 사용하는 근거에 대한 정보를 수용전념치료의 모델과 그 모델의 기초가 되는 작업을 통해 얻고 있다. 3장에서 우리는 가치의 기능을 검토하고 몇몇 공통의 언어 함정을 극복하는 방법을 살펴볼 뿐만 아니라 가치가 어떻게 발달하고 어떻게 혼란스러워질 수 있는지에 초점을 맞춘다.

3장
융합과 잠재적 언어 함정

지금까지는 가치의 작업적 정의를 알아보았고, 이제는 가치가 어떻게 혼동될 수 있는지 살펴볼 것이다. 가치 혼란을 언급하는 것은 매우 중요하다. 왜냐하면 내담자가 중요한 것에 접촉하고 이것에 딱 맞아떨어지는 삶을 경험하는 것이 이상적이지만 실제 임상에서는 이런 일이 거의 일어나지 않기 때문이다. 따라서 치료 초반에 가치에 관해 심층적으로 작업하는 것보다 우선 가치와 관련된 혼란을 제거하는 쪽이 가치 명료화로 가는 길을 더 쉽게 닦게 해준다. 가치를 식별하고 명료화하는 과정에서 걸림돌이 발생하는 것은 일반적 현상이다. 이 걸림돌은 대부분 어떤 식으로든 인지 융합과 밀접한 관련이 있다. 이전 장을 떠올려보면, 융합은 우리의 마음이 생산한 상품을 문자 그대로 받아들이는 과정이다. 다시 말해, 우리는 우리 자신과 세계에 관한 판단, 평가, 규칙 등의 생각에 융합된다. 융합은 핵심적이면서도 구석구석에 만연해 있는 문제이므로 이 장에서는 내담자가 가치를 향해 행동하는 것을 (처음에는 이를 식별하는 것조차) 방해하는 수없이 다양한 형태의 융합을 살펴볼 것이다. 융합(그리고 ACT가 표적으로 하는 다른 과정)은 치료자를 포함한 우리 모두에게 영향을 미치므로 어떤 경우에는 일반적인 인간 조건에 대해서, 다른 경우에는 내담자에 대해서 표적으로 삼을 것이다. 치료자라면 경우별로 다양한 ACT 전략을 사용할 수 있어야 한다고 제안한다. 그러한 전략은 당신 자신의 심리 유연성을 향상하도록 할 뿐 아니라 내담자에게 요구되는 작업과 관련된 도전과 뉘앙스에 관한 이해를 높이기도 한다.

가치의 측면에서 보면, 융합은 내담자가 자신의 가치를 혼란스럽게 여기게 만드는 "언어 함정"이라고 볼 수 있다. 우리는 네 가지 기본적인 언어 함정과 그것들이 가치와 어떤 관계가 있는지 확인하고 검토하며 각각을 다루는 방법에 대해 알아보려 한다. 내담자가 가치를 추구하면서 최선의 삶을 살지 못하게 만드는 수많은 이유가 있지만 언어 함정도 큰 역할을 한다. 당신이 개입 계획을 세우면서 이러한 함정에 익숙해지기를 바란다.

문제를 파헤치기: 융합의 영향

우리는 문제 해결, 추론, 계획, 의사소통 같은 많은 과정에서 언어가 얼마나 필수적인지 논의하였다. 그러나 가치에 관해서는 언어가 종종 같은 편이라기보다 장벽이 될 수 있다. 레베카 사례를 살펴보자.

레베카는 20대 중반의 독신 여성으로 더 깊은 관계를 찾고 있었고 그녀가 치명적이라고 묘사하는 불안으로 고통받고 있었다. 그녀는 치료 처음부터 치료자에게 말했다. "나는 항상 불안했고 앞으로도 계속 그럴 겁니다. 나는 강하지 않아서 아마 내가 원하는 종류의 관계를 맺을 수 없을 겁니다." 그녀 삶에서 가능한 게 무엇인지에 관한 이러한 설명에도 불구하고, 레베카와 그녀의 치료자는 그녀에게 무엇이 중요한지를 명확히 하기 위해 함께 작업하기로 했다. 그러나 레베카는 관계와 관련하여 명확한 하나의 가치를 고수할 수 없었다. 어떤 주에는 "정직"이라 말하기도 했고, 다음 주에는 "글쎄, 줄곧 생각했는데 너무 정직한 건 나쁜 거죠. 그렇죠? 내가 뚱뚱하다고 느낄 때면 거짓말이더라도 누군가 내게 멋져 보인다고 말해 주었으면 좋겠어요." 하고 말한다. 이어지는 회기에서 삶에서 그러한 가치를 만드는 방법을 탐색하기보다 각 가치의 장단점을 주제로 논의했다. 가치 토론은 매회기마다 주제가 전환되었고, 레베카는 이전 회기에서 깊이 그리고 눈물겹게 인정하였던 바로 그 자질을 끊임없이 허물어버리곤 했다.

레베카 사례는 부분적으로 언어 사용에서 발생하는 몇 가지 일반적 문제로 설명될 수 있다. 레베카가 친구, 잠재적 파트너, 치료자와 의사소통(모두 그녀에게 중요하고 가치 있는 활동)을 할 수 있게 하는 바로 그 과정은 또한 미래의 두려운 결과를 예측하고, 판단하고, 회피하는 데도 상당 시간을 소모하도록 했다. 레베카는 모든 실패의 가능성을 고려하면서 혼란에 빠졌고 두려움이 현실이 된다면 그것을 다룰 수 없을 것이라고 확신했다. 그녀는 가치의 장단점을 평가하였으므로 그 가치와 일관되게 살아가는 핵심 과정으로 나아가지 못했다. 그녀는 언어에 갇혀 버렸다.

레베카가 어떻게 갇히게 되었을까? 그녀는 모든 가능한 방식으로 자기 생각에 융합되었다. 그녀는 가치를 지키려고 선택하기보다 생각을 문자 그대로 받아들여 자신의 마음이 말하는 바에 귀를 기울였다. 그녀는 현재가 아니라 미래를 예측하는 데 더 많은 시간을 보냈다. 그녀는 가치에 기반을 둔 행동이 자신이 원하는 방식대로 작동하지 않을 때 발생할 수 있는 정서적 불편감을 다룰 수 없을 것이라는 생각에 융합되었다. 그녀는 대인관계에 가치를 두는 것의 장단점을 견주어 볼 필요가 있다고 느꼈다. 자신이 불안한 사람이라는 견고하고 융합된 개념화는 레베카가 불안이 유발되는 일은 시도조차 할 수 없음을 의미했다. 이러한 문제로 인해 레베카는 가치에 접촉할 기회가 제공되더라도 가치를 회피하고, 불편한 상황에서 도피할 수 있는 방법을 찾고, 가치의 중요성을 전적으로 부인하기까지 했다. 결국, 레베카의 삶은 점점 더 좁아지고, 덜 충족되었으며, 회피를 향한 방향으로 나아가게 되었다.

우리가 치료에서 만나는 많은 내담자에서 융합은 삶을 축소하는 영향을 준다. 내담자가 가치에 기반을 둔 생활이 어떻게 보일지에 대해 명확한 생각을 가지고 치료를 받는다고 하더라도, 종종 이러한 삶을 살아가는 데 언어적인 장벽을 만나게 된다. 일반적으로 내담자는 가치에 기반을 둔 삶이 가능한지를 판단하기 이전에 반드시 어떤 문제나 감정적 불편함을 제거해야만 한다고 믿는다. 또는 레베카처럼 가치를 지향하는 행동을 할 여유가 없이 자기에 관해 고정적이고 융합된 개념화를 갖고 있을 수 있다. 어느 쪽이든, 융합은 치료 작업에서 관심을 가져야 하는 중요한 문제다. 따라서 우리는 내담자가 충만하고 가치가 이끄는 삶을 사는 대신 불편함을 회피하려고 구축된 삶으로 이끄는 융합된 각각의 방식을 인식하게끔 도울 수 있는 최대한의 기회를 제공할 것이다.

가치에 관해 융합이 얼마나 만연할 수 있는가를 논의했으므로 이제 가치 혼란을 초래할 수 있는 각각의 언어 함정을 살펴보자. 개념화된 자기와 융합, 느낌에 관한 생각과 융합, 추론과 규칙에 관한 언어 구성과 융합, 성과와 융합 등이 그것이다.

언어 함정 1: 개념화된 자기에 융합

ACT 관점에서 말하는 세 가지 자기, 즉 개념으로서 자기, 과정으로서 자기, 맥락으로서 자기에 관해서는 이전 장에서 논의했던 것을 기억할 수 있을 것이다. 복잡한 구성물이지만, 수용전념치료 작업을 하려면 그것들을 이해하는 것이 굉장히 중요함을 발견했다. 그것들은 자기에 대한 심리적으로 다양한 관점이 가치에 어떻게 영향을 미치는지 논의할 수 있는 공통의 언어를 제공하므로 여기서 다시 다루어 보겠다. 간단히 말해서, 개념으로서 자기는 경험의 역사(예를 들어, "나는 30세다.", "나는 관대하다." 또는 "나는 좋은 사람이다.")에 기반을 둔 자기 서술적 진술, 판단, 평가를 포함하는 관점이다. 과정으로서 자기는 지속적이고 변화하는 행위와 경험(예: "지난여름을 생각하고 있다." 또는 "나는 외로움을 느끼고 있다.")에 대한 관점이다. 맥락으로서 자기는 우리 자신(개념으로서 자기)과 지속되는 행위와 경험(과정으로서 자기)을 모두 묘사하는 대단히 중요한 관점이다.

심리 유연성의 측면에서 특별히 중요하게 대비되는 것은 개념으로서 자기와 맥락으로서 자기이다. 맥락으로서 자기는 세 가지 관점 중에서 가장 유연하다. 그것은 내용이 없는 순수한 관점이므로 가치 탐색과 가치 일관성 행위의 채택과 관련하여 최대로 유연하다. 이와 반대로 개념으로서 자기는 세 가지 중에서 가장 유연성이 낮고 역동적이지 않다. 언급된 바와 같이, 이 관점에는 우리가 누구인지, 우리 자신을 어떻게 표현하는지, 우리가 좋아하는 것이 무엇이고 싫어하는 것이 무엇인지 그리고 우리의 가치가 어떻게 표현되는지 등을 포함하여 우리 삶에 대한 묘사, 판단, 평가가 포함된다. 이런 식으로 자기를 묘사하는 것은 모든 언어적 인간 개개인의 행동 목록을 특징짓는다. 그러나 문자 그대로를 진실로 받아들이는 이 개념과 지속적으로 융합되는 것이 문제이다. 이러한 상황에서는 미래의 가능성을 엄격하게 제한하는 고정된 개념화의 입장에서 자신을 이해한다.

개념화된 자기와 융합된 내담자는 보통 가치를 희생하는 대가를 치르면서도 이러한 개념화를 안정시키기 위해 평생 매우 열심히 노력한다. 2장에서 언급했듯이 인간은 종종 일관성을 추구하는데, 그것을 얻는 한 가지 방식이 개념화된 자기와 일관되게 행동하는 것이다. 따라서 내담자는 어떤 대가를 지불하고도 개념화된 자기를 유지하기 위해 열심히 노력한다. 어떤 이는 성실한 일꾼이라는 자신의 정체성과 융합되어 심각한 질병에도 불구하고 끝까지 일을 완수하려 하고 자신을 돌보지 않는다. 어떤 여성은 모든 대인관계에서 완벽을 추구하므로 갈등이 발생할 때마다 그 상황에 존재하고 있는 타인이 우정을 나눌 가치가 없는 대상이라고 여긴다. 그래서 정직과 용서에 기반을 둔 관계를 맺지 못하는 상태에 내버려지게 된다. 그녀가 다른 사람과 관계에 가치를 둔다고 공언할지 모르지만 자기 개념이 완벽한 관계를 유지하는 데 너무 심하게 의존하므로 그녀는 외롭고 단절된 듯이 보인다. 사람들은 또한 명시적으로 부정적인 자기 개념에 일치되는 방식으로 행동할 수 있다. 자신이 매력적이거나 사랑스럽지 않다는 생각에 융합된 내담자의 예를 보자. 그녀는 필사적으로 관계를 맺길 원하지만 데이트나 사회적 교류가 결실을 보지 못할 것이라 가정하여 이를 피하므로 관계의 부재가 확실해지고 궁극적으로는 자신이 사랑스럽지 않다는 자기 개념을 지지하는 경험을 하게 된다. 여기서 보다시피, 경직된 자기 개념화에 기반을 둔 삶은 행동의 경직성과 가능성의 축소로 이어지고, 이는 가치에 일치하는 행동이 일어날 가능성을 떨어뜨린다.

삶의 역할에 융합

치료 과정에 만연해 있는 문제는 내담자의 정체성이 특정 삶의 영역에서 그들의 역할과 불가분의 관계에 있다는 점이다. 경력(예: 의사) 또는 생활 상황(예: 어머니)을 반영하는 가치 관련 질문에 응답할 때 내담자는 해당 진술이 정확하고 완전한 자기 기술이라 믿는다. 이러한 점이 삶의 역할과 관련된 정체성과 융합을 나타낸다.

어머니와 사이에서 겪는 좌절감을 극복하기 위해 치료를 받는 샤론의 경우를 생각해 보자. 그녀는 어머니에게 자주 화를 내는 것이 훌륭한 기독교인답지 않다고 느낀다. 기억하는 한, 자신의 인생에서 그녀가 하는 역할은 가족을 병간호하는 것이었다. 그녀는 어린 형제들을 보살폈고, 더 나이가 들었을 때는 병든 어머니를 돌보기 위해 학교를 그만두었다. 샤론에게 그녀의 가치가 무엇인지 질문했을 때 그녀가 보인 반응은 가족 간병인으로서 역할에 관한 것들의 변형이었다. 그러나 그 역할 속에서 그녀에게 중요한 것이 무엇인지 물었을 때 단지 그 일을 하는 의무와 책임이 있을 뿐 큰 기쁨이나 그 일을 함으로써 얻는 강화의 느낌을 표현하지 않았다. 그녀는 이기적이지 않았고 항상 다른 사람의 필요와 기쁨을 자신의 것보다 우선시하는 방식이 자기 인생의 몫이라고 언급했다. 하지만 또한 매우 고립된 느낌과 외로움이나 우울함도 보고했다. 더욱이, 최근에는 상당히 체중이 늘었고 주치의는 더 많은 운동을 하도록 권유하였다. 샤론은 자신의 역할 때문에 자신을 돌보는 일이 불가능하다고 불평했다. 그녀는 좌절감에서 벗어나고 덜 외롭게 느낄 수 있는 방법을 찾기 위해 도움을 요청했다.

샤론의 사례가 극단적인 경우로 보일 수 있지만, 특정 삶의 역할에 융합하면 삶과 치료에 어떤 문제가 발생하는지 보여주는 좋은 예이다. 샤론과 치료할 때 그녀의 역할을 훼손할 필요는 없다. 그 역할은 오히려 다른 사람을 돌보는 역할 안에서 그녀가 관심 있게 생각하는 게 무엇인지 파악하는 데 도움을 준다. 이 경우, 내담자는 자기 묘사가 단지 자기를 구성하는 특성의 제한된 범위에 불과하다는 사실을 알지 못한다. 그녀는 실제로 자신이 어떤 역할을 맡았든 단순히 행동으로 옮기는 것 이상으로 다양한 관점으로부터 많은 것을 알아차릴 수 있거나 경험할 수 있는 온전한 한 사람이다.

과거 가치를 모호하게 하는 현재 삶의 역할에 융합

역할에 융합되면 또 다른 방식으로 가치의 장애가 될 수 있다. 내담자는 자신의 현재 역할이 한때 갖고 있었던 가치에 맞춰 사는 것을 불가능하게 만들기 때문에 삶의 특정 영역에서 어떤 가치를 가져야 할지 확신이 없는 경우가 가끔 있다. 스트레스에 지쳐 치료실을 방문한 젊은 전문직 여성 메리의 경우를 보자. 사회적 관계에 관해 물었을 때 그녀는 전문직 여성으로서 삶의 여유가 없어 사회적 관계를 갖는 것이 불가능하다고 하였다. 그러나 치료가 진행되면서 한때 메리가 우정에 꽤 큰 가치를 두었음이 분명해졌다. 어린 시절, 그녀는 몇몇 매우 가까운 친구들과 서로를 깊이 이해할 수 있었고 함께 공동체를 경험할 수 있었다. 메리가 깊고 의미 있는 관계의 속성을 여전히 가치로 여긴다는 점에 그녀와 치료자는 동의했다. 그러나 메리는 자신이 경력을 최우선으로 삼은 나머지 오랜 우정이 사라져버렸다고 설명했다. 또한 그녀는 몇 년 동안은 새로운 우정이 생길 가능성이 없다고 말했다. 왜냐하면 그녀가 기업의 계층적 서열에서 위로 올라갈 때 얻은 신뢰를 잃어버릴까 두렵기 때문이었다. "나는 전문직 여성이야. 그리고 친구들과 내 삶의 내밀한 세부 사항을 공유하는 것은 적절하지 않아."와 같은 생각의 존재가 더 의미 있는 우정을 나누려는 메리에게는 장벽이다. 메리는 전문직 여성의 역할과 행동 방식과 관련된 규칙에 지나치게 융합되어 있다. 그녀는 자신의 경력에 우선순위를 두면서 당시 자신이 옳다고 생각한 일을 어떻게 수행했는지 확인할 수 있었고, 삶에서 중요한 우정을 쌓는데 비용을 치러야 한다는 것도 알 수 있었다.

수용전념치료의 중요한 요소에는 은유와 체험 연습을 사용함으로써 내담자에게 자기 자신과 가치에 관한 생각을 포함하여 생각하기(관계틀 만들기)가 단순히 지속되는 행동(마음의 행위)이라는 개념을 소개하는 것이 있다. 수용전념치료에서 내담자는 한 발 뒤로 물러나 이 행위의 산물(그녀 생각)을 생각의 내용에 얽매이거나 융합되지 않고 맥락으로서 자기 관점에서 관찰할 수 있음을 배운다. 이 맥락으로서 자기 관점에서 보면 내담자는 인생 상황의 변화에도 불구하고 일정하게 유지되는 깊숙이 간직된 가치와 더 쉽게 연결될 수 있다. 결국 메리는 맥락에 따라서 전문직 여성으로 행동할 수도 있고 또한 자신의 개인 정보를 공유할 사람들을 신중하게 선택할 수도 있음을 알게 되었다. 그녀가 몇몇 중요한 친구들과 더 많은 것을 나누게 되면서 자신이 사람들과 관계를 훨씬 더 좋아한다는 점을 발견하였다. 전문직 여성의 행동 방식에 관한 엄격한 규칙에서 탈융합되면서 메리는 우정에 관한 그녀의 가치에 더 일치하는 삶을 살 수 있었다. 이 예에서, 우리는 자신의 역할에 기초를 둔 엄격한 자기 개념화로부터 탈융합하는 것이 가치에 관한 경직성을 약화하는 데 중요하다는 점을 알 수 있다.

자기에게 향하는 위협: 삶의 상황이 변할 때

자기 자신이 하는 일에 얽매이게 될 때, 새로운 행동이나 상황(예를 들어, 이혼이나 경력의 변화에 따르는)에는 한 개인의 정체성에 대한 새로운 관점이 있어야 하고 이는 자기의 심각한 붕괴로 이어질 수 있다. 가치에 일치하는 삶과 관련하여, 이러한 자기의 변화는 "그녀가 누구인가?"가 변하면 그녀의 가치 또한 새로운 삶의 상황에 맞게 변화하거나 개편되어야 한다는 생각으로 이끌 수 있다. 재활의학에서는 종종 신체 기능을 상실한 내담자의 예후가 개념화된 자기를 놓을 수 있는 능력에 달려있다고 말한다. 최근 다리 기능을 상실한 내담자가 그녀의 자기 개념이 걷기, 뛰기, 스포츠를 하는 능력과 연결되어 있다는 생각에 융합된다면, 그녀는 새로운 상황에 의해 심각하게 위협받을 것이다. 그 내담자는 친밀한 관계, 신체활동 또는 신체 능력과 연결된 것으로 보이는 모든 것과 관련된 가치의 중요성을 과소평가할 가능성이 크다. 그녀는 자신이 관심을 가진 어떤 것도 더는 가능하지 않고, 삶이 끝났다는 생각에 융합되어 우울을 경험할 수 있다. 만약 내담자가 자신의 신체 기량과 연결된 자기 존중감에 관한 생각으로부터 탈융합할 수 있다면 재활 과정이 한결 쉬워질 것이다.

언어 함정 2: 느낌에 관한 생각에 융합

우리가 느낌에 관해 생각하고 말하는 방식도 잠재적으로 언어 함정을 드러낼 수 있다. 언어공동체로서 인간은 우리가 어떻게 느끼는지를 변별하고 설명하게끔 가르치려 한다. 하지만 외부 환경에 존재하기에 명시적으로 관찰할 수 있는 대상에 관한 가르침("이것은 자동차이다.")과 달리 은밀하게 느껴지는 경험은 간접적이어서 느낌 자체보다는 느낌에 수반되면서 동시에 공개적으로 관찰할 수 있는 대상에 의존해야 한다. 예를 들어, 부모나 보호자는 아이가 칼에 베이거나 멍든 것을 봤을 때 "아파요."라고 말하도록 가르칠 것이다. 그러나 은밀한 자극을 받은 경우에는 확립된 자극 조절이 명시적으로 드러나거나 공개적으로 관찰할 수 있는 현상만큼 정확할 수 없다. 예를 들어, 부모가 고통의 정도나 크기와 상관없이 자녀에게 "아파요."라고 말하도록 가르친다면 자녀가 정말로 고통을 느끼는지 아닌지를 알 수 없다.

단순히 느낌의 변별을 가르치는 것과 별개로 사회언어적 공동체는 아이에게 환경에 존재하는 많은 다른 사물, 사건에 대해서 그렇게 하듯이 자신의 느낌에 대해서도 역시 좋은지 혹은 나쁜지를 평가하도록 가르친다. 예를 들어, 양육자가 어떤 느낌을 좋거나 나쁘다고 평가한다면 아이도 같은 방식으로 이를 평가하는 법을 배울 것이다.

이처럼 사회언어적 공동체는 비록 부정확하더라도 아이가 느낌을 변별하고 평가하도록 훈련한다. 이 훈련의 결과로 공동체는 아이의 내면 상태에 관한 무언가를 발견할 수 있다. 또한 느낌에 관한 언어는 행동 예측을 쉽게 할 수 있게 한다. 예를 들어, 누군가 분노나 슬픔의 느낌을 보고하면 아이는 특정 맥락에서 어떻게 행동할 수 있을지에 관련된 몇몇 조짐을 제공받는 것이다. 느낌에 관한 이러한 언어 훈련의 결과가 공동체에는 유용하다 할지라도 그 훈련과 언어 융합의 결합이 더 광범위하게 일반화되면 이는 문제 행동 양식에 기여하고 가치 일관성 행동을 할 가능성이 더 작아지게 만든다.

느낌의 평가에 융합

아이들이 경험하는 감각이 매우 다양하듯이 느낌에 관한 언어의 부정확성으로 인해 그들이 감정을 표현하도록 배우는 방법도 엄청나게 다양하다. 결과적으로 우리가 항상 자신의 감정을 잘 변별할 수 있지 않으며 치료를 받는 일부 내담자에게서는 이런 종류의 무능력이 극도로 커질 수 있다. 이러한 부정확함으로 인해 발생할 수 있는 문제가 복합적이므로 우리들 또한 자신이 느끼는 바를 평가하고 이러한 평가에 의해 안내를 받게끔 배우게 된다. 예를 들어, 아이는 느슨하게 지칭되는 일련의 감정인 "불안"이 나쁜 것이므로 어떤 일을 시작하기 전에 이 나쁜 감정이 낮은 수준인지 확인하고 관리해야 한다고 부모로부터 배운다. 이렇듯 일시적이고 제대로 정의되지 않은 느낌인 불안을 관리해야 한다고 학습해야 하므로 시간과 에너지를 빼앗기고 가치 일관성 행동에 방해받는다. 덧붙여, 이런 느낌은 완벽하게 관리되거나 제거될 수 없으므로 아이가 이것들이 처리될 때까지 다른 것들을 미루고 있다면 그 아이는 갇히게 된다.

성장하는 동안 감정 평가를 배우지 못한 사람도 인생 후반에는 자신의 경험을 평가하기 시작할 수 있다. 예를 들면, 수잔은 남편을 잃기 전까지 삶이 충만하고 의미가 있었지만 이후 우울해졌다. 그녀는 우울하다는 것이 무엇인지 알지 못했지만 지금 그것을 느꼈고 치료자에게 삶을 증오한다고 말했다. 그녀는 우울을 없애기 위해 온종일 잠을 자고, 남편에 대해서는 말하지 않고, 슬픈 TV쇼와 영화는 피하는 등 모든 것을 시도했다고 보고했다. 그녀는 자신의 우울을 다룰 수 없다고 말했다. 그녀는 자신의 경험이 이전보다 나쁘다고 평가했기에 우울증을 기꺼이 경험하려 하지 않았다. 게다가 슬픔에 대한 이런 평가에 융합되었으므로 슬픔을 유발하는 모든 일을 피하게 만들었고 삶을 좁게 위축시켰다. 어떤 식으로든 내담자가 자신의 느낌이 나쁘다고 평가하면 회피는 광범위해진다.

기분이 좋을 때도 마찬가지다. 어떤 느낌이 나쁘거나 바람직하지 않다고 평가하는 이면에는 다른 느낌이 어떤 면에서 좋고 바람직하다는 생각이 내재되어 있다. 일단 좋은 느낌과 나쁜 느낌의 이분법이 확립되면 사람들은 이 평가에 융합되어 나쁜 느낌을 피하고 좋은 느낌을 경험하는 방법을 찾기 시작한다. 서구사회에서 좋은 기분을 느끼려고 우리 모두 애써야 한다는 메시지를 알아차리는 데는 멀리 볼 필요도 없다.

가치 기반의 치료 목표는 내담자가 충만하고 활력이 있으며 가치와 일관된 삶을 살도록 유도하는 것이다. 이는 단지 "기분 좋음"과 매우 다르다. 그러나 사회적 압력이 오랜 시간 지속되어 행복이 "나쁜" 느낌을 조절하거나 회피할 수 있는 능력에 기초한다는 확신이 들게 되면 때때로 수반되는 어려움과 함께하면서도 가치가 주도하는 삶을 추구하는 것이 어려울 수 있다. 기분이 좋은 게 전혀 잘못된 것은 아니지만 그 자체가 가치는 아니다. 당신이 가치를 따르는 방향으로 활동에 참여했을 때 기분이 좋을 것이지만 이것은 목표라기보다는 부수적인 효과다. 예를 들어, 요가 수업 이후에 기분이 좋아지면 요가 수업에 가는 것과 기분 좋음을 연관 짓는다. 하지만 기분이 좋아질 의도로 요가 수업에 간다면 다양한 몸의 자세와 마음챙김과 같은 요가의 핵심을 놓치게 될 것이다. 실제로 요가의 대부분 자세가 편안한 것만은 아니다. 힘들고, 반복적이고, 어렵다. 그러나 요가에 관련된 행동 패턴이 당신 가치와 일치한다면 주어진 순간에 당신이 어떻게 느끼는지와 상관없이 요가가 활력을 주는 것을 장기적으로 경험하게 될 것이다.

또 다른 문제는 느낌 상태가 끊임없이 변한다는 점이다. 만약 하루에 경험한 모든 감정을 기록해야 한다면, 감정이 얼마나 많이 바뀌는지 알아차릴 수 있을까? 당신은 어느 날 피곤함을 느끼면서 일어나 그날을 불안해하고, 점심시간 동안 직장에서 발표로 만족감을 느끼고, 오후 미팅에서는 상사 때문에 좌절하고, 집으로 운전하고 오는 도중에는 파트너가 그립고, 집에서 가족을 보면 기쁘고, 저녁 뉴스를 시청하면서 슬퍼지고, 잠들기 전에 다시 피곤함을 느낀다. 많은 사람에게 하루 또는 심지어 단 1분 동안에 감정이 수없이 바뀌는 것은 흔한 일이다.

마치 좋은 느낌이 존재의 원래 상태여야 하는 것으로 여겨 기분이 좋아지기만 기다린다면 우리는 강화를 재빨리 수정하는 행동만을 선택하기 쉽다. 많은 경우 약물을 사용하는 사람들은 감정 다루는 방법을 모른다고 보고한다. 그래서 그들은 기분 나쁨을 제거하고 이를 즉각 효과가 나타나는 강화물로 대체하기 위해 약물과 술을 사용한다. 그러한 패턴은 장기적인 문제를 일으킬 수 있다. 때때로 기분 좋은 경험을 하면, 우리는 어떤 비용을 치르더라도 그 기분 좋음을 더 많이 얻으려고 하는 경향이 있다. 하지만 이런 유형의 강박적 욕망은 우리를 마음챙김이 있는 가치의 경로에서 밀쳐낸다. 우리가 무언가를 원할 때 대상 그 자체가 강화하는 것은 드물고 오히려 우리 자신 안에 단기적으로 정적 강화가 이루어지는 어떤 감각이 있다. 우리 대부분은 감각 충족을 위한 이러한 강박적 탐색이 가치 방향과 일치하지 않는 행동을 이끄는 방식을 경험해 왔다. 쇼핑이 흔한 예다. 당신이 좋아하는 가게에서 할인 행사를 하는 걸 알게 되면 이미 가진 것보다 더 많이 소유하려는 갈망이 당신을 선동한다. 논리적인 생각이 "만약 내가 이곳에서 옷을 사서 즐거움을 얻는다면 더 많은 옷이 내게 더 많은 즐거움을 선사할 것이다." 같은 것일지 모른다. 미래에 이 옷을 입을 수 있는 장소와 그 옷차림이 어떻게 느껴질지에 관한 환상을 가질 수 있다. 이 모든 것은 당신을 지금 여기에서 벗어나게 하는 상상하는 미래에 대한 반응이다. 또한, 이는 갈망의 행동을 강화하고 미래에도 다시 갈망할 확률을 높인다. 이러한 방식으로 좋은 느낌을 추구하는 경향은 기껏해야 우리를 그 순간에서 벗어나게 할 뿐이다. 최악의 경우 강박 관념과 중독 행동이라는 불행을 유발할 수 있다. 우리가 특정 감정을 좋고 나쁜 것으로 평가하는 데 융합될 때 우리는 자신의 행동을 가치에 일관된 삶에 기반을 두지 않고 바람직하지 않은 감정을 회피하고 즐거운 감정을 추구하는 목표를 행동의 기반으로 삼을 가능성이 크다.

느낌이 원인이라는 개념에 융합

감정이 행동의 원인이라는 개념은 영어권의 언어관습에서 자주 나타난다. 예를 들면, "나는 저녁을 먹으러 나가고 싶다." (역주: 원문은 I feel like going out to dinner.인데 무엇을 하고 싶다는 의미를 무엇을 하고 싶은 느낌이 든다고 표현하고 있다.) 혹은 "화가 나서 그를 때렸다." 같은 문장이 있다. 첫 번째 예를 보면, 문장 표현에도 불구하고 감정은 우리의 후속 행동과 거의 관련이 없다. 두 번째 예에서, 개인 학습 역사에는 아마도 누군가를 때리는 데 관여되었던 수많은 변수가 있을 것이다. 또 우리가 화가 난다고 *항상* 누군가를 때리지는 않기에 이 추측성 설명은 다소 착각이다. 이전에도 제시했던 것처럼 부정확하고 오해의 소지가 있음에도 불구하고 우리 자신 혹은 다른 사람의 행동을 예측하는 데 유용하기 때문에 이런 문구가 언어로 나타난다. 더구나 그런 문장들이 부정확하고 오해의 소지가 있다는 사실이 우리에게 영향을 미치는 일은 드물다. 하지만 어떤 특정 상황에서는 감정이 행동을 결정할 수 있다고 제시하는 언어관습이 행동의 유연성 결핍에 기여한다. 이것은 가치 활동 참여의 장애물이 감정이라고 하거나 가치에 일관된 삶을 살아가려면 먼저 감정 상태를 달성해야 한다고 말하는 내담자를 볼 때 분명하다.

예를 들면, "나는 예민해서 학교에 갈 수 없다." 혹은 "내가 정서적으로 가깝다고 느낄 수 있으려면 안전하다고 느끼는 게 필요하다." 같은 표현을 생각해 보라. 이런 식의 언급은 우리 대다수가 명확히 이해할 수 있게 만들어 주는 단축형 같은 것이다. 예를 들어, "나는 예민해서 학교에 갈 수 없다."라고 말하기보다 더 정확한 표현법은 "나는 예민함을 경험하는 중이고, 학교에 가지 않기로 선택한다."이다. 이 두 사건은 시간상 상대적으로 가깝게 발생할 수 있지만(예민함을 느끼는 것과 학교에 가지 않는 선택을 하는 것) 하나가 다른 하나를 유발하지는 않는다. 예민하게 느끼는 것이 문자 그대로 누군가 어딘가에 가지 못하게 한다는 생각은 부정확한 것이지만 널리 받아들여진다.

우리는 느낌이 행동을 방해한다고 믿을 뿐만 아니라 행동하기 *전에* 특정한 방식으로 느껴야만 한다는 생각에 융합되기도 한다. 예를 들어, 사람들은 흔히 준비가 잘 되어 있거나 자신 있다는 느낌이 있어야 특정 행동을 실행하는 게 가능하다고 표현한다. 그런 결과로 위와 같은 생각들이 발생하는 경향이 생기게 된다. 치료자로서 우리의 경험에 의하면, 내담자가 무언가를 하기 전에 특정 방식으로 느껴야만 한다는 생각에 강하게 융합된 상태로 방문할 때 그가 활동적이지 않을 가능성이 크다.

느낌을 잘못 표현한 언어의 융합과 사용이 어떻게 문제가 되는지 그 예를 살펴보자. "나는 아이를 갖고 싶지만 먼저 준비되었다는 느낌이 필요해요."라고 언급하는 내담자를 상상해보자. 내담자가 싸우고 있는 것을 당신이 정확히 이해하고 있다고 생각하겠지만 다음과 같이 자문해보라. "준비되었다"라는 느낌이 어떤 느낌인가? 누군가 준비되었다는 것이 감정일까 생각일까? 일반적으로 "자신감"이라는 단어가 마음에 떠오를 때, 치료자로서 경험에 따르면 그것은 일반적으로 느낌이 아니라 준비되었다는 평가("나는 이것을 할 수 있다." 같은 생각)를 말한다. 다른 식으로는, 한 사람이 아이를 갖기 위해 "준비되었다"라는 것을 가리키는 기준이라고 생각할 수도 있다(특정 수입, 아이를 위한 공간이 있는 집, 가족의 도움, 기타 등등). 사람들은 느낌을 획득할 수 있거나 지속해서 경험할 수 있는 어떤 상태인 것으로 말하는 경향이 있지만, 그런 경우는 거의 없다. 평온한 느낌이 나타날 수 있지만 (보통 그 자체에 대한 느낌보다 불안의 부재로 경험된다.) 그것이 상당히 오래가는 경우는 거의 없다. 느낌이 빈번하게 변화하는 것은 인간 본성이다. 평온함은 새로운 것에 참여하는 바로 다음 순간 불안으로 대체되기 쉽다. "나는 준비되었어."라고 생각할 때 새로운 무언가를 하는 것에 관한 불안이 영원히 사라졌을까? 대체로 그렇지 않다.

자신감을 느낌이나 평가로 여기는 것보다 외현화 행동이라는 측면에서 논의하는 것이 오히려 더 효과적이다. 우리는 특별한 느낌이 있는지에 관계없이 행동할 수 있다. 당신은 준비되었다는 '느낌' 없이 무언가를 한 적이 있는가? 누군가와 대화하기 전에 '느낌'을 기다리다가 기회를 놓쳐서 기다렸던 걸 후회한 적이 있는가? 이런 경우는 모든 사람에게 자주 발생한다. 치료자이면서 동시에 같은 인간으로서, 당신이 얽매였던 이런 감정들을 처리하면서 겪었던 어려움을 기억하고 내담자가 그런 어려움을 경험할 때 그들을 위해 자비를 찾을 수 있기를 바란다.

언어 함정 3: 추론과 규칙에 관한 언어 구성과 융합

세 번째 언어 함정은 행동하는 이유가 추론 때문이라고 보는 데서 비롯되는 가치 혼란을 포함한다. 우리는 특정 행동을 왜 하는지, 세상이 왜 그런지, 왜 원하는 걸 가질 수 없는지 등의 이유를 꾸준히 설명하려고 드는 창조물이다. 많은 삶의 영역에서 이것은 유용한 전략이다. 우리는 추론을 통해 원인과 연결될 수 있다는 사실과 만약 원인을 알 수 있다면 결과를 예측하고 그것을 조절할 수 있음을 일찍부터 배웠다. 그러나 느낌, 가치, 행동에 관해 이유를 찾는 것은 오해를 불러일으킬 수 있다.

가치를 명료화하려면 '만약, 그렇다면if-then' 식의 인과관계 진술로 인해 발생하는 내적 혼란을 살펴보는 것이 유용하다. 우리의 경험으로 볼 때, 그러한 진술이 미래를 예측하는 틀을 제공하긴 하지만, 그것은 종종 가치와 일관된 삶에 도움이 되지 않는다. 첫 번째 어떤 시나리오가 충족되어야 두 번째 시나리오가 (가치와 관련하여) 발생함을 나타내는 내적 규칙의 몇몇 예가 여기 있다.

- ➤ 만약 충분히 자신 있다고 느낀다면, 나는 성공할 것이다.
- ➤ 만약 충분히 체중을 뺀다면, 인간관계를 할 수 있을 것이다.
- ➤ 만약 돈에 관해 걱정할 필요가 없다면, 내 인생은 훨씬 행복해질 것이다.
- ➤ 만약 통증이 사라진다면, 나는 직장으로 돌아갈 수 있을 것이다.

여기서 문제는 인간 행동에서 실제로 인과관계가 존재하는 상황이 거의 없다는 점이다. 원인과 결과라는 관점으로 생각하는 방식이 단순하다고 착각하기 쉬운데, 인간 행동에서 몇몇 첫 조건이 충족된다고 하더라도 이것의 직접 결과로서 다른 조건들은 변하지 않기 때문이다. 예를 들어, 어떤 여성이 친밀한 관계 결핍의 원인을 비만이라고 생각한다면 체중을 감량하면 이 문제가 해결되고 원하는 관계를 얻을 수 있을 것으로 예상할 수 있다. 그러나 원하는 '효과'가 발생할지를 결정하는데 수많은 다른 요인들이 영향을 미친다. 이것이 우리 인간이 인과관계를 식별하기 위해 애쓸 때 흔히 일어나는 경우이다. 솔직히 말해서 우리는 그러한 모든 요인을 분명하게 알아차리는 데 능숙하지 않다. 우리는 기억해야 한다. 마음은 사건을 단순화하여 우리를 도우려고 하지만 이 방식이 반드시 현실을 반영하지는 않는다. 사건 간의 복잡한 관계를 고려한다면 일반적으로 우리는 '만약' 부분을 정확하게 묘사하는 데 능숙하지 않다. 그러므로 어쨌든 우리는 '그렇다면' 부분도 결코 확신할 수 없다.

그 여성이 친밀한 관계를 맺기 위한 조건으로 체중감량이 필요하다고 생각했다면 그녀는 체중감량이 관계 형성으로 이어질 것이라는 단순한 인과관계에 융합된 것이다. 사실, 이 여성은 현재 체중에서도 친밀한 관계를 맺을 수 있다. 이 사건을 더 정확하게 진술하자면 "만약 내가 밖으로 나가서 사람들에게 내 성격을 보여주면서 개방적이고 정직하게 대한다면 내가 원하는 관계를 찾을 *가능성이 있다*."이다. 이렇게 이야기한다고 위안이 되지는 않겠지만 더 정확한 표현이다. "만약 내가 밖으로 나가서" 진술의 "만약if" 부분이 다른 사람의 판단이나 행위(그녀가 데이트를 할 수 있을 만큼 날씬하다는 다른 누군가의 판단)가 아닌 자신의 행위를 언급하는 것임을 주목하라. 또한 "관계를 찾는다"라는 특정 성과와 관련하여 "…할 가능성이 있다may"고 표현한 경고에도 주목하라. 누구도 타인의 행위를 예측할 수 없고 이를 시도하는 것은 실망스럽고 좌절을 안겨준다. 알아차리면서 행동하고 무슨 일이 일어나는지 기다려 보는 쪽이 훨씬 더 가치 일관성이 있다. 언어 함정 4를 살펴보면서 성과와 결합된 무수히 많은 문제를 논의할 것이다.

또한, 이 진술의 "만약" 부분에 제시된 조건이 충족될 가능성이 작을 때 문제가 발생한다. 이것은 사실상 그 진술의 "그렇다면then" 부분으로부터 우리를 멀리 떨어뜨린다. 실패에 대비하여 자신을 어떻게 설정하는지 이야기해보자! 여기에 한 예가 있다. 고통을 경험하면서 "만약 나의 고통이 사라진다면, 오직 그런 다음에야 직장으로 돌아갈 수 있을 것이다."라는 식으로 인과관계를 표현하는 한 내담자를 생각해 보자. 이런 경우처럼 직장에 복귀하기 전에 통증 증상을 제거해야 한다는 생각에 융합되면 만성통증의 사례와 같이 고통이 완벽하게 사라질 수 없기에 대개 개선될 여지가 없다. 이때는 내담자가 추가 진행을 하기 전에 인과관계와 관련된 혼란스러움을 해결할 필요가 있다.

효과가 없는 규칙에 의존: '그러나' 진술에 유의하라

이 주제를 또 달리 변형한 예가 있는데, 이것은 일반적으로 "나는 가치 방향을 알고 있다. *그러나* 몇몇 특별한 일이 발생하지 않는다면 그 가치를 선택할 수 없다."고 언급하는 것이다. 이를 특정 가치를 금지하는 규칙과 융합이라고 한다. 이러한 종류의 이유 찾기는 문자 그대로 다른 것이 존재하는 한 원래 것이 사실이 될 수 없음을 의미한다. 이러한 방식의 '그러나' 문장을 사용한다는 것은 한 사람의 삶에서 어떤 다른 일이 일어나기 전에 무언가가 바뀌거나 사라져야 함을 의미한다. 이러한 마음 세트에는 일반적으로 갇힌다는 느낌이 동반된다. 이 책에서 "갇힘"이라는 단어는 다른 방식으로 행동하거나 상황을 변화시킬 수 있는 선택을 할 수 있는 희망이 없다는 생각과 느낌을 의미하는 것으로 사용한다. 다음 예에서 볼 수 있듯이 이 마음 세트는 우리가 논의했던 다른 융합과도 유사하다. 차이가 있다면 여기서는 자신의 가치를 명확하게 식별할 수 있다는 점이다.

- ➤ 나는 친밀한 관계를 맺길 원한다. *그러나* 우선 상당한 정도로 체중을 감량할 필요가 있다.
- ➤ 직업을 갖는 것이 나에게 최우선이다. *그러나* 이 통증 문제를 해결하기 전까지는 그것이 선택사항이 될 수 없다.
- ➤ 나는 아이를 갖고 싶다. *그러나* 우선 준비되었다는 느낌을 가질 수 있어야 한다.

이러한 '그러나' 진술 각각은 중요한 가치를 말하는 동시에 가치로 가는 길 중간에 장애물이 존재하고 따라서 가치에 따라 살 가능성이 낮다는 평가에 기반하여 가치의 중요성을 감소시키거나 유보한다. 이 판단은 가치 맥락에서 비효율적인 규칙으로 작용한다. 친밀한 관계, 직업, 아이를 원하는 것처럼 위에서 표현된 가치는 모두 완벽하게 타당한 것이고 드문 일도 아니다. 그러나 각각의 진술에서 표현된 협소한 규칙 기반의 수반성은 가치의 중요도를 뒤엎는 경향이 있다. ("나는 X[가치]를 좋아한다. 그러나 그것을 추구하려면 Y[인식된 장애물]가 필요하다. 그리고 Y는 불가능하진 않지만 얻기 어렵다.") 그 결과로 나타난 규칙("Y는 불가능하지 않지만 어렵고, 그래서 나는 X를 추구하는 어떠한 희망도 포기해야 한다.")에 융합이 되면 가치 X의 달성 가능성이 낮아지므로 이 가치 방향으로 향하는 행동에 대해 부정적 예측이 초래된다. 이러한 종류의 규칙은 개인이 처한 상황의 기능을 변형시켜 가치 일관성 행동이 일어날 가능성을 낮추게 된다. 그렇지만 가치 방향으로 나아가는 것에 선택의 여지가 없다고 느끼는 것이 가치나 가치의 중요성을 인식할 수 없다는 것과 같지는 않다. 수용전념치료의 가치 작업에서 내담자는 가치를 따르는 행동을 할 가능성에 관한 규칙과 상관없이 깊이 간직된 가치를 식별하고 그 중요도를 평가하도록 요청받는다. 이를 반영하기 위해 내담자는 '그러나' 진술을 '그리고' 진술로 전환하라고 요청받는다. '그리고' 진술은 중요한 무언가의 맥락에서 발생하는 수많은 생각과 느낌을 반영할 수 있다. 이전 진술을 다음과 같이 바꾸면 얼마나 더 자유로울까?

- 나는 친밀한 관계를 맺길 원한다. *그리고* 나는 상당한 정도로 체중을 감량할 필요가 있다.
- 직업을 갖는 것이 나에게 최우선이다. *그리고* 나는 통증 문제를 해결하려고 애쓰고 있다.
- 나는 아이를 갖고 싶다. *그리고* 내가 준비되었는지 확신이 들지는 않는다.

각각의 예들은 가치 일관성 행동과 관련이 있는 사건(생각, 감정, 감각)을 더 정확하게 설명하도록 수정되었다. 자신의 사랑스럽지 않은 신체에 대한 평가, 물리적 통증 감각, 확신이 없는 느낌 등에서 경험할 수 있는 혐오 속성을 회피하려는 시도로 '그러나' 진술을 사용해왔음을 알아차리는 것은 우리 모두에게 어려울 수 있다. '그러나' 진술에서 알 수 있듯이 우리는 이러한 경험을 제거하기에 어려움을 겪는다. 그래서 우리는 가치를 향해 움직이기 전에 그 혐오 경험들과 싸우거나 그들에서 물러나 그것들이 변하기만을 기다리며 삶을 허비한다. 다만, 이제는 알게 된 것처럼 우리는 가치를 향해 나아가든 아니든 간에 존재하는 느낌과 생각(일부 불쾌한)을 갖고 있다. '그러나'에서 '그리고'로 변경하는 것은 더 정확하기도 하고 더 유인적이기도 하다. 이것이 원하지 않는 경험이 있을지라도 내담자가 자유롭게 자신의 가치를 향한 선택을 할 수 있게 한다.

'그러나' 진술은 살펴볼 가치가 있는 다른 기능도 수행하고 있다. 여기에서 살펴보는 진술 유형의 기능 중 하나는 기저에 있는 중요한 가치를 방해하는 것이다. 왜 이런 일이 일어나는지 이해하기 위해 "나는 아이를 갖고 싶다. 그러나 우선 준비되었다는 느낌을 가질 수 있어야 한다."라는 문장을 좀 더 세밀히 살펴보자. "우선 준비되었다는 느낌을 가질 수 있어야 한다."라는 생각은 실패에 대한 정상적인 두려움과 자녀 양육의 어려움에 대한 예측을 반영한다. 익숙하지 않은 채 높은 가치에 도전할 때 흔히 우리 대다수는 준비되어 있기를 원한다. 그러므로 이런 유형의 진술 기능은 실패를 두려워하기 때문에 진정으로 가치 있게 여기는 무언가를 차단하는 것이다.

이 상황에 관한 다른 가설은 내담자가 실제로 활동에 가치를 두지 않고 가족, 사회공동체, 문화적 고정관념과 동일시 등에서 비롯되는 당위 진술should statement에 융합된다는 것이다. 이 경우, 그 사람은 "내가 X를 정말 원하는지 확실하지 않다. 그러나

이는 내가 배워왔던 것이기에 그래야만 한다고 느낀다."라고 말하는 것이 더 수용 가능한 진술이라고 여길 수 있다. "나는 아이를 갖고 싶다. 그러나 우선 준비되었다는 느낌을 가질 수 있어야 한다"라고 말하는 여성의 경우, 그녀는 사회적 기준 ("나는 아이 갖기를 원해야만 한다.")을 준수해야 한다는 압박감을 느낄 수도 있다. 그러나 가치 명료화 과정을 통해 다른 사람을 돌보는 것이 그녀의 가치라고 할 수 있지만, 자녀를 가지는 것보다 직업이나 파트너의 맥락을 통해 혹은 반려동물과 함께 살아감으로써 자신의 가치를 실현할 수 있음을 알게 될 수도 있다.

보다시피, 처음부터 아주 분명하지 않은 가치에 관한 진술에서 다양한 규칙이 작동 중임을 알 수 있다. 가치 명료화에 내재된 활력에 도달하기 위해서는 치료자와 내담자 모두 잠재적 응종과 회피를 헤치며 끝까지 걸어가야 한다. 우리는 2장에서 응종과 회피의 개념을 논의했고, 4장에서 이를 더욱 상세히 밝힐 것이다. 이제 우리는 혐오적 조절 하에서 가치와 작업할 때 종종 드러나는 두 가지 형태의 행동에 관해 간단히 얘기하려 한다.

언어 함정 4: 성과에 융합

네 번째 언어 함정은 성과에 융합되는 것이다. 사람은 진실한 가치 활동에 참여함으로써 발생할 수 있는 내재적 강화를 희생하면서까지 돈이나 타인의 존경 등의 외부 보상을 얻으려는 필요성과 관련된 규칙에 융합된다. 이런 유형의 일은 과정보다는 성과를 강조하는 사회 훈련과 일부 형태의 내재적 강화에 대한 우리의 관심을 감소하게 만드는 가족 훈련으로 인해 발생하는 듯하다. 마지막으로 이러한 형태의 융합을 개념화하는 대안적이고 잠재적으로 유용한 방법 가운데 하나는 목표와 가치 사이의 혼돈을 구분하는 것이다.

내재적 강화

내재적 강화는 행위의 성과 측면에서 중요한 개념이다. 그리고 이 책의 나머지 부분에서도 종종 이 점을 언급할 것이다. 2장에서 우리는 가치가 가치 행위 참여에 내재된 강화물을 확립한다는 개념에 관해 논의한 적이 있다. 또한, ACT가 기능적인 맥락 개입을 추구하기에 행동의 형태보다는 기능에 더 많은 관심을 두고 있음을 설명했다. *내재적 강화*intrinsic reinforcement는 *외재적 강화*extrinsic reinforcement로 간주할 수 있는 어떤 외부 자원에 의해서가 아니라 우리가 참여하는 활동 그 자체에서 발생하는 강화를 의미한다. 여기 기능과 형태 사이에 대비가 되는 예가 하나 있다. 아이는 여러 가지 다양한 이유(기능)로 책을 읽을 수 있다(활동의 형태). 부모님을 기쁘게 하거나, 시험 통과를 원하거나 (주로 외재적 강화물), 또는 책 읽는 그 자체가 즐거워서 (내재적 강화) 독서를 할 수 있다. 우리는 내재적으로 강화된 활동에 참여하는 것이 가치 있는 삶의 중요한 측면임을 계속해서 주장한다.

어떤 활동이 내재적으로 강화되는가? 일차 강화(미각 자극, 성적 흥분 등)를 일으키는 활동은 우리가 이런 활동으로부터 강화가 유도되도록 생물학적으로 점화되어 primed 있으므로 통상 내재적 강화로 분류된다. 이 외에도 우리가 언어를 사용하는 종이라는 사실에서 알 수 있듯이 일차 강화의 원천과 관련되어 있는지와 상관없이 내재적으로 강화된 수많은 활동을 함을 알 수 있다. 실제로, 내재적으로 강화되었다고 알게 된 많은 것들이 상대적으로 추상적이어서 생물학적 단순 강화에서 분리되어 있다. 예를 들어, 독서, 수학 퍼즐, 학습, 예술 또는 다른 형태의 창의성을 생각해 보라. 이러한 활동은 많은 사람에게 내재적으로 강화 효과가 있고 가치 측면에서 적절하지만 단순한 생물학적 과정에 기반을 두는 것과 거리가 멀다. 대신, 내재적 강화가 발생하는 능력은 개인의 언어 역사에 기반을 두고 있고 기능 변형을 통해 강화가 일어난다. 기능 변형은 상당히 언어적 일관성에 기초를 두는데, 2장에서 제시되었던 것처럼 우리는 언어적 일관성 그 자체가 강화 효과가 있다는 점을 발견하도록 훈련받는다. 언어 및 일관성 훈련에 의해 많은 영향을 받은 활동은 단순히 그 활동이 즐거워서가 아니라 의미가 있으므로 내재적으로 강화되는 활동으로 묘사될 가능성이 크다.

언급된 것처럼, 우리는 내재적으로 강화되는 활동이 개인의 핵심 가치에서 중요한 역할을 한다고 생각한다. 왜냐하면 핵심 가치는 장기적으로 지속 가능해야 하고, 내재적으로 강화되는 활동은 지속이 가능한 것이기 때문이다. 가치를 개념화하는 하나의 방법은 계층구조를 통한 것이다. 이 개념에서는 계층구조의 정점에 핵심이 되면서 내재적으로 가치 있는 활동이 포함되고 그 아래쪽에는 핵심 가치가 있는 활동에 접근성을 제공하는 활동이 있다. 예를 들면, 관계 영역에서 핵심 가치 활동에 물리적 친밀감과 경험을 공유하는 것이 포함될 수 있고, 계층구조의 아래쪽에는 자신과 파트너를 지원하기 위해 직업을 가지고 돈을 버는 것이 포함될 수 있다.

이런 식의 계층구조로 가치를 시각화하면 가치 있는 활동의 관점에 비추어 건강한 활동 패턴과 비적응적인 활동 패턴 모두를 개념화할 수 있다. 우리 관점에서는 분명 계층구조의 정점에서 장기적으로 지속 가능한 가치 활동에 참여하는 것이 심리적으로 건강한 일이다. 그리고 여러 인생 영역에서 그러한 활동 참여에 더 많은 시간을 쓸수록 더 바람직하다. 더욱이 계층구조의 더 멀리 아래쪽 지점에서 그 계층구조의 정점에 있는 활동에 접근할 수 있게 하는 활동에 시간과 에너지를 투자하는 것도 심리적으로 건강한 것이므로 그러한 활동에 참여하는 것 또한 명백히 가치 활동의 범주에 포함될 수 있다. 따라서 마지막 예에서, 파트너와 가족을 부양하기 위해 돈을 벌려고 직장에서 일하는 것은 관계 영역 내의 가치 활동으로 분류될 수 있다.

이런 행동은 건강한 활동 유형이라 할 수 있다. 왜냐하면 계층구조의 정점이 내재적으로 강화된 가치 활동이기 때문이다. 그러나 이제 돈이나 지위를 얻는 것과 같이 내재적으로 강화되지 않는 활동이 정점에 있는 두 번째 계층구조를 상상해보라. 돈과 지위를 얻는 것은 그 자체로는 내재적으로 강화되지 않는다. 둘 다 원래 그 자체가 최종 목표라기보다 마지막 단계로 가는 수단으로 의도된 후 사회적인 구성을 거쳐 추구되는 것들이다. 그러나 곧 탐색하게 되겠지만, 많은 사람이 여러 이유로 돈이나 다른 사회 관습에 의한 강화의 중요성과 그러한 강화를 생성하는 활동 참여의 필요성을 규정하는 규칙에 융합되게 된다. 그래서 그들은 장기적으로 지속 가능한 내재적 강화 활동을 하지 않고 그 정점에 사회 관습에 의한 강화가 있는 계층구조에 시간과 에너지를 투자하게 된다.

이것은 성과에 융합된 것이고 내재적 강화를 받을 수 있는 활동의 감소로 이어질 수 있다. 그렇지만 내재적 강화야말로 장기적으로 지속 가능한 강화의 기초를 제공할 수 있다. 사람이 외재적 강화를 추구하는데 지나치게 집중하면 도중에 가치가 실패할 가능성이 커진다. 이런 상황의 내담자는 돈이나 지위를 가치 혹은 가치 일부라고 말하기도 한다. 그러나 실제로는 외부 활동과 이차 강화에 중점을 두는 것은 장기적으로 활력을 유지할 수 없고 단지 진정한 가치를 추구함으로써 삶을 가치 있게 만들 수 있는 시간을 단축할 뿐이다.

여기서도 행동의 형태와 기능을 대비하는 개념이 중요하다. 심리적 건강 또는 활력을 결정하는 것이 행동의 형태가 아니라 기능이라는 점을 기억하라. 따라서 똑같은 활동이 맥락에 따라 매우 다르게 기능할 수 있다. 예를 들어, 돈을 버는 행동을 생각해 보자. 정점에 관계와 관련된 내재적 강화 가치가 있는 첫 번째 위계 설정에서 돈 벌기는 기능적으로 건강하고 활력을 지닌다. 그것이 핵심 가치 활동에 참여하기 위한 수단이기 때문이다. 그러나 정점에 사회 관습에 의한 강화가 있는 두 번째 계층구조에서 돈을 버는 것은 그 자체가 최종 목표로 여겨지기 때문에 기능적으로 문제가 있다. 돈 버는 활동에만 초점을 두고 시간과 노력을 투자하면 가치 있는 최종 목표가 시야에서 사라지고 돈 버는 활동이 잠재적으로 활력을 제공하는 가치 활동보다 우선하게 된다.

사회문화적 영향

내재된 강화보다 사회적으로 구성된 것을 더 소중히 여기도록 사람들에게 영향을 미치는 것은 사회문화적 프로그래밍이다. 서구 세계에서 우리는 교육을 받는 과정을 통해 또 성인으로서 삶을 살아가면서 성적, 경력, 돈, 지위 등과 같은 형태의 임의적 이차 강화물을 소중히 여기도록 가르침을 받아 왔다. 여기서도 다시 한번 기능이 일차적인 중요성을 가진다. 성적, 경력, 돈, 지위 등은 더 높은 수준으로 가는 수단으로 여겨질 수도 있고 그 자체로 최종 목적지가 될 수도 있다. 일부 사람들은 성공이나 사회적으로 인정받는 것의 중요성과 관련된 규칙에 융합됨으로 인해 이러한 임의적 표식 그 자체를 최종 목적지로 보게 된다.

예를 들면, 아이들은 학교에서 진급하기 위해 일정 수준 이상의 성적이 필요함을 배우게 되는데 이 과정에서 생긴 규칙에 융합되면 좋은 성적을 얻는 것이 학습 활동 그 자체에서 내재적으로 강화를 받는 것보다 더 중요해질 수 있다. 게다가 내재적으로 강화될 수 있었던 활동에 대해 외재적으로 강화를 받으면 우리는 종종 그것을 단순히 목적을 위한 수단으로 분류하기 시작하게 된다. 이렇게 되면 그 활동이 그 자체로는 즐거움과 활력이 줄어들게 된다. 이런 식으로, 잠재적으로 내재적 강화를 받을 수 있었던 학습이나 기타 활동들이 이제는 특정 결과의 중요성에 융합되면서 생명력을 잃은 외재적 활동으로 경험되기 시작한다. 인생의 후반기에는 도달해야 할 새로운 이정표, 이겨내야 할 새로운 경쟁, 충족해야 할 새로운 할당량이 있다. 다시 한번, 이러한 훈련이 토대가 되어 사람들은 금전적 결과 혹은 그들이 하는 작업의 임의적인 결과가 그 자체로 최종 목적지라는 생각에 융합될 수 있다. 또 그러는 동안 그들 자신의 내재적 가치에 의해 최종 목적지를 결정하거나 방해물에도 불구하고 가치 쪽을 향해 움직이려 할 때 요구되는 지속성을 학습할 시간이 상대적으로 줄어든다.

가치 경시를 조형하기

외재적 강화의 중요성을 가르치고 내재적 강화 활동의 가치를 경시하는 사회문화적 영향의 효과는 내재적 강화 활동에 관한 관심의 표현을 억압하는 가족 환경의 영향으로 인해 더 복잡해질 수 있다. 그러한 활동을 원한다는 혹은 필요로 한다는 아이의 표현이 특정 상황에서 부모, 형제, 자매 또는 타인에 의한 처벌반응(무시하기, 놀리기, 공격하기 같은 것들)에 부닥칠 수 있다. 예를 들면, 보수적인 가정에서 자란 어린 여자아이가 전통적인 남성 활동에 관심을 표현하면 무시되거나 심지어 조롱받을 수도 있다. 그 결과로 이런 잠재적 가치를 표현할 가능성이 낮아진다. 이런 식으로 내재적 강화 활동과 궁극적인 가치 추구는 사회적 맥락에 의해서 어느 정도 감소할 수 있다.

어린 시절 우리는 모두 타인을 기쁘게 하려고 행동한다(응종). 그러나 어떤 경우, 특히 자신의 욕구와 필요성의 표현이 일관되게 처벌되는 환경에서 그 아이는 남들이 시키는 일을 하는 단계 혹은 남들이 그녀에게 기대하는 바에 맞추어 행동하는 단계를 지나쳐 가는 법을 결코 배우지 못한다. 마지막 예에서와같이, 아이가 자신의 욕구와 필요성을 표현하기 시작하고 그러한 표현들이 일관되게 주변 사람들의 처벌하는 반응과 만나게 된다면 그녀는 처벌을 피하려고 그러한 욕구와 필요성을 억누르는 법을 배운다.

잠재적 가치의 방향이 빈번하게 통증, 처벌, 포기 또는 실망과 연결되었던 초기 학습 이력은 특히 가치 표현의 감소를 초래할 가능성이 있다. 신체적 혹은 성적으로 학대의 경험이 있는 아이는 가치와 연관된 심각한 혐오적 조건화를 형성할 수 있다.

신체적으로 학대당한 사람들은 폭력이나 폭력 위협을 부모나 성인, 양육자와 연관시킬 수 있다. 성적으로 학대당한 사람은 신체적 친밀감과 사랑이라는 단어를 폭력이나 폭행과 연관시킬 수 있다. 또 술이나 마약에 중독된 부모들은 자녀의 욕구와 필요성을 무시할 수 있다.

이러한 유형의 학대 학습 이력을 지닌 내담자의 경우 가치를 확인하는 데 다른 사람보다 더 오랜 시간이 걸릴 수 있다. 예를 들어, 따뜻하고 사랑스러운 관계를 구축하려는 가치가 존재하지만 경쟁해야 했던 관계와 연관된 고통스러운 경험의 오랜 역사가 있을 수 있다. 실제로 혐오 조건화로 인해 일부 내담자는 특히 치료자가 가까워지려고 할 때 내담자-치료자 관계를 회피하거나 방해하려는 노력을 할 수 있다. 이런 경우, 치료자는 치료관계의 맥락에서 지금 여기에 있는 가치로부터 시작할 수 있다. 예를 들어, 치료관계의 맥락 안에서 가치 있는 삶을 발달시켜 나가면서 관계에 대한 가치와 일관된 삶을 많은 회기에 걸쳐 작은 단계로 조형할 수 있다.

내담자에게 깊은 내면에 갖고 있던 가치와 연결하도록 요청할 때 고통스러운 초기 경험에 대한 기억이 유도되는 것은 자연스러운 일이다. 만일 가치 행동이 처벌과 관련이 있었다면, 이는 가치가 감소하고 효과적으로 회피가 이루어지는 이유를 설명할 수 있다. 이런 유형의 학습 이력이 더는 이전에 그랬던 것 같은 함정이 아니라는 점을 인식하는 것이 중요하다. 인내와 실천을 통해 우리는 모두 자신의 가치가 어떤 것인지 또 가치에 일관된 삶이 어떤 것인지 배울 수 있다. 그러나 치료자로서 당신은 중요한 욕구가 처벌로 연결되었던 특별한 학습 이력을 가진 내담자들이 가치 방향을 고려하거나 그 방향으로 움직이는 것을 더 어려워한다는 사실에 민감해야 한다. 그런 내담자는 가치로 향한 움직임에서 불편한 생각, 느낌, 기억 그리고 신체 감각을 더 많이 경험할 수 있다.

목표를 가치로 착각하기

치료적 관점에서, 성과에 융합되는 것을 개념화하는 한 가지 대안은 목표와 가치 사이의 혼란을 설명하는 것이다. 이 혼란은 우리 사회 전체에 퍼져 있고 이차 강화를 중요하게 여기는 사회문화적 훈련의 영향을 혼합하고 있다. 성과, 성취, 지위, 소득, 특정 소유물, 신체적 아름다움과 같은 목표가 단순히 중요하다고 여겨지는 것이 아니라 사실상 가치로 마케팅된다. 예를 들면, 화장품 회사는 여성들이 상품을 구매하는 것은 자신의 가치를 높이는 일이므로 그렇게 해야만 한다는 생각을 광고에 포함한다. 우리의 소비 행동을 조형하고 유지하기 위해 광고는 의도적으로 목표를 가치처럼 보이게 만든다.

다음과 같은 시나리오를 상상해보자. 내담자는 목표라는 언어를 사용해 치료에 온다. 행동 용어로, 내담자는 늘리기를 원하는 어떤 것(예를 들면 자신감)이 부족하다거나 줄이고 싶은 어떤 것(불안이나 통증 같은)이 과도하다고 말한다. 그녀는 스스로 행복하지 않은 것 같고 자신이 보기에 행복하고 만족스럽고 충만한 삶을 사는 사람과 같이 되고 싶다는 목표를 가질 수 있다. 이것은 분명한 가치 방향이 없는 목표의 언어이다. 이 경우 잘못하여 목표가 가치와 같은 것으로 오인될 수 있다. 그러나 현재 ACT 관점에서는 목표와 가치는 매우 다르게 정의된다. 둘 다 중요하고 치료에서 내담자를 돕기 위해 사용될 것이다. 그러나 그들 사이의 차이는 결정적으로 중요하다.

가치와 목표의 차이를 설명하는 한 가지 유용한 방법은 나침반 은유를 사용하는 것이다. 가치 쪽으로 방향을 취하는 것은 나침반으로 방향을 잡는 것과 같다. 첫째, 일단 우리가 방향을 결정하게 되면 우리는 바로 그 방향으로 나아갈 수 있다. 아주 작은 움직임만으로도 우리는 바로 표적에 도달할 수 있다. 둘째, 목표 지향적인 사람에게 더 어려운 개념은 우리가 추구하는 방향에 우리는 결코 도달하지 못한다는 점이다. 이것은 나침반으로 동쪽이나 서쪽으로 여행하는 것과 같다. 우리는 그 방향으로 원하는 만큼 여행할 수 있지만 동쪽이나 서쪽의 특정 종착점에 닿을 수는 없다. 가치도 유사하다. 목표는 도달할 수 있지만, 가치는 결코 완전히 도달하거나 성취할 수 없다.

가치 있는 삶에는 목표가 필수이지만 충분하지는 않다

목표는 가치의 방향과는 다르다. 그들은 설정된 경로의 중간 지점이고, 가치 방향과는 달리 실제적이고 정량화 가능하며, 명백한 종착점이 있다. 여행할 때 중간 지점을 표식으로 사용하는 것처럼 목표는 당신을 선택한 가치 방향으로 안내해준다. 그러나 일단 목표에 도달하면 중간 지점으로서 가치를 잃고 새로운 목표가 설정되어야 한다. 예를 들면, 샌프란시스코에서 출발하여 동쪽으로 여행한다고 상상해보라. 르노, 덴

버, 클리블랜드와 뉴욕을 연속되는 중간 지점으로 사용할 수 있다. 각 도시에 도착하기 전까지 그것은 당신을 동쪽으로 안내하는 기능을 한다. 그러나 각 도시에 도착하면 다음 도시가 새로운 중간 지점이 된다. 당신이 계속해서 중간 지점에 도달하여 일정표에서 그 도시들을 지워나가더라도 결코 동쪽에는 닿을 수는 없다.

목표의 목적은 가치 방향을 대신하는 것이 아니라 가치 방향으로 경로를 유지하도록 돕는 것이다. 그것들은 중요한 방향으로 가는 길을 따라 놓여 있는 징검다리 역할을 하므로 항상 확인된 방향으로 여행하는 것에 도움을 주어야 한다. 그러나 그것들을 가치 방향으로 이동하는 종착점으로 오해하지 않아야 한다.

내담자가 목표와 방향을 혼동할 때, 특히 특정 목표를 달성했지만 그 이면에 있는 가치를 시야에서 놓쳤을 때 길을 잃은 것처럼 느낄 수 있다. 완수한 목표의 이면에 있는 가치의 예시를 제공함으로써 목표와 가치 사이의 차이점을 강조하기 위해 다음의 예를 사용할 수 있다.

➤ 자녀가 있다고 가족 돌보는 것이 끝나는 것은 아니다.
➤ 결혼한다고 사랑하는 짝을 돌보는 것이 끝나는 것은 아니다.
➤ 일하던 분야에서 승진한다고 성실한 직장인이 되는 것에 관심을 두는 것이 끝나는 것은 아니다.

이 예들은 목표 달성이 가치가 완성되었거나 완료되었음을 의미하지 않는다는 점에서 서로 비슷하다. 각각의 예에서, 관련된 성취는 특정 상황에 맞추어 연마할 수 있도록 자신의 가치 수정을 수반할 수 있다. 하지만 중요한 가치는 영속적이다. 그리고 이 핵심 가치는 기본적으로 목표가 바뀌더라도 변하지 않고 유지될 수 있다.

이 장에서는 가치를 혼동하게 만들거나, 모호하게 하거나, 최소화하는 네 가지 다른 형태의 융합을 보여주었다. 내담자가 자신의 가치를 조사하기 시작하면 당신은 이러

한 언어 함정의 일부를 인식할 수 있다. 가치와 가치 활동에 관한 내담자 진술 안에 있는 융합의 역할을 고려하는 것이 중요하다. 그렇게 하면 가치의 측면에서 내담자가 겪고 있는 어려움에 대해 적절한 개념을 형성할 수 있다. 이어지는 장에서는 가치 활동에 대한 언어적 제약을 완화하고 유연한 가치 행동의 유형을 늘리기 위해 융합이나 기타 ACT 과정으로 작업할 수 있는 많은 방법에 대해 논의할 것이다. 다음 장에서는 가치에 접촉하고 가치를 추구하도록 가르치는 4단계 과정을 자세히 살펴볼 것이다.

4장
ACT 방식의 가치 활동 과정

 이전 장에서는 인생을 살면서 가치를 검토하고 선택할 때 사람들이 빠질 수 있는 언어의 함정을 논의했다. 또 내담자가 가치에 접촉하는 것을 방해하는 개념화된 자기와 융합, 느낌에 관한 생각과 융합, 추론과 규칙에 융합, 성과에 융합 등 여러 다양한 형태의 언어 융합을 검토했다. 3장에서는 이처럼 내담자가 가치와 접촉하고 이를 추구하지 못하게 막는 방해물을 다루었다. 이 장에서는 내담자가 가치와 접촉하고 추구하도록 가르치는데 중요한 네 단계를 살펴보는 데 초점을 맞춘다.

 ACT 접근법을 이용하여 가르치는 가치 활동의 과정에는 네 가지 주요 단계가 있다. 우리는 대개 가치 명료화 작업으로 시작하는데, 이는 선택한 삶의 영역에서 가치를 개발하거나 강화하고 목적에 관한 감각을 만들어 가는 과정이다. 다음으로 내담자의 행동과 표현된 가치의 기능을 조사하여 회피나 융합, 개념화된 자기 추구가 아니라 활력을 향하는 패턴을 찾는다. 그런 다음 내담자가 이러한 선택된 가치와 일치하는 특정 목표를 확립하도록 돕는다. 마지막으로 이러한 목표를 평가하고, 시간이 지나더라도 목표 지향 행동을 유지할 수 있게 작업한다.

1단계: 핵심 가치 확인하기

이 절에서는 핵심 가치를 어떻게 세밀하게 설계할지 탐색한다. 이 과정은 내담자에게 중요한 다양한 삶의 영역이 갖는 기능을 이해하고 이러한 삶의 영역에서 가치를 명료화하는 것을 포함한다. 핵심 가치는 삶의 모든 영역을 밝혀주는 힘을 갖고 있으므로 우리는 이 과정이 어둠 속에서 등대를 찾는 것과 유사하다고 생각한다.

가치 명료화

핵심 가치를 명료화하는 목적은 여행을 시작하기 전에 지도를 공부하듯 내담자가 나아갈 방향을 찾게 돕는 것이다. 일단 내담자가 자신에게 가장 중요한 가치를 발견하면 그다음 무엇을 하고 싶은지 선택하는 일은 아주 간단하게 된다. 왜냐하면 핵심 가치가 그다음 단계를 선택하고, 밟아나가고, 평가하는 데 기초를 제공할 수 있기 때문이다. 덧붙여 내담자가 가치에 대해 분명한 개념을 가지고 있으면, 설령 힘든 상황이 발생하더라도 가치와 일치하는 삶을 선택하는 데 도움이 된다.

예를 들어, 최근에 별거 중인 부부가 이혼과 관련된 조언을 듣기 위해 가족 상담사를 찾아왔다고 하자. 이때 치료자는 "자녀에게 최선이 무엇일까?"라는 공통 가치를 확립하게 도움으로써 이혼 과정 동안 일어나는 모든 활동과 결정의 지침으로 삼을 수 있다. 일단 자녀의 행복이라는 장기적인 가치가 공통 가치로 확립되면 부부가 상호 작용을 할 때 이 점을 더 많이 고려하게 된다. 이는 누가 옳고, 위자료는 어떠하고, 공평한 대우를 받아야 한다는 등의 즉각적인 보상보다 가치가 그들의 행동에 더 큰 영향을 미치도록 한다. 따라서 화가 나 있고 실망한 이 사람들은 공유된 핵심 가치로 인해 더 효과적으로 행동하게 될 것이다. ACT에서 가치 명료화의 가장 큰 이점 중 하나는 자신에게 가장 중요한 가치를 알아차리도록 하여 늘 그 가치에 깨어 있게 하는 것이다. 이러한 점은 힘든 감정 상황에서도 제 궤도를 유지하는 데 매우 중요하다.

다양한 삶의 영역에서 가치를 탐색하기

ACT에서 핵심 가치를 명료화하는 한 가지 방법은 내담자에게 여러 가능한 삶의 영역 중 자신이 중요하게 생각하는 영역의 속성을 되돌아보라고 요청하는 것이다. ACT 개입은 종종 친밀한 관계 / 가족 관계 / 친구와 사회적 관계 / 자녀 양육 / 경력이나 직업 / 교육 또는 개인 성장 / 취미와 여가 생활 / 영성 / 시민의식 / 건강과 신체적 웰빙 등과 같이 상당히 표준화된 일련의 영역을 제시한다(Hayes, Stroshal, & Wilson, 1999).[1] 그러나 영역을 개념화하는 방법은 다양하고 내담자에 따라 다르다.

우리는 몇 가지 이유로 다양한 영역의 가치를 내담자에게 제시한다. 첫째, 다양한 삶의 영역을 제시하여 내담자가 가능한 많은 가치를 찾아 나서게 인도한다. 둘째, 더 다양한 활동에 참여할수록 궁극적으로 더 큰 심리 유연성을 촉진하기 때문에 내담자를 더 다양한 영역에 노출하는 것이 낫다. 셋째, 내담자에게 다양한 삶의 영역을 제시하면 한 영역 내에서 특별히 강력한 동기를 부여하는 가치를 확인하고 접촉할 기회가 증가한다.(역주: 여러 가지 가능성이 있는 가치 영역 중에서 선택하는 것이니 더 열심히 추구하게 된다.)

이러한 각각의 영역에서 사람들이 자신에게 어떻게 해주길 바라는지에 초점을 맞추기보다 그 자신이 스스로 어떻게 행동하고 싶은지를 논의한다. 예를 들어, 친밀한 관계에서 내담자는 주변 사람들에게 바라는 것과 상관없이 사람들에게 가지는 자신의 친밀감의 정도와 자신이 하는 행동에 대해 생각해 볼 필요가 있을 것이다. 많은 사람에게 이는 흔치 않은 사고방식이다.

내담자는 종종 가치 명료화 작업 중에 대인관계, 직장 환경, 또는 공동체가 더 유쾌해지기 위해 다른 사람들이 어떻게 행동하면 좋을지에 대해 말한다. 하지만 ACT 관점에서는 자신이 어떻게 행동하고 싶은지를 인식하고, 다른 사람이 무엇을 하는지와 상관없이 자신의 가치에 일관성 있는 행동을 선택하는 책임성을 갖는 것이 중요하다.

우리는 가치를 인식하고 명료화할 수 있는 여러 가지 삶의 영역을 내담자에게 설명하기 위해 "인생 나침반 확립하기"라고 불리는 연습을 사용한다. 가치를 확인하고

---

[1] 최근에는 환경 문제 및 예술, 창조적 표현, 미의 추구의 두 가지 영역이 추가되었다.

강화하기 위해 어떻게 나침반 은유를 사용할지는 9장에서 더 자세히 다루도록 하고, 여기서는 단순히 가치와 관련된 인생 영역들의 예시와 그 영역을 어떻게 찾아서 명료화할 수 있는지 설명할 것이다. 이 연습에서는 내담자에게 영역별로 자신이 갖는 가치의 핵심을 몇 마디로 기술해 보라고 요청한다. 더불어, 내담자가 현재 삶의 상황과 관련된 목표보다 인생 전반을 포괄하는 핵심 가치에 대해 생각하도록 명시적으로 장려한다. 다음의 워크시트 예시는 이런 연습에 사용될 10가지 영역 목록으로, 각 영역의 특성을 나타내는 잠재적 강화 속성이나 기능을 포함하는 전형적인 내담자 반응도 같이 언급되어 있다. 내담자는 약간의 도움으로 대부분의 강화 속성을 이해하지만 강화의 개념을 이해하기 어려울 때는 활동 형태와 상관없이 자신에게 가치가 가지는 중요한 특징을 살펴보도록 요청할 수 있다. 예를 들어, 연결감의 속성은 친구나 가족과 함께 있는 상황과 관련될 수 있고 비록 내담자가 연결되는 기회를 자주 경험하지 못하더라도 이 속성을 중요하게 여길 수 있다. 당신이 치료자가 되는 것과 관련된 강화 속성의 예를 제공하면 (다른 사람을 도와주는 만족감, 치료관계의 친밀성에서 오는 즐거움, 치료의 어려움을 해결하는 지적 만족감) 당신이 의미하는 바를 설명하는 데 도움이 될 것이다.

다음의 예시는 내담자가 워크시트를 채우는 방법에 관한 것이다. 이를 통해 영역별로 가능한 강화 속성이 무엇인지 어느 정도 감을 잡을 수 있을 것이다. 내담자와 이 과정을 진행할 때는 각자에게 적절한 속도로 사용하기를 권고한다. 이것은 단순히 하나의 지침일 뿐이다.

삶의 나침반 확립하기

일	특별한 재능과 능력을 이용하여 의미 있는 방식으로 직장 생활에 기여하고 싶다. **강화 속성**: 가능한 모든 방법으로 공동체 전체의 이익에 기여하기. 이런 기여를 통해 공동체 전체와 연결된 느낌.
여가활동	일상에서 특별한 흥미를 발전시킬 수 있는 시간을 갖고 싶다. **강화 속성**: 단순히 즐기는 목적의 활동에 참여해서 휴식과 탐닉을 허용하기.
돌봄	삶에서 사람이나 생명체를 키우고 보살피는 시간을 정규적으로 갖고 싶다. 이런 관계 안에 존재하고 의지할 만한 사람이 되고 싶다. **강화 속성**: 나를 의지하는 사람이나 생명체를 보살피는 것이 내 건강과 행복을 높여주는 효과가 있다.
가족	정서적이고 실질적인 지지를 주고받는 것 **강화 속성**: 무조건적 수용과 지지적인 공동체. 인생에서 중요한 가족의 사건과 전환점을 함께 기념하기.
친밀한 관계	신체적으로 또 정서적으로 친밀함이 깃든 관계가 일상의 일부가 되기를 원한다. 파트너에게 개방적이고 정직하고 싶고 상대를 있는 그대로 받아들이고 싶다. 나 역시 상대로부터 받아들여지는 느낌을 받고 싶다. **강화 속성**: 신체 접촉, 성적 유희, 정서적 친밀감, 수용
공동체 참여	거주하고 있는 공동체에 적극 참여하여 주변 사람들에 대한 책임감을 나누고 싶다. **강화 속성**: 전체 공동체의 이익을 향한 공동 노력을 통해 공동체와 연결됨.
영성	일상의 상당 시간을 야외에 머물면서 자기 삶과 현재 하는 활동을 비추어 볼 시간을 갖고 싶다. **강화 속성**: 자연과 연결감 그리고 활동의 의미를 경험함.
교육과 개인 성장	매일 새로운 것을 배우는 도전에 열려 있고 싶다. **강화 속성**: 새로운 경험에 열려 있고 호기심을 유지함으로써 한 인간으로 발전하기.
건강	식사하는 매 순간 스스로 신체를 돌보고 있음을 알아차리고 적절한 수면과 운동을 포함하여 신체가 필요로 하는 것을 제공하고 싶다. **강화 속성**: 신체에 필요한 것(영양, 위생, 수면, 운동)을 보살핌으로써 더욱 생동감을 얻는다.
사회 연계	받아들이기도 하고 받아들여지기도 한다고 느낄 수 있고, 진정으로 마음을 터놓을 수 있으며, 소속감을 느낄 수 있는 소규모 친구 집단을 가지고 싶다. **강화 속성**: 가족 이외의 사람들로 구성된 집단과 연결된 느낌. 삶의 활동, 과정, 전환을 다른 사람들과 함께 경험하는 것. 수용과 지지를 받는 느낌

영역의 기능

"삶의 나침반 확립하기" 워크시트에 있는 영역의 중요한 특징은 각 영역이 인생의 상황 변화와 무관하게 변함없는 강화 속성 또는 심리적 기능을 가진다는 점이다. 예를 들어, 접촉이 가지는 강화 속성은 갓난아이에게도 삶을 마감하는 노인에게도 같은 기능이다. 비슷하게, 자신의 재능과 흥미를 개발하는 강화 속성은 그 사람이 교도소에 있든 저택에 살든 기능적으로 다르지 않다. 또한 보다시피, 여기에 소개된 핵심 가치의 예시는 심지어 삶의 조건이 바뀐다 해도 유효성을 유지할 수 있는 방식으로 표현되는 속성을 반영한다.

다양한 영역에서 내담자와 가치 진술을 만드는 작업을 할 때 우리가 소속된 문화권에서 통상적으로 가치가 형성되고 표현되는, 틀에 박힌 방식을 넘어서도록 북돋는 질문을 한다. 각 영역의 강화 속성에 관한 생각은 가치의 내용에서 벗어나서 기능적 관점에서 생각하기를 요구한다. 예를 들어, 이런 관점으로 일이 갖는 의미를 숙고해 보면, 어떤 내담자의 경우 처음 지방 햄버거 지점에 첫 취직을 했을 때부터 오늘날 큰 회사의 CEO로 일하는 현재까지 그의 삶을 통틀어 일에 만족하는 경험은 질적으로 유사함을 알아차릴 것이다. 아마도 각 영역의 강화 속성이나 의미는 상당히 일관적이어서 전 생애에 걸쳐 각 영역의 내용과 형식에서 나타나는 변화를 초월한다. 예를 들어, 많은 사람이 일의 기능을 "내가 할 수 있는 어떤 방식을 통해서든 더 큰 무언가에 공헌할 수 있는 것", "쓸모 있는 사람이 되기", "누군가에게 내가 필요하다는 느낌" 등으로 표현한다. 이러한 기능적 의미에서, 일에 관해 가치 일관된 방식으로 행동하는 것은 접시를 닦는 아이나, 회사를 경영하는 CEO나, 양로원에서 테이블 세팅을 돕는 노인이나 다 비슷하다. 따라서 일의 강화 속성은 단지 경력 사다리의 꼭대기에 오른다고 파악할 수 있는 것은 아니다.

2단계: 행동의 기능 살펴보기

내담자가 일단 장기적으로 중요한 가치 방향에 접촉한다면 치료의 다음 단계는 그 가치 방향으로 향하는 움직임에 영향을 끼칠 수 있는 행동의 기능을 살피는 것이다. 이 단락에서는 먼저 행동에서 가치 수반성이 무엇인지 알아차리는 개념에 관해 생각해 볼 것이다. 그런 다음 행동의 기능이 가치와 일치하지 않거나 그 외에 문제가 있는 몇 가지 '가치함정'을 검토하고, 이어서 행동의 기능을 결정하는 데 유용한 연습을 제공할 것이다. 마지막으로 내담자가 장기적으로 가치 일관성 행동 패턴을 확립하도록 어떻게 도울지 살펴볼 것이다.

우리의 행동은 자신이 표방하는 가치에 영향을 준다. 수용전념치료의 목적 중 하나는 내담자가 선택한 행동 패턴의 기능을 특히 그의 가치에 따라서 자각하도록 돕는 것이다. 예를 들어, 특정한 행동 패턴이 내담자가 표방한 가치에 부합되는가 또는 그 가치 추구를 가로막거나 방해하는지 질문한다. 달리 말해 수용전념치료 임상가는 이런 질문을 던지는 데 익숙하다. 내담자가 어떤 활동에 참여하고 있을 때 그 활동은 무엇을 위한 것인가?

우리가 매일같이 참여하는 많은 활동은 사려 깊게 선택한 결과물이라기보다는 습관이다. 예를 들어, 어떤 사람이 퇴근 후 매일 저녁 산책을 하기보다 그저 TV 앞에 멍하게 앉아 있다. 이는 뭔가 다른 일을 하려고 생각하면서도 그렇게 하지 않기로 해서가 아니다. 그런 경우, 아예 다른 어떤 활동조차 하려는 생각이 없었을 수 있다. 이런 유형의 행동은 그 활동과 관련하여 자신의 가치를 생각해 본 적이 없으므로 기능적으로 볼 때 가치에 부합되지 않는다.

다른 활동의 경우, 처음에는 가치 방향으로 신중하게 선택되었을 수도 있지만 일상이 되어 감에 따라 이런 접촉을 잃을 수 있다. 예를 들어, 신체적으로 장애가 있는 남동생을 매일 도우려는 선택을 한 누나를 생각해 보자. 그녀는 마음속으로 자신의 가치(자신에게 의지하고 자신이 사랑하는 이를 돌보기)와 일치하는 단계를 확실히 밟아 나갈 것이다. 달리 말하자면, 행동의 기능은 그녀의 가치와 일치하는 것으로 시작되었다. 하지만 시간이 지남에 따라 같은 활동이 단순히 자신의 허드렛일 목록 중 하나가 될 수 있다. 그녀는 가치 있는 삶을 향한 걸음이라기보다 의무감에서 벗어나고자 자신의 양심을 달래는 방식으로 남동생을 돕고 있는 자신을 발견할 수도 있다. 이처럼 행동의 기능이 남동생을 돌보겠다는 가치에 부합해서 사는 것에서 벗어나 오히려 "나는 충분히 좋은 누나가 아니야." 또는 "난 이기적이야."와 같이 불편한 생각에 대한 회피가 될 수 있다.

가치 나침반(9장에서 자세히 다룬다.)과 같은 수용전념치료의 가치 연습은 내담자와 치료자 모두 내담자 행동의 특정 패턴 기능이 가치와 일치하는지 아닌지를 알 수 있게 도와준다. 예를 들어, 가치 나침반 연습은 내담자가 가치로 말하는 것과 실제로 행동하는 것 사이의 불일치를 나타낼 수 있다. 만약 내담자가 자녀들과 심리적으로 함께 지내는 것에 가치를 둔다고 말하면서 매일 저녁 과음을 한다면 그가 말한 가치와 행동에는 불일치가 있다. 왜냐하면 술에 취한 상태에서는 실제로 아이들과 함께할 수 없기 때문이다. 이 경우 음주의 주요 기능은 힘든 감정에서 도피하거나 회피하는 것일 가능성이 크다. 물론 회피 행동이 그가 진술한 가치를 변경하는 것은 아니다. 다만 그 가치와 일치하지 않을 뿐이다. 수용전념치료 치료자는 내담자가 이 맥락에서 가장 중요한 가치를 파악하고 행동과 가치 사이의 불일치를 검토하도록 돕는다. 내담자가 실제 자신의 행동이 하나 혹은 그 이상의 가치와 일치하지 않는다는 사실을 보게 되면 이제까지 피하려 애써온 불편한 감정을 다루어야 한다고 할지라도 자신의 행동을 바꾸려는 동기가 더욱더 크게 솟아날지도 모른다.

흔한 가치함정들

이제 우리는 일련의 가치함정을 살펴보려 한다. 각각의 함정은 거의 틀림없이 장기적으로 가치 있는 생활과 일치하지 않는 방식으로 진행되는 "주인 섬기기serving a master"를 포함한다. 달리 말하면, 각각의 가치함정은 문제가 있는 행동의 다른 기능으로 정의될 수 있고 가치에 기반을 둔 행동과 일치하지 않는다.

가치함정 1: 경험 회피를 위해 살아가는 삶

위험한 상황과 혐오적인 물리적 조건을 예방하거나 피하고 거기서 도망치는 것은 인간의 생존에 아주 중요하다. 우리는 회피 능력을 다른 동물과 공유한다. 하지만 언어의 특별한 능력으로 인해 인간은 잠재적으로 위험한 상황에 관한 생각만으로도 예방하고 피하고 도망치려고 한다. 생각이나 다른 심리적 혐오 사건을 피하려는 경향은 대개 생존에 필요치 않을 뿐 아니라 우리를 실제로는 가치에 부합되지 않는 행동 패턴

속으로 빠뜨린다. 이 함정 속에서 하는 활동이 장기적으로 가치를 지지하는 듯 보이지만 불쾌한 느낌, 생각, 기억, 감각을 회피하는 기능 패턴은 가치 활동으로 정의되는 기능 패턴과는 매우 다르다. 예를 들어, 어떤 내담자가 조금만 힘들어지면 의미 있는 활동을 그만두면서 "난 조금씩이라도 모든 것을 다 하는 것에 가치를 둬요."라고 이유를 댄다. 이 경우 실제로는 실패처럼 느껴지거나 보이는 것을 피하기 위한 시도로 내담자 행동이 강요된 듯하다. 활동 참여(또는 누군가와 가까워지기)가 더 중요해질수록 희망대로 일이 정확하게 풀려나가지 않는 경우 실패가 더 아프게 느껴진다. 활동이 너무 깊은 의미를 갖기 전에 그것에서 도망쳐 버리면 상처받거나 실패라는 생각을 경험할 위험이 줄어들지만 반면 활력이 떨어지는 엄청난 대가를 치를 수도 있다.

내담자는 종종 자신의 이런 노력에 도움을 청하려고 전문가를 찾는다. 치료를 시작할 때 내담자가 흔히 하는 말을 생각해 보라. "신체 고통이 사라지게 도와주세요.", "불안을 극복하게 도와주세요.", "나에 대해 나쁜 느낌을 더는 받고 싶지 않아요.", "저의 스트레스 수준을 낮춰야 해요.", "체중을 빼지 않으면 영영 연애 상대를 만날 수 없을 거예요." 등이 있다. 하지만 내담자가 단기적으로 통증, 스트레스, 불안을 성공적으로 피할 수 있다 하더라도 장기적으로는 이로 인해 심각한 대가를 초래할 수 있다. 예를 들어, 불안한 경우 술과 약물을 사용하면 단기적으로는 훨씬 이완된다고 느낀다. 만성통증의 경우 집에 머물며 활동을 줄이는 것이 통증 수준을 낮춘다. 하지만 결과적으로 이런 회피 활동이 하나의 생활 방식이 되어 버리고 많은 가치 영역에서 상당한 대가를 치르게 한다. 이에 더하여 통증, 불안, 스트레스, 부정적 생각과 같은 원치 않는 증상이 완전히 또는 영원히 사라지지 않을 듯 보인다. 심지어 이런 회피를 통해 증상이 더 악화한다는 연구도 있다(Vowles 등, 2007; Feldner 등, 2006; and Feldner, Zvolensky, Eifert, & Spira, 2003). 또 짧은 시간 동안조차도 이런 증상과 관련된 생각, 두려움, 기억, 느낌을 제거하기란 극도로 어렵다. 이런 이유로 내담자는 불가능한 일을 시도하느라 많은 시간과 에너지를 허비하게 되고 그러는 동안 가치로 향하는 방향의 삶은 유보된다. 왜냐하면 그는 가치 있는 삶을 살기 위해서는 먼저 불쾌한 심리적 현상이 제거되어야 한다고 믿기 때문이다.

많은 내담자에서 먼저 증상을 제거하거나 해결한 *이후에* 가치 방향으로 나아가겠다는 전략을 써 본 이력이 상당히 흔하다. 이런 시나리오를 얘기하는 내담자에게 물어야 할 핵심 질문은 "이 행동이 당신에게 어떻게 작동했나요?"이다. 내담자 대부분은 장기적으로 모든 전략이 작동하지 않았다고 대답할 것이다. 삶이 점점 더 증상 감소를 위한 활동 중심으로 맴돌게 되고 긍정 가치의 추구는 점점 감소하면서 삶의 질은 떨어진다.

하지만 이 경우에도 내담자가 단순히 가치 있는 삶보다 증상 없는 삶을 선택한 것이 아님을 명심할 필요가 있다. 그 점에 대해 생각해 보자. 내담자가 "나는 증상을 제거하는 것에 가치를 둡니다."라고 말할 수 있다. 그렇다면 왜 사람들은 증상을 피하려고 할까? 대개 사람들이 증상이 있을 때 하지 않는 것이 있는데 그것은 물론 가치 있는 삶을 사는 것이다. 따라서 내담자가 아마도 그렇게 생각한다면 그는 단순히 증상이 없어지기만을 원하는 것이 아니라 삶을 되찾기 위해 증상을 제거하고 싶다고 말할 것이다.

가치함정 2: 이차 강화물을 얻으려 애쓰기

두 번째 가치함정은 기대하는 분명한 결과를 얻기 위한 활동에 집중하는 것이다. 사람들은 돈을 벌거나, 지위를 얻거나, 권력을 쟁취하거나, 인정받거나, 멋있게 보이거나, 옳게 살거나, 다른 사람의 기대에 부응하는 생활을 하는 것 같이 이차적이고 사회적으로 조건화된 강화에서 성취감을 찾는다. 그는 성취를 약속받았다는 생각에 융합되어 일차적으로 외재적 강화를 받는 활동에 시간과 에너지를 바쳐 조건화된 강화를 얻으려고 수년 동안 노력할 것이다. 하지만 결코 그것을 실제로 획득할 수 없을 것이고 결국 실망하거나 공허함을 느낄 것이다. 삶의 과정에서 얻는 즐거움을 희생하고 수년 동안을 특정 결과 또는 이차적인 강화를 추구한 후, 문득 자신이 바보 같다고 느낄 수 있다. 외재적 강화물과 미래에 있을 강화에 초점을 둘 때 현재의 삶은 단지 그곳에 도달하기 위한 수단이 된다. 현재 순간의 활력은 미래의 결과 또는 사회적으로 조건화된 강화물을 위해 희생된다.

사회적으로 조건화된 강화에는 보통 내재적 가치가 거의 없다. 돈, 고위직, 사회적 성공 등과 같은 이차 강화물은 그 자체로는 가치가 없고 대신 실제 강화의 가능성을 창출하는 수단이 된다. 하지만 3장에 나온 것처럼 사회적으로 조건화된 강화의 이러한 도구적 속성이 종종 실제 가치와 혼동이 된다. 이런 것들은 융합의 과정을 통해, 선택된 가치와 일치하는 행위의 맥락에서 일어나는 어떤 것이라기보다 그 자체가 목적인 것처럼 보일 수 있다. 3장에서 논의된 대로 여기서 결정 요소는 기능이다. 이러한 강화물을 얻기 위해 어떻게 행동할지를 선택할 때 마음속 깊이 자신이 선택한 가치를 간직하고 있는 한 도구적 이차 강화물에는 아무런 이상이 없다. 그러나 내담자는 사회적으로 조건화된 이러한 유형의 강화물을 자신의 가치와 일관된 삶에서 유래하는 내재적 강화물의 획득 수단으로 여기는 대신 가치라고 말할 수 있다. 이러한 강화는 단기적이고 결국 만족스럽지 않다. 결국 내담자는 자신의 가치에 일관된 삶의 방식을 찾아야 한다. 그들은 가치에 일치하는 행동을 확립하기 위해 돈, 성공, 안전 등을 활용할 수 있다.

이 가치함정의 맥락에서 할 수 있는 첫 단계는 단기적이고 내재적인 것이 아닌 강화물 너머로 작업할 만한 가치가 있는 무엇인가가 있음을 내담자가 알 수 있게 돕는 것이다. 예를 들어, 내담자에게 이런 방식으로 질문을 할 수 있다.

- 당신이 원하는 대로 돈(성공)을 가졌다면 당신 인생에서 그다음에는 무엇을 할 건가요?
- 지금 당장 당신이 높은 지위에 올랐다고 합시다. 그것을 어디다 쓰실 건가요?
- 당신이 갑자기 행복하고 안전해졌다면 무엇을 하시겠습니까?

이러한 질문을 통하여 내담자는 이러한 비내재적 강화물이 그 자체로 최종 목적이 아니라 중요한 가치 방향에 일치하는 행동을 하는 도중에 생길 수 있는 것임을 알기 시작할 것이다. 행복과 성공 같은 것들은 우리가 직접 얻으려 애쓰는 가치라기보다는 가치와 일치하는 삶을 살 때 얻어지는 부산물 또는 가치 있는 삶을 위한 도구이다. 사회적으로 조건화된 이차 강화물을 추구하는 것은 상당 부분 서구 문화와 완벽히 일치한다. 불행히도 내담자들은 이러한 조건화된 강화물에 너무 집중한 나머지 장기적으로 가치 있는 삶의 자연스러운 수반성 궤도를 놓쳐버린다. 이렇게 되면 내담자는 구체적인 결과를 가치와 혼동하고 장기적 가치 행동보다 사회적으로 조건화된 강화물을 향하게 된다. 이러한 성취는 더 큰 가치를 위한 기능적 목표가 될 수 있었으나 이제는 대신 그들 자체가 목적이 된다. 하지만 더 큰 핵심 가치와 접촉이 없다면 획득하였던 조건화된 강화물은 결국 공허하게 느껴질 가능성이 크다.

제퍼슨의 예를 들어보자. 그는 고등학교와 단과대학 시절 좋은 점수를 따기 위해 매우 열심히 공부했고 최고의 의과대학에 지원했다. 하지만 그는 스트레스 두통으로 치료를 받으러 왔다. 치료 시간에 그는 최상의 점수를 따고 최고의 학교에 들어가기 위해 모든 노력을 다했지만 그 모든 것이 의미 없게 느껴진다고 밝혔다. 그는 조금 먼 미래를 준비하는데 치중한 나머지 친구들과 어울리거나 가족과 이야기를 나누지 못했음을 깨달았다. 주변 사람들은 열심히 공부한 그를 축하해 주었지만 그럴수록 그는 삶에서 점점 더 멀어지는 것을 느꼈다. 치료자의 개입을 바탕으로 그는 자신을 돌보는 활동을 포함하는 삶의 다른 측면에 더 많은 시간을 투자하기 위해 속도를 약간 늦추고 조금 덜 경쟁적인 의과대학에 가기로 했다.

기능적으로 비슷한 다른 사례가 수도 없이 많을 것이다. 돈 버는 것이 가치인 내담자는 돈으로 무엇을 하고 싶은지 다시 생각해 볼 필요가 있다. 짝을 찾는 것이 가치라고 하는 내담자는 짝을 찾았을 때 그가 바라는 친밀한 관계의 속성이 무엇인지 분명히 할 필요가 있다. 이차 강화물이 우리의 활력을 유지하기 위해서는 우리가 살아가는 과정에서 성취하는 것뿐만 아니라 삶의 과정 자체에 참여하고 즐기는 것을 배워야 한다. 왜냐하면 대개 과정 중에 얻어진 성취들은 또 다른 단기적 해결책을 구하기 전의 짧은 기간만 우리를 만족시키기 때문이다.

가치함정 3: 체면치레하기

응종은 규칙을 제시한 사람에게서 강화를 얻기 위해 따르는 규칙 지배 행동의 일종이다. 좀 더 쉽게 말해, 오로지 규칙을 따르기 위해 또는 남을 만족시키기 위해 하는 행위를 응종이라 할 수 있다. 다른 사람에게 순응하여 기분을 좋게 하는 단기적 강화에 초점을 두는 것은 단기간 미봉책의 또 다른 사례이다. 예를 들어, 수잔이 치료 회기에 와서 가치 나침반 연습을 작성하기 시작할 때, (9장에서 자세히 설명하였다) 그녀는 무엇이든 "옳은" 일에 관해 말하고 행하려 노력하는 것 같았다. 그녀는 자신이 원하는 것이 무엇인지 모르겠지만 다른 사람들이 자신에게 기대하는 것이 무엇인지는 알고 있다고 보고했다. 서양 문화권에서, 우리는 결과가 중요하다고 배운다. 또 그 결과를 보장받는 방식으로 실행하는 행동을 통해 강화물을 받는다. 그래서 이런 종류의 응종이 흔히 일어난다. 우리는 배움의 과정보다 좋은 성적을 얻는 것에 가치를 두게 되고, 또 친밀해지는 과정 자체보다 "올바른" 짝을 찾는 것이 더 가치 있다고 여기게끔 설정된다. 우리는 때때로 다른 사람들이 이런 종류의 욕구가 중요하다고 말해 주기 때문에 그걸 따른다. 이런 방식에서는, 순응하는 것이나 올바르게 되는 것이 더 깊고 더 본질적인 수준에서 우리가 진정으로 원하는 바가 무엇인지 알아내는 것을 막아 버린다.

다른 사람을 만족시키는 행동이 때로는 장기적으로 가치 있는 방향과 일치하는 것처럼 보일 수 있지만 기능적으로는 매우 다르다. 응종은 복잡하다. 우리가 하는 많은 일에는 어느 정도 응종의 특색을 포함하고 있으므로 시간이 지남에 따라 관련 행동이 내재적으로 강화된다는 것을 알 수 있다. 동생이 관현악단에서 연주하는 힐러리를 생각해 보자. 그녀는 클래식 음악을 즐기지 않지만 가족의 의무라는 생각에 동생의 연주회에 참석했다. 가치 명료화를 통해 그녀가 가족에게 관심이 있음을 보여주는 것이 얼마나 중요한지 깨닫기 시작했다. 결과적으로 연주회 가는 일이 내재적으로 강화되기 시작했다. 하지만 그녀가 하는 다른 행동 중 일부를 바꾸어야 한다고 결심했다. 예를 들어, 동생에게 돈을 빌려주는 일차 기능이 동생을 사랑한다는 사실을 보여주는 것이 아니라 가족에게 그녀가 좋은 딸임을 보여주기 위해 수년간 훈련되었던 역할임을 깨달은 후, 그녀는 동생을 재정적으로 구출하는 것을 멈추기로 했다.

만약 특정 행동 또는 활동의 기능이 다른 사람을 만족시키고 순응하는 것이라면 그 활동은 다른 사람의 인정 여부에 의해 결정되는 유인적 조절하에 있게 된다. 즉 다른 사람이 없다면 그 행동을 수행할 동기가 거의 없어지고 발생 가능성도 줄어든다. 이러한 응종의 불행한 특징은 가치에 일관된 행위의 지속적인 패턴을 확립한다는 측면에서 볼 때 중요한 의미가 있다. 이러한 형태의 조절하에 있는 내담자에게 이렇게 물어볼 수 있다. "주변에 아무도 없어도 이 특정 활동에 참여할 건가요?" 이런 질문은 스스로 자신의 활동 기능을 더 쉽게 변별할 수 있게 한다.

우리가 하는 행동과 그 이유를 조사하기

"당신은 어떤 주인을 섬기고 있는가?"로 불리는 이 ACT 연습은 내담자가 일상에서 어떻게 행동하고 있는지 기능적으로 생각하는 데 도움이 된다. 이 연습의 핵심은 행동의 실제 형태가 무엇이든 간에 가치를 선택하거나 다른 기능 패턴에 따라 행동할 때 내담자 자신이 대응하는 행동의 기능을 변별할 수 있도록 돕는 것이다. 이 연습을 위한 워크시트가 이 절에 포함되어 있다. 자유롭게 복사해서 회기 중에 사용하면 된다. 우리는 회기 내에서 내담자와 함께 연습 일부를 완성해 보는 것이 내담자가 행동의 기능을 찾는 데 유용함을 알게 되었다. 자신의 행동이 얼마나 중요한지 살펴보려면 당신 또한 스스로 이 활동을 해 보는 것이 좋다. 이렇게 하면 자신의 행동을 이런 식으로 살펴보는 것이 얼마나 어려운지 알 수 있을 것이다. 치료자조차 항상 우리 행동의 기능을 인식하고 있지 않다! 당신 스스로 이 연습을 한다면 이 중 어떤 활동이 활력의 형태를 가지는지 확인할 수 있다. 균형을 잃은 지점이 있다면 거기서 당신의 활력을 증가시키는 방법을 찾아야 한다.

행동 기능에 4개의 열이 포함되어 있음을 주목하라. 우리는 인생에서 자신이 하는 행동이 오로지 하나의 기능만 가지는 경우가 거의 없다는 사실을 알고 있다. 예를 들어, 쇼나는 시간에 맞춰 출근하는데, 부분적인 이유로는 직장을 잃을까 두려워서(부정적인 것을 회피), 동료들과 모닝커피를 함께 하고 싶어서(단기적 정적 강화), 그것이 요구되는 것이기에(응종) 그리고 실제로 일을 즐겨서(장기적 정적 강화 및 활력) 등이 있다. 쇼나가 이 워크시트를 사용하여 행동 기능의 평가를 실습하기 시작하면서 이런 기능들에 좀 더 다양한 뉘앙스가 숨어 있음을 발견했다. 때때로 그녀의 행동이 응종에서 시작하지만, 단순히 다른 사람의 칭찬이 아니라 주변의 더 큰 세계로부터 강화를 얻게 되고 이에 따라 좀 더 가치에 기반을 둔 행동으로 변해간다. 그녀가 행동의 이유를 인식하게 되면서 다양한 행동들이 각각 자신의 가치와 일치하는지를 결정할 수 있다.

당신이 섬기는 주인은 누구인가?

이 워크시트를 사용하여 아침 식사, 체육관에서 운동 또는 정시에 출근하기와 같은 일상 활동을 기록하라. 왼쪽에는 시간과 활동을 기록한다. "기능" 아래의 네 칸을 사용하여 이 활동이 어떤 기능을 하는지 기록한다. 회피(부적 강화), 미봉책(단기적 정적 강화), 응종(다른 사람이 칭찬하기 때문에 혹은 그렇게 하는 것이 적절하다고 배웠기 때문에 하는 것), 내재적 강화(가치를 따라서 사는 데서 오는 활력과 관련된 장기적 정적 강화)이다. 아마 각각 조금씩은 해당한다는 사실을 발견할 것이다. 해당하는 각 기능 열에 체크하고 주된 기능이라고 느껴지는 것을 별표로 표시하라.

기능	내재적 정적강화								
	응종								
	단기적 정적강화								
	회피 또는 부적강화								
활동									
하루 중 시간									

가치와 일치하는 행동 패턴의 확립

내담자의 활동 대부분이 회피나 단기적 강화 혹은 응종에 의해 주도된다면, 그는 활력이 부족하거나 부적응으로 어려움을 겪을 것이다. 치료자의 임무는 내담자가 중요한 자기 삶에 다시 연결되고 장기적 가치의 방향으로 다가가기 위해 기꺼이 현재 순간에 머물 수 있도록 돕는 일이다. 가치는 근본적으로 세 가지 중요한 양상을 수반한다. 첫째, 중요한 장기적 가치의 방향과 일치되게 행동하기. 둘째, 그 가치의 방향으로 나아갈 때 어려움에 직면하더라도 이를 기꺼이 지속하고 현재에 머무름. 셋째, 가치 행동에서 내재적 강화를 이끄는 온전한 마음챙김에 참여함.

중요한 장기적 가치와 연결하기

ACT 치료자가 내담자에게 묻는 가장 흔한 질문 중 하나는 "당신은 삶이 어떠하길 원합니까?"이다. 모든 회기마다 치료자는 내담자가 선택하고 명료화한 가치를 치료 맥락으로 사용한다.

자신의 행동이 어떻게 기능하는지를 알아차리는 기술은 삶 전반에 걸쳐 유용하다. 이 장 앞부분에서 논의한 가치함정이 없는 진정한 가치가 평생 어떻게 존재할 수 있는지를 깨닫는 것은 매우 중요하다. 다시 말하면, 가치는 목적지가 아닌 방향이고 형태가 아닌 기능에 의해 정의되므로 다양한 삶의 조건(예를 들어, 아동기, 청소년기, 성인기 그리고 노년기)으로 인한 변화를 초월한다. 동일한 가치가 변하지 않으면서도 삶의 다른 단계에서 어떻게 다르게 보이는지에 대한 몇 가지 예가 있다.

가치: 돌봄
아동기: 강아지 돌보기
청소년기: 아픈 할머니 돌보기
성인기: 자녀 돌보기
노년기: 학교에서 자원봉사를 하고 소외 계층 아이들을 돌보기

가치: 교육과 자기 계발

아동기: 더 나이가 많은 아이들과 함께 지내면서 그들로부터 배우기

청소년기: 가장 재미있는 과목을 공부하기

성인기: 직업 세계에서 활동적이고 효과적인 역할을 할 수 있도록 정보와 기술을 배우기

노년기: 이제 여유가 생겨, 미술사처럼 흥미를 느끼는 다양한 주제에 관해 배우기

위의 기술은 삶의 조건에 따라 그 내용이 달라질 수 있지만 가장 중요한 가치가 인생 전반에 걸쳐 어떻게 일관되게 유지되는지에 대한 예시이다. 다른 인간이나 생명체를 돌보는 가치는 변하지 않지만 그것이 표현되는 방식은 변한다. 배움의 가치는 변함없지만 교육과 자기 계발의 형태는 나이와 삶의 단계에 따라 다르다. 우리는 이 책에서 모든 중요한 가치가 평생 비교적 일정하게 유지된다고 가정한다. 자녀 양육이 성인기 중반의 누군가에게 가장 중요한 행동일 수 있지만 인생 후반기에는 친구, 이웃, 또는 공동체를 돌보는 것이 더 중요한 가치 행동이 될 수 있다. 그런데도 돌봄이라는 매우 중요한 가치가 삶의 각 단계에 걸쳐 계속 존재한다. 만약 당신이 내용보다 기능의 관점에서 가치를 생각한다면 이 일관성을 더 쉽게 알아차리고 이해할 것이다.

어려움에 직면하더라도 기꺼이 현재에 머물고 지속하기

우리가 가치에 따라 살아갈 때 곤란하거나 원치 않는 경험을 겪을 수 있다. 가치를 선택하자마자 세상만사가 분명하게 이해가 되고 그 시점부터 활력과 평화를 경험하는 일은 거의 없다. 게다가 ACT에서 종종 가치 행위의 특징을 설명하기 위해 자주 사용되는 "활력"이라는 단어가 반드시 긍정적인 영향이나 느낌을 의미하는 것도 아니다. 그보다는 살아있음을 느끼는 걸 의미한다. 그것이 기쁨과 행복의 순간뿐만 아니라 극심한 고통의 순간을 나타낼 수도 있다.

사실 많은 사람에게 가치와 관련된 활동이 불편하고 때로는 고통스럽기까지 하다. 이러한 이유로 가치 활동에는 끈기도 포함된다. 무엇이 우리를 끈기 있게 지속하도록 만드는가? 우리가 가치에 따라 살아갈 때 내재적 강화의 많은 자원과 접촉하는 능력이 향상된다. 우리는 너무 자주 부정적으로 평가되는 생각, 느낌, 상황에 단순하게 초점을 맞춘다. 시간이 흘러도 끈기 있게 지속하려면 실제로 부정적 측면을 가진 활동

을 하는 중에도 내재적 강화를 찾을 수 있어야 한다. 살다 보면 고통을 가져다줄지 알면서도 가치 있는 선택을 하는 경우가 여러 번 있다. 가족과 마찬가지인 사랑하는 애완동물이 오랜 시간 앓고 있을 때 곧 있을 상실에 대한 슬픔에도 불구하고 더 이상의 고통을 막기 위해 그를 영원히 잠들게 하는 행동을 선택하는 경우가 이에 해당한다.

좀 더 어려운 예를 들어보자. 정직하고 개방적인 관계에 가치를 크게 두는 애니카를 생각해 보자. 그녀는 연인에게 최근의 부정(不貞)에 대해 말하기로 한다. 당신은 그 상황에서 발생할 수 있는 두려움, 슬픔 그리고 회한의 느낌을 상상할 수 있다. 그러나 매 순간 핵심 가치에 대한 마음챙김 자각을 통해 애니카는 이러한 고통스러운 감정에도 불구하고 자신이 얘기했던 진실한 행동이라는 가치에 일관되게 살아가려고 실제적인 행동을 취하고 있음을 알아차리게 된다. 진실하기와 같은 핵심 가치에 일관되게 살기 위한 단계를 밟아 나갈 때 우리는 활력을 경험한다. 그리고 가치 있는 선택을 할 때마다 항상 심리적 고통이 찾아오지는 않지만 때로는 그러한 고통이 불가피하다. 애니카의 경우, 자신이 깊이 아끼는 연인을 잃을 수 있음을 알았지만 관계 상실에 대한 두려움을 넘어서 진실하기에 가치를 두었다.

피하고 싶은 유혹을 느끼게 하는 어려움에 직면했을 때 그 상황을 매우 중요한 가치가 위태롭다는 관점에서 보는 것이 중요하다. 예를 들어, 당신이 자상한 친구가 되는 것에 가치를 두었는데 친구가 과음과 같이 위해가 되는 행위를 하고 있음을 걱정하는 상황 속에 놓였다고 가정해보자. 급격히 커지고 있는 친구의 알코올 중독에 대한 주제를 이야기할 때 당신은 자신의 가치를 염두에 두어야 한다. 그리고 수치심, 당혹감, 직면이나 원치 않는 결과에 대한 두려움 같은 감정에 가치가 가려지도록 내버려 두지 않아야 한다.

내재적 강화로 이끄는 온전한 마음챙김에 참여하기

삶의 어느 시점에서, 우리는 대부분 이전에 내재적 강화라고 언급했던 것을 경험한다. 이는 돈이나 포상 같은 외재적 강화물을 얻기 위해서라기보다 활동 자체를 즐기고 그것에 온전히 참여하는 것이다. 많은 사람이 음악, 춤, 예술, 섹스, 스포츠와 같이 삶의 영역에서 활동 자체와 하나가 되는 "흐름"을 경험한다. 이런 경우 활동은 선택된 활동으로 경험되는 것 외의 어떤 목적도 없다. 강화의 특징은 결과보다 과정에 있다. 현재 순간에 머무는 것은 가치 활동이 자연적인 강화물이 되게 한다. 또 그렇게 되려면 결과가 아니라 과정에 대한 온전한 마음챙김의 참여가 필요하다. 예를 들어, 어떤 가수는 음을 놓쳤는지 혹은 청중들이 노래에 감동하였는지와 관계없이 노래하는 과정을 즐기고 있는 자신을 발견할 수 있다. 더 나아가, 그 과정에 부담을 갖거나 그것을 평가하는 것은 실제로 일부 활동에 방해가 될 수 있다. 댄스 스텝을 밟거나 점프슛을 하는데 모든 필요한 근육의 움직임을 생각한다고 상상해보라. 훈련도 도움이 되지만 이런 종류의 활동을 하려면 바로 그 순간에 현존하는 것이 필요하다. 그래서 역시 우리도 가치에 참여할 때 순간에 현존하는 법을 배울 수 있다.

비록 가치 있는 활동에 온전히 참여하는 것이 종종 강렬하고 즐거운 경험이지만 모든 강렬하고 즐거운 경험을 가치 있는 활동으로 간주할 수 있는 것은 아니다. 예를 들어, 가치의 맥락 없이 추구하는 감각은 그 자체로 가치라고 간주할 수 없다. 번지점프나 헤로인 투여 후에 보고하는 흥분이나 절정감 같은 종류를 활력이라고 하지 않는다. 이러한 경험은 내재적 가치 활동을 강화하여 창출되는 활력이나 지속성이 있는 목적감보다 단기간 유지되는 느낌의 상태로 특징지어진다. 가치와 일치하는 행동 맥락 내에서 활력을 경험하면 내담자는 앞으로 무엇을 찾아야 할지 감을 잡을 수 있다. 활력은 가치에 일관된 선택을 지속하게끔 지원하는 강화물이 된다.

내담자는 치료 과정에서 마음챙김을 통해 행동의 기능을 이해하고 그것이 가치를 위한 것인지 그렇지 않은 것인지를 깨닫는 과정에 참여하는 방법을 배울 수 있다. 또한 내담자는 자신의 가치관에 따르는 불편함을 기꺼이 경험하고 지속하는 것도 배울 수 있다. 각각은 내담자가 매일 매 순간 가치와 일치하는 삶을 살 수 있는 잠재력을 알아차리도록 돕는데 중요하다.

3단계: 가치 추구를 위해 목표 선택하기

가치와 목표를 어떻게 구별했는지 생각해 보라. 가치는 방향을 제시하고 목표는 우리가 가치와 일치하는 삶을 사는 것을 돕는 과정에서 멈춤을 제공한다. 이러한 목표를 달성하기 위해 행동을 취하지 않는다면, 우리는 가치에 일관된 삶의 단계를 밟고 있는 게 아니라 단순히 가치를 말로만 하는 셈이다. 또 아무리 많은 목표를 성취했다 할지라도, 우리는 항상 가치를 갖고 있음을 기억하라. 관계에서 친밀감을 가치로 가진 예를 살펴보자. 일반적인 목표가 결혼일 수 있다. 누군가 "나는 결혼했어."라고 말할 수 있지만 그 누구도 "다른 사람과 친밀해지는 것은 이제 끝났어."라고 말하지 않는다. 관계에서 친밀함의 가치는 사람의 일생을 통해서 항상 변함없다. 만약 한 개인에게 이런 종류의 친밀감이 중요하다면 그는 구체적 목표를 통해 이런 친밀감을 형성할 수 있는 방법을 찾을 수 있다. 매우 중요한 가치의 측면에서 구체적 목표를 수립하기 위해 내담자와 함께 작업하는 것은 그들이 더 생동감 있고 충만한 삶을 살도록 돕는데 특히 중요하다.

가치 있는 방향으로 나아가는 것은 움직임과 그 이후에 하는 평가의 두 단계 과정으로 볼 수 있다. 우리가 다가가려는 가치에 대해 나침반 설정을 확인한 후 그 방향으로 한 걸음을 떼는 것으로 생각되는 행동을 한다. 그 행동을 취한 후 그것이 얼마나 가치를 잘 반영했는지를 평가한다.(이는 추후 가치 과정 4단계에서 논할 것이다.) 하지만 사실 약간 더 복잡하다. 단계를 밟거나 목표를 설정하는 첫 단계는 그것을 선택하는 것이지만 이런 선택조차 힘든 일일 수 있고 선택 과정에서 가치의 명료화 과정에 포함되었던 것과 같은 융합, 두려움, 회피 등이 나타날 수 있다. 우리는 8장에서 내담자가 목표를 선택하도록 안내하는 데 도움이 되는 몇 가지 구체적인 전략과 워크시트를 제공한다. 여기서는 내담자가 달성 가능한 목표를 설정하면서 만날 수 있는 몇 가지 어려움에 초점을 맞추려 한다.

내담자가 새롭게 명료화를 한 가치에 따라 살기 시작할 때 기존의 회피와 융합 패턴으로 되돌아가는 일이 드물지 않게 일어난다. 가치 명료화가 하나의 과정인 것처럼 이러한 가치에 일치하는 목표를 설정하는 방법 역시 배움의 과정이다.

삼킬 수 있는 것보다 더 많은 양을 깨물기

때때로 사람들은 목표를 너무 높게 정한다. 예를 들어, 한 사람이 다른 사람을 돕는 것에 가치를 두고 의대 진학을 목표로 선택하였지만 과학 과목을 통과하지 못하거나 대학을 수료하지 못하면 여기서 약간의 회피가 작동할 수 있다. 이것이 가능한 목표가 아니라는 것은 아니지만 의대 몇 군데에 지원하는 것이 좋은 출발점은 아닐 것이다. 만약 그가 기꺼이 속도를 늦추고 근본적인 가치에 접촉한다면 의대 입학 전 예비 단계로 단과대학 과학 수업에 등록하여 연구하거나 의료 기술자 같은 연관된 목표를 선택하는 등 다른 기회가 나타날 수 있다. 목표를 관리 가능한 단계로 나누는 것은 중요한 과정이고 배우는 데 시간이 걸린다. 내담자가 가치 있는 방향으로 가는 우산의 보호 아래 더 큰 목표를 향해 나아갈 수 있게 이끄는 작은 단계를 선택하도록 돕는 것이 임상가의 임무이다.

예를 들어, 누군가 가까운 가족 관계에 가치를 둔다고 보고한 후 소원해진 가족 구성원들과 관계를 복원하기를 원한다고 하자. 이때 즉각 친척 중 한 명의 집에 들어가 함께 사는 것이 시작하기에 가장 좋은 지점은 아닐 것이다. 더 좋은 출발점은 편지를 쓰거나 전화를 거는 등의 더 작은 단계가 될 수 있고, 이는 시간이 흐르면서 관계 구축을 위한 토대를 쌓는 것이 된다. 임상가의 업무 중 또 다른 부분은 내담자가 이런 작은 단계들을 실행하는 과정에서 생기는 혹은 그 과정에서 예상되는 어려움을 기꺼이 경험하도록 돕는 것이다. 다시 말하지만, 내담자가 목표를 정할 때 가치의 과정에 접촉하도록 돕는 것이 중요하다. 가족과 다시 연결되기를 원하는 내담자는 상대의 마음이 그의 연락에 설레는지와는 상관없이 처음으로 전화를 걸 때 내재적 강화를 느낄 수 있다. 단순히 결과에 초점을 맞추기보다는 강화가 일어나는 지점에서 행동 패턴을 구축하는 것이 관건이다. 또한, 어떤 경우에는 지나치게 높은 목표를 선택했기 때문에 나아가는 것을 쉽게 회피하게 만들 수 있음을 유의해야 한다. 그렇게 되면 불가피한 실패나 거부를 함으로써 앞으로 나아가지 않는 것을 정당화하게 되고 이런 정당화는 위험과 두려움이 예상될 때 위로가 된다.

허기질 때 조금씩 먹기

또 다른 흔한 반응은 성공의 느낌을 높이고 실패 가능성을 줄이려고 지나치게 작은 목표를 설정하는 것이다. 이것이 꼭 바람직하지 않은 것은 아니다. 왜냐하면 특히 강화의 이력이 빈약한 내담자는 실제 이 정도로도 새로운 것을 배우고 실행할 때 활력 있다고 경험할 수 있기 때문이다. 하지만 당신은 내담자가 항상 안전하게 행동하기보다는 용감하고 위험을 감수할 수도 있게 돕고 싶을 것이다. 가치를 추구하기 위해 안전지대를 벗어나는 방향으로 이동하는 것은 내담자가 새로운 강화물과 접촉하고 점점 지속 가능한 행동 패턴을 구축할 기회를 증가시킬 수 있다. 작은 단계를 밟는 것도 강화의 기능을 가질 수 있다. 하지만 내담자가 교육에 가치를 두면서도 듣고 싶은 수업에 사용되는 안내서만 수집하고 정작 교육 시작을 몇 개월 뒤로 미루고 있다면, 여기에는 실패에 대한 두려움이나 회피가 작동할 가능성이 있고 이런 점은 회기에서 논의할 만한 하다. 새로운 것을 시작할 때 생길 수 있는 어려움과 두려움이 정상이라는 사실을 확인하는 것이 중요하다. 내담자에게 약간 위험할 수 있지만 내담자가 자신의 목표와 궁극적으로 자신의 가치에 다가가는 데 도움이 되는 행동을 선택하도록 돕는 것은 보람 있는 일이다.

4단계: 선택을 평가하고 행동 패턴을 만들기

단순히 단계를 밟는 것만으로는 충분하지 않다. 내담자가 각 단계를 평가할 수 있는 시간을 갖도록 안내해야 한다. 이 목표가 가치 방향과 일치하는가? 내담자는 어떻게 그 점을 알 수 있는가? 만약 목표에 활력이 없다고 판명되면 어떤 일이 벌어질까? 가치 방향으로 한 단계를 선택하는 것은 개인에게 프로그램화되어 있는 영향을 받을 가능성이 크다. 왜냐하면 평생 사회언어적 공동체에 노출됨으로써 자신과 세계에 관해 배워온 것들이 입력되어 있기 때문이다. 따라서 내담자는 활력이 있는 것과 없는 것을 분별할 수 있도록 많은 움직임을 실험해 보고 경험을 쌓을 필요가 있다.

예를 들어, 20대 중반 내담자 사무엘은 인생에서 친밀한 관계를 맺기 위해 노력하는 것이 중요한 가치라고 정했을 수 있다. 그는 그 방향으로 가는 한 단계를 나이트클럽에 가려고 외출하는 것이라고 결정한다. 이 단계를 거치면서, 그는 새로운 사람들을 만날 기회를 만들고 친밀한 관계를 맺는 활동의 장으로 들어간다. 나이트클럽에 다녀온 후 이 단계가 실제로 그가 찾고 있는 친밀한 관계를 더 가깝게 하는지 평가할 필요가 있다. 만약 그렇지 않다면 그는 다른 단계를 시도해보고 평가할 필요가 있다. 하지만 이 방향으로 실험을 계속함으로써 그는 친밀한 관계와 관련된 가치 활동을 지속하고 있는 셈이다. 그는 스스로 설정한 참고치를 따라 실험하고 평가한다. 이것은 주류를 형성하고 있는 상업용 이미지나 다른 사람이 가치 기준으로 생각하는 것과는 매우 큰 차이가 있다. 사무엘은 자신의 가치 방향으로 행동을 취하면서 (종종 ACT에서 "발로 뛰기"라고 일컬음) 강화를 얻게 되고 이를 기반으로 가치 추구를 계속해서 선택할 수 있다. 또한 그는 자신의 가치에 따라 살 때 어떤 행동이 자신에게 가장 잘 맞는지 선택할 수도 있다. 8장에서는 가치 행동의 패턴을 유지하기 위한 구체적인 전략에 중점을 둔다.

불편함의 기능을 탐색하기

우리는 모두 새로운 일을 시도할 때 종종 실패나 평가에 대한 두려움 또는 어떤 형태의 불편함이 수반됨을 알고 있다. 우리 중 대부분이 새로운 일을 시작할 때 "내가 그것을 망치면 어떡하지?" 또는 "내가 이 일을 얼마나 잘 할 수 있을지 모르겠어."라는 생각이 났던 때를 쉽게 기억할 것이다. 미지의 세계로 들어갈 때마다 불편함이 나타나기 마련이다. 우리가 가치 방향으로 향하는 움직임을 평가할 때 중요한 점은 어떤 종류의 불편함이 나타나는지를 볼 수 있어야 한다는 점이다. 방금 언급했듯이, 때때로 불편함은 새로운 것을 시작하는 과정의 자연스러운 부분이다. 하지만 때에 따라 새로운 일을 할 때 느끼는 불편함에 지혜가 깃들어 있다.

나이트클럽의 예를 다시 사용해보자. 사람들이 나이트클럽에서 소울 메이트를 만나는 일은 드물다. 따라서 사무엘이 친밀감을 경험하거나 관심 있는 사람을 만나지 못할 가능성이 크다. 그는 집에 돌아와서 울적한 기분이고 나이트클럽에 가는 것이 시간 낭비라고 생각할 수도 있다. 이것은 새로운 일을 시도하는 것과 관련된 자연스러운 불편함 때문일까, 아니면 나이트클럽이 그다지 즐겁지 않았기 때문일까? 나이트클럽에 간 것 자체로 자연스럽게 활력을 경험하지 못했다면 비록 그의 목표(새로운 사람 만나기)를 달성하지 못했다 하더라도 그곳으로 다시 돌아가고 싶지 않을 것이다. 대신에, 그는 사람들을 만날 수 있는 다른 즐거운 활동을 찾으려 할 것이다. 만약 그가 나이트클럽에서 활동이 즐거웠다면 단순히 새로운 사람을 만나고 춤을 추기 위해 다시 그곳에 가려고 할 것이다.

간단히 말해서, 내담자가 새로운 것을 시도할 때, 스스로 자문하도록 격려하라. "내가 시도하고 있는 이 새로운 것의 알려지지 않은 요소 때문에 불편감을 느끼는 걸까? 아니면 내가 정말로 이 활동을 즐기지 못하는 무언가 있기 때문일까?" 우리 모두에게 진정한 강화가 일어나는 방식으로 행동할 기회를 만드는 것이 활력이 넘치고 가치가 주도하는 삶의 일부가 된다.

요약

이 장에서는 가치 과정의 네 단계를 설명했다. 핵심 가치 찾기, 행동의 기능 살펴보기, 가치를 추구하기 위해 목표를 선택하기, 이러한 목표에 내재된 활력을 평가하기. 앞으로 나올 장에서는 내담자와 함께 작업할 때 이러한 각 단계의 효과를 높이는 데 사용할 수 있는 기술을 더 자세히 설명한다. 우리는 이러한 접근 방식이 임상가로서 당신의 업무에 활력을 불어넣기를 바란다. 7장, 8장 및 9장 모두 이런 흐름을 따라 구체적 단계를 제공한다. 그러나 바로 다음 장에서는 치료관계와 이것이 내담자와 작업하는 당신의 가치에 얼마나 중요할 수 있는지로 시선을 돌린다.

5장
자비와 치료관계

대인관계를 치료적으로 만드는 것은 예술이자 기술이다. ACT에서 치료관계는 (다른 치료와 마찬가지로) 그 자체가 바로 진료실에서 일어나는 변화의 강력한 엔진이다. 가치의 관점으로 보면 치료자와 내담자는 치료의 파트너로서 공동의 목적을 달성하기 위해 함께 노력하고 있고 둘 다 자신의 역사와 경험으로 고군분투하고 있다. 치료관계의 핵심은 치료의 각 파트너가 인간이기에 공유하는 경험에 연결되게끔 도와주는 초월적 자기감(맥락으로서 자기)의 관점이다. 명백한 것은 치료자와 내담자의 역할이 모든 심리치료 전통에서 상당히 잘 확립되어 있다는 점이다. 치료자에게 요구되는 자기 공개의 정도는 다양하다.

ACT의 관점에서는 치료자가 내담자와 같은 방식으로 고군분투한다는 사실이 치료에서 가장 크게 도움이 된다. 우리는 치료자의 자기 공개가 내담자를 위한 ACT 과정의 모델이 될 수 있음을 알게 되었다. 또한 그것은 우리가 요구하는 몇 가지 치료 단계를 내담자가 수행하는 것이 얼마나 어려울 수 있는지를 이해하는 데도 도움을 준다. 하지만 ACT 과정을 모델링하기 위한 것이라 하더라도 가능하면 지도감독자와 함께 자기 공개가 어떻게 기능하는지 신중하게 검토해야 한다. 일반적으로, 치료자인 우리 역시 끈적끈적한 생각을 하고 있고, 특정 감정에 사로잡히고, 중요한 가치에서 벗어난다고 표현하는 것은 내담자에게 큰 영향을 미친다. 만약 당신이 세부 사항을 공개하기로 했다면 공유하기로 선택한 세부 사항을 심사숙고하고 깊은 주의를 기울여야 한다.

당신도 역시 같은 인간으로서 투쟁하고 있음을 공유하는 것이 내담자가 가치 있는 삶을 향해 나아가는 데 도움이 된다면 대개 그렇게 하라고 추천한다. 그러나 어떤 방식으로든 자기 공개가 내담자에게 부담을 주지 않아야 하고 자기 공개의 종류에 따라 치료를 방해할 수도 있음을 알고 있어야 한다고 강조한다(예를 들어, 치료가 내담자를 위한 것이 아니라 당신의 투쟁을 위한 것이 되기 시작한다면). 치료자의 공개는 두 가지 목적을 가지고 있다. 내담자에게 수용, 탈융합, 마음챙김, 맥락으로서의 자기, 가치, 가치 활동에 전념하기 등의 모델을 제공하는 것이 첫 번째 목적이다. 두 번째 목적은 투쟁이 정상적인 것이고, 내담자가 더 의미 있고 가치 있는 삶의 방향으로 나아갈 때 겪는 투쟁을 안전하게 표현할 수 있는 치료 맥락을 조성하는 것이다.

요컨대, 치료 파트너는 두 사람이 모두 중요하고 의미 있는 삶을 살 수 있도록 돕는, 인간 고통과 관련된 방법을 찾기 위해 함께 고군분투하는 두 명의 깨어 있는 인간이다. 치료관계의 목적은 특정한 목표가 아니라 과정 그 자체이다. 이 과정은 두 파트너 모두에게 가치 있는 방향이다.

당신 자신과 타인으로 향하는 자비가 치료관계의 핵심이다. 가치의 관점에서 강력한 치료관계는 두 파트너 모두 ACT의 6가지 핵심 과정과 일치하는 행동에 전념하고 이를 깨닫고 알아차릴 때 만들어진다. 지금 여기에 머물기, 수용, 탈융합, 맥락으로서 자기, 가치, 전념 행동, 모두 심리 유연성을 가져온다. 자비롭고 탈융합이 된 치료 자세를 취하는 것은 개방적이고, 수용적이며, 안전하고, 창조적인 공간을 제공한다. 여기서 치료의 두 파트너는 기능하지 않는 오래된 행동 패턴을 버리고 활력이 넘치는 새로운 방식의 삶을 시도할 수 있다.

우리는 타인에게 향하는 자비를 위한 전제 조건이자 치료관계에 필수적이라고 할 수 있는 자기 자비에 대한 ACT와 RFT 논의로 이 장을 시작할 것이다. 다음으로 치료관계에서 가치의 역할을 살펴보고, 회기에서 시간을 최대한 잘 활용하기 위해 가치에 깨어 있는 상태를 유지하는 방법을 주제로 논의할 것이다. 그런 다음 이 복잡한 관계의 과정과 역동을 개괄적으로 소개하고, 특히 내담자와 치료자의 개인 역사가 치료관계에 미치는 역할을 논의할 것이다. 또 예시와 대화록이 갖춰진 ACT의 일부 핵심 과정을 이용해서 치료관계가 어떻게 개선될 수 있는지 설명할 것이다. 우리는 당신이 치료를 위해 자신의 가치에 깨어 있는 상태를 유지하면서 내담자에게 가치 과정에 대한 모델을 제공하는 데 사용되는 ACT의 치료자 가치 선언 템플릿을 제공한다. 마지막으로, 치료자와 내담자의 가치가 충돌할 때 어떻게 진행해야 하는지 논의할 것이다.

자기 자비를 위한 전제 조건

ACT와 RFT의 가치 관점에서는 자기에 대한 자비 없이 다른 사람에게 진정으로 자비를 가지는 것이 불가능하다. 심리적으로, 이 두 입장은 같은 동전의 양면이다. ACT와 RFT 접근법의 선구자인 스티븐 헤이즈(2008)는 자비와 자기 자비의 뿌리에 둘 다 다음 사항이 포함된다고 주장한다.

- 힘든 감정을 포용하기
- 힘들고 판단하는 생각에 말려들지 않고 관찰하기
- 이러한 프로그램화된 것을 초월하는 더 영적인 자기감과 연결하기
- 개인의 역사를 자기 수인을 통해 자비로운 참여의 삶으로 진척시키기

자비는 관점 취하기 기술을 요구한다. 충분히 잘 개발되면, 이 기술은 우리가 맥락으로서 자기(또는 초월적 자기)의 수준에서 작업할 수 있게 해준다. 거기서 우리는 생각, 느낌, 기억을 피하거나 바꾸거나 도망쳐야 할 경험으로 보는 것이 아니라 그저 인간으로 존재하는 경험 일부라는 관점으로 볼 수 있다. 치료자로서 치료 시간 내내 자신과 내담자에게 자비로운 태도를 유지하는 것은 어렵다. 이는 특히 우리 임무가 내담자의 고통과 함께하는 것(그리고 내담자의 고통을 들으면서 우리 자신의 고통과 함께하는 것)이기 때문이다. 극단적으로, 자비의 결핍은 치료자의 소진으로 나타날 수 있으며 이는 전형적으로 내담자의 경험에 대한 공감을 잃고 둔감해지는 현상을 특징으로 한다. 이는 어려운 집단을 다루는 치료자들 사이에 특히 일어날 가능성이 크고 이런 집단을 다루는 스트레스로 인해 발생한다는 통념이 있다. 그러나 최근 ACT 연구에 따르면 "소진된" 치료자가 자기 자비를 훈련하였을 때 (자신의 어려운 경험을 수용하고 탈융합 관점을 가지는 것) 자신과 내담자 모두 훨씬 더 잘 할 수 있다고 주장한

다(e.g., Hayes 등, 2004). 자신에 대한 자비 없는 행동이 타인에 대한 자비 없는 행동과 상관성이 있고, 반면 자신을 위한 자비는 타인을 위한 자비와 상관성을 보이는 듯하다. 따라서 자기 자비는 모든 치료자의 접근 방식 일부가 될 수 있고 또 그렇게 되어야 한다.

관계틀이론은 자기 자비와 타인에 대한 자비 사이의 관계를 조명한다. RFT는 2장에서 설명한 나-너, 여기-거기, 지금-그때의 직시적(관점 취하기) 틀 구성 훈련을 통해 어떻게 초월적 자기감을 확립할 수 있는지 설명한다. 자비는 초월적 자기감과 초월적 "타인"에 대한 감각("나"의 직시적 틀에 "너"를 수반하고 있음을 기억하라.)에 접촉함으로써 강화될 수 있다. 우리는 이 복잡한 생각을 너무 깊이 파고들기보다는 단순히 자기와 타인에 대한 관점을 강화함으로써 공감을 이룰 수 있다는 사실에 주목하려 한다. RFT 연구자들이 이 관계를 탐색하고 있으며, 예비 결과는 직시적 구성과 공감 사이에 연결성이 있음을 보여준다(Vilardaga, Hayes, Levin, & Muto, 2008). 자기 자비를 포함하여 자비의 근원은, 특히 초월적인 자기감 확립의 도움을 받아서 자기, 생각, 감정 등에 깨어 있고 수용하고 사랑하는 자세를 취하는 것과 가치에 집중하고 그 가치를 자기 삶과 다른 사람과 관계로 유연하게 이끄는 것을 포함한다(Hayes, 2008). ACT의 치료관계는 분명히 치료자가 치료실에서 ACT의 핵심 과정을 체현하고, 착수하고, 지지할 수 있는 맥락을 제공한다. 어떻게 이런 일이 일어나는지 자세히 살펴보기 전에 치료자로서 당신의 가치를 확인하여 명료하게 하고 이러한 가치를 매일 수행하는 작업으로 활용하는 것의 중요성에 대해 숙고해보자.

치료관계에서 가치의 역할

치료자가 되기로 했던 순간을 다시 생각해 보자. 그때 당신에게 무슨 일이 있었나? 당신이 젊은 나이였든 인생 후반부에 직업을 바꾼 것이었든 관계없이 어떤 시점에 당신은 다른 사람과 마주 앉아 그들에게 주어진 고통의 족쇄를 느슨하게 하고 인생에서 더 가치 있는 길을 찾아가도록 최선을 다하는 자비로운 사람이 되는 길에 전념하기로 했다. 치료자로서, 우리는 보통 내담자가 비효율적이거나 가치 경로에서 벗어날 가능성이 있는 방식으로 행동하는 경우를 파악하는 데 꽤 능숙하다. 그렇지만 또한 내담자의 투쟁에 대한 자신의 평가에 사로잡히는 경향도 있어 보인다. 우리는 어려운 내담자라고 판단하는 자신을 발견할 때가 있다. 훌륭한 지도감독과 최선의 의도에도 불구하고 우리는 모두 이따금 다음과 같은 생각을 하는 자신을 발견하게 된다.

- ➤ 그녀가 치료에서 내 말을 잘 들으려 한다면! 결코 똑같은 실수를 반복하지 않을 텐데.
- ➤ 그는 자신의 과거를 수용하지 못할 것 같다. 주위에 무수히 많은 멋진 사람과 일이 있는데 세상을 조그만 가능성조차 없는 위험한 장소로 여기는 그를 보니 너무나도 실망스럽다!
- ➤ 그녀는 내가 본 내담자 중 가장 감정을 잘 드러내지 않는 사람이다. 그녀는 치료 시간 내내 우리가 이야기한 것을 지적으로 처리한다. 심지어 그녀는 경험 훈련에서도 경험하지 않고 이야기만 하려 든다!

치료자로서 의무 중 하나는 내담자와 작업 중에 가치 경로에서 벗어나게 하는 평가하기에 얽매이는 우리의 경향을 인식하는 것이다.

치료자로서 가치를 명료화하기

ACT 치료관계는 다른 심리치료 훈련에서 말하는 관계와 구별되는 특별한 특징을 지니고 있다. 따라서 우리 경험에서 그러한 특징을 개발하려면 특별한 주의와 훈련이 필요하다. 얼핏 보기에는 이 특별한 속성이 역설적으로 보일 수 있다. ACT 치료자는 사랑과 공감 그리고 자비로운 태도로 내담자와 관계를 맺고, 동시에 진료실에서 표현된 모든 생각과 언어를 느슨한 방식으로 다룬다. 다시 말해서, ACT 치료자는 내담자를 완전히 수용하고 수인하며, 문제에 관한 내담자의 언어적 공식화를 믿지 않는다. 이는 맥락으로서 타인의 관점을 가지고 내담자와 관계를 맺는 것으로, 단순히 내담자가 그가 경험하는 내용 이상이라는 사실을 인식함을 의미한다. 우리 대부분에게 이는 매우 특이한 의사소통 방법이다. 우리는 정상적인 사회화 과정에서 사람들이 표현하는 단어를 문자 그대로 받아들임으로써 언어를 통해 동료 인간을 수인하도록 배운다. 이 점이 바로 ACT의 치료 자세를 개발하기 위해서는 지도감독 아래에서 이루어지는 주의와 훈련이 필요한 이유다. 이것은 마치 우리가 치료자의 가치를 처방하는 것처럼 들릴 수도 있다. 사실은 그렇지 않다. 이는 ACT 작업에서 치료자가 반드시 가치를 가치 있게 여겨야 함을 의미한다. 달리 말해서, ACT 치료자는 더 이상의 고통에서 자유로워지게끔 의미 있고 목적 있는 삶을 살도록 내담자를 격려한다. 이를 위해서는 내담자에게 수용적이고, 깨어 있고, 탈융합이 이루어진 태도가 필요하다. 치료자가 치료실에서 이러한 태도를 체현함으로써 ACT 과정의 모델이 될 수 있다. 내담자는 이러한 수용적이고, 깨어 있고, 탈융합이 이루어진 태도를 통해 가치를 따라 대담하고 자비롭게 사는 법을 배울 수 있다.

치료 작업과 관련하여 당신 자신의 개인적 가치를 검토하여 내담자의 능력을 최대한 발휘할 수 있도록 ACT 과정을 모델링하고 시행할 것을 권장한다. 우리가 제시한 예시에 대한 당신의 반응과 내담자와 작업에서 ACT 모델을 체현하기 어렵게 하는 환경을 알아차리고 그런 어려움에 당신이 전형적으로 대응하는 방식에 주목하라. 스스로 그런 점들을 확인하라. 내담자와 작업에서 무엇이 가장 중요한가? 당신은 가장 어려운 내담자와 작업에서도 가치와 일관되게 사는 방법을 찾아 전념할 수 있는가? 이 장의 후반부에서 내담자와 작업을 위해 당신 자신의 가치와 공명할 수 있는 가치 목록을 제공할 것이다.

치료실에서 가치를 공유하기

치료를 시작할 때 내담자가 나아갈 수 있게 가장 효과적으로 도우려면 치료 상호작용의 초기 단계에서 가치 선언을 하는 것이 강력하다. 그렇게 함으로써 내담자의 고통에 대해 치료자가 수용, 탈융합, 열린 자세의 모델을 보여줄 수 있다. 여기 당신이 공명할 수 있는 몇 가지 예가 있다.

➤ "당신의 고통에 관해 말할 때, 나는 이 특정 내용이 당신을 어떻게 저항의 소용돌이, 부정적인 자기 판단, 더 큰 고통 그리고 더 경직됨에 이르게 했

는지를 경험합니다. 나는 이 좁은 공간이 당신에게 도움이 되는 게 얼마나 어려운지 경험합니다. 나는 당신과 내가 잠깐이라도 이 악순환을 뛰어넘어 치료를 통해 정말로 도달하고자 하는 곳에 집중하기를 바랍니다."

▶ "당신은 나에게 삶에서 원하지 않는 몇 가지 예를 들려주었고, 나는 그것을 당신과 공유합니다. 아무도 고통을 원하지 않습니다. 동시에, 나는 그 고통을 넘어선 당신을 바라보고 또 경험하고 싶습니다. 나는 당신이 '원치 않는 것'을 넘어서 원하는 것 그리고 진실로 깊이 관심을 가지는 것을 향해 일어서기를 바랍니다."

이러한 가치 진술은 치료자가 강력하고 치유의 힘이 있는 치료관계를 구축하기 위해 내담자와 협력할 때 ACT 모델을 체현할 수 있도록 해준다. 내담자가 치료에 가져온 이야기의 내용을 수인하지 않으면서도 동시에 내담자를 진정성과 자비의 가치로 대하고, 수용하고, 수인하는 것은 예술이다. 인간은 사회관계에서 이해받고, 수용되고, 수인을 받고자 하는 근본 욕구가 있으며 이것이 일반적으로 치료관계의 핵심이다. 그것은 또한 ACT 치료관계의 핵심이기도 하다. 그러나 수용과 수인은 치료실에서 표현되는 언어적 공식화(개념으로서 자기의 관점)에 국한되지 않는다. 수용과 수인은 내담자가 방금 말한 것을 단순히 반복하는 것보다 훨씬 더 복잡하다. 그리고 수용과 수인은 승인과 다르다. 수용을 위해서는 내담자 입장으로 들어가 내담자 관점으로 세상을 바라볼 의지가 필요하다. 장애물이 과정(맥락으로서 자기의 관점)을 압도하거나 왜곡하지 않도록 하고, 내담자 관점을 취하는 동안 드러나는 모든 편견, 불편, 평가 등을 기꺼이 받아들일 의지도 필요하다. 수인은 내담자 문제에 관한 내담자 이야기를 수용하는 것이 아니라 특정 맥락 속에 있는 내담자에 대한 당신의 수용을 표현하는 것이다. 치료적 연결은 치료자가 마음을 조립하고 있는 언어적 얽힘을 넘어 완벽하고, 유능하고, 온전한 한 인간 존재를 발견함으로써 구축된다.

치료관계 안에서 가치와 접촉을 유지하기

모든 가치 활동과 마찬가지로 치료 중에도 가치에 대해 알아차림을 유지하는 것이 중요하다. 경험상 가치로 향하는 방향을 항상 가까이에 두고 그것을 계속해서 다시 언급하는 것이 치료 시간을 절약하는 좋은 방법이다. 불행히도, 특히 치료 초기에 내담자가 익숙한 이야기를 반복하고, 과거의 부당함과 잘못을 계속 반추하고, 마음의 얽힘에 붙잡혀 있게 허용해 준다면 많은 치료 시간이 비효율적으로 소모될 수 있다. 나침반을 보정하고 주기적으로 점검하는 것이 여행 코스를 제대로 유지하는 데 도움이 되듯이 치료의 두 파트너 모두 뿌리 깊은 핵심 가치를 명확하게 파악하고 연결하면 치료 과정이 순조롭게 진행될 것이다.

다음으로 치료자와 내담자가 가치 경로에서 벗어날 때 치료자인 당신이 이런 점을 알아차릴 수 있도록 돕기 위해 당신 자신과 내담자에게 물어볼 수 있는 몇 가지 질문을 제시한다. 이러한 유형의 질문 시간을 가지면 치료 단계를 설정하거나 어느 시점에서 치료자나 내담자 중 누군가 방황할 때 다시 가치 경로로 돌아갈 수 있다. 치료자 자신에게 묻는 말과 내담자에게 묻는 말의 두 가지 범주로 나눴지만 치료자와 내담자에게 유사하게 일어나는 과정을 설명하기 위해 나란히 제시한다.

혼자서 자신에게 하는 질문	내담자에게 하는 질문
나는 치료자로서 내 가치와 접촉할 수 있는가?	치료를 시작할 때 당신 삶을 대표하는 것으로 확인할 수 있었던 가치 방향과 접촉할 수 있습니까?
나와 내담자의 상호작용이 일어나고 있는 지금 여기에서 가장 중요한 가치는 무엇인가?	치료자로서 저와 당신 사이에서 상호작용이 일어나고 있는 지금 여기서 가장 중요한 가치는 무엇입니까?
치료에서 가장 중요한 가치와 일치하는 것 중 어떤 단계를 지금 바로 여기서 실행할 수 있는가?	당신의 인생에서 가장 중요한 가치와 일치하는 것 중 어떤 단계를 지금 바로 여기서 실행할 수 있습니까?
내 마음이 분주할 때, 치료실에 있는 나 자신에게 자애를 베풀고 치료를 향한 나의 가치로 부드럽게 되돌아갈 수 있는가?	당신의 마음이 분주할 때, 치료실에 있는 당신 자신에게 자애를 베풀고 치료를 향한 당신의 가치로 부드럽게 되돌아갈 수 있습니까?
내가 열 받았다고 느낄 때, 나 자신의 역사를 위한 공간을 만들 수 있는가? 나의 역사가 지금 여기서 활성화되고 있음을 알아차릴 수 있겠는가? 기꺼이 현재에 머무르면서 치료에서 중요한 나의 가치를 향한 작업을 지속할 수 있는가?	여기서 나타나는 부정적인 느낌에 갇혔다고 느낀다면 혹은 그렇게 느낄 때, 그것을 있는 그대로 당신 자신의 역사라고 볼 수 있습니까? 기꺼이 현재에 머물 수 있습니까? 그 역사를 위한 공간을 만들어 당신의 가치에 머물 수 있습니까?

치료 과정에서 내 가치를 추구하기 위해 나는 조건 없이 내담자 편에 기꺼이 설 수 있는가?	치료의 과정에서 당신의 가치를 추구하기 위해 당신은 조건 없이 당신 자신의 활력 또 당신이 중요하게 여기는 쪽에 기꺼이 설 수 있습니까?
나는 고통과 괴로움 속에서 나의 가치를 발견할 수 있다. 만약 이 내담자와 다투게 되거나, 내담자가 변해야 한다고 느끼거나, 도울 수 없다고 느끼는 순간이 온다고 하더라도 나는 치료 과정과 이 내담자로 인한 괴로움에 머무는 것이 가치 있다고 여길 수 있는가?	당신은 고통 속에서 가치를 발견하고 가치 속에서 고통을 발견할 수 있습니다. 심오한 가치를 마주하게 되는 이 치료 과정에서 피할 수 없는 고통을 당신은 기꺼이 감내해 낼 수 있습니까?
늘 해 왔던 일을 하면 늘 얻었던 것을 얻게 될 것이다. 내담자와 어려운 순간을 다루느라 사용했던 실효성 없는 전략을 포기하고 뭔가 다른 방식을 기꺼이 시도해 볼 수 있는가?	늘 해 왔던 일을 하면 늘 얻었던 것을 얻게 될 것입니다. 당신의 평소 전략을 버리고 여기서 저와 함께 뭔가 새로운 방식을 기꺼이 시도해보겠습니까?

여기 스스로 질문을 던져 보기에 좋은 시기에는 몇 가지 예가 있다.

- ➤ 새로운 내담자와 치료를 시작할 때
- ➤ 치료가 더는 가치 방향으로 움직이지 않는 것 같을 때
- ➤ 치료가 지나치게 "정신적"으로, 추상적으로, 지적으로 느껴지기 시작할 때
- ➤ 당신이 자신의 생각이나 이론, 관점을 방어하기 시작한다는 것을 알아차리게 되었을 때
- ➤ 내담자가 자신의 이야기를 방어하고 있음을 알아차리게 되었을 때
- ➤ 당신이 내담자와 연결되어 있다는 느낌을 잃었을 때

치료적 과정: 역사와 역사의 만남

최선의 의도에도 불구하고 치료가 시작되면 내담자와 마찬가지로 치료자도 어려움을 겪는다. 아주 유사한 이야기가 펼쳐지는 소설처럼 내담자와 내담자가 살아온 역사, 치

료자와 치료자가 살아온 역사의 네 과정이 동시에 일어난다.

    치료자와 내담자 모두 치료 과정을 중시하는 치료실에 와 있지만 각자 살아온 역사가 있다. 그리고 단순히 상대방을 보기만 했는데도 한 사람에게 혹은 두 사람 모두에게 알려지지 않은 이 역사의 특정 측면이 끌려 나온다. 또한, 치료자와 내담자 모두 경험을 회피하는 경향이 있다. 둘 다 자신의 것이든 타인의 것이든 불편하거나 부정적인 감정을 피하는 경향이 있다. 다른 사람의 역사와 경험 회피를 이끌어 내는 이런 과정은 치료 과정을 혼란스럽게 하고 원래 궤도에서 벗어나게 할 수 있다. 다시 말하자면 가치 활동, 현재 순간에 머무르기, 맥락으로서 자기 관점 같은 ACT의 핵심 과정이 치료가 길을 잃지 않도록 도와줄 수 있다.

혼란을 주는 요인: 몇 가지 필요한 질문들

    기능분석정신치료(Kohlenberg & Tsai, 1991)에서 영감을 얻은 다음의 몇 가지 질문이 치료관계에서 혼란을 주는 요인을 밝히는 데 도움을 줄 수 있다. 이러한 질문은 치료 시작 시점은 물론이고 치료 과정 중 언제든지 물어볼 수 있다. 내담자가 치료 회기 자체에서 일어나는 일보다 개인 사건에 더 많이 반응하는 것처럼 보일 때 이 질문을 하면 특히 더 효과적일 수 있다.

- ➤ 저를 보면 당신은 누가 떠오르나요?
- ➤ 바로 지금 당신은 무슨 생각을 하고 있나요?
- ➤ 우리가 서로 작용하는 방식이 당신 인생에서 다른 관계의 방식과 비슷한가요?
- ➤ 바로 지금 제게 말하기 어려운 것이 무엇인가요?

내담자의 반응은 치료관계와 치료 과정에 관한 적절한 정보를 제공해준다. 예를 들어, 내담자는 당신이 자신에게 나쁜 경험을 안겨줬던 선생님을 떠오르게 한다고 말할 수 있다. 내담자의 전형적인 반응패턴과 함께 이러한 부정적인 감정을 도출하는 방법을 회기 내에서 ACT 핵심 과정을 적용할 수 있는 예시 행동으로 활용할 수 있다. 내담자에게 생각하면서도 말하지 않았던 것을 표현해보도록 요청하면 경험 회피를 탐색할 기회를 제공할 수 있다. 그리고 여러 관계에서 상호 작용하는 방식의 유사점을 찾는 것은 가치의 질적 측면이나 경험 회피 같은 주제를 탐색할 기회가 될 수 있다.

내담자 역사에 대한 치료자 반응

내담자의 고통이 당신에게 말을 걸어 당신의 역사 속에 있는 고통을 끌어낼 수 있다. 이런 일이 일어날 때 당신이 알아차리지 않는다면 당신은 경험 회피와 같은 전형적인 패턴에 자동으로 반응할 가능성이 크고 이는 깨어 있고 자비로운 치료자가 되는 데 방해가 될 수 있다. 그 결과 내담자는 바로 당신의 눈앞에서 자신의 전형적인 방식으로 경험 회피 행동에 반응할 수 있다. 내담자가 반응하는 방식을 주의 깊게 살펴보라. 이를 통해 내담자에게 무슨 일이 일어나고 있는지를 경험 회피의 예시 또는 은유로 말할 좋은 기회가 될 수 있다.

다음에 치료자와 내담자 모두가 치료실에 가져오는 역사를 인식하는 데 도움이 되는 몇 가지 단계가 있다.

1. 당신과 내담자가 전형적으로 얽히게 되는 특징적인 내용을 알아차려라.(여기에서 "특징적"이란 치료 회기 중에 반복되는 전형적인 패턴을 의미한다.)
2. 회기 중에 당신과 내담자의 행동에서 보이는 이러한 전형적인 얽힘을 단서, 반응, 영향이라는 측면에서 기능 분석하라.

   ➤ **단서.** 이러한 일련의 연쇄 행동이 시작될 때 전형적으로 나타나는 생각과 느낌에 관한 언어적 표현이나 신체 언어와 같은 비언어적 표현의 형태와 내용은 무엇인가?

   ➤ **반응.** 즉각적인 신체적, 정서적 반응과 이러한 즉각적인 반응과 연관되어 나타나는 이차적 반응 혹은 방식을 모두 기록하라(전형적으로 경험 회피 경향의 형태로 나타남).

   ➤ **영향.** 단서와 반응 이후에 나타나는 사건을 살펴보았을 때, 이 일련의 연쇄 행동이 치료 과정을 가치 행위에 가까워지게 하는가 아니면 멀어지게 하는가? 단기적으로 혹은 장기적으로 어떠한 기능을 지니고 있는가?

회기에서 나타나는 얽힘 패턴(당신과 내담자 모두에게 나타나는)의 예시를 관찰하고, 기능 분석 가설을 만들면 역기능적 행동 패턴의 일차 표본이 될 수 있다. 행동을 관찰하고, 분석하고, 직접 개입할 수 있다는 사실은 일어난 사건을 후향적으로 주관적인 해석을 하는 작업보다 훨씬 더 타당하고 신뢰할 수 있다.

치료관계를 개선하기

이 장의 나머지 부분에서는 수용, 인지적 탈융합, 맥락으로서 자기의 세 가지 ACT 핵심 과정을 제시하고, 이러한 핵심 과정을 통해 어떻게 효과적인 치료관계가 형성되고 강화되는지 보여줄 것이다. 각 절에서는 과정과 관련된 치료 자세 치료자가 회피하거나 융합되는 방식으로 행동할 때 발생할 수 있는 문제를 간략하게 설명하고, 치료관계를 강화하기 위해 ACT 과정을 어떻게 체현하는지 예시를 보여준다.

수용

수용의 치료 자세는 깨어 있으면서 공감하는 태도를 지니고, 내담자를 위해 수용적이고 개방적이며 안전한 환경을 조성하고, 어떤 어려운 내용도 충분히 담을 수 있는 공간을 마련하는 것이다. 응급실 의사가 자신의 근무 시간에 일어나는 모든 일을 기꺼이 다루려고 하는 것처럼 심리치료자는 내담자가 선택한 모든 생각이나 감정과 기꺼이 함께해야 한다.

특정 진단을 내리고 소견을 참고한다고 해도 내담자가 앞으로 무엇을 드러내게 될지 알 방법은 없다. 치료자가 살아온 특별한 역사에 따라 내담자 이야기 중 일부나 대부분이 필연적으로 치료자에게 고통과 괴로움을 끌어낼 것이다. 이럴 때 치료자와 내담자가 연결되면서 언어가 가능한 인간이 연결되는 일체감을 공유하게 된다. 이러한 공유가 ACT 치료관계의 핵심 요소이다. 만약 치료자가 이렇게 공유하게 된 괴로움을 온전한 마음으로 기꺼이 경험하려고 하지 않는다면 치료는 피상적인 수준에 머물 것이다. 이 경우 실제로는 치료자가 경험 회피의 모델이 되고 있다. 그러한 회피는 치료자가 개인적으로 어려워하는 것을 피하려고 특정 주제를 제거하거나 변경함으로써 개방적이고 북돋워 주는 관계를 방해한다. 사실 감정적으로 회피하는 치료자는 내담자와 상호작용으로 유발되는 자신의 감정을 알아차리지도 못할 수 있다. 만약 치료자가 내담자에 대한 자신의 감정이나 생각, 반응을 알아차리지 못하고 그것들에 머물지 못한다면 지금 여기 진료실에서 일어나고 있는 매우 생생하고 중요한 임상 정보를 놓치게 될 것이다.

공유하는 역사: 회피하는 치료자가 되는 순간

내담자와 공유한 역사에 대한 대응으로 치료자의 회피 행동이 나타나는 대화를 살펴보자. 이 치료적 상호작용의 맥락이 되는 배경을 일부 제공하자면, 치료자는 알코올 중독인 어머니 슬하에서 성장하였고 최근에 어머니가 알코올 중독의 합병증으로 돌아가셨다. 내담자 역시 비슷한 역사를 지니고 있고 치료자에게 자신이 여전히 고군분투하고 있는 역사에 대해 이야기하려 한다. 치료자의 "생각 거품"은 치료자의 생각을 전달한다. 그런 다음 그 생각에 대한 기능 분석이 이어진다.

내담자	저는 친밀한 관계를 맺으려 할 때마다 두려워서 뒤로 물러나게 됩니다.

> **치료자의 생각 거품**
> *(어릴 때 나도 저랬어, 그리고 그런 느낌이 들었을 때 나도 정말 싫었지!)*

단서. *불편한 느낌*: 이 영역에서 나의 어려움과 관련된 연상과 장면들.
반응. *생각*: "나도 똑같은 문제가 있다. 난 내담자를 돕지 못할 거야!", "나에게 내담자를 의뢰한 동료는 내가 그 환자를 도울 수 없다는 것을 알게 되면 뭐라고 할까?" *느낌*: 절망감. *행동*: 의자에서 몸을 비틀기.
영향. 불편감이 다소 가라앉음.

치료자	당신은 지금 여기서 저와 비슷한 관계를 맺기 시작하고 있습니다. 똑같이 두렵고 후퇴하는 경향을 느낄 수 있습니까?
내담자	네, 전 지금 조금 두렵네요.
치료자	당신은 기꺼이 그 느낌을 이 방으로 가지고 와서, 여기서 저와 함께 겁에 질린 느낌을 지닌 채 머물러 보실 수 있겠습니까? 우리가 그렇게 해 보는 것은 당신이 원하는 친밀한 관계 맺기로 나아가는 것을 도와줄 것입니다.
내담자	힘들겠지만 해 보겠습니다. 전 정말로 친밀해지기를 원합니다.
치료자	네, 좋습니다. 이제 눈을 감으시고, 그 두려운 느낌과 연관되어 떠오르는 장면을 보십시오. (*"지금까지는 꽤 괜찮았어."라는 생각이 든다.*)
내담자	지금 저에게 떠오르는 것은 또다시 술에 취한 어머니에게 절망감을 느끼면서 방에서 혼자 울고 있는 장면이에요. 전 그녀를 도울 수 없어요.

> **치료자의 생각 거품**
> *(오, 맙소사, 그건 안 돼. 속에서 바로 뭔가 올라오는 것 같아. 이 감정은 안돼! 난 전문가처럼 행동하지 못할 거야. 내가 울어버리면 어떻게 하지. 내가 이걸 들어 줄 수 있을지 모르겠네. 이런 내가 무슨 치료자라고 할 수 있어?)*

단서. *절망감*: 술 취한 어머니를 돕기 위해 헛되이 노력했던 장면이 떠오름.
반응. *생각*: "그만해", "나는 이것을 할 수 없어", "전문가처럼 행동하지 못할 거야", "이 장면에서 벗어나야 해!" 행동: 내담자에게 다른 장면으로 옮겨가도록 지시한다(경험 회피).
영향. 절망적인 느낌에서 벗어남.

치료자 계속해봅시다. 다른 장면이 떠오르는지 살펴보세요.

내담자 네, 알겠어요(놀람). 또 다른 장면도 같은 주제예요. 이 중 하나는 술에 대해 어머니와 이야기하는 장면인데, 어머니는 아무것도 안 마셨다고 하는데 숨을 쉬면 술 냄새가 나요.

치료자의 생각 거품

(이런 젠장, 바로 핵심 장면으로 가버렸어.)

단서. 혐오 감정, 치료자 어머니의 음주와 거짓말과 관련성, 자신이 술병보다 더 가치 없는 존재가 되는 느낌.
반응. *생각*: "도망쳐!", "주의를 다른 데로 돌리기." (경험 회피) 행동: 식료품 구입 목록을 떠올린다(경험 회피).
영향. 더 이상의 고통을 막으려고 함.

치료자 (긴장된 목소리로) 좋습니다, 앉은 채로 그 장면을 몇 분간 더 바라본 뒤 다 끝나면 이 방으로 다시 돌아오십시오.

내담자 (이 긴장감을 알아채고, 무언가 잘못되었음을 느끼며, 그 실습을 중단한다.) 이건 제게는 어렵네요. 다른 시간에 다시 해 보는 게 좋을 것 같아요.

치료자 (안도감을 느끼며) 물론입니다. 그렇게 밀어붙이면서 할 필요는 없습니다.

이 사례는 내담자의 괴로움에 의해 유발된 자신의 고통을 기꺼이 경험하지 않으려는 치료자로 인해 치료 작업의 질이 어떻게 부정적인 영향을 받을 수 있는지를 보여준다. 치료자는 내담자가 하는 이야기 내용에 얽매여 자기 삶에서 흔히 반응하던 대로 감정을 회피하고 도피하는 반응을 하였다. 이 예에서 치료자는 자신의 고통을 피하려고 내담자를 기억의 가장 고통스러운 부분으로 나아갈 수 있도록 이끌지 않고 그냥 내버려 두었다.

수용의 치료적 이점

경험 회피를 뒤집으면 수용이 된다. 마지막 사례와 대조적으로, 수용은 내담자가 말하고 행동하는 것에 열린 자세로 임하고, 임상적으로 관련이 있을 때 기꺼이 이 사건들을 충분히 탐색하는 것을 의미한다. 수용적인 치료자는 내담자가 살아온 역사와 그것이 만들어내는 감정이나 생각에 완전히 열려 있고, 기꺼이 내담자의 깨어 있음과 전체성에 같이 머물고자 한다. 수용은 치료실의 더 안전한 맥락 안에서 치료자와 내담자 모두가 이전에 회피했던 것과 접촉함으로써 심리 유연성을 증가시킨다.

치료자의 수용은 때때로 내담자를 위한 아가페적 사랑(이타적이고 고결하고 자애로운 관심)이라고 불리지만 치료자 자신에게도 적용된다. ACT에서 이러한 유형의 수용이 내담자를 향할 때, 치료자는 내담자가 표현한 모든 생각, 감정, 신체 감각 및 기억을 타당한 경험으로 포용하고 열린 자세로 받아들이는 높은 수준의 유연성을 보여준다. 치료자 자신을 향해 수용이 일어나면 이는 치료 회기 동안 유발된 모든 생각, 감정, 신체 감각 및 기억을 타당한 경험으로 포용하고, 유연하고 자발적인 공간을 만드는 것을 의미한다.

공유하는 역사: 수용하는 치료자가 되는 순간

이제 치료자로서 경험 회피가 아닌 수용하는 자세로 이전의 상호작용을 재구성해 보자.

내담자   저는 친밀한 관계를 맺으려 할 때마다 두려워서 뒤로 물러납니다.

> **치료자의 생각 거품**
> *(어릴 때 나도 저랬어, 불편한 느낌이 들기 시작하는군.)*

단서. *불편한 느낌*: 이 영역에서 내가 지닌 어려움과 관련된 연상과 장면들.

반응. 이 내담자와 내가 공유하는 느낌 안으로 들어가기 위해 좀 더 현재에 머물기 위해 노력한다.

영향. 더 불안해짐. 이 내담자뿐만 아니라 많은 사람과 내가 공유하는 이 괴로움 속에서 마음을 열고 호흡한다. 이 내담자와 나 자신에게 깊이 공감한다.

치료자 당신은 지금 여기서 저와 비슷한 관계를 맺기 시작하고 있습니다. 똑같이 두렵고 후퇴하는 경향을 느낄 수 있습니까?

내담자 네, 전 지금 조금 두렵네요.

치료자 당신은 기꺼이 그 느낌을 이 방으로 가지고 와서, 여기서 저와 함께 겁에 질린 느낌을 지닌 채 머물러 보실 수 있겠습니까? 우리가 그렇게 해 보는 것은 당신이 원하는 친밀한 관계 맺기로 나아가는 것을 도와줄 것입니다.

내담자 힘들겠지만 해 보겠습니다. 전 정말로 친밀해지기를 원합니다.

치료자 네, 좋습니다. 이제 눈을 감으시고, 그 두려운 느낌과 연관되어 떠오르는 장면을 보십시오.

내담자 지금 저에게 떠오르는 것은 또다시 술에 취한 어머니에 대해 절망감을 느끼면서 방에서 혼자 울고 있는 장면이에요. 전 그녀를 도울 수 없어요.

> **치료자의 생각 거품**
> *(오, 맙소사, 그건 안 돼. 속에서 바로 뭔가 올라오는 것 같아. 이 감정은 안돼! 난 전문가처럼 행동하지 못할 거야. 내가 울어버리면 어떻게 하지. 내가 이걸 들어 줄 수 있을지 모르겠네. 이런 내가 무슨 치료자라고 할 수 있어?)*

수용이 깨어남. 현재에 머물러라! 자기 자신에게 마음을 열고, 호기심을 지니고, 조금만 더 참아라. 이 장면들은 당신의 학습 이력에서 나온 것이다. 당신 자신과 당신이 살아온 역사를 부드럽게 대하고, 받아들이고, 엄마를 돕기 위해 최선을 다했던 어린 소녀를 포용해줘라. 당신은 이런 슬픔을 내담자와 다른 많은 알코올 중독자의 자녀들과 공유할 수 있다. 이 상처 속에서 숨 쉬면서 당신 자신과 당신의 내담자에게 이 상처와 괴로움을 위한 공간을 마련하라.

치료자	이것이 당신에게 매우 고통스러운 장면이라는 것을 알고 있습니다. 아마도 당신이 가장 고통스러워하는 장면 중 하나일 것입니다. 당신과 제가 이 장면 속에 머물 수 있겠습니까? 이 기억이 우리를 아프게 한다는 점을 알고 있지만, 그렇더라도 우리가 잠시 여기에 머물면서 아픔을 느껴볼 수 있겠습니까?
내담자	(눈물을 흘리며 숨이 가빠진다.) 제 안에 있는 모든 것이 도망가서 숨어 버리라고 말하고 있지만 괜찮습니다. 해 볼게요.
치료자	우리가 어린 소녀의 방 안으로 걸어 들어가서, 앉아서 울고 있는 그 소녀의 옆이나 침대 위에 걸터앉을 수 있을까요? 당신은 그 소녀의 옆에 있고, 저는 당신의 옆에 있나요?
내담자	네, 좋아요, 시도해 볼 수 있어요. 그런데 그 소녀는 부끄러워하는 것 같아요. 그녀는 혼자 있고 싶어 하는 것 같아요. 그녀는 그 누구도 알기를 원하지 않거든요.
치료자	괜찮습니다. 단지 우리가 그녀 가까이에 앉아서 그녀가 느끼고 있는 것을 있는 그대로 느끼게 허용해 줄 수 있을까요? 그녀가 느끼는 것이라면 무엇이든 괜찮습니다.

이 두 번째 사례에서도 같은 부정적인 감정과 기억이 유발되었지만, 치료자는 수용을 통해 내담자와 자신의 고통을 받아들이고 그것과 연결되는 것에 가치를 두었다. 내담자와 함께, 치료자는 그 부정적인 감정을 위한 공간을 마련하였고 상처를 주는 사건을 상기하는 역사를 내담자와 자신이 볼 수 있도록 도왔다. 이러한 기억을 위한 공간을 마련하고 상처받는 것을 허용함으로써 내담자와 치료자 모두 그들이 살아온 역사를 수용하게 된다. 그것은 여전히 아프지만 저항과 회피로 인한 괴로움은 훨씬 줄어들게 될 것이다.

수용 연습

내담자는 무언가 변화하려는 도움을 받고자 치료자를 찾아왔기에 수용의 개념이 모순되어 보일 수 있다. 아마도 오랫동안 고군분투해온 증상을 왜 받아들여야 하는지 내담자에게 바로 와 닿지는 않을 것이다. 수용적인 치료자라면 내담자가 그 어떤 어려운 개인 사건도 받아들일 수 있고 지금 순간으로 가져올 수 있음을 배우게 도울 수 있다. 과거와 현재를 수용한다고 해서 변화가 부적절함을 의미하는 건 아니다. 치료자의 역할은 건강하지 않은 내담자의 외적 행동 혹은 상황을 변화시키도록 돕는 것이다. 수용이란 내담자가 열린 자세로 모든 생각, 감정, 신체 감각, 기억을 기꺼이 타당한 경험으로 배우는 것을 의미한다. 그것은 또한 내담자가 자신에게 친절하고 사랑스러운 태도를 보이는 것을 의미한다. 치료자는 치료실에서 내담자가 자신을 수용하거나 혹은 수용하지 않는 행동을 하는 것을 보고 자신과 타인을 향한 사랑의 관계로서 수용을 조형하고 모델이 되는 많은 기회를 가질 것이다.

치료적 상호작용에 적용되는 ACT는 유발된 부정적 감정을 수용하고 가치 방향과 일치하는 길을 갈 때 생겨나는 불편함에 전념하는 것을 포함하고 있다. 치료자와 내담자 상호작용의 예시로 돌아가 보면, 각 파트너는 ACT 핵심 과정을 사용하여 초기의 불편감에 머물면서 알아차림하고, 이러한 감정을 수용할 공간을 마련하고, 부정적인 감정과 이에 수반되는 생각들로부터 도피하고, 회피하고, 조절하려는 학습된 경향을 주의 깊게 살펴보았다. 각 파트너는 감정과 경험 회피 경향을 깨닫고 중요한 가치 방향으로 계속 나아가는 것과 연관된 모든 것을 선택할 수 있었다.

탈융합

탈융합과 관련된 치료 태도는 언어로 표현된 내용과 건강한 거리를 유지하기 위해 언어를 창의적이고 유쾌하게 사용하는 것이다. 이 인지적 탈융합은 치료자와 내담자 모두에게 생각하는 과정과 접촉을 증가시키고 생각의 산물과 생각이 지닌 힘을 감소시키는 데 도움을 준다. 치료자가 언어 행동과 관계를 변화시키는 모델이 되어서 내담자도 같은 행동을 하도록 격려할 수 있다. 치료관계에서 수용이 사랑과 친절의 특성이 있다면, 탈융합은 유쾌하고, 유연하며, 창조적인 특성이 있다.

치료자의 탈융합

우리 경험에 의하면 치료자는 치료관계나 치료 자체에 도움이 되지 않는 언어 구성물에서 벗어나기 위해 탈융합을 배울 필요가 있다. 우리 대다수는 오랜 기간의 값비싼 교육을 통해 자격을 취득하였고 이로 인해 특정 학풍이 가지는 생각에 인지적으로 융합되는 유혹을 받고 있다. 인간 행동에 관한 이러한 이론을 진리라기보다는 변화를 만드는 도구로 보는 것이 치료에 더 도움이 될 수 있다. 옳고 그른 것도 없고 옹호해야 하는 것도 없다. 언어 구성물을 가볍게 쥐는 것이 심리 유연성을 유지하면서 심리적 비결의 혜택을 얻도록 도와준다. 탈융합이 이루어진 치료자는 전문가의 지위에서 내려와 치료자-내담자 관계에서 더욱더 평등하고 취약한 위치에 임한다.

내담자의 탈융합

치료자와 마찬가지로, 내담자 또한 인간 존재의 복잡함을 불가피하게 단순화시키는 그들 자신에 관한 사례 공식화와 이야기를 지닌 채 치료에 온다. 이러한 개념화와 융합은 경직성을 초래하고 대개는 치료실에서 비통함의 표현 또는 치료자 관점에 대한 저항으로 나타난다. 탈융합은 내담자가 옳고 그름에 대한 갇힘에서 벗어나 실효적인 것으로 다가가도록 도와준다.

맥락으로서 자기

앞에서 설명한 바와 같이, 맥락으로서 자기는 일생을 통해 일관되게 유지되어온 순수한 관점으로서의 자기를 말한다. 개인적인 생각과 감정은 근본적으로 끊임없이 역동적이고 유동적인 상태에 있고 명백히 불변할 것 같은 자기 설명도 특정 상황에서는 바뀔 수 있다. 그러나 순수한 관점으로서 자기감은 항상 우리와 함께한다. 따라서 이러한 자기감은 우리가 가치에 부합하는 행동을 장기적으로 해 나갈 때, 때때로 혐오적인 심리적 내용물을 마주하게 되더라도 가치 행동을 지속해 나갈 수 있게 안정성을 제공해준다. 맥락으로서 자기의 반대인 개념화된 자기가 치료실에서 나타나게 되면 치료 효과를 방해할 수 있다. 즉, 치료자나 내담자가 열린 마음으로 펼쳐 보이며, 순간 순간의 상호작용에서 서로에 대해 감사하며 교류하는 것이 아니라 특정 역할이나 살아온 역사 측면에서 서로를 편협하게 바라보기 쉽다.

내담자를 개념으로 보기

자기 자신과 내담자의 관계를 특별하게 만들 수 있는 초월적 자기감을 키우는 것은 치료자에게 매우 중요한 자세이다. 이전에도 언급했듯이 우리는 내용을 통해 내담자를 보도록 배웠다. 내담자는 *정신장애 진단 및 통계편람*(미국정신의학회, 2000)과 같은 지침에서 나온 다양한 기능 장애의 범주를 사용하여 증상별로 분류된다. 내담자는 이에 따라 "사회공포증", "간질", "강박증"과 같은 기술적 용어로 표시된다. 이런 종류의 명명은 전문가가 증후군이나 증상을 해결해야 할 문제로 바라보게끔 만든다. 일단 우리가 이런 단순화된 명명을 하게 되면 이와 관련된 많은 내용과 융합될 수 있다. "사회공포증 환자는 전형적으로 이렇게 행동합니다." 또는 "간질 환자는 특정 유형의 성격을 가집니다."와 같은 설명을 듣는 것은 드문 일이 아니다. 이러한 명명은 우리의 모든 편견과 마찬가지로 인간으로서 복잡성을 지닌 실제 내담자를 만나는 순간에도 우리와 함께한다. 내담자가 말하는 내용을 통해 그들을 보는 것은 효과적인 ACT 치료를 방해할 수 있다.

마찬가지로, 내담자의 개념화된 자기 관점은 심리 경직성을 만들 수 있다. 예를 들어, 내담자는 권력자에 의해 피해를 본 이야기 속에 자신을 첨부할 수 있다. 그 결과 피해 보는 것을 회피하기 위한 행동에 참여할 가능성이 커지고 가치 있는 목표로 나아가는 행동에 참여할 가능성은 작아지게 된다. 예를 들면, 그런 내담자는 진료실에서 자신의 취약성을 드러내고 열린 자세를 취하기보다는 계속해서 자신의 위치가 옳다고 주장하기 쉽다.

행동치료를 훈련받은 우리는 개념화된 자기의 관점에 기초한 기능 분석을 배워왔다. 전통적인 기능 분석에서는 치료실에서 제시되는 문제를 치료자 자신의 시선을 통해 바라보기보다는 내담자가 기술하는 대로 살펴본다. 만약 내담자가 불안을 호소하며 치료에 오면 전통적인 기능 분석은 선행사건, 반응, 결과로 이어지는 사건에 대한 일련의 행동 사슬을 짜는 데 초점을 맞출 것이다. 예를 들어, 어떤 상황에서 불안을 느끼고, 불안에 대한 반응으로 어떻게 행동하고, 불안의 결과가 무엇인지 찾아보는 것이다. 전형적으로 내담자는 이 행동 사슬이 자연적인 환경에서 어떤 식으로 보일 수 있는지 질문을 받는데, 이는 내담자의 기억과 해석에 의존하는 접근 방식이다. 이것은 문제를 내담자의 관점으로 바라보고, 문제에 대한 내담자의 언어 구성을 문자 그대로 따른 것이기에 개념화된 자기 관점으로 기능 분석한 것이다. 여기서 문제는 내담자의 내용의 관점으로 치료자가 움직이기에 종종 막다른 골목에 다다르게 된다는 점이다. 내담자의 관점이나 문제에 대해 내담자가 지어낸 이야기가 실효성이 있었다면 그 문제는 이미 해결되었을 것이다.

초월적 자기감을 통한 연결

개념화된 자기 관점과 대조적으로 맥락으로서 자기 관점은 당면한 어려움을 기술하는 모든 언어 구성과 느슨하게 연결되는 것을 중요하게 여기는데, 이는 초월적인 관점을 취하는 것을 의미한다. 내담자 의식을 알아차리고 공감하는 것은 초월적 관점의 내담자 눈을 통해 세상을 바라본다는 것이고, 초월적 관점이 어떤 진리라기보다는 하나의 관점임을 알아차리는 것이다. 치료자와 내담자 사이의 연결은 언어 수준에서 이루어지는 것이 아니라 인간의 의식 수준에서 공유되고 만들어진다. 이러한 일체감이 효과적인 치료관계의 핵심에 놓여 있으며 초월적인 자기감을 통해 발견된다.

이런 초월적 관점에서 기능 분석을 하는 것은 언어 시스템 내부로부터가 아니라 언어 외부에서 바라보는 것을 의미한다. 다른 곳에 초점을 두는 것도 언어 과정이 필요하기에 이는 결코 도달 가능한 일이 아니다. 마음을 전혀 사용하지 않으면서 마음을 관찰할 수 없다. 일반적으로 내담자는 잘 만들어진 의제를 가지고 치료자를 찾아온다. "저는 이런 문제가 있습니다. 이것이 이 문제가 어떻게 생겨났는지에 관한 이야기이고 이것이 제가 시도해온 방법입니다. 그 무엇도 도움이 되지 못했는데 당신이 저를 도와주실 수 있을까요?" ACT 치료자는 초월적인 자기 관점에서, 내담자가 문제에 관해 이야기하면서 어떻게 고통을 치료실 안으로 가져오는지 깨어 있고 자비로운 태도로 바라보고 이어서 지금 치료실에서 내담자가 자신의 고통과 어떻게 관계를 맺는지 관찰한다. 그러고 나서 ACT 치료자는 치료실에서 보이는 것을 기반으로 치료실 밖에서 일어나는 일과 관련된 가설을 생성하는 문제에 관해 기능 분석을 하기 시작한다.

그렇다고 해서 치료실 밖에서 일어나는 사건에 관해 이야기하거나 그 사건을 분석하는 것이 불필요하다는 말은 아니다. 내담자는 치료실 밖에서 일어나는 문제와 삶에 관해서도 면담한다. 그러나 이러한 문제들은 전형적으로 치료실 안에서도 나타나고 수행할 수 있는 유일한 경험 기반의 작업은 치료실, 지금 여기서만 이루어진다. 대부분 ACT의 실제 작업은 현재 치료 과정에 초점을 맞추어 이루어진다. 치료에서 파트너는 일상에서 겪는 경험 회피나 인지적 융합 같은 문제에 관해 이야기할 필요가 없다. 지금 여기 치료실 안에서 이러한 문제들을 경험하고 분석할 수 있다.

치료자의 가치 선언

이 장의 앞부분에서 우리는 치료와 관련된 당신의 개인 가치를 점검해 보도록 권고했었다. 치료자가 되려는 당신의 가치는 각 내담자에 따라 다소 다르고 내담자와 각 회기에서 무엇이 일어나고 있는지에 따라서도 달라질 수 있음을 발견했을 것이다. 여기서 우리는 내담자를 위한 자비로운 공감과 공감적이지 않게 보일 수 있는 기능적 관점 사이를 오가는 치료자의 섬세한 움직임을 가능하게 하는 방법으로 치료자의 가치 선언을 제안한다. 치료 중 ACT 과정의 체현이 중요함을 고려할 때 아래의 가치 선언 예시는 ACT의 각 과정을 통합한다. 치료하는 동안 아래의 선언이나 그와 비슷한 것들을 지금 당신에게 ACT를 떠올리게 하는 신조처럼 단순하게 사용할 수도 있고 실제로 적절한 순간에 그 부분을 내담자에게 소리 높여 말할 수도 있다.

저는 당신과 함께 작업하는 동안 다음에 전념할 것을 약속합니다.

- ➤ 저는 당신의 삶에 중요한 것과 당신의 활력을 소중하게 여길 것입니다. 또한 지금 이 순간 당신의 삶에서 실제로 중요한 것이 무엇인지 당신이 모를 수 있음도 알아차리고 있습니다.
- ➤ 저는 당신이 괴로움의 원인이라고 제게 들려준 이야기를 넘어서 당신을 바라볼 것입니다. 또한 오늘 당신을 여기로 데려온 당신만의 고유한 학습 이력을 존중합니다.
- ➤ 저는 이야기에 갇혀있는 당신이 아닌, 그것을 넘어서 있는 당신을 소중하

게 여길 것입니다. 또한 마음이 만들어 낸 이야기, 특히 인간 고통의 "원인"에 관한 이야기에 불가피하게 융합되고 갇히게 될 수밖에 없음을 당신과 함께 나누고 공감할 것입니다.

➤ 저는 당신을 괴롭히는 증상을 넘어서 당신을 소중하게 여길 것입니다. 또한 우리 모두 공유하고 있는 인간 고통의 현실에 공감합니다.

➤ 저는 지금 당신이 저를 만나러 오신 것을 포함하여 당신이 괴로움을 줄이고자 시도해보았던 수많은 해결책을 넘어서 당신을 소중하게 여길 것입니다. 또한 내면에서 일어나는 해결될 수 없는 괴로움이 해소되기를 바랄 수밖에 없는 당신의 절망감을 함께 나누고 공감할 것입니다.

➤ 저는 당신 자신에게 중요한 방향과 활력을 더욱 깊은 수준에서 알아차리고 이 순간 그 길을 되돌아오기 위한 단계를 밟고 있는 당신을 소중하게 여길 것입니다. 또한 어떻게 해야 하는지 알면서도 이 중요한 방향을 계속해서 피하게 되는 당신에 대해 함께 나누며 공감할 것입니다.

➤ 저는 위험을 감수하고 잠깐이라도 당신의 가능성을 보여준 지금의 용기 있는 당신을 소중하게 여길 것입니다. 이것이 당신을 더 불안하게 만들지라도 저는 이것을 보고 인식하고 수인하여 우리 작업의 본보기로 삼을 것입니다. 또한 이 중요한 경로에서 벗어나 친숙한 은신처로 도망가고 싶어 하는 당신과 함께 나누며 공감할 것입니다.

➤ 저는 당신이 중요한 방향으로 나아갈 때 처음으로 맞이하게 되는 어려움 속에서도 전념하는 당신 곁에 서 있을 것입니다. 또한 처음 맞는 이 과정에 대한 필연적인 두려움을 당신과 함께 나누며 공감할 것입니다.

➤ 저는 깨어 있고, 활력 넘치고, 의미 있는 삶을 살아가고자 자신의 고통과 괴로움을 기꺼이 포용하는 당신에게 고무되었고 그런 당신을 소중하게 여길 것입니다. 진료실 밖에서 당신에게 중요한 길을 찾는 데 도움이 되도록 우리가 함께 깨어 있고, 활력 넘치고, 의미 있는 치료관계를 만들어 나가면서 생기는 저 자신의 어려움을 최선을 다해 포용할 것입니다.

위의 선언이 보여주듯이 ACT 치료자는 ACT 모델의 모든 부분을 치료실 안으로 가져올 수 있다. ACT의 치료 자세에서 치료자는 내담자가 살아온 고유한 역사적 맥락(맥락으로서 자기)을 존중하면서 그 이야기를 넘어서 내담자를 존중할 수 있다. 그리고 내담자를 얽힘을 넘어서 바라보려고 할 때조차도 언어적으로 얽혀들 수밖에 없음을(융합) 공유할 수 있다. 치료자는 내담자의 증상을 넘어서 내담자를 바라보고 동시에 같은 증상으로 인한 고통에 공감한다(수용과 맥락으로서 자기). 해결할 수 없는 것을 해결하기 위한 반복된 시도 후에 생기는 절망감에 대한 공감은 그런 온갖 시도를 넘어서 가치를 추구하고 있는 내담자를 발견할 수 있게 해준다(가치 작업 참여를 가로막는 장애물의 수용과 탈융합). 자신이 염려하는 바가 무엇인지를 아는 것은 그 방향으로 살아가기 위한 첫 번째 단계일 뿐이고 막상 행동 변화를 일으키는 것은 치료자와 내담자 모두에게 어려울 수 있다(전념 행동과 수용). 마지막으로, 치료자는 내담자가 치료 과정에서 기꺼이 고통을 경험하는 것을 존중해야 하고, 동시에 치료자도 이 같은 맥락에서 나타나는 자신의 고통을 기꺼이 경험하겠다고 약속해야 한다(수용, 탈융합, 가치). 간단히 말하자면, 치료자로서 당신의 가치를 명확히 하고 계속해서 그 가치(자신의 방해물, 걸림돌, 자기 판단 등을 포함해서)와 함께 해온 자신의 역사를 돌아본다면 내담자가 이처럼 행동하는 것이 얼마나 어려운지를 깨닫는 데 도움이 될 것이다. 당신의 가치가 무엇이건 간에 치료자로서 당신의 가치를 지키기 위해서는 반복적으로 가치 선언으로 되돌아가야 할 것이고 특히 어려운 내담자를 만났을 때는 그렇게 하는 것이 더욱더 필요할 것이다.

내담자와 치료자 가치가 충돌할 때

내담자와 작업할 때 고려해야 할 마지막 사항은 치료자 가치와 내담자 가치 사이에 중요한 차이가 있을 수 있다는 사실이다. 자신의 가치를 반영하는 것이 가치 기반 ACT 치료자의 주요 관심사이므로 이런 상황에 대비하는 것은 확실히 중요한 일이다. 대부분 치료자가 내담자의 가치 추구 활동에 더욱 쉽게 동참하여 그 활동을 민감하고 열정적으로 강화할 수 있으려면 치료자와 내담자의 가치가 일치하는 것이 중요하다. 만약 치료자와 내담자의 가치가 일치하지 않으면 치료자가 내담자의 가치 행위를 진심으로 그리고 열정적으로 안내하고 강화하는 것이 어려울 수 있다. 이는 결국 치료자가 그 내담자와 함께 최상의 치료 작업을 수행할 수 없음을 의미한다. 그러한 경우, 가장 좋은 방법은 내담자를 다른 치료자에게 의뢰하는 것이다.

다음의 예를 생각해 보자. 어렸을 때 인종 차별에 의한 폭력을 경험했던 유색인 치료자에게 인종 차별에 의한 폭력으로 투옥된 적이 있는 내담자가 의뢰되었다. 이런 경우, 치료자가 내담자와 함께 작업할 방법을 절대로 찾지 못할 상황은 아니다. 사실, 인종 차별에 의한 폭력이 치르는 대가에 대해 어느 정도 통찰을 지닌 치료자라면 오히려 이런 내담자와 의사소통에서 유리할 수도 있다. 그렇지만 치료자는 자신의 가치에 따라 이 내담자와 작업할 수 없다고 결정하고 다른 치료자를 추천할 수도 있다.

일반적으로 내담자가 당신의 가치와 충돌할 가능성이 있는 가치나 살아온 역사를 말하게 되면, 당신은 치료를 시작하기 전에 이 내담자와 작업하는 것이 가치에 반하므로 다른 치료자에게 의뢰하기로 할 수 있다. 이와는 달리, 내담자의 가치를 탐구하면서 많은 회기를 보내고 난 이후에야 치료 과정에서 가치가 충돌하는 것을 발견할 수 있다. 내담자는 나중에서야 당신이 작업하기 꺼리는 가치를 제시할 수 있다. 그런 일은 드물게 일어나겠지만 마지막 사례의 내담자 같은 경우 아마 마음 깊이 간직하고 있는 가치로서 인종주의를 계속 유지해 나갈 것이다. 이러한 상황에서 해야 할 첫 번째 단계는 지도감독받을 곳을 찾는 것이다. 하지만 치료 과정에서 일어나는 이와 같은 가치 충돌은 궁극적으로 심각한 문제로 이어질 수 있다. 당신은 치료자로서 가치와 개인 역사를 지닌 한 사람으로서 가치, 양쪽 모두를 고려하여 최종 결정을 내려야 한다. 따라서 특정 내담자와 작업에 전념할 수 있는지를 선택하기 위해 가치 기반 치료자로서 자신의 가치를 신중하게 검토하는 것은 매우 중요하다.

치료관계는 변화의 강력한 원동력이며, ACT 핵심 과정이 녹아 있는 사랑스럽고 열정적인 치료관계는 ACT의 임상 작업에 힘을 북돋워 줄 것이다. 그리고 이 관계에 자비를 불러오기 위해서는 자기 자비의 개발이 필요하다는 점을 기억하라. 이 장에서는 ACT

치료관계의 특별한 속성을 보여주었고, ACT 핵심 과정을 사용해서 어떻게 치료적 상호작용을 평가하고 향상하는지 보여주었다. 우리는 치료자와 내담자의 역할을 구별하지 않았다. ACT 핵심 과정은 내담자와 치료자를 하나의 일관된 시스템으로 끌어들인다. 다음 장에서는 사례개념화부터 시작하여 가치 작업의 실제 측면을 자세히 살펴볼 것이다. 우리는 특히 우울, 불안, 트라우마에 대한 대처, 물질 남용, 만성통증이나 내과적 문제들과 같이 일반적인 문제에서 가치가 어떤 역할을 하는지 살펴볼 것이다.

6장
가치를 기반에 둔 사례개념화와 평가

지금까지 보았듯이 치료자의 역할은 치료 과정을 거치면서 내담자의 투쟁을 그들에게 중요한 것과 연결하는 것이고, 사실 그것은 예술 작업이다. 회기에서 내담자에게 무언가 고통스러운 것이 발생하였음을 알아차린 그 순간에 치료자가 기술과 민감성을 갖고 개입함으로써 내담자는 치료 상황에서뿐 아니라 삶 전반에 걸쳐 더욱 주의 깊고 유연한 행동을 할 수 있다. 이러한 유형의 개입에서 치료자가 내담자들에게 그들의 가치가 무엇인지 말해 주지 않는 것은 분명하다. 대신, 가장 단순한 형태의 가치라 할지라도 그와 연결된 수용전념치료 과정을 묻고, 관찰하고, 부추기고, 모델로 삼는다.

이 장에서 우리는 이러한 방식으로 치료자가 내담자와 함께하는 사례개념화와 평가를 돕기 위해 일부 지침을 제공할 것이다. 여기에는 가치가 흔히 드러나는 문제들과 어떻게 연결되는지와 내담자가 고통을 받는 다른 영역과 어떤 관계가 있는지 평가하는 방법이 포함된다. 가치와 관련된 임상 사례개념화를 위한 도구뿐만 아니라 가치 기반 평가 도구의 예시도 자세하게 제공할 것이다. 아울러 내담자와 함께하는 치료의 시작과 치료 도중에 치료자 자신을 평가 도구로 사용하는 방법을 배울 수 있는 예시를 제공할 것이다. 5장에서 치료자가 내담자와 함께 작업할 때 치료자의 자기 경험을 회피하거나 이에 얽매이는 경향을 어떻게 알아차리는지를 논의하였고 이는 치료자가 내담자의 행동에서 비슷한 과정을 알아차리는 데도 도움이 될 것이다.

가치와 흔히 나타나는 문제들

사례개념화는 언어 행동과 비언어 행동 양쪽 모두에 기반을 두어야 하고 대략적으로라도 내담자의 언급 여부와 관계없이 맥락 안에서 변환될 수 있어야 한다. 치료자는 전통적으로 현재 보이는 문제를 파악하기 위해서 질문을 하고 이 문제가 내담자에게 어떻게 영향을 미치고 있는지 추측하며 사례개념화를 만든다. 그러나 그 전에 내담자가 어떻게 행동하는지 단순히 관찰하는 것만으로도 많은 정보를 엿볼 수 있다(예: 발을 끌며 걷는다거나, 의자에서 자꾸 몸을 꼼지락거린다거나, 앉아있을 때 다리를 떨거나, 매우 느리게 혹은 매우 빠르게 말을 하거나 웅얼거리는 것 등). 이러한 관찰은 사례개념화에 많은 정보를 제공해 주고 회기를 여는 질문을 던질 때 사용될 수도 있다. 치료자가 일반적인 수용전념치료 사례개념화를 공식화할 때 치료적 상호작용을 통해 내담자의 가치가 무엇인지와 가치 행동을 방해하는 장애물 또 내담자가 이 장애물에 어떻게 연관되는지를 발견할 것이다.

이번 장의 첫걸음으로 우리는 흔한 문제 영역에 연결되어 나타나는 문제의 몇 가지 예시를 제공할 것이다. 각각의 예시에 뒤이어 치료실에서 내담자와 상호작용을 통해 해당 사례를 조사하고 개념화하는 방법을 보여줄 것이다.

우울: 가치 기반 행동으로부터 철수하기

우울증은 우리가 치료 현장에서 가장 많이 보는 정신질환 중 하나이다. 현재 우울증에 대한 대부분의 치료는 자신과 세상을 보는 부정적인 관점과 같은 인지적, 감정적 요인과 더불어 일, 대인관계, 여가 생활과 같은 활동으로부터 철수된 상태를 치료 목표로 삼는다. 우울증으로 인한 철수는 때때로 내담자의 가치 기반 행동의 감소를 뜻하고 이런 점이 우울증을 지속시키거나 악화시킬 수 있다. 이러한 철수에 이르는 경로에 대해서는 여러 가설이 존재한다. 가령 반드시 실패한다는 생각에 지나치게 융합된 내담자는 치료 중 가치를 말하거나 가치 있는 방향으로 다가가는 데 어려움을 겪을 수 있다. 파울라는 사회적인 상호작용에 가치를 두고 있지만 '밖에 나가면 다른 사람과 잘 지내야 해. 그렇지 못하면 실패한 거고 다른 사람들 곁에 있을 가치도 없는 사람이 되는 거야.'라는 생각에 융합되어 있다. 만약 그녀가 파티에 가서 누군가와 잘 어울리지 못했다면 다음에 이와 비슷한 가치 행동을 다시 시도할 가능성이 작아진다. 만약 파울라가 실패에 관한 생각에 융합되어 있지 않았다면, 그 파티에서 이 부정적인 경험 말고도 요청하지 않았음에도 그녀에게 음식을 가져다주었던 친구나 관심 있는 주제에 관해 대화했던 일 등의 긍정적인 경험을 알아차릴 수 있었을 것이다. 수용과 탈융합 작업은 내담자가 자신에게 정말로 중요한 것을 살펴볼 수 있도록 도와주고 결과에 상관없이 자신의 가치에 따라 꾸준히 살아갈 수 있게 도와준다.

관계틀이론에 의한 분석은 언어 과정이 우울증에 영향을 미치는 몇 가지 중요한 기전을 보여준다. 관계틀 구성을 통한 기능의 변화는 혐오스러운 사건의 혐오 특징을 증가시킬 수 있다. 가령, 시험에 떨어진 사람이 '시험에 떨어진 사람은 패배자'라는 생각으로 반응을 한다면 기능의 변화로 인해 그 사람은 패배자이고 이 뜻과 언어적으로 연관된 혐오의 특징이 그 사람의 개념화된 자기로 전이된다. 그러므로 대상자는 시험에 떨어졌을 뿐 아니라 근본적으로 결함이 있는 사람이 되어버린다. 또한 관계틀이론은 우울증의 특정 증상도 설명할 수 있다. 예를 들어, 한 개인이 오랜 시간을 들여 부정적인 생각을 이어가는 반추를 할 때 다음 세 가지 요인이 동반되어 일어난다. 첫째, 유도된 관계 반응을 하게끔 강하게 확립된 조작자의 빈도와 지속성.(즉, 언어적 인간인 우리는 항상 생각하고 있다.) 둘째, 강화적인 본질이 확립되어 있는 언어의 일관성.(우리의 언어 학습 이력을 떠올려 보면 '말이 된다'는 사실이 아주 강력한 강화물이다.) 마지막으로, 특정 상황에서 문제 해결을 위해 언어를 사용한다는 것이 주는 강화 효과.

약혼자에게 힐책을 받고 우울증에 시달리는 한 여성에 대해 생각해 보자. 이 사건 이후에도 혐오스러운 감정 사건에 관한 생각들이 계속 일어날 것이다. 그녀는 일어났던 상황과 관계가 악화되었던 것 사이에 관계를 유도할 수 있는데, 여기서 관계의 악화는 어느 정도 혐오적임에도 불구하고 일어났던 일과 일관성을 갖고 있다.('그 사람은 내가 외출하지 않고 집에 있으려 했기 때문에 화를 냈어. 내가 활동하는 것을 싫어하니까 짜증낸 거야. 앞으로 이런 일이 더 자주 일어나겠지.') 잘못되어 가는 것에 대해 생각하는 것은 문제 해결에 관한 부정확한 규칙에 따라 은밀하게 더 강화될 것이다. 다음에 예시가 있다. '만약 내가 이것에 대해서 생각하는 데 시간을 쓴다면 무엇을 해야 할지 알아낼 수 있을 거야.' 이러한 종류의 우울한 사고방식의 결과는 고통스럽거나 원치 않는 혐오적인 기능을 갖는 생각을 키우는데 더 많은 시간을 보내게 만들고 정작 그녀의 가치와 일치하는 지금 당장의 환경에는 덜 참여하게 한다. 따라서 수용전념치료와 관계틀이론은 우울증에 걸린 사람이 자신의 감정과 생각에 반응하는 방식에 의해 우울의 행동 패턴을 지속하고 악화시킨다는 점을 제시한다. 또 삶에서 가치에 일치하는 행동에 덜 참여하게 됨을 의미한다.

우울증에 시달리는 내담자들은 때때로 가치를 자신에게 혐오 기능을 하는 경직된 규칙의 형태로 보고한다. 예를 들어, 한 내담자는 가혹한 직장 환경을 그저 견디는 것이 세상을 살아가는 유일한 길이라 믿고 있고 이로 인해 직장에서 그의 행동은 일이 갖는 본연의 가치에 따르기보다 부정적인 결과를 피하기 위한 것이 되어버린다. 다행스럽게도 가치 명료화는 이러한 내담자를 혐오 조절 아래에 있는 행동에서 멀어지게 돕고 가치와 일치하는 행동을 선택해서 그 행동에 포함된 내재적 강화를 따라가도록 돕는다.

치료실에서 우울증을 조사하기

치료자는 치료실에서 우울 행동의 예시를 볼 기회가 많다. 일례로, 샐리는 의자의 끄트머리에 걸터앉아 고개를 숙이고 자기 손을 비빈다. 회기가 시작되자 그녀는 눈물을 흘리면서 치료자나 주변 환경에는 관심을 주지 않은 채 비비고 있는 자기 손에만 시선을 두는 듯이 보인다. 이때 치료자는 그녀가 주변에 있는 잠재적인 강화물이 아닌 불편하고 개인적인 사건에 집중하고 있음을 눈치챌 것이다. 샐리가 느끼는 고통의 강력함은 그녀 삶에 무언가 중요한 것이 빠져 있다는 신호일 수 있고 이는 그녀의 가치와 연결되어 있을 가능성이 크다. 또한 치료자는 치료실에서 회피 행동의 증거를 볼 수도 있다. 샐리는 손 비비기와 딴 곳 바라보기로 자신의 정서적 고통에서 눈을 돌리고 있고 딴 곳으로 시선을 돌리는 것으로 자신의 고통을 치료자와 공유하는 것을 회피할 수 있다.

이러한 관찰 이후 치료자는 샐리에게 지금 그녀가 무엇을 느끼고 있는지 물어본다. 샐리는 처음에는 딴 곳을 보며 여전히 눈물을 흘리며 반응하지만 이내 자신이 울지 않기 위해 매우 노력했다는 사실을 털어놓는다. 그녀는 자기 삶이 표면적으로 순탄함에도 우울감을 느낀다는 점이 당혹스러워 다른 사람에게 자신의 고통을 보이고 싶지 않다고 한다. 샐리는 자신의 고통으로 인해 친구들에게 부담을 주고 싶지 않다고 한다. 이제 치료자는 샐리가 보이는 문제에 더 많은 정보를 가지게 되었다. 샐리의 언어 보고와 치료자의 관찰을 기초로 치료자는 아래와 같은 초기 사례개념화를 만들어 낸다. "샐리는 사람들과 만나는 것을 회피하고, 만난다고 해도 눈을 마주치지 않아 상호작용을 회피하고, 자신이 느끼는 점을 보이지 않으려 하고, 손을 비비고 감정이 드러나지 않게 계속 주의를 기울임으로써 받아들일 수 없는 감정을 통제하고, 자신을 산만하게 하는 행동을 통해 내면 경험을 조절하려고 한다. 이런 전략이 샐리의 잠재적 가치인 다른 사람과 만나서 강화를 받을 수 있는 행동을 가로막고 있다. 치료는 샐리가 우울감을 느끼더라도 다른 사람과 상호작용하는 것을 연습하도록 격려하는 것으로 시작할 수 있을 것이다."

불안: 회피와 가치 협착

불안 장애의 경우 내담자는 불안감을 회피하기 위해 자기 삶을 극도로 제한할 수 있다. 내담자는 전형적으로 자신이 무엇에 신경을 쓰고 있는지 알 수 있고, 가치에 일치하는 삶을 살기를 매우 갈망하고 있음에도 그런 삶을 살기 위해서는 불안이 제거되어야만 한다는 생각에 융합되어 있다. 그러므로 이런 내담자는 불안을 경험할 수 있는 상황을 피하려고 할 것이고 이로 인해 삶이 매우 제한되어 있음을 알게 될 것이다.

몇몇 내담자는 가치를 갖고 있음에도 불구하고 가치와 관련된 행동이 혐오 조절 아래에 있을 수 있다. 예를 들어, 크리스는 친밀한 관계가 자기 삶에서 가장 중요하다고 말한다. 그러나 그녀는 남자친구가 자신을 버릴지도 모른다는 공포 속에서 살고 있으므로 대부분 시간을 남자친구의 욕구를 예측하는 데 쓰고 그에게서 위안을 얻으려 한다. 그녀는 남자친구에게 언제든지 달려갈 수 있도록 자신에게 중요한 일을 대부분 그만두었다. 만약 그녀가 계속해서 이렇게 행동한다면 자신에게 유용한 강화물의 작용 가능 범위가 제한될 것이다. 그녀가 이 관계를 잃어버릴 것이라는 공포로부터 아주 짧게 안도감을 느끼는 동안 인간관계나 삶의 다른 영역으로부터 내재적 강화물을 거의 얻지 못하게 된다. 더 나아가 그녀의 이런 행동이 남자친구와 관계를 파탄으로 몰아가게 재촉할 수도 있다. 왜냐하면 지속적으로 안심시켜주길 원하는 그녀의 행동에서 남자친구는 강화를 받을 수 없을 것이기 때문이다.

치료실에서 불안을 조사하기

불안은 대부분 관찰하기 아주 쉽다. 예를 들어, 마이크는 상담 시간 10분 전에 도착하여 대기실에서 불안하게 시계를 보고 서 있다. 치료자는 그에게 일찍 왔다고 말을 건넨다. 마이크는 긴장되어 안절부절못하고 치료자의 답변을 기다리지 않고 계속해서 말을 건다. 마침내 치료자가 질문을 하면 마이크는 질문에 끼어들면서 물을 한잔 마셔도 되는지 물어본다. 마이크에게 새로운 관계를 시작하는 것은 높은 긴장감을 유발하고 이런 긴장감을 제어하기 위해서 계속해서 말을 하는 듯하다. 이는 마이크가 친밀한 1:1 관계와 사회적 관계를 중요시하고 있다는 것에 대한 단서가 된다. 이러한 가정에 따라 치료자는 마이크의 삶에서 그가 맺고 있는 관계에 관해서 물어본다. 그는 관계가 '거의 없다'고 하고, 다른 사람과 친해지기가 너무 불안하다고 한다. 마이크는 타인과 만났을 때 보이는 자신의 과도한 불안 징후가 당혹스럽고 이 때문에 물러나게 된다고 한다. 마이크의 경우, 치료는 친밀한 관계를 맺기 위해 수용전념치료의 마음챙김 과정(수용, 탈융합, 맥락으로서 자기, 현재 순간과 접촉하기)을 강화하도록 돕는 데 초점을 맞출 수 있다.

외상에서 살아남기: 개인의 가치를 회복하기

우리를 둘러싼 세상이 비교적 안전하다는 가정이 깨어지는 경험에 직면하면 그 경험이 우리 자신과 세상에 대한 우리의 반응을 조형하게 된다. 대인관계에서 외상을 경험한 사람은 특히 가치 영역에 문제를 갖게 될 위험성이 크다. 어릴 적에 당한 성적(性的), 육체적 학대와 같이 장기간 지속되는 대인관계 외상은 경험자가 다른 사람에게 어떻게 다가가야 하는지에 커다란 불확실성을 갖게 한다. 잠재적 공격자가 자신을 해치는 것을 막기 위해 다른 사람의 감정과 행동을 예측하고 자신의 욕구를 억누르는 방법을 배우면서 자기 감각과 개인의 심리적 경계가 불명확해질 수 있다. 이런 때는 가치 활동을 응종이나 회피 행동과 분리하기 어려워진다. 극단적인 경우, 내담자의 개인적인 필요와 욕구가 적극적으로 처벌되는 환경을 경험했을 수 있다.

치료실에서 외상을 조사하기

관계틀이론에 따르면 외상과 관련된 생각과 감정은 어디로든 옮겨갈 수 있고, 치료실도 예외가 아니다. 이러한 괴로움은 외상 그 자체가 고통이긴 하지만 외상과 연관된 개인 사건들(생각, 감정, 기억)의 경험을 꺼리기 때문에 유지된다. 바네사는 외상후 스트레스장애를 진단받았으며 집을 나서는 것이 어렵다고 했다. 그녀는 긴장감과 과도한 경계심을 보이고 공포로 인해 의미 있는 관계를 맺는 것이 어렵다고 한다. 그녀는 친밀한 신체 접촉이 어릴 적 받은 학대를 떠올리게 하고, 이때 슬픔과 분노를 느끼게 되므로 자신이 다른 사람과 낭만적인 관계에 빠지는 것이 불가능하다고 믿는다. 치료실에서 바네사는 계속해서 대화의 주제를 바꾸고 감정적인 주제가 올라오면 치료자를 마구 몰아세우며 해리되는 듯 보인다. 바네사의 치료자는 그녀가 대인관계를 맺고 싶어 하지만 사람들과 접촉과 감정에 공포감을 느끼고 심리적으로 매력적인 파트너가 되기에 충분할 만큼 현재에 머무는 것이 어렵다고 결론을 내린다. 치료는 마음챙김 활동을 기초로 바네사가 현재에 머물 수 있도록 돕고 현재 감정에 대처하는 방법을 배우는 데 초점을 두게 될 것이다. 형식적인 가치 명료화를 하기보다 건강한 치료관계를 통해 강화를 접할 수 있도록 하여 그녀가 타인과 어떤 종류의 관계든 기꺼이 만들어 갈 수 있게 도울 것이다.

약물 남용에서 회복하기: 장기적 가치를 선택하기

약물 남용은 만연한 문제이다. 약물을 사용하는 내담자 대부분에게 약물은 강력한 단기적 강화제가 되지만 장기적으로는 건강에 문제가 생길 수도 있고 재산, 직업, 타인과 관계, 주거 등을 잃는 부정적인 결과를 초래한다. 회복에 들어서면서 내담자는 수치심을 느끼고 자신이 약물 사용자라는 편협한 개념과 융합될 수 있다. 나아가 감정을 회피하거나 통제하기 위해서 약물을 사용해 왔으므로 자신의 감정을 알아차리거나 대응하는 것을 어려워할 수 있다. 이런 주제들은 모두 가치와 관련된 어려움으로 이어진다. 특별히 더 어려운 점은 많은 사람에게 가치 활동 그 자체가 약물을 사용하는 것만큼 느낌이 좋지 않다는 사실이다. 그럼에도 치료 초기부터 가치 작업을 할 수 있는데 이는 가치 있는 일 중에서 작은 활동을 할 수 있는 방법을 찾거나 작은 양의 강화를 추적하는 연습 혹은 건강한 느낌을 주는 순간에 집중함으로써 이루어질 수 있다. 예로는 산책하기, 애완동물과 놀기, 출근길에 사람들과 인사하기, 좋아하는 영화 시청, 악기 연주 혹은 요리하기가 있다. 치료가 진행되면 더 많은 장기적 가치가 소개될 수 있고 가치에 한 걸음씩 다가가는 작업을 할 수 있다. 수용전념치료의 마음챙김 활동과 함께 천천히 가치와 일치하는 삶을 쌓아가는 것이 약물 혹은 알코올을 단기간 섭취하는 것보다 장기적으로 더 큰 강화가 될 수 있다.

치료실에서 약물 사용을 조사하기

개인이 약물 남용 때문에 전형적으로 겪는 대가 중 하나는 관계 상실이다. 그래서 신뢰감 있고, 정직하고, 개방적인 관계를 쌓는 것이 재활을 위해 필수적이다. 캐리의 이야기를 해보자. 그녀는 회복기에 있고 처음으로 치료실을 방문하는 내담자이다. 그녀는 치료자 책상에 있는 아이들 사진을 보더니 굳은 자세로 성급하게 이 사진의 아이가 치료자 자녀인지 물었다. 별생각 없이 치료자는 그렇다고 했고 아이들이 치료자의 행복이고 사진은 가족들이 자주 즐기는 캠핑 여행 때 찍은 것이라고 대답했다. 캐리는 자신이 아이를 갖지 않은 것이 아마 모두에게 다행스러운 일이라고 대꾸했다. 그리고서 30분 동안 그녀는 마치 연습한 것처럼 혼자서 이야기하며 왜 그런지 이유를 대기 시작했다. 그녀는 계속해서 자신을 깎아내렸고 웃으면서 자신의 인생이 장기적인 약물 사용 때문에 영원히 꼬였다고 말한다. 그녀는 자신이 회복에 전념하고 있지만 이것 또한 그녀에게 효과가 있을지 확신이 없다고 한다.

치료자는 캐리가 치료에 쏟는 헌신을 그녀가 회복에 얼마나 깊이 관심을 두고 있는지 나타내는 척도로 본다. 자기를 비하하는 그녀의 유머는 타인이 자신을 어떻게 생각하는지 크게 신경 쓴다는 점을 나타내고 부끄러움을 피하기 위한 교묘한 방법일 수도 있다. 또한 그녀는 자신이 소중한 사람이 아니라는 개념에 명백하게 융합되어 있다. 그녀가 이런 융합된 생각에 반응하여 친밀한 관계라는 자신의 가치와 접촉하기를 회피한다면 실제로 타인과 친밀해지는 것에게서 멀어지게 된다. 캐리의 치료는 친밀한 관계와 관련된 가치를 살펴보라는 요청을 받을 때 드러날 수 있는 갈망의 고통을 수용하고 가치의 방향으로 그녀가 천천히 그리고 주의 깊게 다가갈 수 있도록 돕는 데 초점을 둘 것이다.

가치를 위축시키는 만성 질환 혹은 통증

당뇨병이나 통증 같은 만성 질환에 대처하느라 고생 중인 내담자는 그러한 상태를 조절하기 위한 노력 때문에 인생이 제한받는다고 느낄 수 있다. 가령 당뇨병 환자는 식단을 조절하기 위해 집에 머물러야 하고 이로 인해 자신이 원하는 만큼 자유롭게 살지 못한다며 화를 내거나 우울해할 수 있다. 이와 비슷하게, 만성 통증 환자도 통증을 느낄 가능성을 줄이기 위해 활동을 점점 더 줄여나감으로써 자신의 육체적, 사회적 기능을 상당히 저하시킬 수 있다.

만성 질환 대처법을 조사하기

수용전념치료는 통증과 같은 신체 증상을 조절하기 위한 내담자의 시도에 대해 그 실효성을 깊이 내재된 가치의 맥락에서 체계적으로 검토한다. 만성 통증이 있는 내담자는 전형적으로 통증을 제거하기 위해 아주 장시간 동안 자기 삶을 정체시켜왔다는 사실을 밝힌다. 다른 만성 질환을 겪는 내담자들은 자기 자신을 돌보지 않는다거나 치료 지시를 이행하지 않는다고 보고 할 수 있다. 이러한 내담자들은 아직 만성 질환에 대처하면서 느끼는 수많은 어려운 감정(공포 등)과 생각(예: '이건 공평하지 않아.')을 다루는 성공적인 전략을 발견하지 못했다. 대신, 이들은 의학적 치료를 회피함으로 이 문제에 대해 생각하는 것을 피하려 한다. 일반적인 사례개념화는 증상을 무시하거나 제거하려는 시도가 내담자를 가치 있는 방향으로부터 멀어지게 만든다는 것이다. 치료는 주로 내담자가 그들의 경험을 더욱 주의 깊게 알아차릴 수 있게 돕는 것에 집중 된다. 또 내담자가 통증 이외의 것을 알아차리고 통증 자체는 보통 어느 날이든 오고 간다는 점을 알아차릴 수 있도록 돕는다. 이러한 마음챙김과 수용 기술은 내담자가 가치 행동에 다가가는 데 유용할 것이다. 다른 만성 질환에서도 내담자가 가치를 표현하고 가치에 따라 행동하는 것과 관련하여 더욱 유연해지도록 돕는 것이 치료의 핵심이 될 것이다.

수용전념치료 과정과 연관된 가치 평가 질문

이제 치료 초기 또는 가치 작업을 하고 싶은 어느 때라도 더 많은 정보를 찾아낼 수 있도록 직접 물어 볼 수 있는 몇 가지 질문을 탐색해 볼 것이다. 이 질문은 치료자가 가치에 관한 토론에서 내담자를 개방적으로 만드는 데 도움을 줄 것이고, 현재 내담자가 겪고 있는 문제와 이 문제가 내담자의 삶에 어떤 영향을 끼쳤는지 더 많은 정보를 얻는 데 도움을 줄 것이다. 아래의 질문은 예시일 뿐이므로 내담자와 치료 스타일에 맞춰서 새로운 질문을 만들어내기 바란다. 몇몇 질문은 일반적인 것이고 몇몇은 앞서 논의된 특정 문제와 관련되어 있다. 각각의 질문 뒤에는 그 질문과 관련하여 치료자가 궁금할 수 있는 수용전념치료 과정에 대한 간단한 설명이 있고 내담자 답변에 따라 목표로 삼을 수 있는 수용전념치료 표적이 기술되어 있다.

질문: 만약 지금 당신이 투쟁하고 있는 [현재 나타난 문제를 삽입]이 더 이상 문제가 되지 않는다면 무엇을 할 건가요?

목표: 회피가 가로막고 있는 가치 기반 행동에 참여하는지를 조사하기.

가능한 대응과 표적: 만약 내담자가 매우 높은 목표를 말한다면 이것은 내담자가 가치를 특별히 먼 대상으로 보고 있음을 나타내고, 보기에도 달성하기 힘든 목표가 회피 기능을 할 수 있다. 만약 내담자가 이 질문의 답변에 난색을 보인다면 내담자가 원하는 방향을 말하는 것을 가로막는 인지 융합(내담자가 두려워하는 결과와 융합 혹은 무능한 자기에 관한 규칙과 융합)의 역할을 고려하라.

질문: 앞으로 5년 동안 당신은 어떤 삶을 살게 될까요?

목표: 먼 미래의 목표를 만들어 낼 수 있는 내담자의 능력을 평가하기.

가능한 대응과 표적: 만약 내담자가 미래 지향적인 목표를 만들어내는 데 어려움을 가지고 있다면 그것에 대한 장벽을 평가하라. 이때 실현 가능한 것(혹은 실현 불가능

한 것)에 대해 지나치게 확고하게 말하는 규칙 따르기의 경직성이 있는지 혹은 미래를 내다보는 것이 무가치하다고 여기는 융합에 대해 특별히 눈여겨보라. 만약 내담자가 미래에 대해서 웅대한 이상을 내놓는다면 이것이 응종, 방어, 회피 등을 나타내는 행동(예를 들어, '모든 사람이 나에게 위대한 것을 목표로 삼아야 한다고 말하니까', '만약 로또에 당첨된다면 내가 하고 싶은 것을 무엇이든 할 수 있을 거야.', '나는 쉽게 큰 계획에 대해 말을 하지만 이를 잘 실천하지는 못해.')일 가능성에 주목하라. 또는 웅대한 이상이 상당히 가치 지향적일 수 있는데 이 경우 내담자는 커다란 목표에 도달하기 위해서 더 작은 목표를 만드는 데 도움을 받을 필요가 있다.

질문: 소중하다고 느끼지만 머리에서는 '그건 불가능해.'라고 말하는 것이 있나요?

목표: 가치 진술에 관해서 치료 목표로 삼아야 할 융합을 평가하기.

가능한 대응과 표적: 가치 기반 행동이 일어나기 전에 특정 조건이 충족되어야 한다고 주장하는 실효성 없는 규칙에 융합되어 있는지 찾아보라.(예를 들어, '데이트하고 싶지만 그 전에 살을 빼야 해.') 가치와 관련된 유연한 행동을 막고 있는 특정한 자기 개념화와 융합을 의미하는 자기 진술을 찾아보라.(예: '친구를 더 사귀고 싶긴 하지만 난 재미있는 사람이 아니야.') 개입의 효과와 내담자와 관련성을 높이기 위해 내담자의 특정 융합 진술을 탈융합 연습과 은유에 적용할 수 있다.

질문: 이 문제로 인해 지난주에 당신이 하지 못한 것이 무엇인가요?

목표: 회피 때문에 부정적인 영향을 받는 더 최근의 가치 행동을 분석하여 내담자가 일상에서 어떻게 기능하고 있는지 확인하기.

가능한 대응과 표적: 내담자는 다양한 방식으로 반응할 수 있다. 불안이나 우울 또 다른 문제로 인해 제한되어 오던 삶의 영역과 서서히 단절될 수 있고, 이 경우에는 탈융합과 맥락으로서 자기와 관련된 작업을 한 후 가치 행동으로 돌아오는 것이 유용하다. 또한 내담자는 자신의 문제가 매일 해 오던 자기 행동 중 어떤 행동을 '불가능하게' 만들었는지 즉시 알아차릴 수도 있다. 이 경우 수용 작업이 내담자가 가치 행동을 할 수 있는 환경으로 나아가도록 도움을 줄 수 있다.

질문: 더 이상의 고통을 받지 않기 위해 삶에서 어떤 목표를 포기했나요?

목표: 심리적 고통(불편한 생각, 슬픔, 공포, 나쁜 기억 등)을 줄이기 위해 회피했던 더 넓은 삶의 영역을 평가하기.

가능한 대응과 표적: 간혹 내담자가 원치 않는 생각이나 감정을 피하려고 특정 삶의 목표를 목록에서 지워버리는 경우가 있다. 가치와 심리적 고통 사이에 있는 연결고리에 대해 논의해 보는 것이 효과적인 개입 수단이 될 수 있다. 단순히 안전에 대한 가치를 추구하는 것보다 가치와 일치하는 행동을 하는 동안 생길 수 있는 상실이나 실패에 대한 두려움을 내담자가 기꺼이 경험할 수 있게 유도할 수 있다.

질문: 당신을 불안하게 만들었지만 어떻게든 성공할 수 있었던 것이 있나요?

목표: 불안과 마주했을 때 가치가 이끄는 심리 유연성을 발휘할 가능성을 평가하기.

가능한 대응과 표적: 내담자가 특정 가치와 접촉하고 있을 때 불안감이나 불안과 관련된 생각을 더 기꺼이 마주하려 할 수 있다. 예를 들면, 내담자가 죽음을 눈앞에 둔 친척을 마지막으로 만나기 위해서 비행공포증과 마주할 수도 있고, 엄마로서 딸의 야구 경기를 보기 위해 사회적 평가에 대한 두려움을 견딜 수도 있다. 비록 '이를 꽉 깨물고서야' 이러한 행동을 할 수 있을지 모르지만 좀 더 폭넓은 가치 기반 행동을 함으로써 행동의 유연성을 만들 수 있음을 보여준다. 만약 불안을 일으키는 가치 행동에 참여하기 위해서는 극한의 상황이어야 하거나 혹은 그러한 행동의 가짓수가 극히 적을 경우 치료의 목표는 심리 유연성, 수용, 탈융합에 집중해야 한다.

질문: 자신을 어떻게 바라보는지에 대해 지금과 고통을 받기 이전(혹은 외상 생존자의 경우 외상 이전에는) 사이에 차이가 있나요? 지금은 그렇지 않지만, 과거에는 가능해 보였던 것들이 있나요?

목표: 내담자의 투쟁이 있기 전(혹은 정신적 외상 경험 이전) 중요했던 가치 행동을 막는 심리적 장벽으로 기능할 수 있는 자기 개념의 변화를 평가하기. 또한 이 질문은 내담자의 역사를 고려할 때 참여가 불가능해 보이는 가치 행동도 평가한다.

가능한 대응과 표적: 만약 내담자가 문제 전후로 자신을 굉장히 다르게 느낀다면 경험을 뛰어넘어 안정적으로 기능하는 초월적 자기 감각(맥락으로서 자기)을 향상하기 위한 작업을 고려하라. 만약 외상의 생존자가 '망가졌다', '더러워졌다', 아니면 '건강을 해쳤다'고 표현한다면 가치 작업에 들어가기 전에 맥락으로서 자기를 강화할 것을 고려하라.

질문: 삶에서 약물을 사용하거나 술을 마시는 것만큼이나 좋게 느낄 수 있는 것이 있나요?

목표: 내담자의 삶에 이미 존재하는 가치 행동 중 그다지 활력을 느끼지 못하는 행동을 평가하기.

가능한 대응과 표적: 만약 내담자가 일부 영역에서 좀 더 큰 활력을 원한다면 그 가치 영역을 치료의 향상 척도로 사용할 것을 고려하고 그러한 가치 영역을 수용, 탈융합, 현재 순간을 알아차리기, 맥락으로서 자기 등의 작업을 통해 강화하라. 만약 내담자가 일부 삶의 영역에서 어떤 특정한 것도 언급하지 않을 경우 내담자의 중요한 가치와 느슨하게 연결된 행동에 참여시키기 위한 기초 활동이나 전념 행동을 고려하라.(예를 들어, '나는 더 이상 (약물이나 알코올) 사용하고 싶지 않다.'나 '최소한 한 달 정도만이라도 직장을 유지하고 싶다.')

인생선을 확립하기: 경험 은유

이 절에서 자세하게 설명할 '인생선' 연습은 경험 은유에 속한다. 은유는 수용전념치료에서 굉장히 효과적인 중재 기법으로 여겨진다. 관계틀이론 관점에서 보면 은유는 새로운 통찰력이 있는 행동을 시도할 확률을 높이는 기능의 변환이 일어날 수 있게 하며 관계 네트워크의 조합을 포함한다(Stewart & Barnse-Holmes, 2001). 이 패턴이 수용전념치료에서 은유를 정의하는 핵심 특성이다. 또 다른 특성은 '가치 나침반' 같이 치료를 위한 경험 은유의 맥락에서 특히 중요하다. 행동 변화를 일으키는 성공적인 은유의 경우 두 맥락 간 물리적 유사성을 더 잘 자각함으로써 내담자의 행동을 포함하여 표적 맥락의 중요한 기능을 변환시킬 가능성을 높인다.

예를 들어, 모래 늪에서 벗어나려는 투쟁의 무용함을 애써 불안감과 투쟁하는 행동과 비슷하게 연결 짓는 은유를 생각해 보자. 이 고전적인 수용전념치료 은유에서는 자멸하는 투쟁의 인과 관계가 포함된 각각의 관계 네트워크 사이에 동등성 혹은 대등 조합이 구성된 예를 보여준다. 여기에 더해 이러한 관계 네트워크 사이의 유사성이 인과 관계로 묘사되는 두 상황의 물리적인 유사성을 (즉, 자멸하는 투쟁에서 나타나는 질식할 것 같은 느낌) 자각하게 할 수 있게 해 준다. 이러한 물리적 유사성은 대등 관계의 유도를 위한 추가의 맥락 단서로서 기능할 수 있고 더 나아가 내담자가 미래의 불안감을 더 잘 수용할 수 있게끔 대응 기능의 변환을 촉진할 수 있다.

따라서 맥락 사이에 존재하는 물리적 유사성을 알아차리는 것이 은유가 행동학적으로 유효하게 되는 중요한 요인이다. 아마도 이것이 내담자가 물리적인 역할극에 참여하여 경험하게 되는 은유의 특별한 효과를 설명하는 이유 중 하나일 것이다. 이러한 부분이 내담자가 역할극 내에서 행동과 경험이 가지는 물리적인 요소와 치료 바깥, 곧 일상생활에서 행동과 경험의 체험적 요소 사이에 유사성을 인지할 수 있게 해 준다. 인생선 연습에서는 그러한 물리적인 경험이 여러 가지 있다. 그중 하나가 인생선에서 벗어나서 막다른 골목으로 들어가 보는 것이다. 역할극 안에서는 내담자가 은유를 지식으로 이해하는 것에 그치지 않고, 자신의 가치 판단에 기반을 두고 현실 세계에서 행동하는 패턴이 자신이 선택한 방향에서 옆길로 새어 막다른 골목에 다다르는 결말과 물리적 유사성이 있음을 지각하는 때도 있다. 또 다른 물리적 경험으로는 내담자가 앞으로 나아가려 할 때 치료자에게 팔을 붙들려 끌려가는 예를 들 수 있다. 이는 내담자가 현실에서 자신의 가치와 일치하는 방향으로 나아가려 할 때 계속해서 발생할 수 있는 방해하는 생각이나 감정과 유사할 수 있다. 은유를 이용한 역할극 중 일어날 수 있는 이러한 경험의 경우 유사성의 인지가 치료 회기 밖에서 가치와 관련된 상황의 기능을 변화시키는 데 중요한 요인이 될 수 있다. 이는 내담자가 자신의 가치에 부합되지 않는 행동을 좀 더 잘 깨닫고 자신의 가치에 맞는 길을 계속 걸어갈 수 있도록 스스로 조처하게 해 준다.

우리의 실습 경험에서 인생선 연습은 치료의 초기 단계에서 사용할 수 있고 문제 그 자체 혹은 문제가 어떻게 일어나게 되었는지에 대한 긴 이야기를 대체할 수 있으므로 상당히 유용했다. 이러한 면에서 보면 이 연습은 시간 절약에 큰 도움을 준다. 또한 이 연습은 유연성이 있고 내담자와 상황에 따라 굉장히 다양하게 적용할 수 있다. 아래에 몇 가지 예를 제시한다. 이를 통해 부디 더 다양한 종류를 스스로 탐구하기 바란다.

방법

회기에서 인생선 연습을 하려면 폭이 약 3m 정도의 공간과 몇 가지 소품이 필요하다. 포스트잇(인생선에 붙일 사건, 감정, 반응을 쓰기 위한), 큰 종이 몇 장(가치와 장애물을 기록하기 위한), 테이프, 굵기가 다른 펜, 줄 역할을 할 수 있는 긴 스카프나 밧줄 혹은 벨트면 충분하다.

회기를 진행하는 동안 시간을 들여 미리 연습에 사용할 사건이나 반응을 만들어 두기를 권장한다.(바로 이어 설명할 것이다.) 우리 경험에 따르면 이러한 작업을 회기에서 내담자와 함께 하는 것이 좀 더 강력한 효과를 보일 수 있다. 하지만 이전 회기에서 과제로 내어 시간을 단축하는 것 또한 가능하다. 일반적으로 내담자의 삶에서 힘들었던 사건의 중요한 예시를 떠올리고 적어 보도록 요청한다. 그러한 사건이나 상황 그 자체와 그것들에 어떻게 반응했는지 둘 다 질문한다. 다음에 이 연습을 위해 내담자를 어떻게 준비시킬지 예시가 나와 있다. 내담자에게 다음의 지시사항을 주고 빈 종이에 내담자의 반응을 적도록 한다. 만약 이 모든 부분을 과제로 내어준다면 당신에게 중요한 정보를 제공할 수 있는, 내담자가 보이는 순간순간의 반응을 놓칠 수 있게 된다는 점을 명심하라. 물론, 그렇게 해서 가치를 향해 나아가는데 필요한 회기 내의 시간을 절약할 수 있기도 하다. 연습을 위한 기초로 이 예시들이나 이번 장 후반에 기술하는 대안적 접근을 사용하는 것을 고려하라.

1. **의미 있는 상실**. 삶에서 경험한 의미 있는 상실을 5개까지 적어 보시오.
    a. 각각의 상실을 날짜에 덧붙여 몇 개의 단어로 기술하시오(예: 1981년, 아버지 사망).

b. 각각의 상실에 대한 당신의 느낌을 간단하게 기술하시오.
   c. 그러한 느낌에 어떻게 반응하였는지 또는 어떻게 대처했는지 기술하시오.
2. **실패한 경우**. 자신이 원했거나 계획했던 대로 진행되지 않았던 경우를 5개까지 적어 보시오.
   a. 각각의 경우를 날짜에 덧붙여 몇 개의 단어로 기술하시오(예: 2001년, 직장에서 싸움).
   b. 각각의 경우에 대한 당신의 느낌을 간단하게 기술하시오.
   c. 그러한 느낌에 어떻게 반응하였는지 또는 어떻게 대처했는지 기술하시오.
3. **궤도 이탈**. 최선의 노력에도 불구하고 자신이 원했던 삶에서 벗어났다고 느꼈던 경우를 5개까지 적어 보시오.
   a. 각각의 사건을 날짜에 덧붙여 몇 개의 단어로 기술하시오(예: 2006년, 남자친구와 헤어짐).
   b. 각각의 사건에 대한 당신의 느낌을 간단하게 기술하시오.
   c. 그러한 느낌에 어떻게 반응하였는지 또는 어떻게 대처했는지 기술하시오.
4. **좋은 느낌에 매달리기**. 무언가 정말로 좋다고 느꼈을 때 거기에 매달리려고 했던 경우를 5개까지 적어 보시오.
   a. 각각의 사건을 날짜에 덧붙여 몇 개의 단어로 기술하시오.(예: 2003년, 사랑에 빠져 그 사람에게 완전히 사로잡히다.)
   b. 각각의 사건에 대한 당신의 느낌을 간단하게 기술하시오.
   c. 그러한 느낌에 어떻게 반응하였는지 또는 어떻게 대처했는지 기술하시오.

다음 회기에서 내담자에게 과제를 다 했는지 물어본 다음 바닥에 스카프(혹은 줄 역할을 할 수 있는 것)를 줄처럼 늘어뜨리고 "이 연습에서는 당신의 삶을 재현하고 다시 경험해 보려고 합니다. 먼저 당신의 삶에서 늘 일관되게 중요한 방향이 무엇인지 확인하려고 합니다. 바닥의 스카프가 이 가치 방향을 상징합니다."라고 말한다. 내담자가 스카프의 한쪽 끝에 서서 스카프를 중심에 두고 양쪽에 발을 디디고 서도록 한다. 당신은 그 반대쪽에 똑같이 서서 내담자와 마주 보라. 다음은 이 연습이 어떻게 진행될지 하나의 예시이다. 이 예시에서 내담자가 과제로 썼던 상실은 모두 대인관계에 관한 것이었다.

　　치료자와 내담자가 서로 스카프의 반대편 끝에 서 있으면서, 치료자는 기준점을 정하기 위해 내담자가 대인관계가 가장 좋을 때 어떻게 행동하기를 원하는지 말하게 한다. 내담자는 개방적이고, 진솔하고, 상대를 사랑하며 배려하고 싶다고 대답한다. 치료자는 이 단어들을 큰 종이 한 장에 적고 반복해서 말한 다음 줄의 끝에 놓거나 줄 끝에 있는 벽면에 붙인다. 이로써 스카프는 개방성, 진솔, 배려와 사랑이라는 가치를 상징하게 된다. 그다음 치료자는 내담자에게 이 가치 있는 방향에 전념하고 있는지 묻고 내담자는 자신의 모든 대인관계에서 그렇게 행동하려고 노력한다고 대답한다.

　　이제 치료자는 내담자 바로 옆에 서서 중요한 대인관계 중 첫 번째 상실이 무엇이었는지 묻는다. 내담자는 자신이 열네 살 때 어머니가 돌아가셨다고 대답한다. 치료자는 이 사건을 포스트잇에 적고 몸을 구부려 인생선에 올려둔 다음 내담자가 이 사건에 발을 들일지 물어본 후 종이 위로 발을 올리도록 부드럽게 격려한다. 치료자는 "이제 자신의 어머니를 막 잃은 열네 살 아이의 마음이 되어보길 원합니다. 하실 수 있겠어요? 원하면 눈을 감아도 좋습니다. 그리고 지금 이 작은 아이가 어떻게 느끼고 있는지 느껴보세요."라고 말한다. 내담자는 눈을 감고 자신이 어머니를 여읜 그 날 열네 살 아이로서 느꼈던 절망감을 느낀다고 말한다. 치료자는 이 단어(절망감)를 다른 포스트잇에 적고 인생 곡선 위에 놓인 상실의 사건 앞에 둔 다음 내담자가 이 절망감과 기꺼이 맞닥뜨릴 수 있겠는지 묻는다. 내담자는 그러겠다고 한다. 그리고 그녀는 분명히 절망감을 느끼는 것처럼 보인다. 치료자는 내담자에게 이 작은 여자아이가 어떻게 그 강렬한 상실감과 절망감에 대처했는지 묻는다. 내담자는 빠르게 대답했다. 그 작은 여자아이는 용감하게 행동했고 아버지와 여자 형제들을 잘 보살폈다고. 치료자는 이 대처 행동을 다른 포스트잇에 적고 내담자에게 이 행동이 방금 선언했던 가치 방향, 즉 인간관계에 있어서 개방적이고 진솔하기에 부합하는지 그렇지 않은지 물었다. 내담자는 그런 식으로 자신의 감정의 문을 닫았던 것이 개방적이지도 진솔하지도 않았음을 깨닫는다. 내담자가 그렇게 말하는 동안 치료자는 방금 썼던 포스트잇을 인생선 옆에 내려둔 다음, 내담자를 부드럽게 잡아당겨 인생선과 가치에서 벗어나게 하고 '부정적 감정으로부터 도피'라고 적은 우회로에 들어서게 한다. 치료자는 내담자에게 열네 살 아이가 계속 개방적이고 진솔하기를 원하는지 묻는다. 내담자가 고개를 끄떡이자 치료자는 다시 내담자를 가치 방향으로 부드럽게 끌어당기고 다음의 문장을 말한다.

"그 열네 살 아이가 인생을 살아가면서 이제 많은 것이 바뀌었습니다. 이 아이는 이제 삶에서 일어나는 새로운 상황에 사용할 수 있는 중요한 교훈을 배웠습니다. 첫 번째로, 이제 이 아이는 우리가 통제할 수 없는 불쾌하거나 나쁜 일이 우리에게 일어난다는 사실을 압니다. 우리가 사랑하는 사람들이 죽을 수 있고 또 실제로 죽습니다. 관계가 끝나고 사고는 발생합니다. 이제 이 열네 살 아이는 자신이 자기 인생의 안무가가 아님을 압니다. 두 번째로, 이 열네 살 아이는 무서운 일이 일어날 때 무서운 감정을 느낄 거라는 사실을 배웠습니다. 여태까지 우리는 이 인생선이 나타내는 하나의 가치와 관련되어 일어난 것에 대해서만 이야기하고 있습니다. 그러나 삶은 온갖 종류의 사건과 놀라움의 연속이며 우리의 감정은 마치 롤러코스터처럼 마구 위아래로 움직입니다. 그것이 삶입니다. 그러나 이 아이는 다른 사실 또한 배웠습니다. 스스로 문을 닫음으로써 일시적으로는 이런 무서운 감정으로부터 보호나 조절이 가능하다는 것을 배웠습니다. 다른 두 가지와 비교하면 이런 학습은 또 다른 종류입니다. 앞서 말한 사건과 그녀의 자연적인 반응은 그냥 일어나는 것입니다. 그러나 그러한 사건과 감정을 어떻게 받아들이는지가 그녀의 행동을 결정합니다. 그 행동이 이 아이에게는 다른 사람을 돌보고, 술을 마시고, 청소하는 것이었고, 이는 무서운 감정을 통제하고 있는 느낌을 줍니다. 하지만 그 대가로 그녀는 자신을 해치는 방식으로 가치 방향에서 멀어질 뿐입니다. 이런 것을 학습된 경향성이라고 부릅니다. 이제 인생선을 따라가면서 당신의 팔을 잡아당기면 이것이 마치 친숙한 우회로로 빨아들이는 당신의 학습된 경향성처럼 보일 것입니다. 내가 잡아당기면 당신은 학습된 경향성에 의해 끌리는 것으로 느끼겠지만 단계마다 어디로 갈지 당신이 결정합니다. 이제 열네 살 당신이 인생선에 다시 올라왔습니다. 이 선 위에 올릴 다음 사건이 무엇이었죠?"

이 연습은 회기 내에서 떠올린 경험이나 숙제에 적어둔 추가 경험을 가지고 계속할 수 있다. 가능하면 내담자에게 아직도 가장 영향을 주고 있는 것을 고르길 권장한다. 이 연습은 꽤 길어질 수 있으므로 다음 회기에 계속하는 것이 필요할지도 모른다. 각각의 사건은 기능 분석의 형태로 해체되어 사건 그 자체와 자연적인 반응 그리고 불편감에 대한 능동적 반응으로 나눠진다. 치료자는 내담자가 불편감에 반응하여 자신이 가치 있다고 말한 방향과 일치하지 않는 행동을 선택할 때, 내담자를 부드럽게 잡아당겨 선에서 살짝 벗어나게 한다. 연습은 내담자가 언어 규칙 형식으로 표현한 행동의 학습 이력을 모두 지니고 있음에도 불구하고 전형적인 우회로 쪽으로 잡아당겨 코스에서 이탈하게 하는 옛 경향성에 저항하면서 '지금 여기'에 머물 수 있을 때 끝난다. 최종적으로 치료자는 내담자에게 새로운 사건이 일어나면 피할 수 없는 불편감이 따라오고 학습된 습관이 자신의 길에서 벗어나게 끌어당길 수 있음을 항상 알아차리면서 자신의 가치에 기반을 둔 인생선에 계속 머무르는 데 전념할 것을 요청한다. 이 인생선 연습은 치료 중 모든 회기에 계속해서 사용될 수 있다.

인생선 연습 활용의 대안

내담자가 과제를 해오지 않는 것은 치료 시 발생하는 흔한 문제이고 이러한 상황에서 어떻게 인생선 연습을 사용할 수 있는지 예시를 들어보겠다. 치료자는 과제를 하지 않았다는 내담자의 말에 "이것은 우리 모두에게 인생에서 일어나는 일을 탐색하고 경험할 수 있는 좋은 기회입니다. 인생선을 따라가면서 무슨 일이 일어났는지 살펴봐도 괜찮겠습니까?"라고 말한다. 일단 내담자가 인생선 위로 들어서면 치료자는 내담자가 삶의 방향, 장애물, 우회로를 심사숙고하는 데 도움이 되는 질문을 한다.

1. **가치 있는 방향**. 치료자는 과제의 목적에 관해 논의하면서 "이러한 활동은 삶의 영역 중 어디에 속합니까?"라고 묻는다. 치료자는 가치 방향을 적고 이를 선의 맨 끝에 놓는다. (예: 튼튼하고 건강해지는 것)

2. **전념 행동**. 인생선의 끝에서, 치료자는 내담자에게 그러한 가치를 여전히 지키고 싶은지 아니면 버리고 싶은지 묻는다.

3. **장애물**. 치료자는 내담자 옆에 서서 지난주 내담자가 치료실을 떠나면서 가치 방향으로 나아가려던 상황을 재현한다. 그들은 내담자의 마음("나는 이것을 하고 싶었지만 집에 도착했을 때 상황이 엉망이었다.")이나 그 단계를 가로막았던 방해물(예를 들면, 아마도 내담자가 마감 기한이 있었거나)을 충분히 이

해하기 위해 역할극을 할 수 있다.

4. **사건-반응-대응 우회로**. 내담자는 방해 사건(장애물)을 설명하고 치료자는 이것을 포스트잇에 적어 인생선 위에 놓는다. 내담자는 즉각적인 반응을 보이며 두 번째로 미끄러지지만 아직 인생선 위에 있다. 그러나 내담자가 숙제와 그로 인한 불편함을 피하려는 세 번째 사건에 대해서 치료자가 내담자를 정해진 코스에서 벗어나게 하고 친숙한 우회로로 부드럽게 끌어당긴다(예를 들어, 회피).

5. **개념화**. 치료자는 내담자에게 이런 행동이 회피나 다른 탈선 패턴과 일치하는지 아니면 그 행동이 자신의 인생에서 원하는 것과 더 가까운지 개념화를 요청할 수 있다.

6. **전념 행동**. 내담자는 습관적으로 '끌려가는' 경향이 있고 이것이 다시 나타날 수 있다는 사실을 인지하면서 행동을 취할 단계를 확인하고 가치 방향에 다시 전념하도록 요청받는다.

인생선 연습은 본질적으로 수용전념치료의 모든 핵심 과정을 통합하는 기능 분석에 관한 경험 은유이다. 이는 내담자가 가치 방향에서 멀어지는 것처럼 보이는 어느 때든 유용하다. 그리고 내담자가 자기 행동에 대한 관점을 얻는 데 빠르고 효과적인 수단이다.

사례개념화 요약

우리는 내담자의 현재 문제가 내담자 삶의 중요한 영역에 어떤 영향을 미치는지에 대해 비판적으로 생각할 수 있게 하는 몇 가지 방법에 대해서 알아보았다. 또한 치료 초기에 내담자의 투쟁을 대상으로 가치에 기반을 둔 사례개념화를 하도록 돕는 강도 높은 경험적 연습을 제공했다. 이러한 기법의 하나라도 당신에게 도움이 되기를 바란다.

수용전념치료 치료자라면 임상 작업에서 필요에 따라 비판적 사고와 경험적 연습을 사용하기 위해 노력해야 한다. 지금까지 제공한 내용을 다음과 같이 활용하는 것이 가장 좋다.

1. 내담자가 가치 측면에서 경험하고 있는 어려움이 무엇인지 그 틀을 구성함으로써 더 효과적으로 함께 작업하는 방법을 계획할 수 있다.

2. 내담자가 겪는 어려움에 관해서 대화를 시작하라. 이번 장의 첫 부분에 제시된 질문을 가치에 관한 대화를 시작하는 데 사용할 수 있다. 특히, 내담자가 자신의 가치를 꺼내거나 현재 경험하는 문제들이 가치와 어떻게 관련되어 있는지 이해하는 데 어려움이 있을 때 유용하다. 기억하라. 내담자의 경험이 궁극적인 안내서다!

가치 과녁을 사용하여 내담자의 가치를 평가하기

이제까지 우리는 가치가 제한당하고 무시되며 밀려나거나 회피되는 방식에 대해 살펴보았다. 이제부터는 내담자와 같이 직접 가치를 다루어 보도록 하자. 수용전념치료 임상 연구자들은 가치와 내담자가 가치에 따라 살아가지 못하게 하는 심리 장벽을 측정하기 위한 여러 가지 도구를 개발했다. 유효성이 입증되고 있는 이러한 도구들은 다음 웹사이트에서 받을 수 있다(www.contextualpsychology.org). 우리는 가치 있는 삶에 관한 워크시트를 어떻게 임상 도구로 활용하는지 그 예시로 가치 과녁 워크시트(Lundgren, Dahl, & Melin, 2007)를 소개하려 한다. 자유롭게 복사하여 내담자에게 사용하기를 바란다.

가치 과녁 워크시트

이 연습에서 과녁은 일과 교육, 여가 생활, 관계, 개인 성장과 건강 등 4개 영역, 즉 사람의 인생에서 중요한 삶의 영역으로 나누어집니다.

1. 일과 교육 영역에는 경력과 관련된 목표, 교육과 지식 향상에 관한 가치 그리고 일반적으로 그런 것들을 당신 또는 당신 공동체와 가까운 사람들에게 사용할 때(자원봉사, 가사 등) 드는 느낌 등이 속합니다.
2. 여가 생활 영역에는 삶에서 어떻게 놀고 즐기는지 그리고 자유로운 시간에 하는 취미나 기타 활동 등이 속합니다(예: 원예, 바느질, 어린이 축구팀 코칭, 낚시, 스포츠 경기 등).
3. 관계 영역에는 당신 삶에서 존재하는 다양한 형태의 친밀함, 즉 파트너, 자녀, 가족, 친구와 관계와 공동체에서 사회적 인맥과 관계 등이 속합니다.
4. 개인 성장과 건강 영역에는 기성 종교나 개인적 영성의 표현과 같은 영적 삶과 관련되고, 운동이나 영양 상태를 포함하여 음주, 약물 사용, 흡연, 체중과 관련된 건강 문제를 다루는 행동 등이 속합니다.

이 연습에서는 각 영역에서 자신의 개인적인 가치를 자세히 살펴보고 이를 기록하십시오. 그런 다음 자신의 가치를 얼마나 지키며 살았는지 평가할 것입니다. 또한 당신이 원하는 삶과 당신 사이에 존재하는 장벽이나 장애물을 확인할 것입니다. 서두르지 말고 편안하게 작성하십시오.

파트 A: 가치를 확인하라

먼저 4개의 각 영역에서 당신의 가치가 무엇인지 적어 보십시오. 각 영역에서 당신의 꿈을 생각하고 소망이 완전히 이루어질 수 있다고 상상하십시오. 각 영역에서 당신이 꼽은 특징이 무엇이고 그 영역에서 기대하는 것은 무엇입니까? 가치는 특정 목표가 되지 않아야 하고 시간이 지나면서 인생을 어떻게 살고 싶은지를 반영해야 합니다. 예를 들어, 결혼이 인생의 목표가 될 수 있지만 이는 단지 다정하고 정직하며 파트너를 사랑하는 가치에 따르는 행동 중 하나일 뿐입니다. 아들과 야구 게임에 동행하는 것은 목표이고 아이와 함께 참여하고 아이에게 관심을 가지는 것이 여기에 해당하는 가치일 수 있습니다. 이 연습에서는 당신의 가치가 가장 중요하다는 점을 기억하십시오. 당신에게 기대하고 있는 것들을 토대로 당신의 가치를 결정하지 마십시오. 자, 이제 아래 빈칸에 각각의 영역에서 당신의 핵심 가치를 적어 보십시오.

일과 교육: _____
_____

여가 생활: _____
_____

관계: _____
_____

개인 성장과 건강: _____
_____

파트 B: 가치 과녁판

이제 당신이 적은 가치를 다시 한번 살펴보십시오. 당신의 가치가 과녁 정중앙이라고 생각하십시오. 과녁 정중앙은 정확히 당신이 인생을 어떻게 살고 싶은지를 나타내고 당신의 가치와 일치하는 방식으로 살아가는 것과 직접 연관되어 있습니다. 이제 지난주에 했던 당신의 행동을 생각하면서 과녁의 각 영역에서 당신의 가치와 관련하여 어디쯤 있는지를 가장 잘 나타내는 곳에 X 표시를 하십시오. 정중앙에 명중한 X는 해당 영역에서 당신의 가치와 완전히 일치하는 삶을 살고 있음을 의미합니다. X가 정중앙에서 멀어질수록 당신이 생각하는 가치 있는 삶과 멀어져 있다는 뜻입니다.

가치 있는 삶의 영역이 4개이므로, 과녁에 총 4개의 X를 표시해야 합니다. 파트 C를 시작하기 전에 반드시 과녁을 채우도록 하십시오.

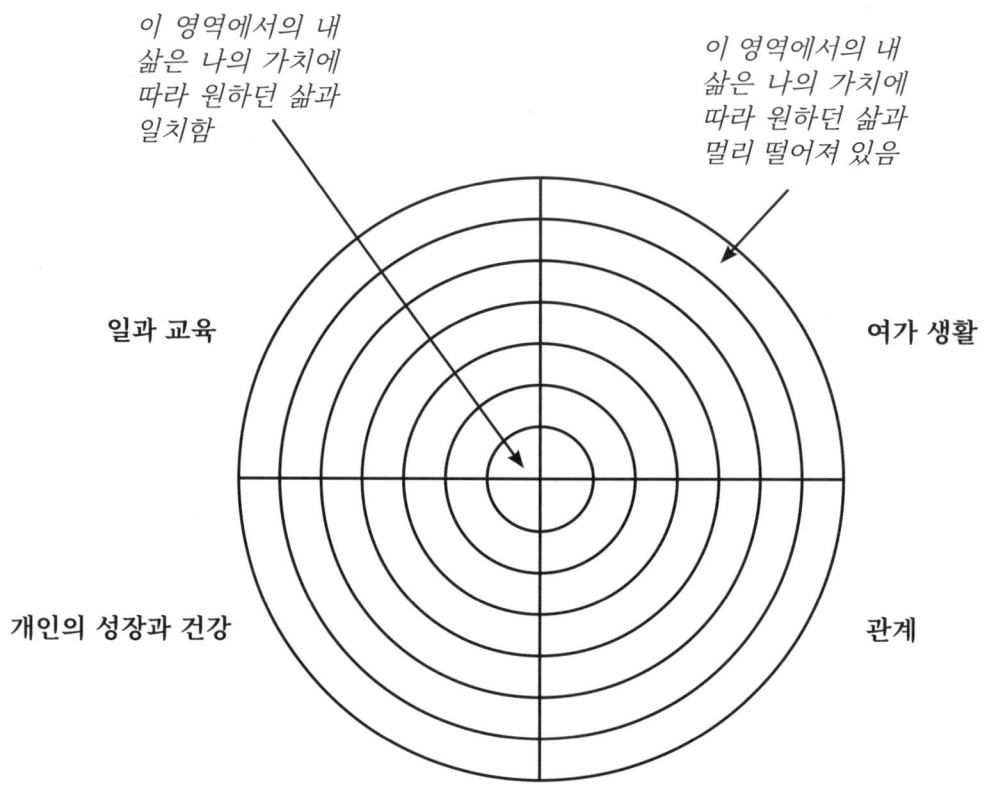

파트 C: 장애물을 확인하라

이제 각각의 영역에 적혀 있는 당신의 가치에 따라 당신이 원하는 삶과 당신 사이에 놓여있는 장애물을 적어 보십시오. 당신이 원하는 삶과 가치를 생각할 때 그런 삶을 사는 데 무엇이 방해됩니까? 지난주 동안 당신의 삶에서 겪었던 모든 장애물을 적어 보십시오.

_____
_____
_____
_____
_____

이제 방금 작성한 장애물이 당신의 가치와 일치하는 방식으로 살아가는 것을 방해하는 정도에 대해서 평가하십시오. 다음 숫자 중 지난주 동안 당신의 삶에서 장애물이 얼마나 강력하게 작용했는지를 가장 잘 설명하는 숫자에 동그라미를 치십시오.

1　　　　　2　　　　　3　　　　　4　　　　　5　　　　　6　　　　　7
전혀 나를 방해하지 못함　　　　　　　　　　　　　　　　　　완전히 나를 방해함

파트 D: 가치 행동의 계획

　　4개의 각 영역에서 과녁 정중앙에 가깝다고 할 수 있는 일상 활동을 생각해 보십시오. 그런 행동은 특정 목표를 향한 작은 단계가 될 수도 있고 당신이 되기를 바라는 사람의 모습을 반영하는 행동일 수도 있습니다. 대개 가치 있는 삶의 단계를 밟아 나간다는 것은 앞서 확인하였던 장애물을 기꺼이 맞닥뜨리는 것과 그럼에도 어떻게든 행동하는 것을 포함합니다. 다음의 4개 영역에서 가치에 기반을 두고 당신이 기꺼이 할 수 있는 행동을 최소한 한 가지씩 확인해 보십시오.

일과 교육: _____
_____

여가 생활: _____
_____

관계: _____
_____

개인 성장과 건강: _____
_____

가치 과녁은 행동치료의 맥락에서 정보를 수집하기 위해 고안되었다. 이것은 치료 도구, 결과 측정, 과정 측정 이렇게 3가지 목적으로 쓰일 수 있다. 여기서 우리는 가치 과녁이 회기에서 작업 도구로 어떻게 사용될지를 기술할 것이다. 우리는 도구의 심리 측정 속성에 관해 설명하지는 않을 것이다.(이러한 정보는 Lundgren 등, 2007을 참조하라.) 가치 과녁 워크시트의 치료 목표는 치료에서 내담자가 자신의 가치의 질적인 속성을 확인하고, 자신의 행동이 가치와 일치하는 정도를 수량화하는 것을 돕고, 가치 있는 삶을 살아가는 데 작용하는 장애물을 조사하고, 가치 행동을 취하도록 자극하는 것이다. 우리는 또한 가치 과녁 워크시트가 내담자 자신의 행동에서 가치를 찾아내는 것을 돕는 방법에 대해 논의할 것이다.

가치 과녁 워크시트는 네 부분으로 구성되어 있고 가치를 기술하는 파트 A, 내담자의 행동이 그들의 가치와 얼마나 일치하는지를 평가하는 파트 B, 가치 방향으로 이동을 방해하는 장애물을 평가하는 파트 C, 가치 행동을 위한 계획을 세우는 파트 D로 나뉜다. 우리는 이번 장에서 파트 A에서 파트 C까지 제시하고 8장에서 파트 D를 자세하게 살펴볼 것이다. 다음 예시에서 볼 수 있듯이 워크시트는 한 개 이상의 과녁판을 포함하고 있다. 내담자는 지난주 혹은 지난 2주 동안(또는 치료에 적합한 시간이라면 언제든) 자신의 가치 방향에 맞게 얼마나 잘 살아왔는지를 가장 잘 나타내는 과녁 점수 위에 X 표시를 한다. 과녁 중앙에 있는 X는 행동과 진술된 가치 사이에 완벽한 일치를 나타내고 원 밖으로 갈수록 삶과 가치의 불일치가 큼을 의미한다. 가장 바깥쪽 원은 해당 영역에서 가치와 삶이 가장 멀리 떨어져 있음을 의미한다.

우리는 예시를 확장하여 첫 회기에 가치 설정을 도와주었던 가치 과녁이 치료 맥락에서 어떻게 활용될 수 있는지 보여주고자 한다. 치료를 소개하는 약간의 정보를 제공한 후에 가치 과녁 작업에 직접 초점을 맞춘 다음 대화가 시작된다. 프랭크는 치료에 처음 방문하였고 삶이 불행하다고 말했다. 치료자가 그의 삶에서 무엇이 달라지면 좋겠냐고 묻자 그는 "더 나은 아버지와 남편이 되는 것"이라고 대답했다. 치료자는 그렇게 하는 것을 무엇이 방해하는지 물었다. 프랭크의 반응과 치료자가 회기에서 가치 과녁을 어떻게 사용했는지 살펴보도록 하자.

프랭크	*(눈물을 터뜨리며)* 위장이 문제에요. 전 정말 최악의 위장을 가지고 있어요. 전 신호가 올 때 빨리 화장실에 갈 수 없을까 봐 항상 두려워요. 의사는 그게 유당 불내성이나 알레르기일 거라 말해서 그런 음식을 모두 끊었지만 효과가 없었어요. 약 15년 동안 그런 식이었지만 더 이상 나아지지 않았죠. 이건 제가 화장실과 늘 가까이 있어야 한다는 것을 의미하기 때문에 당황스러워요. 화장실이 어디 있는지 모르면 아무 데도 갈 수 없고, 화장실이 다 차 있을 수도 있었기에 식당이나 학부모-교사 간담회에도 갈 수 없었어요. 아이들과 함께 서커스를 보러 가거나 축구 연습을 하러 가거나 그런 비슷한 어떠한 것도 할 수 없었어요. 망할, 심지어 제가 화장실에 가야 한다는 걱정 없이 아내와 성관계해본 적도 없어요.
치료자	프랭크, 이게 얼마나 중요하고 당신에게 얼마나 많은 고통을 주는지 알겠어요. 이 과녁이 당신이 되고 싶은 아버지를 나타낸다고 가정해 봅시다. 과녁의 중심은 자녀의 삶에 활발하게 관여하는, 자녀를 사랑하고 돌보며 자녀와 함께 있는 아버지를 의미하고 과녁 중심으로부터 가장 먼 부분은 당신이 되고 싶어 하는 아버지와는 가장 거리가 멀어요. 지난 한 주 동안 당신의 행동을 가장 잘 나타내는 건 어디지요? 지난 한 주 동안 당신이 가치에 따라 잘 살았던 정도를 표현해주는 곳에 X를 표시하세요.
프랭크	아마도 전체 과녁을 벗어났을 거예요. 심지어 이 과녁이 걸려있는 벽에도 근접하지 못했을 거라고 생각해요*(가장 바깥쪽 원에 X 표시)*.
치료자	아내와 친밀한 관계에 대해서도 과녁판에 한 번 표시해 볼 수 있을까요? 아내와 관계에서 당신이 바라는 것과 지금 이 순간 당신의 삶에서 어떠한지 사이에 아주 큰 불일치가 있는 것처럼 들리는데요.
프랭크	네. 정말 짜증나요. 저는 아내를 너무도 사랑하지만… *(프랭크는 앞서 했던 것처럼 과녁에 표시한다.)*
치료자	프랭크, 우리가 앞으로 당신이 바라는 삶의 가치와 일치하는 삶을 살 수 있도록 함께 노력해 볼까요?
프랭크	네. 정말 좋아요! 저는 제 위장과 통증 그리고 그런 걱정 때문에 많은 것을 잃어버렸어요.

당신은 프랭크가 의학적 치료를 많이 받았고 의사들이 최선을 다했음을 알기 때문에 치료자가 위장 통증과 같은 신체 문제에 대해서는 많은 이야기를 하지 않았다는

점을 알아차릴 것이다. 그 대신에 치료자는 프랭크 삶의 가치 영역에 영향을 미치는 문제에 초점을 맞춤으로써 치료 시간을 가치를 설정하는 맥락으로 만들었다. 치료자의 도움으로 프랭크는 그의 의도와 방향을 표현함으로써 자녀 양육과 친밀한 관계의 영역에서 삶의 의미와 활력을 확인했다. 여기서 중요한 것은 회기 초기에 프랭크가 가치를 추구하는 데 있어 장벽으로 인식하고 있는 것이 무엇인지를 평가했다는 점이다. 이러한 상호작용 과정에서 프랭크의 가치 방향이 확립되었다. 다음으로 치료자는 프랭크가 자신의 행동이 가치 있는 삶에 더 가까워지는 데 얼마나 효과적인지 더 자세히 살펴보도록 도울 것이다. 이렇게 확립된 기초와 함께 프랭크의 완성된 워크시트를 기반으로 가치 과녁 워크시트를 어떻게 사용하는지 살펴보자.

프랭크의 가치 과녁 워크시트

Part A: 가치를 확인하라

관계: 나는 자녀를 사랑하고 돌보며 그들과 함께 있는 아버지가 되고 싶다. 나는 아이들이 나를 필요로 할 때 그곳에 있고 싶다. 그리고 나는 아이들이 행복하거나 슬플 때 다가갈 수 있는 사람이 되고 싶다.

Part B: 가치 과녁판

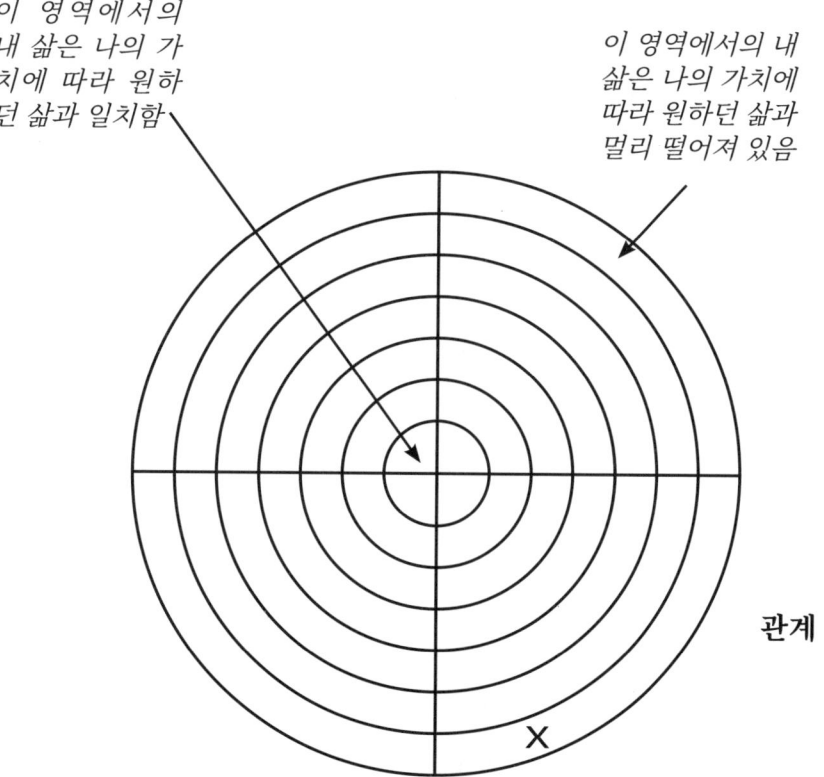

Part C: 장애물을 확인하라

나의 위장. 나는 질려버렸다. 나는 위장 때문에 모든 것이 두렵다. 만약 내 아이들과 함께 외출하거나 아이들과 놀게 되면 바지에 대변을 싸게 될 것이 두렵다. 나를 괴롭히는 생각과 감정들이 너무 많다.

이제 방금 작성한 장애물이 당신의 가치와 일치하는 방식으로 살아가는 것을 방해하는 정도에 대해서 평가하십시오. 다음 숫자 중 지난주 동안 당신의 삶에서 장애물이 얼마나 강력하게 작용했는지를 가장 잘 설명하는 숫자에 동그라미를 치십시오.

1　　　2　　　3　　　4　　　⑤　　　6　　　7

전혀 나를 방해하지 못함　　　　　　　　　　　　　　완전히 나를 방해함

가치 과녁을 활용하여 가치 일관성을 측정하기

프랭크의 가치 과녁에서 보았듯이 가치 과녁 워크시트의 파트 B에 있는 과녁판은 측정에 관해 두 가지 가능성을 생성한다. 첫째, 과녁은 가치 있고 활기차며 의미 있는 삶을 사는 것이 무엇을 의미하는지에 대한 시각적 은유를 제공한다. 이는 또한 내담자가 어떻게 사는지와 어떤 삶을 살고 싶어 하는지 사이의 불일치를 보여준다. 과녁 정중앙의 X는 7, 다음 선은 6, 그다음은 5 그리고 가장 외곽의 선에는 1의 값이 주어진다. 이런 식으로 치료자와 내담자 모두 치료 성공을 측정하는 데 구체적이면서도 시각적인 방법을 갖게 된다. 가치 과녁은 반복적으로 사용하기 위한 것이다. 내담자는 의미 있는 시기마다(예를 들어, 각 회기, 한달에 한번, 치료 전, 치료동안, 치료 후) 그들의 현재 행동이 해당 영역에서 자신의 가치와 얼마나 일치하는지 나타내기 위해 과녁에 X를 표시할 수 있다. 시간이 지남에 따라 이러한 X들은 치료자와 내담자가 치료에서 중요한 진전을 보이고 있는지를 평가하는 정량적 측정 도구를 제공한다. 치료 과정에서 가치 과녁 중앙으로부터 거리 변화는 치료 과정에서 의미 있는 변화와 관련이 있다(Dahl & Lundgren, 2007).

프랭크 치료의 측면에서 볼 때 가치 과녁 워크시트의 파트 D(8장에서 더 상세하게 논의할 것임)는 프랭크가 원하는 삶에 더 가까워질 수 있도록 도와주었다. 예를 들어, 프랭크가 첫 주는 딸의 축구 경기에 참여하겠다고 하였고, 그다음 주는 아들의 숙제를 도와주기 위해 시간을 내겠다고 약속했다. 각 회기에 참여할 때마다 그는 과녁에 자신의 한 주를 잘 보여주는 부분에 X를 표시했다. 때때로 그는 그 이전 주보다 과녁의 중심으로부터 더 멀어진 것 같다고 느끼기도 했지만 전반적으로 프랭크와 치료자는 특정 핵심 가치에서 진전을 확인하고 도식화할 수 있었다.

가치 있는 삶을 방해하는 장벽을 평가하기

장벽을 믿는 정도는 1에서 7까지의 간단한 척도를 사용하여 측정된다. 이것은 인지 융합에 관해서 이야기하는 한 가지 방법이기도 하고 가치와 관련하여 다뤄야 할 매우 중요한 문제이다. 만일 장벽을 믿는 정도가 매우 크면 내적, 외적 장벽을 면밀히 조사해야 할 필요가 있을 것이다(8장 참조). 내적 장벽이 존재할 때는 내담자가 자신의 가치에 참여하고 가치 있는 삶에 더 가까이 다가갈 수 있도록 돕기 위해서 탈융합이 특히 중요하다. 외적 장벽이 존재할 때는 이를 다룰 수 있는 구체적인 계획을 수립할 수 있다.

과녁 정중앙에서 삶의 활력을 변별하기

과녁 정중앙에 해당하는 삶이란 무엇을 의미할까? 이는 생각이나 감정과 같은 개인 경험을 방어하거나 통제하려는 시도 없이 자신의 가치에 따라 행동하고 완전히 현재에 주의를 기울이는 것을 의미한다. 또한 고통, 행복, 슬픔 또는 기쁨의 여부와 상관없이 그 순간에 함께 오는 모든 것을 받아들여야 함을 의미한다. 그러나 (4장에서 논의한 대로) 자신의 가치에 맞는 삶을 사는 과정에 참여하려는 노력은 그 자체로 강화될 수 있다. 자신의 가치와 일치되게 행동함으로써 경험하게 되는 활력은 자신이 선택한 방향으로 일관되게 행동할 가능성을 높인다. 그러나 때때로 내담자는 치료 시작 단계에 자신의 가치가 무엇인지 알지 못한다. 그들의 가치는 고통스러운 많은 경험과 얽혀있을 수 있고 치료 과정에서 이를 다뤄주기 위해 수용, 탈융합, 맥락으로서 자기, 마음챙김을 함께 작업할 수 있다. 이럴 때 가치 과녁 워크시트는 내담자가 자기 삶에서 의미 있는 행동을 생각해내는 변별 과정을 시작하는 데 도움을 줄 수 있다.

가치 평가를 사용하여 치료할 때 빠지기 쉬운 함정

치료자가 내담자와 함께 가치 과녁이나 다른 형식의 평가 도구를 사용하여 가치 작업을 할 때 빠질 수 있는 함정이 있다. 치료자와 내담자 둘 다 가치와 가치 행동이 시간이 지남에 따라 변할 수 있고, 특히 내담자 가치가 고정되어 있거나 "옳음"에 매여있지 않음을 인식하는 것이 중요하다. 이 과정에서는 항상 응종의 위험이 있어 내담자에게 직접적으로 물어보고 평가해야 할 필요가 있다. 특히, 응종일 수도 아닐 수도 있지만 내담자가 단순히 다른 사람들을 기쁘게 하려고 진술한 가치를 조심하라. 예를 들어, 일부 종교 집단이나 민족 집단은 의무, 명예 또는 순종을 공개적으로 지지할 수 있고 이러한 상황에서는 외부적인 것처럼 보이는 가치 속에 개인의 가치가 숨어 있는지 혹은 그러한 가치 진술로부터 강화를 받고 있는지를 조사해 볼 것을 권고한다.

다음으로, 좁게는 가치 과녁 워크시트를 가지고 작업할 때 넓게는 가치 있는 삶을 주제로 논의할 때 흔히 부딪히게 될 여러 함정을 피할 수 있는 팁을 제공한다. 당신 자신의 장벽을 점검하는 마음으로 작업 중에 발견하거나 스스로 예측되는 몇 가지 함정을 생각해 보고 그러한 함정들의 목록을 작성해보라. 그렇게 한 후, 좀 더 흔한 함정들을 피하기 위해 다음의 팁을 고려하라.

- 가치 과녁 작업을 할 때 내담자의 요구를 알아차리고 그것에 머물라. 방법에 대한 안내문을 글자 그대로 따르다가 갇히는 일이 없도록 하라. 유연하게 작업하고 무엇이든 치료실에서 나타나는 것에 머물도록 하라. 특히 이 워크시트를 구축하고 있는 두 가지 단순한 질문을 알아차리도록 하라. "당신은 무엇을 원하는가?", "당신은 무엇을 두려워하는가?"

- 내담자의 가치를 대신 진술해 주거나 내재적 강화가 무엇인지 단언하는 경향이 있는지 주의하라. 특히 지나치게 표현을 잘하지 못하거나 가치를 단어로 표현하기 어려워하는 내담자의 경우 치료자가 내담자를 위해 가치를 대신 진술해 주기 쉽다. 이런 상황을 알아차리면 내담자에게 이를 알리고 내담자가 좀 더 충만한 삶을 살게 도우려는 당신의 욕구에 관해 얘기한 다음, 가치에 관해 내담자에게 말하지 않고 뒤로 물러나 있을 것이라고 설명하라. 말로 표현하는 것을 어려워하는 내담자를 위한 한 가지 제안은 다음과 같다. 내담자에게 과녁 중앙의 삶이 어떤 모습처럼 보일지 또 반대로 과녁 중앙과 먼 삶은 어떨지에 대해 자세, 이미지 또는 움직임으로 표현하도록 요청하라. 치료하는 동안 가치를 평가하고 과녁의 숫자를 대체하는 한 가지 방법으로써 자세나 움직임을 활용할 수 있다. 더 나아가 당신은 내담자가 가치와 일치하는 행동을 하면서 그 행동에 내재된 강화가 무엇인지 변별할 수 있도록 도울 수 있다.

- 내담자를 너무 성급하게 압박하거나 그냥 뒤에 앉아서 내담자 자신의 힘

만으로 가치와 일치하는 행동에 참여하기를 기다리는 경향이 있는지 주의하라. 내담자가 준비되기도 전에 가치 행위의 계획에 전념하도록 압박하는 것은 쉬운 일이다. 또 내담자 자신의 힘만으로 가치와 일치된 삶을 살기 위한 투쟁을 그저 지켜보기만 하는 것도 매우 쉬울 것이다. 둘 중 어느 방법도 유연하거나 개방적이지 않다. 만일 치료실에서 저항을 발견하면 가치 행동에 관해 이야기하고 계획하는 것이 어떻게 두려움을 만드는지 또 이러한 변화에 대해 생각하는 것이 얼마나 힘든 것인지 평가하고 이를 수인하는 기회로 활용할 수 있다. 가치 방향으로 이동이 느린 것은 경직된 규칙, 융합 또는 경험 회피의 결과일 수 있고, 이러한 영역에 대해 주의를 기울이는 것이 진전을 촉진하는 데 매우 중요할 것이다. 너무 많이 압박하는 것과 그렇지 않은 것 사이의 균형을 찾는 데는 연습이 필요하다.

가치 경로에 전념하기 위한 맥락 만들기

가치를 다루는 첫 번째 회기 이후에도 계속 내담자가 가치 방향을 추구하도록 도울 수 있다. 당신은 내담자에게 "지금 이 순간 당신이 가치 있는 삶으로 묘사한 그 삶의 방향으로 나아가기 위해 기꺼이 어떤 조치를 취할 것입니까?"라고 질문할 수 있다. 내담자가 당장 그들의 가치를 실현하는 데 큰 성공을 거두지 못할 수 있지만 그들이 특정 목표에 '실패'하더라도 당신은 여전히 내담자의 가치를 현재로 가져오는 새로운 삶의 방식을 확립하는 데 중요한 도움을 주게 된다.

이번 장에서는 가치 측면에서 내담자가 보이는 문제를 사례개념화 하는 데 도움이 되는 몇 가지 도구를 기술하고, 흔히 보이는 문제들에 가치가 어떤 역할을 하는지에 관

한 상세한 정보를 제공했다. 7장에서는 수용전념치료의 마음챙김 과정(탈융합, 현재의 순간 알아차리기, 맥락으로서 자기 그리고 수용)을 대상으로 가치 있는 삶을 지지하는 중재의 단계들을 논의할 것이다.

7장
수용전념치료의 핵심 과정과 가치

앞에서는 치료관계의 중요성을 주제로 논의하였고 치료의 초기에 내담자를 평가하기 위한 몇 가지 전략을 제시했다. 수용전념치료의 네 가지 마음챙김 중재 전략이 가치와 관련이 있으므로 이번 장에서는 탈융합, 현재 순간의 알아차림, 맥락으로서 자기, 그리고 수용을 자세하게 살펴보려 한다. 이전 장에서 살펴보았듯이 수용전념치료의 중재 전략들이 수용전념치료 모델을 구성하고 있다. 이번 장에서 수용전념치료의 네 가지 마음챙김 과정과 관련된 은유, 연습 그리고 내담자와 치료자 사이의 상호작용 예시를 제시하면서 가치와 관련성을 보여주려 한다. 그리고 각 과정마다 내담자가 해당 과정에 참여하는 정도를 나타내는 지표를 열거하였다.

이 책의 목적에 걸맞게 여기서는 주로 가치와 관련된 중재 전략에 중점을 두었다. 당신이 이 책을 읽으면서 수용전념치료 기법을 편하게 시도할 수 있다고 느낄 수 있을 만큼 기본 내용을 충분히 다루고자 하였다. 실제로는 수백 가지나 되는 수용전념치료 개입전략이 만들어져 학습되고 내담자에게 적용되었으므로 이를 여기서 되풀이하는 것은 불가능하다. 많은 표준 실습 방법들은 다른 책에서 찾을 수 있으므로 계속해서 수용전념치료를 공부하기를 진심으로 권한다. 수용전념치료 모델에 대해 좀 더 깊이 이해하고 싶거나 더 많은 개입전략 혹은 내담자에게 사용할 워크북에 관심이 있다면 웹사이트(www.contextualpsychology.org)를 참고하라. 수용전념치료 작업을 하면서 치료자와 내담자의 치료 목적에 부합하는 자신만의 은유와 체험 실습을 만들어

보길 바란다.

　수용전념치료 모델은 여섯 개로 이루어진 독립 과정이기보다는 각 과정이 다른 과정을 기반으로 하면서 서로를 뒷받침한다는 사실을 한 번 더 상기시키고자 한다. 그래서 각 과정의 개입전략을 살펴보면 다른 과정과 많이 중복된다는 점을 알 수 있다. 예를 들어, 맥락으로서 자기를 증진하기 위해서 내담자는 순간순간 생각과 감정의 과정을 따라갈 수 있어야 하고 생각과 감정이 행동의 원인이라는 관념으로부터 어느 정도 탈융합 되어야 한다. 그리고 가치 기반 활동에 참여하려면 기꺼이 생각과 감정을 경험하려고 연습해야 한다. 대체로 특정 과정을 위해 나열한 개입전략에 다른 과정들도 포함되어 있다. 각각의 과정들이 서로의 개입전략에 어떤 방식으로 관여하는지에 대해 생각해보길 권한다.

　개입전략을 하나하나 검토해나갈 때 '수용전념치료의 목표는 유연성이다.'라는 핵심 사항을 잊지 않도록 하자. 따라서 융통성 없이 특정 방식으로 수용전념치료를 시행해야 한다고 고집하거나 내담자와 작업할 때 특정 결과를 기대하지 않도록 주의해야 한다. 예를 들어, 수용을 이야기할 때 내담자에게 모든 경험을 항상 수용하라고 강요하지 않아야 한다. 대신 치료자로서 해야 할 일은 내담자가 회피행동을 인식하고 회피행동을 한 그 특정 상황에서 회피가 가치 있는 삶을 가로막는 장벽으로 기능하는지 아닌지를 탐색하도록 돕는 것이다. 다른 과정에서도 비슷한 수준의 유연성이 필요하다. 수용전념치료 작업에서는 유연성을 더 크게 키우기 위해 내담자가 오래된 문제에 대해 새로운 접근법과 기술을 개발하도록 돕는 여러 다양한 기법들을 사용한다. 많은 경우 내담자는 경험에 대처하려고 오랫동안 실효성 없는 전략을 사용해 왔다. 따라서 치료자는 내담자가 새로운 기술을 연습할 수 있게 많은 사례, 은유, 이야기 그리고 기회를 제공할 필요가 있다. 예를 들어, 내담자 대부분이 수용에 관한 은유를 딱 한 번 접했다고 해서 모든 경험을 수용하는 태도로 행동하기 시작하지는 않는다. 따라서 의도한 대로 내담자가 받아들이지 않는다는 사실을 발견할 때 치료자는 자신이 느끼는 모든 좌절을 자비롭게 알아차리고 그 경험을 받아들이는 새로운 삶의 방식을 내담자도 경험할 수 있도록 도울 수 있는 수용, 탈융합, 혹은 맥락으로서 자기에 관한 추가적인 예시 제공을 고려해야 한다.

탈융합: 문자성을 내려놓기

인지 융합이란 언어 경험에 의해 통제되는 경향을 말한다. 관계틀이론의 용어로 하면 언어 사건이 행동 조절을 주도하는 것이다. 기억나겠지만 2장과 3장에서 이미 융합에 대해 많이 다루었다. 수용전념치료에서는 융합을 글자 그대로의 해석, 이유 대기, 문제해결 그리고 평가를 촉진하는 환경에서 자라면서 비롯되었고 일상에서 흔히 일어나는 과정으로 본다. 그리고 언어가 반드시 해롭지 않다는 사실도 안다. 사실 인간의 환경을 살펴보면 문제해결, 평가 혹은 규칙을 만들고 따르기와 같이 어떤 식으로든 언어에 의해 만들어지지 않은 것을 찾기 어렵다. 문제는 융합이 지나치게 확장될 때 발생한다. 즉, 생각을 있는 그대로 받아들이고 그 생각에 따라 그대로 행동하면서도 그렇게 하고 있음을 알아차리지 못하거나 심지어는 생각의 과정 그 자체를 알아차리지 못할 때 문제가 일어난다. 융합의 지나친 확장이 행동을 제한하고, 가치에 따른 행동을 막기 때문에 문제가 되는 것이다.

탈융합 연습은 내담자로 하여금 자신이 어떤 생각을 하고 있고, 그 생각을 곧이곧대로 받아들이는지, 그 생각에 자동으로 반응하는지, 혹은 완전히 넘어갔는지 등을 인식하도록 도울 수 있다. 탈융합을 위해서는 생각 과정을 자각하는 것이 필요하다. 이는 본질적으로 단어를 생성하는 기계가 작동하는 그 순간을 포착하는 것이다. 생각 과정을 알아차리면 생각이 꼭 행동을 결정지을 필요가 없다는 가능성을 보기가 쉬워진다. 그리고 나면 대안을 만들기 시작할 수 있다. 그 대안이 가치다.

과도한 규칙 지배를 약화하는 전략

어떤 형태의 규칙에 융합되면 가치 기반의 행동을 못 하게 되는 경향이 있다. 그것이 적응적이든 비적응적이든 마음은 자기 행동에서 규칙을 매우 잘 만들어 낸다. 적응적 규칙이란 가치 있는 삶을 살기 위해 출근하고, 건강을 돌보고, 위험을 피하는 행동을 해야 한다고 말하는 규칙이다. 이 책의 앞에서도 언급한 것처럼 규칙 따르기, 문제 해결하기 그리고 평가하기는 모두 신체적 위해로부터 자신을 안전하게 지키고 삶의 전반적인 안녕을 위한 결정을 하는 데 매우 유용하다. 곰팡이가 핀 음식을 먹지 말라는 규칙을 따르면 아프지 않을 수 있고, 늘 다니는 길이 공사 중일 때 새로운 길을 찾아 문제를 해결하면 직장에 갈 수 있다. 그러나 인간은 특정 규칙을 과잉 일반화하고 적용하는 경향이 있어서 아주 유연하게 행동하는 것을 가로막는다. 어떤 상황에서 어떻게 행동해야 할지 생각하는 것에 너무 사로잡힌 나머지 현재 순간과 분리되어 있다고 느끼거나 혹은 지금 벌어지고 일을 놓친 경험이 실제로 있는가? 우리는 특정 종류의 경험(생각, 감정 혹은 규칙)에 너무 쉽게 빠져들어서 주변의 다른 것들을 볼 수 없게 된다. 경험 회피와 개념으로서 자기에 근거한 규칙에 지나치게 의존하면 가치에 일치하는 행동을 포함하는 행동 목록이 광범위하게 제한되기 때문에 특히 문제가 생길 수 있다. 예를 들어, "세상은 불공평해. 그래서 나는 열심히 노력하지 않을 거야."와 같이 자기 삶에서 무엇이 가능한지에 대한 규칙에 융합된 내담자는 가치에 따른 행동을 거의 하지 않을 것이다. 따라서 융합은 가치 있는 삶의 맥락에서 매우 큰 문제가 된다.

"의무shoulds" 속에서 가치 찾기

수용전념치료에서는 언어가 문제를 일으키는 것을 약화하기 위해 많은 시간을 할애한다. 잠재적으로 문제를 나타내는 핵심 지표는 언어적 형식이다. 예를 들어, 특히 내담자가 자신의 가치에 융합되어 있음을 보여주는 한 가지 지표는 "해야 한다should" 단어의 잦은 사용이다. 가치를 이야기할 때 가장 먼저 마음에 떠오르는 것이 오랫동안 마음에 크게 자리 잡고 있었던 "해야 한다"인 경우가 매우 흔하다. 치료 초기에 흔히 듣는 "해야 한다"의 전형적인 예는 다음과 같다. "나는 당연히 행복해야 하는데 지금 나는 행복하지 않아", "부모님을 더 많이 도와드려야만 해" 혹은 "나 자신을 더 잘 돌봐야 하는데 너무 바빠."

때때로 내담자는 규칙 뒤에 숨어있는 더 깊은 가치보다 규칙 그 자체에 반응하고 있어서 "해야 한다" 단어를 사용한다. 그렇게 하면서 자신이 말한 가치와 실제 행동 간의 괴리가 만드는 불안을 줄이려고 시도하고 있는지도 모른다. 그러나 단순히 불안을 감소시키는 수단으로 의무를 다하거나 활동을 수행하는 것을 가치 방향으로 나아간다고 볼 수는 없다. 어떤 때는 같은 행동이 가치 방향에 일치했지만 형태가 같아 보이는 현재 행동이 이면에 존재하는 가치에 주의를 기울이는 것이 아니라 불안을 감소시키는 기능을 할 수도 있다. 이 경우는 내담자가 행동을 변화시킬 필요가 없다. 내담자는 이러한 "해야 한다"에 숨겨진 가치를 재확인할 필요가 있다. 만약 가치를 재확인하지 않는다면 실제로는 가치 있고 의미 있는 행동 패턴을 "해야 한다"로부터 비롯된 혐오적 조건화로 오염시키는 것이 될 수 있다. 여기 두 가지 흔한 예시가 있다.

- ➤ 결혼 전에는 자발적이고 열정적으로 성관계를 즐겼던 부부가 성관계가 형식적인 일상이 되어버리자 흥미를 잃어버렸다.
- ➤ 아들과 더 많은 시간을 보내길 갈망해왔던 어머니가 아들의 운동 경기를 관람하기 위해 경기장을 찾기로 약속했다. 그러나 경기를 보는 것이 의무처럼 되자 몸은 관람석에 앉아있지만 마음속으로는 일 생각을 하는 자신을 발견하였다.

이 두 가지 예시 모두 처음에는 분명히 행동이 삶의 가치 차원에 맞게 선택되었다. 그러나 "해야 한다"에 반응하여 행동하기 시작하면서 원래 가치와 연결이 끊어져 의미 없는 관례가 되어버리고 만다. 어떻게 하면 "해야 한다"에 기반을 둔 행동에서 벗어날 수 있을까? 가치를 명료화하고 가치에 순간순간 더 주의를 기울이면 가능하다. 그렇게 하려면 자신의 가치와 접촉하고, 탈융합이 이루어져 수용하는 견지에서 자기 경험을 알아차리고, 주의를 확장하여 주변에서 일어나는 일을 알아차릴 수 있어야 한다. 이번 장 후반에 내담자가 자신의 가치와 경험에 다시 연결할 수 있게 도와줄 수 있는 실습 몇 가지를 제공할 것이다.

문자성을 약화하는 방법: 가치 관점

우리가 사용하는 단어와 생각의 힘을 차단하는 중요한 방법의 하나는 글자 그대로의 뜻을 약화하는 것이다. 관계틀이론 연구와 저자들의 임상 경험을 통해 생각을 직접 바꿀 수 있는 매우 효과적인 방법이 없다는 사실을 알고 있다. 그러나 특정 측면에서 언어의 지배력을 줄일 수 있을지는 모른다. 어떻게? 수용전념치료에 관한 많은 책에서 수많은 탈융합 기법을 자세히 설명하고 있고(Hayes 등, 1999), 어떤 '생각'에 대해 마음에게 감사하기, 원하지 않는 특정 생각을 노래로 부르거나 우스꽝스러운 목소리로 말하기, 카드에 생각 써보기 등이 그 예이다. 수용전념치료 전문가들이 매일 새로운 탈융합 연습을 만들어 내고 있다. 기존의 연습 방법을 써보고, 내담자가 만든 은유에 주목하고, 자신만의 은유를 만들어 탈융합 방법을 자신의 것으로 만들어 보라고 권한다. 글자 그대로의 뜻을 약화하는 기능에 주의를 기울이고 내담자를 존중하기만 한다면 (약간 엉뚱하더라도) 뭐든지 좋은 목표물로 삼을 수 있다. 이 책에서는 내담자와 가치 작업을 하면서 유용하다고 판단한 사례와 연습에 집중하려 한다.

말하는 방식 바꾸기: 생각이나 평가를 하는 과정 포착하기

언어 관습을 새롭게 만드는 것은 생각의 과정에 주목하도록 도와준다. 따라서 생각을 글자 그대로 받아들이는 데서 벗어나게 해줄 강력한 도구가 될 수 있다. 한 가지 방법은 치료자와 내담자 둘 다 치료 회기에서 나타나는 생각을 알아차리는 연습을 하는 것이다. 내담자가 생각을 심각하게 받아들이거나 혹은 구어체로 말해 생각에 낚였을 때 생각을 알아차려 볼 수 있다. 내담자가 "난 내가 나쁜 사람이라는 생각을 알아차리고 있어요." 혹은 "나는 그 생각에 정말로 낚였어요. 며칠 동안 계속해서 쓸모없다는 생각에 스스로 자책했어요."와 같이 말하면서 이 과정을 시작할 수 있다. 치료자도 비슷하게 "그리고 여기 마음이 만들어 낸 생각이 또 있군요." 혹은 "사람들이 자신을 얼마나 실망하게 했는가 하는 생각에 쉽게 낚이는 것 같아요."라고 말하면서 생각의 과정에 관해 얘기할 수 있다. 치료자는 "그러니까 숙제를 완벽하게 하지 못했기 때문에 나는 실패했다는 생각을 알아차리고 있군요."라고 말함으로써 원하지 않는 특정 생각과 어느 정도 거리를 둘 수 있게 내담자의 진술을 재구성할 수 있다. 생각의 내용이 원하지 않는 혹은 불편한 것으로 평가될 수 있는지에 관계없이 생각을 그저 생각으로 보는 식으로 반응을 반복하는 것은 내담자와 생각 사이에 어느 정도의 공간을 만들고 생각을 글자 그대로 받아들이는 것을 약화하는 방법이다.

또 달리 흔히 사용되는 수용전념치료 기법은 내담자에게 "그러나" 단어를 말할 때를 알아차리고 "그러나"를 "그리고"로 바꾸어 보라고 하는 것이다. 3장에서 언급한 것처럼 "그러나"가 실제 의미하는 바는 어떤 것이 존재하면 다른 것은 진실일 수 없다는 것이다. "그러나"를 "그리고"로 바꾸어 사용하면 언어가 어떻게 우리에게 스스로 장애물을 만들게 하는지 드러나 보이게 한다. 예를 들어, 불안한 증상을 보이는 내담자가 "제 친구들이 지난 주말에 파티에 가자고 했어요. 그러나 저는 너무 불안했어요."라고 말한다고 생각해보자. "그러나" 단어의 사용은 만약 불안이 있다면 파티에 가는 것이 진실일 수 없음을 내포한다. 그러나 수용전념치료에서는 사람이 행동하는 순간에도 불안이 존재할 수 있다고 말한다. 가치 맥락을 이용하면 내담자는 이러한 상황에서 가치 방향과 다시 연결하도록 배울 수 있다. 만약 친구들을 보고 사람들을 만나는 것이 내담자의 인생에서 중요하다면 이는 내담자에게 무엇보다 중요한 가치 방향일 수 있다. 정작 가치와 관련해서 중요한 질문은 그 경로로 발을 내딛는 것이 불안을 유발할 가능성이 큼에도 불구하고 내담자가 자신의 가치 방향에 다가가려고 기꺼이 더 많은 불안을 경험하려는지 여부이다. 내담자의 이전 진술을 "제 친구들이 파티에 가자고 했어요. 그리고 저는 불안했어요."로 바꾸면 진술의 기능을 바꿀 수 있고 내담자에게 어느 정도 유연성이 생길 수 있다. 그러면 내담자는 자기 행동에 대해 말하는 방식을 바꾸는 것만으로도 가치에 부합하게 행동하는 것이 가능하다는 사실을 엿보기 시작할 수 있다.

논리 사고가 가치 있는 삶을 제약하는 지점을 찾아내기

인간은 너무 많은 시간을 마음의 소리에 귀를 기울이는 데 보낸다. 마음이 모든 해답을 다 갖고 있고 모든 것을 할 줄 안다고 생각한다. 마음은 미래를 예측해야 하고, 계획을 세워야 하고, 특정한 방식으로 느껴야 하고, 뭐든 실행하기 전에 명확히 이해해야 한다고 확신한다. 문제는 가치에 따라 살아갈 때 그 결과가 어떨지 좀체 알 수 없다는 점이다. 자신을 안전하게 지키고, 주의 깊은 선택을 하여 계획을 세우고 예측하는 것이 어느 정도는 유용하다. 하지만 계획하거나, 예측하거나, 판단할 수 없는 것들이 있다. 가치가 여기에 속한다. 뿐만아니라 실제 삶은 살아 보지도 않고 계획만 하면서 인생을 허비하기 쉽다. 그러므로 수용전념치료에서처럼 예측하고 계획하는 마음의 능력이 어떻게 과도해지는지 지적하는 것이 중요할 수 있다. 이런 종류의 "마음에 빠진 상태mindiness"는 실제로는 가치를 위해 필요한 행동을 하는 데 방해가 된다. 단순히 계획만 세우느라 정작 가치 방향으로 움직이지 않는다. 다음 은유를 살펴보자.

과거에 수영을 한 번도 해본 적이 없다고 상상해보라. 그리고 누군가 수영하는 방법을 아주 자세하게 알려준다고 해보자. 수영 방법에 대한 설명을 듣고 어떻게 올림픽 수영선수가 되는지 배울 수 있을까? 인생에서 한 번도 수영해본 적이 없는데 "먼저 팔을 움직여 원을 그려라. 그러고 나서 다리를 위아래로 차라. 그렇게 수영장을 계속 가로질러 갔다가 다시 돌아온다."라는 설명을 들었다. 한 번 만에 완벽하게 수영할 수 있을까? 아마 그렇지 못할 것이다. 왜 그럴까? 그건 마음만으로는 할 수 없는 것들이 있기 때문이다. 물론 페인트 색깔을 고르고 건물을 디자인하는 것을 할 수 있겠지만 수영처럼 복잡하고 유동적인 것은 어떨까? 실제로 연습을 해보지 않고 생각으로 수영을 배울 수 있다고 믿는 것은 말이 안 된다. 가치가 수영 같은 것이라면 어떨까? 삶의 방향을 확인하는 데 도움이 되기 때문에 가치에 관해 이야기할 수 있다. 그러나 가치에 대해 이야기하는 것은 단지 가치에 부합하는 삶에 좀 더 가까워지게 도와주기만 할 뿐이다. 비슷한 식으로, 수영장 가는 길을 찾아보거나 수영장 문 여는 시간을 물어보는 것은 수영에 좀 더 다가가게 만들어 주지만 그뿐이다. 실제로 물에 들어가게 만들지는 않는다. 가치에 대해 말하는 것과 가치에 부합하여 살아가는 것은 다르다. 마음이 말하는 것과 반대로 생각으로는 가치로 나아갈 수 없다.

충분히 또 열심히 생각만 한다면 어떻게든 무언가를 배울 수 있다는 사실에 확신을 주려고 마음이 매우 열심히 노력한다는 점을 이 예에서 볼 수 있었다. 여기에 또 다른 사례가 있다. 젊은 성인 혹은 연인관계를 찾고 발전시키는 것을 치료 목적으로 삼는 모든 사람에게 특히 관련이 있다. 어떤 데이트 웹사이트들은 적절한 정보를 컴퓨터 프로그램에 입력하면 완벽한 파트너를 찾을 수 있다는 노골적인 전제를 기반으로 설립되었다. 지원자는 보통 자신에 대해 기술하고 잠재적인 파트너로서 선호하는 특징을 체크한다. 그러면 데이트 사이트에서 기준을 논리적으로 맞추어보고 잠재적인 파트너를 짝지어준다. 그러나 이렇게 복잡한 통계로 상대를 정해줌에도 불구하고 대부분 사람들은 파트너를 선택하면서 논리, 이유 혹은 판단이 크게 상관이 없음을 깨닫는다. 논리가 두 사람을 만나게 할 수는 있어도 관계를 유지하는 것은 논리보다 더 복잡하다. 신체적인 끌림, 공감대, 타이밍 그리고 그 외 여러 요인이 두 사람이 서로 사귈지 말지를 선택하는데 작용한다.

두 가지 중에 하나를 결정하기 위해 각각의 장단점을 나열해 본 적이 있는가? 어쩌면 연인관계를 유지할지 말지 결정해야 할 때도 이렇게까지 해보았는가? 비록 어느 정도 도움이 되었겠지만 최종 결정을 내리는데 장단점의 목록만으로 충분하였는가? 아니면 최종 결정에 도움을 준 다른 무언가가 있었나? 어떤 길로 직장을 갈지, 면접을 보러 갈 때 어떤 옷을 입을지, 혹은 친척을 방문할 때 어느 비행기를 탈지처럼 어떤 결정들에는 논리와 이유가 매우 유용하다. 그러나 가치에 관해서는 오로지 논리에만 근거한 결정할 때 결과가 좋지도 만족스럽지도 않다. 예를 들면, 아놀드는 치료자에게 아내와 이혼하려는 수많은 '타당한' 이유가 있다고 설명하였다. 그러나 얼마간의 심사숙고 끝에 아직도 아내를 많이 사랑하고 있다는 걸 깨달았다. 비록 때때로 아내가 무시하고 무례하게 굴지만 그 외의 많은 시간 동안 다른 누구보다도 자신을 잘 배려하고 이해한다고 말했다. 따라서 기꺼이 아내와 관계에서 더 노력하고 부부관계를 위해 자신의 가치를 공유하기로 했다.

가치 경로 위에서 장애물과 함께 걷기

가치로 가는 길 위에서 장애물과 함께 걷기는 내담자와 함께 힘든 삶의 상황과 그 상황과 관련된 가치를 확인하는 작업을 하고 난 뒤 가치 경로 위에서 걷는 연습을 하는 실습이다. 내담자에게 힘든 상황을 말하게 하고 가치와 관련해서 내담자가 투쟁하고 있는 이유를 찾을 수 있게 함께 작업한다. 예를 들어, 만약 내담자가 거만하게 구는 동료와 같이 일하기가 힘들다고 하면 직장에서 내담자의 행동을 둘러싼 가치에 관해 물어본다. 비록 자신감이나 다른 사람의 행동 등 아무것도 바뀌지 않는다고 하더라도 가치 있는 방향으로 한발 한발 나아갈 수 있다고 상상해본다면 내담자는 지금 당장 무엇을 할까? 동시에 내담자가 가치에 부합하여 살아가는 데 방해가 되는 장애물이 무엇일지 생각해보라. 예를 들어, 동료가 내담자에게 무례하고 굴 수 있고 그 동료와 맞섰는데 자신의 의견이 틀렸을지도 모른다는 두려움이 있을 수 있다. 내담자에게 종이에 장애물을 적으라고 하고 그 쪽지를 주머니에 넣고 주머니 속에 있는 명백한 장애물에 관한 생각을 지닌 채 가치 있는 방향으로 나아갈 수 있을지 자신을 지켜보라고 요청한다.

예를 들면, 안나는 집에서 자기만의 시간을 가지기가 힘들다고 했다. 저녁에 가만히 앉아서 책을 보는 것을 좋아하지만 남편은 함께 텔레비전 시청을 원하였다. 안나는 자신이 원해서가 아니라 갈등을 일으킬까 두려워서 남편과 같이 앉아 텔레비전을 보았다. 치료 시간에 안나는 그 상황에서 가장 중요한 가치는 일상생활에서 자신만의 시간과 공간을 가지는 것이라고 확인하였다. 가치를 추구하는 모습을 상상할 때 안나는 "갈등이 일어나면 이혼으로 이어질 수 있다."라는 생각이 장애물이라고 적었다. 안나는 이 생각을 적어 주머니에 넣고 그날 저녁 집에서 자신의 가치를 지키는 실습을 했다. 주머니 속에 있는 생각을 지닌 채 남편에게 자신이 원하는 것을 표현하였다. 이 체험 연습은 우리의 행동이 꼭 믿음에 영향을 받아야 하는 것이 아니고 마음이 뭐라고 하든지 여전히 가치 있는 방향으로 나아갈 수 있음을 보여준다. 무언가를 할 수 있다고 믿든 안 믿든 여부와 상관없이 시도할 수 있는 것처럼 발을 움직여 행동할 수 있다.

간단히 말해 어떻게 해야 할지 마음이 모르는 것도 있다는 사실이 이런 종류의 연습이 보여주는 요점이다. 가치는 그저 우리가 관심을 가지는 것들이고 너무 많은 생각, 예측, 판단, 혹은 논리는 필요 없다.

판단과 평가를 경계하기

마음은 항상 무엇이 옳은지 혹은 그른지 판단하는 경향이 있다. 판단은 때때로 아주 중요할 수 있으나 가치에 관한 한 오히려 문제가 되기도 한다. 슈퍼마켓에서 과일 하나를 판단하듯 가치에 대해 좋고 나쁘고, 옳고 그르고를 판단하는 것은 썩 도움이 되지 않는다. 문제는 대부분 사람들이 흔히 다른 사람을 판단하게 된다는 점이다. 우리는 사람들이 다르게 행동하기를 원하고, 이런 판단이 친구, 가족, 직장동료 그리고 다른 사람들과 갖는 대인관계의 가치에 적용될 때 가치에 따른 삶을 살아가는 것을 방해할 수 있다. 당신이 관심을 두는 누군가에 비판적으로 느껴본 적이 있는가? 그때 그 사람을 향한 행동이 변했음을 알아차렸나? 그 사람에게 더 가까워지거나 아니면 더 멀어지고 있음을 알아차렸나?

내담자와 함께 서술과 평가 사이의 차이를 구별해보는 게 중요하다. 서술은 사물이나 사건의 형태적 속성을 나열하므로 논쟁할 수 없는 것이다. 반면, 평가는 개인 경험과 역사에 근거하여 내리는 판단이다. 이 구별이 왜 중요할까? 가치와 직접 관련이 있기 때문이다. 세상에 대한 평가를 우리의 가치에까지 과도하게 확장하는 일이 매우 쉽게 일어난다. 이 개념을 이해할 수 있는 간단한 수용전념치료 은유가 많이 있다. 내담자에게 방에 있는 물건을 "추하게 생겼다." 혹은 "싸구려로 보인다."와 같은 문장으로 평가해보라고 하고, 그 이후 "나무로 만들었다." 혹은 "높이가 90cm 정도다."와 같은 용어로 단순히 서술하라고 하면서 서술과 평가를 구별하는 연습을 해볼 수 있다. 비슷한 식으로, 가치와 관련하여 떠오른 생각과 감정에 "평가"라고 꼬리표 붙이기를 하고 그 뒤 가치와 가치 행동을 평가 없이 서술하는 걸 연습할 수 있다. 예를 들어, 내담자가 "다른 사람과 관계에서 솔직하게 행동하는 가치에 따라 사는 것을 잘할 줄 모른다, 잘 된 적이 없다."라고 말한다면 내담자에게 평가에 꼬리표를 붙이도록 하고 상황을 좀 더 서술적으로 말해보도록 도와준다. 예를 들어, "가치에 따라 살아가는 게 마음처럼 잘 안 될 때 스스로 부족하다고 평가하고 있음을 알아차린다."라고 말할 수 있겠다.

옳고 그름을 뛰어넘어 움직이기

인간은 어떤 판단을 내렸을 때 그 판단을 행동의 지침으로 삼는 경향이 있다. 우리의 판단이 부정적이면 우리는 가치로부터 멀어지거나, 가치에서 벗어난 행동을 저지르거나, 가치에 부합하지 않은 행동을 한다. 때때로 긍정적인 판단에 지나치게 치중하는 것도 가치에 맞지 않게 행동하게 만들 수 있다. 예를 들어, 만약 라티시아가 잠재적인 파트너로 여기는 사람이 돈이 많고 신체적으로 매력적이어서 자신에게 어울린다고 판단하지만, 그녀가 연인관계에서 중요하게 생각하는 다른 속성에 대해서 검토하지 않는다면 결국 다른 중요한 속성이 결핍된 상태로 인해 그 관계는 끝나버릴 것이다. 그러므로 어떤 종류의 판단도 모두 조심하는 것이 중요하다.

옳고 그름에 관한 판단은 우리 모두 살아가면서 어느 순간에서든 하게 되는 특히 강력한 판단이다. 내담자가 다른 사람에 의해 사기를 당하고, 피해를 보고, 소외당하고 혹은 부당하게 취급받는다고 느낄 때조차도 내담자가 이러한 판단을 넘어 나아갈 수 있게 돕는 방법을 실제 예를 들어 보여주려 한다. 다음은 치료 회기 중 최근에 부인의 불륜을 알게 된 35세 남자 카를로스와 사이에 있었던 대화이다. 카를로스는 아내가 다른 남자의 아이를 임신한 것을 알게 된 후 최근 한 달 동안 정기적으로 치료를 받던 중이었다. 아내의 외도 사실을 알고 난 뒤 카를로스는 헬스장 가기, 잘 챙겨 먹기 그리고 친구들에게 관심 갖기와 같이 삶에서 가치를 두고 있던 많은 활동을 그만두었고 그 대신 많이 자고, 식사를 거르고, 부인의 불륜 말고는 별로 대화할 것이 없었으므로 친한 친구들도 멀리하였다. 아내와 상황뿐 아니라 자신이 완전히 혼자이고 항상 화가 나 있다고 느꼈기 때문에 무척 비참했다. 이 회기에서 치료자는 즉흥적으로 색인 카드 더미를 사용했다.

카를로스   몇 번이고 생각하고 또 생각해봤는데, 아내가 저한테 어떻게 이럴 수가 있는지 아직도 믿을 수가 없어요! 저는 항상 우리 아이를 가지기를 원했어요. 그런데 이제... 맙소사! 아내의 아이를 다른 누군가가 키우게 생겼다니. 지금 저는 아내를 증오해요! 정말로 미워요.

치료자   카를로스, 당신이 얼마나 힘들지 충분히 알겠어요. 여기서 뭔가를 시도해봐도 괜찮을까요? 이 주제에 대해 지금까지 몇 회기 동안 이야기하고 있는데, 저는 약간 갇힌 느낌이 들어요. 카를로스는 어때요? (카를로스가 크게 고개를 끄덕인다.) 좋아요. (치료자는 색인카드 더미에서 한 장을 꺼내서 위로 들었다.) 이 카드를 이용하여 이 상황을 새로운 시각으로 바라보도록 해봅시다. 괜찮나요?

카를로스   물론이죠. 여기서 기분이 좀 나아질 수 있다면 뭐든지요.

치료자   좋아요. 그렇다면 지금까지 우리가 알고 있는 것은 바로 이거예요. 아내가 정말로 큰 잘못을 저질렀어요. 아주 크게요. (내담자의 왼쪽 무릎 위에 색인 카드를 올려놓는다.)

카를로스   그래요. 맞아요. 아내는 정말이지... 너무 화가 나요. 우리는 절대로 만나지 말았어야 했어요. 행복을 느끼고, 가족을 가질 기회를 전부 다 잃어버린 것처럼 느껴져요.

치료자   맞아요. 만약 만난 적이 없었다면 이렇게 상처받을 일은 없었을 거예요. (또 다른 색인 카드를 내담자의 왼쪽 무릎에 올려놓는다.)

카를로스   전 정말 제 아내를 위해 모든 걸 다 했어요. 항상 존중해 주었고, 직장 일도 지지해 주었고, 어디에 살지도 동의했어요. 모든 것을 함께 계획했어요. 그렇게나 많은 에너지를 허비했다는 것을 정말 믿을 수가 없어요. 저는 너무 바보 같아요.

치료자   맞습니다. 정말 쓸데없는 에너지 낭비였어요. (또 다른 색인 카드를 내담자의 왼쪽 무릎에 올려놓는다.)

카를로스   그러나 내가 좀 다르게 할 수 있었지 않았을까 생각해보기도 해요. 일을 한다고 집을 떠난 시간이 많았단 걸 알아요. 그리고 사업이 정신없이 바쁠 때는 감정 기복이 심했어요. 아마 제 잘못도 있을 거예요.

치료자	네. 잘못하셨네요. (이번에는 내담자의 오른쪽 무릎에 색인 카드를 올려놓는다.)
카를로스	잠깐만요. 그렇더라도 아내는 정도를 지나쳤어요! 왜 그냥 제게 말하지 않았을까요? 아내가 얼마나 괴로워하는지 제가 알았더라면 사태가 이 지경까지 가도록 내버려 두지는 않았을 거예요. 적어도 전 항상 우리 관계를 위해 노력을 열심히 했어요.
치료자	맞네요. 카를로스가 먼저 어떻게 했든지 간에 아내가 그렇게 하면 안 되었어요. (또 다른 색인 카드를 내담자의 왼쪽 무릎에 올려놓는다.)
카를로스	(울면서) 아아. 저 자신을 참을 수 없어요. 제가 더 이상 남자가 아니라고 느껴요. 저는 너무 약하고 혼자예요.
치료자	(잠깐 멈췄다가 자비롭게 말한다.) 자 여기에 상처받고 외롭게 혼자 있습니다. 얼마나 고통스러운지 알겠어요. 그리고 정말로 중요한 걸 물어보고 싶어요. 이 모든 고통과 괴로움이 보여주는 결과가 뭔가요?
카를로스	(혼란스러운 표정으로 고개를 든다.) 그게 무슨 뜻이죠?
치료자	음. 한번 생각해봅시다. 무릎 위에 있는 카드를 보세요. 왼쪽 무릎은 "내가 옳다" 카드 더미이고 오른쪽 무릎은 "내가 틀렸다" 카드 더미를 나타낸다고 합시다. 어느 쪽이 카드가 더 많은가요?
카를로스	왼쪽이요.
치료자	그래요. 맞아요. 카드가 그렇게 말하고 있네요! 카를로스와 아내를 모두 다 아는 사람들에게 누가 잘못했냐고 묻는다면 틀림없이 모두 아내가 잘못했다고 할 거예요. 거수 투표와 이 카드에 따르면 카를로스가 옳은 편에 있어요. 그런데 그다음은요?
카를로스	무슨 말씀인지 모르겠어요.
치료자	처음 치료를 받으러 왔을 때 다른 무엇보다 어떤 것이 카를로스에게 중요한지를 이야기했어요. 이 모든 분노와 상처 속에서도 들리네요. 무슨 말을 했는지 기억하세요?
카를로스	사랑을 중요하게 여기고 싶다고 말했어요. 그러나 지금은 잘 모르겠어요.
치료자	바로 그거예요. 이제 두 카드 더미를 봅시다. 이 카드에 관해 이야기하는 동안 사랑은 어떻게 되었나요?
카를로스	사라져버렸어요.

치료자	맞아요. 저나, 친구들이나, 심지어는 아마 아내까지도 카를로스가 옳다고 말할 거예요. 그런데 그다음은요? 카를로스가 옳다는 사실을 밝혀진 후 카를로스가 가지게 된 게 무엇인가요? 카를로스에게 남은 건 당신이 소중히 여기는 것들, 즉 행동, 가치 그리고 고통뿐입니다. 도덕적으로 옳다는 것을 유지하는 데 시간을 쓰길 원하나요? 아니면 사랑하면서 인생을 살아가길 원하나요? 이렇게 할 수 있으면 어떨까요? 받았던 상처를 훈장으로 남기고 아픔을 가진 채로도 중요한 것을 선택할 수 있다면요. 아내를 용서하기 위해서가 아니라, 혹은 잊기 위해서가 아니라 계속해서 자기 삶을 살아가고 자신에게 중요한 것을 행동하기 위해서요.
카를로스	그러니까 이런 고통스럽고 끔찍한 일이 일어났지만, 그 안에 꼼짝없이 갇힌 채 머물러 있을 필요는 없다는 말인가요? 그런 뜻인가요?
치료자	글쎄요. 갇히기는 너무 쉽습니다. 비난하려는 게 아닙니다. 저도 똑같이 그렇게 했어요. 다른 누군가가 "틀렸을" 때 나는 "옳은" 위치에 있으면서 강한 힘을 유지하는 게 좋게 느껴지죠. 그러나 엄청나게 많은 에너지가 필요하고 희생을 치르게 됩니다. 카를로스가 삶에서 상당히 물러나 있다고 말했어요.
카를로스	네. 그러면 아내가 제게 한 일에 대해 나쁘게 느끼는 것을 그만두고 그냥 넘어가야 하는 건가요? 그러니까 앞으로 밀고 나가야 하나요?
치료자	음 심지어 지금도 나아갈 방법이 오로지 그 방법뿐이라고 마음이 이야기하고 있습니다. 둘 중 하나를 선택해야 하는 건 아닙니다. 고통은 얼마간 떠나지 않고 머무를 수 있습니다. 고통을 떠나보내라거나 무시하라고 말하려는 게 아닙니다. 그 대신 카를로스가 아주 중요하게 여기는 방식으로 계속해서 삶을 살아나갈 수 있는지 살펴보라는 것입니다. 아마도 익숙하지 않은 새로운 방식이겠지만 상처받은 고통을 가진 채로 가치에 따라 삶을 계속 살아갈 수 있다면 어떨까요?
카를로스	노력해볼 수 있을 것 같아요. 그러나 어떻게 해야 할지 정확히는 모르겠어요.
치료자	네. 저도 잘 모르겠어요. 그렇지만 이런 끔찍한 혼란과 고통을 마주하면서도 사랑하면서 살아가는 삶을 향해 나아갈 수 있도록 기꺼이 함께 노력해볼 수 있을까요?
카를로스	네 그렇게 하면 좋을 것 같습니다.

모든 치료자가 모든 내담자와 이 연습을 시행해 보라고 추천하는 것은 아니다. 그러나 능숙하게 한다면 가장 힘든 순간에도 가치를 추구하면서 사는 것이 어떻게 가능한지를 보여주는 강력한 예시라고 할 수 있다. 이 연습은 내담자가 부당한 대우를 받

아서 도덕적 올바름에 지나치게 융합되어 있고 이 융합이 가치 있는 삶을 가로막고 있을 때, 그리고 내담자와 치료관계가 좋을 때 가장 효과적이다. 만약 이런 종류의 연습을 해보기로 한다면 치료과정 내내 자비와 치료자로서 가치를 알아차리는 일을 실천하라고 권한다. 이런 종류의 연습은 내담자의 고통에 치료자가 진정으로 자비를 가지지 않는다면 내담자가 수인을 받지 못하고 있다고 느끼게끔 몰아갈 수 있다. 내담자가 갇힌 곳에서 빠져나올 수 있도록 돕기 위해서는 과거의 괴로운 감정을 자비로운 마음으로 밀어주는 깊은 돌봄의 소통 방식을 통해 내담자의 고통과 기꺼이 함께하려는 치료자의 마음이 필요하다. 또한 모든 내담자가 힘든 경험에도 불구하고 더 개방적이고, 수용하며, 효과적으로 행동해야 한다는 생각에 치료자가 지나치게 융합될 가능성이 있으므로 치료자로서 마음챙김도 권한다. 당신은 내담자에게 자신의 행동이 전반적으로 효과적인지 점검해보라고 격려하면서 동시에 내담자가 그렇게 하지 않더라도 완전히 괜찮을 수 있을 정도로 충분히 심리적으로 유연할 수 있는가?

이유 대기를 약화하기: 선택 대 결정

이전 장에서 언급한 대로 우리의 행동에 이유를 대는 것은 아주 매력적이다. 우리는 어떤 일을 하는 이유와 어떤 일을 하지 않는 이유 대기를 좋아한다. 그리고 무언가를 왜 했는지 정확히 알지 못할 때도 그 일을 했던 이유를 기가 막히게 잘 만들어 낸다. 우리의 마음은 본질적으로 이유를 생성하는 기계라고 할 수 있다. 우리는 내담자가 탈융합 작업을 통해 이유를 넘어 가치 행동을 시작하는 능력을 키우기를 바란다. 가치와 관련하여 이유 대기와 행동하기 사이의 차이를 부각할 수 있는 한 가지 방법은 선택과 결정의 차이를 구별하는 것이다. 선택은 규칙이나 회피 없이 혹은 사회적 결과를 고려하지 않고 자유롭게 고르는 것이다. 반면 결정은 신중히 숙고하여 이유를 근거로 선택하는 것이다. 이유가 항상 나쁜 것은 아니다. 하지만 결정을 해야 할 때가 있고 자유로운 선택을 하는 편이 더 효과적이거나 바람직할 때가 있다. 가치와 가치 기반 행동은 선택이지 결정이 아니다.

많은 내담자가 "옳은" 결정을 하는 데 주력하거나 혹은 잘못되거나 좋지 못한 결정이 재앙을 부르지 않을까 하는 두려움을 갖고 있으므로 치료할 때는 자유로운 선택의 중요성을 강조한다. 어떤 내담자는 선택 상황에서 얼어붙거나 혹은 어떤 선택이든 실행하기 전에 그 선택에 대한 합리적인 이유를 도출해야 하므로 결국 선택을 결정으로 변환시킨다. 이러면 내담자가 가치 있는 아주 작은 움직임을 해보게 하고 그 결과에 주목하도록 한다. 이같이 회기에서 작은 선택을 실습해 볼 수 있도록 도와줄 수 있다. 다음 장에서 가치 방향을 자유롭게 선택하도록 돕는 "가치를 체험하는 열 단계" 연습을 제시할 것이다. 이 연습은 내담자가 "옳은" 선택 혹은 "옳은" 가치 찾기와 같은 패턴에 갇혀있을 때 특히 도움이 된다.

회기에서 융합과 탈융합을 깨닫기

융합이 얼마나 광범위한지 고려하면 회기에서 융합이 일어나는 순간을 매우 흔하게 볼 수 있다. 융합은 내담자뿐 아니라 치료자에게도 일어난다. 치료자로서 치료의 진행 방향에 대해 혹은 내담자가 치료자나 연습에 어떤 식으로 반응해야만 한다는 생각에 흔히 융합된다. 치료에 있어서 "옳은" 방법을 기꺼이 내려놓는 것이 치료자 측면에서 탈융합이 일어난 대응 행동이다. 또한 치료자는 내담자 행동, 치료 시간에서 나타나는 반응, 혹은 치료성과 부진을 판단하는 경향이 있다. 이런 순간을 경계하면 치료자와 내담자 사이에 생길 수 있는 불필요한 갈등을 피하는 데 매우 큰 도움이 될 수 있다. 다음에 치료자와 내담자 양쪽에서 융합 혹은 탈융합이 현재 순간에 일어나고 있음을 보여주는 몇 가지 지표가 있다.

융합 지표
- "네, 그러나..."와 같이 말하기 혹은 자신의 의견을 상대방에게 설득하려고 노력함.
- 삶이 왜 계획대로 흘러가지 않는지를 반복적으로 이야기함.
- 문제에 관해 자주 이야기하고 그 원인을 해석하려고 함.
- 이유, 원인, 자기 판단 혹은 괴로움에 사로잡힘.
- 실효성 없는 규칙을 철저히 따름.
- 자신이 옳다고 생각하는 관점을 고수함.

- 자신의 해석에 대한 동의를 추구함.
- 다른 사람의 경험, 어려움 혹은 치료성과의 부진을 판단함.
- 실효성이 없거나 치료 범위를 벗어나는 상황에서도 공정함, 정의, 옳음을 추구함(예를 들어, 내담자가 치료자에게 자신이 부당한 취급을 받았다는 것에 동의해주길 자주 요청하거나, 혹은 다른 사람을 어떻게 복수하거나 벌할지에 대해 조언을 구하기).
- 마음에 빠져 있거나, 지적이고 추상적인 토론을 함.
- 연습에 대응하는 "올바른" 방식을 찾으려 하거나, 연습 또는 과제 활동과 관련하여 실패했다고 표현함

탈융합 지표
- 사고 과정 그 자체와 그로부터 추론된 기능을 자각함.
- "저는 이런 생각을 하고 있어요."와 같이 사고 과정을 진술할 수 있음.
- "와우! 방금 그 생각에 낚였어요." 같이 순간의 융합을 언어로 포착하거나, 과거 이야기를 하다가 말을 멈추거나, 특히 융합된 생각을 표현할 때 미소 짓는 등과 같이 비언어적으로 포착함.
- 생각과 경직된 규칙이 "진실"을 반영하지도 않고, 항상 따라야 할 필요도 없음을 자각함.
- 상반되는 생각이 있더라도 특정 방식으로 행동을 선택하는 능력(예를 들어, 가치대로 살 수 없다고 생각하면서도 어쨌든 가치 방향으로 한발씩 나아가기).
- 힘든 경험에 대한 권태감, 지루함, 기타 반응이 오래되었고, 익숙하고, 어떤 식으로든 실효성이 없다고 표현함.(예를 들어, "내 삶을 뒷전으로 미루어야 한다는 생각이 너무 지긋지긋해요. 그건 정말 내가 원하는 바가 아니에요.")
- 자신의 사고 과정과 관련하여 자발적으로 장난스럽게 됨(예를 들어, 시키지도 않았는데 자기 생각을 노래로 만들어 부르거나 자기 생각에 대응해서 시끄럽게 떠들기).

➤ 경험, 관점, 사건 혹은 반응을 서술하기 위해 새로운 은유를 만들어 냄.

현재 순간을 알아차림: 경험에 열린 태도를 함양하기

현재 순간과 접촉은 수용전념치료 모델의 핵심 구성 요소이다. 현재 순간을 알아차리는 것은 우리 자신 그리고 우리를 둘러싼 세상과 유동적이고 순간적인 연결을 가능하게 한다. 매 순간 주변과 감각, 감정, 생각을 포함한 내면을 모두 알아차릴 수 있는 능력은 대단히 중요하다. 그러나 사람들은 대부분 현재 순간이 아닌 과거를 반추하거나 미래를 예측하거나 계획을 세우는 데 많은 시간을 허비한다. 게다가 생각이나 느낌과 같은 개인 경험을 다루거나 바꾸기 위해 그것들에 주의를 협소하게 고정할 때면 언제나 주변 세계와 관련된 자신의 경험이 끊임없이 변한다는 사실을 간과하게 되는 경향이 있다. 많은 영성 전통이 마음챙김, 초월 명상 혹은 선 명상과 같은 훈련을 통해 현재 순간과 변화하는 모든 경험과 접촉하는 데 집중해왔다. 수용전념치료에서 현재 순간과 접촉은 기술적 수준에서 위의 접근법과 유사하지만, 뒷받침하는 이론도 수용전념치료의 모델의 이론에 깊이 새겨져 있다. 많은 수용전념치료 관련 서적, 연구논문, 프로토콜에 현재 순간과 접촉을 위한 연습 방법이 자세히 제시되어 있고, 종종 마음챙김이라고 일컫고 있다. 여기서는 현재 순간과 접촉이 갖는 중요성과 가치와 연관성에 대해서만 간단히 언급할 것이다. 우리를 둘러싸고 있는 세계를 알아차리고 순간순간 우리에게 왔다가 지나가는 생각, 느낌, 감각, 기억 등을 관찰할 수 있는 능력은 가치에 부합하는 살아가는 삶에서 따라오는 강화와 접촉하는 데 매우 중요한 역할을 한다.

현재 순간과 접촉은 기술처럼 갈고 닦을 수 있고 가치 기반 치료의 과정 내내 유용하게 쓰인다. 내담자의 목표는 가치 행위를 선택하기 전에 어떤 특정한 마음 상태를 얻으려는 것이 아니라 자신의 경험을 더 잘 관찰함으로써 융합이 되었거나, 판단하려는, 혹은 원치 않는 생각이나 감정 등의 개인 경험이 행동에 영향을 덜 끼치게 하는 것이다. 마음챙김 알아차림이 함양되면 내담자가 가치 행동에 참여하면서 두려움이나 융합된 사고에 집착하는 대신 주변 환경을 넓게 알아차리는 데 도움이 된다. 자신의 경험을 알아차림으로써 현재 순간에 어떤 것이 강화되고 있는지를 볼 수 있게 되므로 오랜 시간 동안 가치 행동을 지속하는 데 도움이 된다.

현재 순간에 일어나는 강화를 따라가는 법 배우기

내담자는 대개 가치를 따르는 행동이 가지고 온 현재의 결과를 파악하는 데 능숙하지 못하므로 많은 훈련이 필요할 수 있다. 과체중 내담자인 올리버를 살펴보자. 올리버는 건강에 대한 가치를 위해 매일 출근 전 아침 20분간 걷기에 전념하기로 선택했다. 원래는 의사가 걸어야 한다고 얘기했기 때문에 응종으로 걷기로 한 것이었다. 하지만 치료자의 도움으로 몇 주 연속으로 걷고 난 후 생기가 더 넘치고, 정신이 더 맑아지고, 더 튼튼해지고, 운동능력이 더 커졌다는 사실을 알아차리기 시작했다. 게다가 집 주변의 숲과 동네에서 버스를 기다리는 아이들과 같이 자신을 둘러싼 주변 환경을 더 많이 알아차리고 감사하기 시작했다. 이런 변화를 알아차릴 수 있게 되면서 올리버가 걷기를 계속할 가능성이 커졌다. 걷기 전, 걷는 도중, 걷고 난 후에 알아차린 모든 것을 적는 것이 치료의 과제에 포함되어 있었다. 올리버가 규칙적으로 걷고자 하는 노력을 시작했을 때는 전반적으로 혐오 경험이 우세하게 존재했으므로 치료자가 그 너머에 있는 다른 것을 알아차리도록 도와야 했다. 예를 들어, 운동 프로그램을 시작하면서 겪는 신체적인 불편감, 걷기 위해 더 일찍 일어나야 하는 번거로움, 그냥 걷기만 하는 것이 쓸데없는 짓이라는 생각, 건강 상태에 대한 두려움 등과 같은 혐오 경험이 우세했다. 올리버가 매일 걷던 일을 건너뛰었을 때 더 졸리고, 기운이 없고, 주변과 그만큼 연결되지 못한다는 느낌을 알아차리는 것에 익숙해지면서 결국 아침에 걷는 행동이 강화 행동이 되었다. 많은 경우 이러한 순간순간의 결과가 가치 행동의 패턴을 만드는 데 가장 중요하다.

회기에서 현재 순간을 알아차림과 알아차리지 못함을 깨닫기

강력한 치료관계는 치료자와 내담자 모두에게 생동감이 있어야 하고 현재 순간을 알아차리는 데 기초해야 한다. 내담자가 현재 순간에 머물기에 어려움을 겪는지 어떻게 알 수 있을까? 그리고 치료자 자신이 실제로는 내담자와 함께 머물고 있지 않음을 그 순간 어떻게 알 수 있는가? 이 질문들은 매우 중요하다. 치료를 받으러 가는 맥락은 내담자가 현재 순간에 일어나고 있는 일에 주의를 덜 기울이게끔 만든다. 내담자들은 일반적으로 현재 나타난 문제를 "설명"하기 위해 과거 이야기와 미래에 대한 걱정을 이야기할 것으로 생각하면서 치료를 받으러 온다. 치료자 또한 인간의 본성, 사회화, 교육의 영향으로 지금 여기에 존재하기보다는 과거를 조사하거나 미래를 예측하는 데 많은 시간을 보내는 경향이 있다. 치료자는 그날 있었던 일, 다른 내담자, 미래의 일 등에 대한 걱정에 사로잡히기 쉽다. 그래서 내담자가 과거나 미래에 사로잡히는 순간을 찾는 것에 더하여 치료자가 과거나 미래에 사로잡히는 자신의 경향을 알아차리는 것이 더욱더 중요하다. 회기에서 현재 순간을 알아차리지 못하는지 혹은 현재 순간을 알아차리는지를 보여주는 행동을 다음에 제시하였다. 대부분 치료자와 내담자 양쪽 모두와 관련 있는 행동이다.

현재 순간을 알아차리지 못하는 지표
- 마음속에서 방황하기(반추하기, 생각하기, 오랫동안 말하지 않기, 듣기보다는 생각을 하고 있어서 상대방이 말하는 내용에 집중하지 않기 등).
- 치료관계를 포함하여 주변에서 일어나는 일을 파악하지 못함.
- 치료 중 집중력을 유지하지 못하거나 주제 변화에 둔감함.
- 생각, 감정, 신체 감각의 순간적 변화를 잘 알아차리지 못함.
- 치료 중에 보인 특정 반응이 현재 순간에 실제로 일어난 일 때문이 아니라 자신의 과거 역사에 의해서 더 큰 영향을 받은 반응이라는 사실을 인식하지 못함(예: 오래된 이야기를 반복하거나, 이전에도 미리 해보았거나 반복하는 느낌으로 독백을 하거나, 치료 상호작용의 특이 사항을 고려하지 않기).
- 과거사건, 기억, 미래에 대한 걱정에 몰두함.

현재 순간을 알아차림의 지표
- 내면의 환경과 외부 환경에 대한 알아차림.
- 치료 중에 일어난 반응이 실제로는 자신의 과거 역사에 기반을 둔 것임을 알아차림(예를 들어, 내담자가 "와! 저 좀 보세요. 선생님의 질문에 어

떻게 대답해야 할지 생각만 해도 땀이 나고 숨이 가빠지기 시작했어요. 이건 누군가가 저에게 어떤 요구를 할 때 전형적으로 반응하는 방식이에요."와 같이 말하기).
- ➤ 과거 관계에서 자신이 행동했던 방식에 초점을 맞추기보다는 치료자와 내담자가 새로운 관계를 만들어가고 있다는 사실을 민감하게 알아차림.
- ➤ 치료과정에 유연하게 주의를 기울이고 적절한 경우 초점을 유지하거나 옮길 수 있음.
- ➤ 생각, 느낌, 신체 감각, 기억과 함께 머물면서 알아차리고 있음을 보여줌.
- ➤ 치료 공간에서 어떤 일이 일어나든 상관없이 기꺼이 함께 머물고자 함(내담자로서는 힘들었던 경험이 떠오를 때 치료자에게 그 경험을 기꺼이 표현하려고 함. 치료자로서는 내담자가 고통스러운 경험을 나누거나 치료자나 다른 사람과 새로운 방식으로 관계를 맺기 위해 힘들게 노력할 때, 또는 치료 공간에서 강렬한 감정을 표현했을 때 발생할 수 있는 치료자 자신의 심리적 혹은 신체적인 고통을 기꺼이 경험하고자 하기).

맥락으로서 자기를 함양하기: 경험을 초월한 자기

맥락으로서 자기에 대한 자각을 개발하는 것은 내담자와 함께 이해하고 함양해야 할 수용전념치료의 힘든 과정 중 하나이지만 가치 일관성 행동의 패턴을 만들기 위해서는 매우 중요하다. 앞 장에서 보았듯이 개념화된 자기를 중시하면 정체로 이어지고 유연한 가치 기반 행동이 제한될 수 있다. 우리의 목표는 가치와 연결된 유연한 행동 패턴을 만들 수 있게 내담자가 자신의 경험에 대한 관점을 가지도록 돕는 것이다. 맥락으로서 자기 과정에 대부분의 다른 수용전념치료 과정들이 함께 관여하므로 많은 치료자가 맥락으로서 자기에 대한 주된 개입을 치료 후반부에 시도한다. 내담자가 자신의 경험에 대한 관점을 취하려면 순간순간의 생각과 감정 과정을 따라갈 수 있어야 하고, 생각과 감정이 행동의 원인이라는 생각에서 어느 정도 탈융합 되어 있어야 하며, 가치 기반의 행동에 참여하는 동안 일어나는 생각과 감정을 기꺼이 경험하는 연습을 할 수 있어야 한다. 하지만 수용, 탈융합 그리고 현재 순간을 알아차림에 일차적으로 초점을 맞춘 연습을 하는 동안에도 내담자 자신의 경험을 알아차리는 느낌 또는 관점을 일관성 있게 또 미세하게 증진함으로써 치료 초기에 맥락으로서 자기를 알아차리는 훈련을 할 수 있다고 믿는다. 이 절에서는 다른 수용전념치료 서적에서 찾을 수 있는 맥락으로서 자기 연습에 덧붙여 유용하다고 생각되는 몇 가지 연습을 제시하고자 한다. 이 연습들은 공식적이고 심층적인 (우리 경험으로는 강력한) 맥락으로서 자기 연습이다(Hayes 등, 1999, Luoma, Walser, & Hayes, 2007).

가치 있는 삶에 장벽으로 기능하는 자기 개념을 알아차리기

자기 개념에 대한 알아차림 그리고 특히 가치 있는 삶에 장애물로 기능하는 자기 개념을 알아차리기 위한 많은 훈련 방법이 있다. 내담자는 종종 자신에게 무엇이 가능했는지에 대해 학습했던 규칙, 즉 자신이 원하는 삶을 살지 못하게 만드는 규칙이 무엇인지 알아차리지 못한다. 그러한 내담자는 자신이 왜 "엉망이 되었고", "망가졌고", "결함투성이"인지, 또 왜 가치에 따르는 어떤 것도 할 수 없는지에 대해 무수한 이유를 늘어놓는다. 매우 경직된 특성을 갖는 개념화된 자기를 바탕으로 비효율적으로 작동하는 자기 규칙이 무엇인지 발견하도록 돕기 위해 치료 회기에서 자기 규칙에 꼬리표 붙이는 연습을 하는 것도 한 방법이 될 수 있다. 예를 들어, 장애물인 것처럼 보이는 자신에 대한 표현을 모두 적어보라고 할 수 있다. 이렇게 함으로써 자신에 관한 생각, 느낌, 이야기가 "진실"이라고 보는 것에서 어느 정도 거리를 두게 만들 수 있다.

간단한 연습에서부터 눈을 감은 채 연습하는 깊이 있는 체험 실습에 이르기까지 위협적이지 않은 관찰자 관점을 함양하는 많은 방법이 있다. 예를 들어, 눈을 감고 시행하는 "파일 서랍 연습"이라는 시간이 오래 걸리는 실습이 있다. 저자 중 한 명(JD)이 많은 내담자에게 이 방법을 굉장히 성공적으로 사용하였고, ACT in Action DVD 시리즈 중 Values and Action 디스크에 이 멋진 파일 서랍 연습을 치료자와 내담자 역할극으로 재현하였다(Hayes, 2007). 이 실습의 섬세한 특성을 이야기로 써서 전달하는 것보다 내담자 자신의 경험에 대한 관점을 얻게 하는 비슷한 목적의 몇 가지 다른 실습을 제안하고자 한다. 이 책의 여러 실습에 대해 배우고 사용하는 것뿐만 아니라 치료

스타일에 맞는 자신만의 방법을 고안하거나 다른 실습 방법도 찾아보기를 권한다.

옛이야기 속에서 사는 삶이 치르는 대가와 접촉하기

내담자는 개념화된 자기를 벗어나는데 종종 어려움을 겪으므로 치료자는 내담자가 멀게 느껴지고 과거 방식에 사로잡혀 있다고 인식할 것이다. 당신은 회기에서 내담자와 연결을 덜 느끼고 대신 개념화된 자기의 내적 세계를 바라보는 관객처럼 느껴질 것이다. 다음 대화에서 치료자는 내담자가 자신의 오래된 이야기와 개념화가 다른 사람에게 받을 수도 있었던 도움을 어떻게 스스로 차단했는지 이해할 수 있도록 포스트잇을 이용한 실습을 하였다. 에단은 회복 중인 30세 알코올 중독자이다. 술이 깨자 삶의 방향을 찾기 위해 치료를 받으러 왔다. 에단은 알코올 중독자이므로 삶에서 무엇이 가능한지를 규정하는 많은 다양한 규칙들로 인해 어려움을 겪고 있다. 그는 자주 자신이 엉망진창이고 친구와 가족의 사랑을 받을 가치가 없다고 말한다. 그래서 너무 괴롭고 외로운데도 친밀한 관계 만들기를 외면하고 있다.

치료자　(포스트잇에 쓴다.) 알겠어요, 에단. 그러니까 "나는 엉망진창이야."라는 생각을 갖고 있네요. (치료자와 에단 사이에 포스트잇을 든다.) 그러면 이 포스트잇은 에단에게 무엇을 하라고 하나요?

에단　(혼란스럽게 포스트잇을 바라본다.) 음, 제가 원해도 가족과 사이를 회복하는 것은 불가능하다고 말해주는 것 같아요.

치료자　좋아요! 그러면 이 포스트잇은 여기에 잘 맞는 거네요. (에단 앞에서 포스트잇을 흔든다.) 하지만 어떻게 이 작은 종이가 에단이 가족과 대화하는 것을 막나요? 아니면 친구에게 관심 두는 걸 막나요? 이 종이가 그렇게 강력한가요?

에단　아뇨. 그렇진 않겠죠. 하지만 제가 너무 많이 망쳐버려서 이제 더는 가족과 친구들의 지지를 바랄 수 없어요.

치료자　(첫 번째 포스트잇을 치료자의 어깨에 붙인다.) 아! 좋아요. 여기 하나 더 있네요. "나는 좋은 관계를 누릴 자격이 없다." (다른 포스트잇에 써서 에단의 얼굴 앞에 들고 있다.) 그러면 이 종이는 에단이 관계를 맺을 자격이 없다고 말하면서 길을 가로막고 있어요.

에단	(성가시게 느끼며 포스트잇 너머에 있는 치료자를 보려고 머리를 움직인다.) 음 글쎄요. 그냥 저는 뭘 하든지 제대로 할 수가 없나 봐요. 너무 많은 돈을 빌려 술 마신다고 다 써버렸어요. 가족이나 친구들의 물건을 팔 때도 있었고 나에 대한 신뢰를 악용했어요.
치료자	그래서 이 포스트잇이 지금 우리 사이를 방해하고 있군요. 에단이 관심 갖는 것이 뭔지 이야기하지 못하게 실제로 가로막고 있습니다. 탓하려는 게 아니에요. 이 포스트잇은 당신의 역사에서 가지고 온 생각일 뿐입니다. 그리고 이러한 생각에 관한 이야기를 꺼내기만 해도 좀 고통스러워 보이네요. (에단은 고개를 끄덕인다. 치료자는 두 번째 포스트잇을 치료자의 다른 쪽 어깨에 놓는다.) 에단이 알았으면 좋겠어요. 저는 당신을 위해 여기에 있고 제게 가장 관심이 많은 것은 당신이 원하는 대로 삶을 살 수 있도록 돕는 것입니다. 제 의도는 이런 생각을 떠올려서 상처를 주는 게 아니에요. 어쩌면 에단에게 가장 소중한 것을 위해서 이런 "역겨운" 포스트잇을 그저 알아차리는 연습을 할 수도 있습니다. 이런 생각들이 떠올라서 당신이 누구인지 그리고 할 수 있는 게 무엇인지 말해주는 것처럼 보이지만, 이건 단지 포스트잇에 쓰인 단어일 뿐이에요. 이제 이 포스트잇이 뭘 할 수 있다고 이야기해주는 내용이 아니라 에단이 원하는 것을 할 수 있다고 잠시 상상해봅시다. 비록 이 생각들이 시야에 그대로 있지만 그런데도 저를 바라보고 당신이 할 수 있는 일이 뭐가 있을지 함께 작업해볼 의향이 있을까요? (치료자의 양쪽 어깨에 붙어있는 포스트잇을 가리킨다.)
에단	네 할 수 있을 것 같아요... 하지만 이 포스트잇들이 꽤 산만하게 하네요.
치료자	맞아요. 이 생각들이 보통 때 에단에게 떠오를 때처럼. 그렇죠? 자, 잠시 뭔가를 해봅시다. 때때로 에단에 대한 이 이야기들이 상당히 무례하죠? 저는 이렇게 쓸 거예요. "나는 치료자의 관심을 받을 자격이 없다." 그리고 여기에 놓겠습니다. (치료자의 이마에 포스트잇을 붙인다.) 당신이 해야 할 일은 제가 말하는 동안 이것만 보는 거예요. (둘 다 웃는다. 에단은 이에 동의하고, 치료자가 말하는 동안 포스트잇을 쳐다본다.)
치료자	그러니까 에단은 가족에게 관심을 가지는 것이 매우 중요하다고 말했어요. 그리고 자신이 "일을 다 망쳤기" 때문에 가족들에 대한 관심을 공유할 수 없다는 느낌으로 인해 굉장히 고통스럽다고 이야기했어요. 그 말을 들으니 정말 마음이 아프네요. 왜냐하면 당신이 가족들을 얼마나 많이 아끼는지 잘 알고 있고 당신에 관한 규칙과 가능한 것이 무엇인지에 대한 규칙들이 실제로 장애물을 만들고 있기

	때문이에요. 가족을 향한 마음을 나눴을 때 가족들이 실제로 어떻게 할지는 모르겠지만 마음을 열고 저와 함께 나누는 게 첫 단계가 될 수 있습니다. 잠시 그냥 여기에 머물러 볼게요. 그리고 당신이 아끼는 사람들과 가까이 지내려는 가치를 기꺼이 가지려 하는지 그 가능성에 대해 여기 이 방에서 숙고해봅시다.
에단	(포스트잇을 응시한다. 그리고 눈물을 흘리기 시작한다.)
치료자	(잠시 시간을 준 후) 에단, 이제 저를 보세요... 무엇이 보이나요?
에단	제가 엉망인 사람인데도 선생님은 상관하지 않고 저를 바라보고 있어요.
치료자	네, 그리고 포스트잇에서 무엇을 보았나요?
에단	바로 그거요. 난 그럴 가치가 없다는 거요.
치료자	그래요. 자신이 누구인지 자기 이야기에만 주의를 기울이면 주변의 많은 것들을 놓치게 됩니다. 지금 경우에는 당신을 소중하게 여기고 있는 저를 보지 못했어요. 여기에 정말 치러야 할 대가가 있었어요. 에단이 포스트잇만 보고 있을 때 저는 실제로는 에단이 여기에 저와 함께 머물러 있지 않음을 알아차렸습니다. 저는 포스트잇이 여기 있더라도 훨씬 더 *당신*과 함께 여기에 있고 싶었어요. 우리가 해야 할 작업은 당신에 대한 이러한 이야기가 언제 당신의 가치에 따른 삶을 방해할지 지켜보는 것입니다. 당신은 정말로 자신에게 중요한 것이 무엇인지, 그리고 *당신이* 어떻게 살고 싶은지를 찾아서 여기에 왔습니다. 이 이야기들이 치료받으러 온 이유를 방해하기 시작할 때 감이 올 겁니다. 새로운 행동 패턴을 만들기 위해 기꺼이 이러한 행동 패턴을 주의해서 관찰할 마음이 있습니까?
에단	예, 할 수 있을 것 같아요.

　이 상호작용에서 내담자의 삶에 관한 이야기의 기능을 함께 탐색하였다. 치료자는 본질적으로 개념적 자기가 가능하다고 규정하는 범위 안에서만 삶을 살면 자신의 가치에 따라 살 수 있는 기회를 스스로 차단한다는 점을 에단에게 보여주고 있다. 에단이 갖고 있는 개념으로서 자기 생각을 있는 그대로 포스트잇에 써버리는 간단한 행위는 생각을 단지 생각으로 바라볼 수 있게 돕는 섬세한 탈융합 움직임이다. 포스트잇을 치료자와 내담자 사이에 둠으로써 에단의 생각이 가치대로 사는 것과 다른 이들과 연결을 방해하는 장애물로 기능하는 것을 구체적이고 강력하게 현재 순간에 보여준다. 그렇게 하여 에단이 자신의 오래된 이야기에 사로잡힌 대가를 마주하도록 돕고,

비록 이야기가 존재하더라도 자신의 가치와 일치하는 삶을 선택할 수 있게 한다.

회기에서 개념으로서 자기와 맥락으로서 자기를 깨닫기

현재 순간에 맥락으로서 자기를 알아차리기 위해서는 모든 수용전념치료 과정 중에서 가장 많은 훈련이 필요하다. 맥락으로서 자기는 하나의 관점이며, 대부분 "관찰자로서 자기" 혹은 자기 경험을 초월하는 능력에 관해 이야기해 본 경험이 많지 않다. 내담자가 이런 관점을 치료자에게 말로 설명하기는 특히 어려울 수 있으므로 다른 징후를 찾아본다. 첫째, 내담자가 자기 경험을 자기 자신과 동일시하지 않고 그저 자기 안에서 발생한 사건으로 여겨 자기 경험을 관찰하거나 그 경험에 대해 관점을 취하는 징후를 찾는다. 둘째, 내담자가 다른 사람의 관점을 취할 수 있는 능력이 있는지 관찰한다. 다른 사람의 관점을 취하기 위해서는 '당신-거기-지금'의 틀(치료자와 내담자 사이에 지금 발생하고 있는 상호작용을 위해)과 '당신-거기-그때'의 틀(과거에 있었던 다른 상호작용을 위해)이 필요하다. 내담자 또는 치료자가 개념으로서 자기의 관점 혹은 맥락으로서 자기의 관점에서 행동하고 있는 순간을 알아차리는 데 다음 지표가 유용할 것이다.

개념으로서 자기 지표
- 오직 자신에 관한 판단이나 역할과 관련된 자기 개념만을 고수함. 특히 "난 우울해." 또는 "난 나쁜 사람이야."와 같은 평가에 얽매임.
- 자신을 규정할 때 다른 사람이 하는 말에 지나치게 의존함(예: "모든 사람이 항상 제가 너무 예민해서 혼자 살 수 있을 만큼 절대로 강해지지 못할 거라고 말했어요. 그리고 그 말이 맞다고 생각해요." 또는 "다른 사람들이 늘 저를 수완 좋은 사람으로 봐 왔어요. 그러니까 저는 그렇게 행동합니다!" 같이 말함).
- 자신의 역할을 넘어선 자신에 관한 관점에 대해서 위협으로 느끼거나 공포를 표현함(예: "제가 엄마인 것만이 아니라면 어떤 사람이어야 할지 모르겠어요." 또는 회기 중에 부모, 자식, 아내 등으로 존재하는 것 이외에

내담자가 진정으로 원하는 게 무엇일지 논의할 때 혼란스러워하고, 화를 내거나, 또는 물러나는 모습을 보임).
➤ 삶의 상황이 고정되어 변하지 않거나 영구적이라고 논의함. 혹은 어떤 상황에서든 변화에 대해 위협을 느낌(예를 들어, 이혼에 직면한 상황에서 부유한 부부에 속해있는 자기 개념과 관련된 생활 수준을 상실할까 봐 두려워함).
➤ 과거 요인으로 인해 달리 행동할 수 없다는 설명에 매달림(예: "그건 외상후스트레스장애 때문에 할 수 없어", "난 학대를 당했기 때문에 이 모양이야", "나는 학대를 당했기 때문에 언제나 불안할 거야").
➤ 일반적으로 자신을 잘 표현하지 못하거나 "제가 누군지 모르겠어요." 또는 "저는 제 자신이 없어요."와 같이 말을 함.
➤ 자신이 계속 변한다고 보는 관점에 두려움을 표현하거나 평가를 함.

맥락으로서 자기 지표

➤ 자기 삶에 존재하는 규칙과 이야기에 관해 어느 정도 유용하지만 삶의 선택을 결정하지는 않는다고 단순히 언어적 공식화로 이해하는 능력을 보여주는 표현(예: "학대를 당했기 때문에 건강한 대인관계를 맺을 수 없다고 다시 믿기 시작했다는 걸 알아차렸어요. 하지만 저는 학대가 저 자신 혹은 제가 뭘 할 수 있는지 규정하지 않는다는 것을 알아요", "저는 항상 저 자신을 엔지니어라고만 생각했기 때문에 직업을 바꿀 가능성에 대해 생각해 본 적이 전혀 없었어요. 하지만 지금은 제가 정말 예술적이고 창조적인 것을 더 좋아한다는 사실을 깨닫고 있고 뭔가 다른 일을 시도해보고 싶어요").
➤ 관점 취하기에서 유연성이 있고 다른 사람의 관점을 쉽게 받아들임(예: "어머니는 가끔 저를 짜증 나게 하지만 정말 최선을 다해 노력하고 있다는 것을 이제 알겠어요." 혹은 치료자에게 "제게 일어났던 이 모든 일을 듣는 게 선생님에게는 아주 편안한 듯 보여요."라고 말함).
➤ 자기 경험을 유연하게 관찰하고 오래된 규칙이 떠오르기 시작할 때나 자

신에 관한 생각에 낚일 때를 쉽게 포착함(예: 오래된 행동 패턴을 이야기할 때 미소를 지음. "선생님이 그걸 이야기했을 때 '넌 새로운 것을 시도하는 사람이 아니잖아.'라고 하는 오래된 생각이 드는 걸 막 알아차렸어요."와 같이 말하거나 "우울해요." 대신에 "우울한 생각을 하고 있어요", "전 나쁜 사람이에요." 대신에 "제가 나쁜 사람이라는 생각이 들었어요."라고 말하는 것처럼 자기 경험을 이야기할 때 "나는 ~이다."라는 말 대신 "나는 ~ 생각을 하고 있다."라고 표현함).

- 예전에 가치에 따른 행동을 방해하는 기능을 했던 사고 패턴이나 다른 경험을 냉정하게 탐색하는 능력.
- 힘들었던 과거가 있더라도 새로운 행동과 가치를 선택할 수 있다고 알아차림.(예: "저는 외상후스트레스장애를 앓고 있지만, 너무 무서워서 삶을 살지 못하게 되지 않으려고 기꺼이 노력할 거예요.")
- 맥락에 따라 다양한 자기 개념을 유연하게 연결하고 모든 다양한 역할과 자기 개념화에 걸쳐 안정적인 관점을 가짐.

수용과 자발성:
마음의 고통이 있을 때도 가치 있는 삶을 살아가기

이 절에서는 고통, 가치, 수용의 상호연결성을 살펴보려 한다. 치료받을 때 사람들을 가장 힘들게 하는 문제가 가장 중요하게 여기는 것과 관련이 있을 때가 많다. 내담자들이 "저는 너무 두려워서 그렇게 할 수 없어요." 같은 말에서 단지 탈융합을 하도록 도와주는 대신 그 문장 속에 포함된 가치에도 초점을 맞춘다면 치료 작업에서 무엇이 가능해질까? 그러한 말속에는 어떤 가치가 있을까? 조금만 알아보면, 내담자가 다른 사람들과 관계를 맺을 때 마음을 열고 진심으로 대하는 것에 깊은 관심이 있다는 사실을 발견할 것이다. 만약 새로운 대인관계를 망치는 것이 매우 중요한 어떤 것을 회피하고 있음을 의미하거나 과거에 소중한 관계를 상실한 고통과 관계있다면 어떨까? 직장에서 실수할까 봐 심한 두려움을 느낀다면 자신이 직장에서 기여하는 바에 큰 관심이 있음을 의미한다. 고통, 괴로움, 두려움 그리고 상처는 누군가가 하고 있는 (혹은 하고 있지 않는) 뭔가가 중요하다는 사실을 보여주는 지표일 수 있다. 두려움 때문에 자신에게 가장 중요한 것을 부정하고 적극적으로 망치거나 회피할 수 있다. 그래서 가치를 위해서는 가치 기반의 선택을 할 때 생길 수 있는 모든 경험을 수용하는 법을 배워야 한다. 사람들, 관계 혹은 삶의 다른 중요한 측면을 중요하게 여기기 때문에 생기는 잠재적 상처와 심리적 고통이 우리 자신의 가장 소중한 가치와 관련이 없었다면 우리 대부분이 이러한 경험에 마음을 열려고 하지 않았을 것이다.

내담자의 심리적 고통이 그들에게 가장 중요한 것과 연관이 있을 때 자기 개인 경험을 더 잘 받아들인다. 수용은 치료의 전체 과정에 걸쳐 순간순간 조금씩 진행될 수 있다. 저자들의 경험에 따르면, 수용은 수용해야 할 심리적 고통이 가치와 떨어질 수 없는 관계에 있을 때 가장 강력하다. 이 절에서는 내담자들의 고통을 자신이 가장 중요하게 여기는 것과 연결함으로써 수용을 함양시키는 방법을 제시하고자 한다.

가치 활동을 방해하는 경험을 조사하기

내담자는 자신의 감정이 가치 있는 삶을 사는 데 방해가 된다고 말할 수 있다. 그러나 스트레스를 받을 때는 자신을 괴롭히는 내면 경험을 잘 인지하지 못할 것이다. 개인 경험을 인식하는 데 어려움이 있는 내담자는 많은 경우 그 경험에 압도당하고 가치를 향한 움직임을 멈춘다. 이런 경우에는 내면 경험이 크고, 무섭고, 예측 불가능한 사건으로 보이기 때문에 수용이 어려워진다. 결과적으로, 그런 내담자는 원치 않는 경험을 야기할 수 있는 상황을 피하게 된다. 수용의 도구를 가지고 있지 않으면 가치 활동을 할 기회를 놓칠 수 있다.

경험에 이름을 붙이는 연습은 자기 경험을 더 작은 덩어리로 나누는 데 도움이 된다. 경험을 작게 나눔으로서 더 쉽게 인식할 수도 있고, 회피 같은 경험의 기능을 더 쉽게 식별할 수 있다. 내담자가 치료 공간에서 감정을 회피하거나 감정에 압도당했을 때 또는 최근 상황이나 사건과 관련된 개인 경험 때문에 힘들다고 표현할 때 이런 연습이 유용할 수 있다. 기본적으로는 내담자가 자기 경험에 대해 말하고 있는 동안 속도를 늦추고 경험의 여러 측면을 "생각", "감각", "기억" 또는 "감정"이라고 이름 붙이도록 요청한다. 원치 않는 경험의 여러 부분을 천천히 허물고, 각 부분에 대해 심리 공간을 만들어 냄으로써 자발성을 구축할 수 있다. 연습은 언제나 내담자의 가치를 위한 것이어야 한다. 집 밖을 나갈 때 두려움과 다른 감정들에 압도되어 고통받았던 마르쿠스를 생각해 보자. 마르쿠스는 두려움을 느끼지 않게 된다면 모를까 그렇지 않고서는 두려움을 극복할 가망이 없다고 여겼다. 마르쿠스에게 가장 소중한 것은 여섯 살 아들이라고 말하기도 했다. 아빠가 소년 야구 리그 경기를 보러 오기를 아들이 간절히 바랐음에도 불구하고 마르쿠스는 경기 보러 가기를 매우 힘들어했다. 회기에서 치료자는 그가 느꼈던 신체의 생리적 감각, 그 감각에 대해 지녔던 생각과 평가, 두려움에 대한 수용 연습을 함께 작업했다. 마르쿠스는 경험의 각 부분에 이름을 붙이면서 알아차리기를 연습하였고 아들과 관계에 중요한 것을 행동하려고 집을 나설 때 그러한 내면 경험이 존재하도록 기꺼이 허용하는 자발성을 함양하였다.

당신은 무엇을 포기해야 하는가?

치료받으러 오는 많은 내담자는 자신의 가치를 어떻게든 축소하려 한다. 특히 다른 사람과 관계에 대해서는 가치를 최소화하려 한다. 고통, 슬픔, 두려움, 다른 사람으로부터 물러나는 표현과 자신의 욕구를 축소하는 표현은 대개 고통이 내담자에게 정말 중요한 것을 감추고 있다고 알려주는 지표다. 예를 들어, 로레타는 서먹서먹하고, 무뚝뚝하고, 무례한 남편 때문에 좌절하고 화가 나서 치료를 받으러 내원했다. 남편의 무례한 행동에 격분하고 남편의 최근 "실수"에 대한 이야기를 나누며 많은 치료 시간을 보냈다. 로레타는 한동안 친밀한 관계와 연관된 어떠한 개인 가치도 인정하지 않았다. 그냥 남편이 얼간이가 아니었으면 한다거나 단지 평화롭게 살고 싶다고 말할 뿐이었다. 그러나 어느 정도 탈융합과 수용에 관한 작업을 한 후 로레타는 약간의 당혹감과 수치를 느끼며 남편이 자신을 푸대접할 때 슬펐다고 표현했다. 분노는 남편과 대화할 때 떠오른 감정으로부터 도망가는 방법이었음이 치료자와 로레타 모두에게 분명해졌다. 로레타는 만약 남편이 변하기만 한다면 자신의 기분이 나아질 것 같다고 말했다. 게다가 로레타는 남편으로부터 이런 슬픔, 외로움, 좌절을 느끼고 싶지 않다고 말했다. 그런 감정들이 없어지기를 바랐다. 치료가 계속되면서 치료자는 로레타를 심리 고통의 이면에 깔려 있었던 가치로 안내했다. 이어지는 대화를 살펴보자.

치료자	그래서 이런 감정이 나타나고 이런 감정을 별로 좋아하지 않음을 알아차렸네요. 이런 감정을 없애려고 할 때 잃어버리는 건 뭘까요?
로레타	(냉소적으로 웃으며) 남편이요! 글쎄요, 진지하게 생각해 보면, 아마 관계를 잃게 되겠죠.
치료자	그 관계뿐 아니라 다시는 외롭거나 슬프지 않기 위해서 앞으로 맺을 어떠한 다른 관계에서도 그 관계가 잘될지 말지 신경 쓰는 것을 그만둬야 할 겁니다. 그러면 어떻게 관계에 대해 마음을 쓰지 않을 수가 있을까요?
로레타	글쎄요, 아무것도 중요하지 않은 척할 수 있겠죠. 하지만 오랫동안 그렇게 해왔는데... 즐겁지 않았어요.
치료자	자, 마음대로 신경을 꺼버릴 수 없다면 아마 모든 관계를 포기해야 할 겁니다. 다시는 슬픔을 느끼지 않도록 남편과 관계와 심지어 딸이나 여동생과 관계까지도 포함해서 미래의 모든 관계를 포기할 의향이 있나요?
로레타	아니요! 그건 싫어요. 특히 딸과 여동생은. 저는 딸과 여동생을 사랑하고 제 인생에서 그들 없이는 살 수 없어요.
치료자	이 색인 카드의 한 면에 "관계"가 있고 다른 면에 "슬픔과 외로움"이 있는 것 같습니다. 그래서 관계가 고통스러운 만큼 슬픔을 버리기 위해서는 관계에 대한 관심도 포기해야 합니다. 누구와 관계든 말이죠. 이 카드 전체를 버려야 할 거예요. 그냥 한쪽만 지우고 나아갈 수는 없어요.
로레타	와, 저는 그렇게 생각해 본 적이 없었어요. 항상 "남편을 바꾸면 기분이 나아질 거야."라고 생각했었어요. 하지만 선생님 말씀이 맞네요. 제가 늙어 죽을 때까지 혼자 살아야만 사람에 대한 관심을 끌 수 있을 것 같아요.
치료자	대인관계에서 로레타에게 중요한 뭔가가 있는데, 중요한 것에 다가가는 이런 노력을 매일 할 수 있게끔 기꺼이 공간을 만들어 둘 수 있겠어요? 남편을 바꾸라고 말하는 게 아닙니다. 하지만 만약 관계를 소중히 한다는 사실을 바탕으로 자신이 어떻게 행동하고 싶은지 선택할 수 있다면 어떨까요?
로레타	물론 그럴 마음이 있죠. 남편과 문제에 얼마나 도움이 될지는 모르겠지만 기꺼이 시도해볼게요.

이 사례에서는 화를 내는 것이 가치에 일치하지 않는 행동이고 이 행동의 대가가 무엇인지 내담자와 함께 자비롭게 바라봄으로써 좀 더 효과적인 가치 기반의 행동 패

턴과 상호작용을 할 수 있는 기초를 마련하였다. 로레타에게는 가치를 충실히 지키는 것이 남편과 관계 문제에 대한 최선의 방법을 심사숙고하는 데 도움이 되었다.

가치는 수용을 위한 맥락을 제공한다

로레타의 분노가 관계를 소중히 여기면서 생긴 고통을 감추고 있었던 것처럼, 때때로 내담자는 치료에 와서 소중히 여기기 때문에 생기는 자신의 고통이 얼마나 견디기 어려운지를 이야기한다. 이러한 종류의 고통을 가치와 연결함으로써 수용이 가능한 맥락을 조성할 수 있다. 아나스타샤는 40살 어머니로 최근에 이혼하고 생긴 불안 문제를 치료받기 위해 내원했다. 아나스타샤는 소중한 관계를 잃어버리는 것이 너무 두려워서 나중에 상처받거나 버림받았다고 느끼지 않기 위해 가까운 사람들로부터 멀어졌다.

아나스타샤와 치료자는 다른 사람과 사이에 느끼는 친밀함에 관한 그녀의 가치를 자세히 살펴보았다. 그녀는 다른 사람들이 구제 불능이라고 여길 방식으로 자신이 행동했다고 느꼈을 때 관계에서 멀어지는 과거 패턴을 깨달았다. 너무 우울해서 침대 밖으로 못 나가겠다고 느껴 가까운 친구와 하는 아침 모임에 나가지 못했던 것이 이 패턴에 해당한다. 그녀는 사과할 때 친구가 받아주지 않는 상황을 가장 두려워했다. 자신이 약속에 참석하지 못한 것을 만회하려고 노력하지 않고 서둘러 관계를 끝내는 결정을 선택했다. 관계를 끝내면 사과해야 하는 불편함, 다른 사람이 화가 나 있을 거라는 두려움 그리고 최선을 다했는데도 거절당하는 것에 대한 실망감을 피할 수 있었다. 친구들과 단절에서 오는 고통에 따라 드러난 가치를 깨닫고 아나스타샤는 두려움을 수용하고 가치를 따라 사는 것을 기꺼이 연습하고자 했다. 친구에게 전화를 걸어 용서를 구하고, 우정에 대한 감사를 나누고, 아침 식사 일정을 다시 조정함으로써 수용과 가치에 따른 행동을 실천했다.

회기에서 수용과 회피를 깨닫기

치료관계에서 수용은 치료자가 자신과 내담자에게 자비롭게 행동함을 의미한다. 5장에서 논의한 바와 같이, 내담자 고통과 괴로움에 치료자가 함께하기 어려울 수 있고, 그 결과 내담자 고통과 관련된 주제를 회피하게 된다. 특히 정서적으로 힘든 주제를 다룰 때 치료자 자신의 불편함으로 인해 물러나거나 회피하고 있는지 알아차리는 것이 중요하다. 가끔 내담자의 고통을 깊이 파헤치기에는 치료 동맹이 충분히 강하지 않다고 느낄 수 있다. 아니면 단순히 치료 상황에서 내담자의 고통이 존재하도록 두는 게 불편하게 느껴져서 물러나거나 피하는 것이다. 후자의 경우, 인간의 고통으로 인해 치료받는다는 사실과 치료자라는 존재와 관련된 가치를 상기하는 것이 유용하다. 치료의 공간 속으로 괴로움과 고통이 들어올 때 치료자와 내담자 모두에게 경험 회피의 습관적 패턴이 나타날 것이다. 치료에 관한 치료자의 가치와 상충하는 회피 패턴을 발견했을 때 내담자와 함께 작업했던 같은 방식(개인의 가치에 상충하는 회피 행동을 자비로운 마음으로 알아차리고 가치를 위한 수용 훈련으로 돌아오는)이 치료자에게도 적용된다. 일반적으로 주의해야 하는 단서는 치료 파트너 양쪽에서 나타나는 외부 사건 혹은 개인 사건에 대한 회피와 경직된 행동 패턴이다. 더 구체적으로, 각 치료 파트너가 회피 혹은 수용에 참여하는 순간을 알아차리는 데 도움이 되는 지표를 아래에 제시하였다.

회피 지표

- 괴로웠던 경험을 이야기하거나 이야기를 계속하는 것에 저항을 보임.
- 고통스러운 경험을 설명하거나 나누도록 요청받았을 때 오랫동안 침묵함(특히 내담자가 개인 경험의 수용을 연습하는 순간과 대조적으로 치료의 진행을 막는 기능을 하는 순간).
- 시선을 피하는 것, 의자에 앉아 꿈틀거리는 것, 안절부절못함, 또는 경직되거나 움츠린 자세 같은 신체 언어(특히 고통스러운 경험을 이야기할 때).
- 고통스러운 경험을 이야기하려고 하거나 이야기를 하는 도중 주제를 바꾸거나 말하는 양이나 속도가 현저하게 증가 또는 감소함.
- 치료 회기에 자주 또는 이유 없이 지각하거나 혹은 결석함. 특히 힘들었던 치료 바로 뒤 회기에 이런 일이 발생함.
- 치료 회기에서 혹은 회기 밖에서 과제를 하지 않음(이런 경우 치료자와

내담자 모두 경직된 행동을 하고, 행동 목록이 축소되고, 치료가 껄끄럽게 느껴짐).

수용 지표
- 자신과 치료 파트너에게 친절한 언어표현을 함.
- 자신과 치료 파트너를 수용하는 언어표현을 함.
- 괴로웠던 경험, 기억, 과거 사건을 기꺼이, 유연하게 혹은 자비롭게 언어적으로 표현함(예를 들어, "오, 고통님 여기 다시 오셨네요. 돌아온 걸 환영해요."처럼 힘들었던 경험을 장난스러운 표현으로 반응함).
- 괴로웠던 경험, 기억, 과거 사건을 기꺼이, 유연하게, 혹은 자비롭게 비언어적으로 표현함(미소, 끄덕임, 개방적 자세, 속도를 늦추고 감정이 현재에 머물게 함, 감정 경험을 서두르거나 끝내지 않고 울음을 허용함 등).
- 기꺼이 다른 사람의 관점에서 보려는 의지(특히 치료자가 내담자의 관점으로 봄).
- 타인의 괴로움을 기꺼이 경험하고 지켜봄.

요약

이번 장에서는 융합, 개념으로서 자기의 우세함 그리고 회피에서 벗어날 수 있도록 도와주는 다양한 치료 전략의 소개를 통해 내담자가 가치 있는 삶을 함양할 수 있도록 했다. 이번 장에서 때때로 "마음챙김 과정"이라 불리는 4개의 수용전념치료 과정에 중점을 두어 각각의 과정이 가치와 어떻게 연결되는지 보여주었다. 다음 장에서는 가치 기반 행동을 만들고 유지하기 위해 또 다른 핵심 수용전념치료 과정인 전념 행동을 어떻게 발전시키는지 소개할 것이다.

8장
전념 행동을 개발하고 유지하기

7장에 제시된 모든 개입의 중심에 가치가 존재하지만 가치 방향으로 행동을 유지하는 데 핵심이 되는 전념 행동이라는 ACT 과정에 대해서는 아직 논의하지 못했다. 이 장에서는 장기적인 가치지향의 행동 패턴이나 전념 행동을 함양하는 방법에 초점을 맞추어 지금까지 논의된 여러 개념과 접근법을 통합할 것이다. 이 장의 목표는 전념 행동에 관한 지식을 넓히고, 가치 행동을 유지하는 방법 배우며, 내담자 행동뿐 아니라 치료자 자신의 행동에도 이러한 기술을 적용할 수 있도록 안내하는 것이다. 사례, 워크시트, 은유를 통해 전념 행동의 패턴을 만드는 방법에 관한 지식을 넓힐 것이고, 또 6장에서 언급되었던, 프랭크가 가치 과녁 워크시트를 계속해 나가는 모습을 따라가 볼 것이다. 6장에서 프랭크는 몇 가지 자신의 가치를 찾아냈고 이 장에서는 워크시트의 마지막 부분으로 이동하여 이를 가치 행동 계획을 수립하는 데 활용할 것이다.

다시 생각해 보면, 가치 행동은 단순히 가치 방향에 연결된 중요하고 의미 있는 행동이고, 떠오르는 모든 감정, 생각, 감각을 수용하면서 이루어진다. 만약 자신의 가치에 접촉하여 이에 따라 행동하면 강화의 기본 원리를 따르는 유사한 방식으로 다시 행동할 가능성이 증가한다. 이 장에서는 치료과정의 다양한 단계에서 전념 행동 작업이 어떻게 작동하는지를 검토할 것이다. 그러면서 ACT의 가장 중요한 목표인 유연성으로 돌아간다. 이 책의 앞에서 논의했듯이 유연성 개념은 특히 가치 행동과 관련하여 매우 중요하다. 이 시점에서 가치 행동과 유연성에 관한 몇 가지 요점을 되짚어보는 것이 적절할 것이다.

유연성: 가치 행위의 핵심 요소

유연성과 가치 있는 삶은 ACT에서 무엇보다도 중요한 목표이다. 유연성은 전념 행동과 관련하여 중요한 역할을 한다. 내담자가 가치에 기반을 두고 전념 행동을 선택할 때 처음에는 어느 정도 경직된 방식으로 시작할 수 있다. 분명 어느 정도는 일관성이 중요하지만 자칫 자신의 가치를 경직된 규칙의 집합처럼 여겨 너무 쉽게 꽉 붙들려고 할 것이다. 다시 기능으로 시선을 돌려보자. 예를 들어, "무슨 일이 있어도 매일 운동하자."와 같이 삶에서 어떤 일을 하나의 경직된 규칙으로 여기며 전념 행동을 하다가 시간이 흐르면서 그 전념을 지키지 못하게 되었던 경험이 있지 않은가? 그런 경우 얼마나 빨리 스스로 규칙을 어기기 시작했고 전념을 지킬 수 없었던 이유에 관한 변명을 생각했었나? 또 아주 다른 상황에서 비슷한 행동에 전념한 적이 있는가? 전념 행동에 관한 진술의 다음과 같은 예를 살펴보자. "운동을 하면 기분이 좋아지므로 나는 일주일 동안 가능한 한 많이 운동하기로 선택한다. 운동하기 힘든 상황이 오더라도 운동을 우선으로 삼을 것이고 또 실패하더라도 이 전념을 계속 지켜갈 것을 서약한다." 운동에 전념하는 똑같은 행동이 첫 번째 경우는 혐오적 통제 아래에 놓여있지만, 두 번째 경우는 유연한 유인적 통제에 놓여있다고 말할 수 있다.

　여기서 요점은 전념이 이 일련의 과정을 강경하게 고수하는 것이 아니라는 사실이다. 즉, 전념 행동을 기꺼이 이어갈 자발성이 있어야 하고 동시에 그 과정을 자주 재평가하는 데 열려 있어야 한다. 예를 들어, 매일 운동에 전념하던 내담자가 퇴근 후 너무 긴 시간을 헬스장에서 보내고 있어서 여자 친구가 몹시 그리워짐을 알아차린다면, 어떤 날은 일찍 일어나서 출근 전에 운동하거나 주중에 헬스장에 가는 횟수는 줄이되 한 번 갈 때 운동시간을 늘리거나 혹은 자전거 타기, 하이킹, 달리기와 같이 여자 친구와 함께 할 수 있는 신체 활동 찾아보는 등으로 유연성을 보여줄 수 있을 것이다. 전념 행동이 일련의 과정에 충실해야 하지만 적절한 상황에서 과정을 변경하지 못할 정도로 경직되지는 않아야 한다. 행동의 형태 변화가 기저의 가치 변화를 의미하지는 않는다. 따라서 가치와 전념 행동을 기능적으로 평가하는 것이 중요하다. 가치 목표에 가까이 다가가게 하는 일련의 효과적인 과정에 가치를 유연하게 적용하면 가치 행위 패턴을 오래 유지할 수 있다. 가치를 추구하는 과정 하나하나마다 7장에 언급된 마음챙김 기술을 적용하고, 무엇이 우리에게 효과가 있는지의 경험에 기반을 두고 그 과정을 조금씩 수정하는 것이 유익하고 적응적이다.

그럼, 어디서 전념 행동을 시작할까? 다음 절에서 우리는 내담자가 자신이 언급한 가치에 의해 주도되는 전념 행동을 시도하도록 돕는 방법을 설명할 것이다.

가치에 따라 시도해보기

가치의 강화 속성을 경험하려면 내담자가 자신의 가치를 향해 나아가기 시작해야 한다. 그러나 선택에 관해 이야기하거나 가치 방향으로 행동을 시작할 때 내담자는 흔히 다음과 같은 반응을 보인다. "하지만 어떻게 선택해야 할지 모르겠어요. 저를 위해 무엇이 최선인지 모르겠어요!" 이렇게 얘기한다고 해서 내담자가 선택할 수 없음을 의미하는 것이 아니다. 단지 선택할 수 없다는 생각에 융합된 것이다. 진정 중요하다고 생각한 것을 향해 다가가기보다 이유를 대거나 머릿속에 갇혀 감정과 인지 "문제"를 해결하려고 애쓰는 게 얼마나 쉬운 일인지 이미 언급했었다.

여기서 가치의 강화 속성과 접촉할 수 있게 해주는 간단한 연습을 소개한다. 연습 목표는 갇혀 있는 내담자를 움직이게 함으로써 정적 강화와 접촉하는 것을 염두에 둔 것이다. "가치에 따라 시도하기"란 내담자가 가치를 선택하고 그 방향으로 나아가는 방법, 즉 자신의 가치에 따라 행동하는 법을 아는 사람처럼 행동하도록 격려함을 의미한다. 이 연습을 하는 동안 내담자가 마음챙김 상태에 머무르면서 지금까지 배워온 모든 과정을 활용하도록 격려하는 것이 중요하다. 내담자에게 이 연습을 제안하기 전에 치료자 자신이 최소한 수용, 탈융합 그리고 현재 순간 알아차리기 과정과 이와 관련된 기술을 다루어 볼 것을 권한다. 이는 가치 있는 움직임을 내딛고 이것의 강화 속성을 경험할 수 있게 내담자를 준비시켜줄 것이다. 이 연습은 내담자가 특정 전념 행동이 자신에게 효과가 있는지를 알 수 있게 도와줄 것이다. 또한, 내담자가 선택한 가치와 그 방향으로 나아가는 단계에 대해 마음이 그 순간에 말한 것에 근거해서 판단하지 말고 어느 정도 시간이 지난 후에 평가하도록 격려해야 한다.

판단을 경계하는 것이 이 연습의 중요한 부분이다. 어느 정도 미리 합의한 시간이 지나기 전에는 선택한 가치가 "좋다" 혹은 "나쁘다"라고 평가하거나 가치가 자신에게 적합한지 아닌지를 평가하지 않도록 한다. 이 기간에 내담자가 해야 할 일은 가치를 평가하기보다는 다른 사람들이 자신을 어떻게 대하는지, 다른 사람에 대해 어떻게 느끼는지 혹은 직장이나 여가활동과 같은 다른 삶의 영역에서 어떻게 느끼는지 등과 같이 행동의 결과를 단순히 알아차리고 실행하기로 서약했던 행동을 계속해 나가는 것이 되어야 한다. 이 과정에서 내담자는 회기 전 치료 과정에서 배워온 모든 것을 사용하도록 권유받는다. 여기에 회기에서 안내 자료로 사용하거나 과제로 할당할 수 있는 단계별 워크시트가 있다. 당신이 손쉽게 워크시트나 과제 할당으로 활용할 수 있도록 내담자를 위한 간단한 설명을 제시하였다.

가치에 따라 시도하기 10단계

이 연습의 목적은 일주일, 2주나 한 달처럼 특정 기간 무엇이든 하나의 가치를 시도해 보는 것에 전념하고 이 기간에 인지한 모든 것을 단순히 알아차리는 것이다. 이 연습은 옳고 그름에 관한 것이나 완벽한 가치를 찾는 것이 아니고 가치에 전념하고 그 결과를 알아차리는 연습이다. 무엇이 자신에게 효과적이고 효과적이지 않은 것에 관한 감각이 발달하려면 이 연습을 같은 가치 또는 서로 다른 가치들로 한 번 이상 해 보는 것이 필요함을 알게 될 것이다. 이 작업을 하는 동안 경험하는 모든 것이 치료에 중요한 정보가 된다.

1. **가치를 선택하라**. 최소 일주일 동안 기꺼이 연습할 가치 하나를 선택하라. 자기 자신이 실행할 수 있어야 하고 소중히 여기는 가치여야 한다. 다른 사람들을 변화시키거나 변화시키기 위해 조종하려는 시간이 되지 않아야 한다.
2. **반응에 주목하라**. 선택한 가치가 좋은지 나쁜지 또는 정말로 관심을 두고 있는 가치인지 아닌지에 관해 떠오르는 반응이라면 뭐든지 알아차려라. 선택한 가치가 어떠한지에 관한 모든 생각을 그저 알아차리기만 한다. 마음이 하는 일은 생각을 만드는 것임을 기억하라. 이 연습을 계속하는 동안 마음이 원래 하는 일을 하게 내버려 두라.
3. **가치와 일치하는 행동 목록을 만들어라**. 잠시 시간을 내어 선택한 가치와 일치하는 몇몇 행동을 목록화하라.
4. **하나 혹은 그 이상의 행동을 선택하라**. 이 목록에서 지금부터 다음 회기까지 (또는 앞으로 진행할 몇 번의 회기까지) 전념해서 실행할 수 있는 한 가지 또는 일련의 행동을 선택하라.
5. **판단을 알아차려라**. 이것이 "좋은" 행동인지 아닌지, 이 행동을 좋아할지 말지, 전념하고 있는 행동을 실제로 할 수 있을지 그렇지 않을지 등에 관해서 떠오르는 무엇이든 알아차려라.
6. **계획을 세워라**. (오늘, 내일, 이번 주말, 다음번 상사와 회의 때 등) 조만간 어떻게

이 가치를 실행할 것인지에 관해 자세히 기술하라(누군가에게 전화하고, 집을 청소하고, 약속을 정하는 것 등 어떤 행동이든지). 이런 행동을 하기 위해 계획하거나 해야 할 필요가 있는 어떤 것이든 고려하라. 그런 다음 언제 실행할 것인지를 선택하라.(빠를수록 좋다.)

7. **그냥 행동에 옮겨라**. 과제 할당을 다른 사람에게 얘기하지 말라. 이 행동이 다른 사람들과 관련이 있다 하더라도 당신이 뭘 하고 있는지 다른 사람에게 말하지 말라. 실험이나 과제로 이 행동을 하고 있음을 다른 사람에게 알리지 않고 이 가치를 실행할 때 무엇을 알아차릴 수 있는지 살펴보라.

8. **전념하라**. 합의된 회기까지 매일 계획을 따르는 것에 전념하라. 계획을 따르는 동안 나타나는 모든 것을 알아차려라.

9. **일어나는 일에 관해 매일 일기를 써라**. 행동하기 전, 행동하는 동안, 행동한 이후 자신에 대한 다른 사람의 반응, 자기 생각이나 느낌 또는 신체 감각 그리고 1, 2, 5, 10 또는 100번째 이 행동을 할 때 어떻게 느낄지를 포함하여 뭐가 나타나는지 찾아보고 일기에 기록하라. 이 활동, 가치 또는 가치 방향에 대해 좋은지 나쁜지에 대해 평가를 하지 않도록 경계하라. 다른 사람에 대한 판단이나 이 가치에 따라 사는 자신에 대한 판단을 조심하라. 그러한 생각에 대해서 부드럽게 마음에 감사하라. 그리고 그 활동이나 가치에 관한 평가나 판단을 믿지 않기로 선택할 수 있는지 살펴보라.

10. **성찰하라**. 치료자와 미리 약속한 회기에 일기를 가져온다.

회기에서 이 연습이 어떻게 사용되는지를 설명하기 위해서 대부분 시간을 침대에서 보내는 우울한 내담자 안나의 사례를 살펴보자. 안나는 밤낮으로 침대에 머무르는 것이 자신에게 도움이 되지 않음을 머리로 이해한다. 그렇게 하면 더 우울해지고 침대에 누워 있는 한 삶을 회복하지 못할 것임을 알고 있다. 그런데도 안나가 침대에 누워 있는 동안 침대에서 일어나서 빠져나갈 수 없다는 생각이 들고 그 생각을 믿기 때문에 그냥 침대에 머무르게 된다. 치료자는 안나의 생각이 침대에서 일어나는 것을 방해하더라도 안나가 행동하게끔 격려하기 위해서 앞에서 제시한 연습을 사용했다. 다음은 안나가 회기 연습 중 지침을 읽으면서 보여준 반응이다.

1. **가치를 선택하라.** 제 건강을 챙기고 친구들과 활발하게 어울리고 싶어요.
2. **반응에 주목하라.** "모든 것이 불가능하게 느껴져."라는 생각이 즉시 떠오르지만, 좋아요. 지금은 그냥 그렇게 내버려 둘게요.
3. **가치와 일치하는 행동 목록을 만들어라.** 매일 아침 침대에서 나와서 샤워하기. 친구 패티에게 근처 카페에서 같이 커피 마시자고 문자 보내기. 미용실에 가서 머리 자르기.
4. **하나 혹은 그 이상의 행동을 선택하라.** 아마 미용실 가는 건 좀 기다려야겠지만 나머지는 다 해 볼게요.
5. **판단을 알아차려라.** 지금은 선택한 행동을 하겠지만 선생님이 저에게 그렇게 하라고 하는 것이 이상하게 느껴져요. 제가 할 수 없다는 것을 알고 있는데도 이 행동에 전념하겠다는 것도 이상하고요. 아마 이것도 생각이겠죠... 일단 생각들을 관찰할게요...
6. **계획을 세워라.** 내일 아침 10시에 패티에게 문자를 보낼 거에요. 부엌 식탁에서 메시지를 보낼 거니까 9시경에는 일어나서 커피를 마셔야 해요.
7. **그냥 행동에 옮겨라. 과제 할당을 다른 사람에게 얘기하지 말라.** 좋아요. 패티와 모든 걸 다 이야기하려고 서로 노력하는 편이긴 하지만 말하지 않을 수 있어요. 패티와 하고 싶은 다른 몇 가지 이야기가 있어요. 그러니 괜찮아요. 나중에 얘기해도 될 것 같아요.
8. **전념하라.** 그러니까 선생님을 다음 회기에 만날 때까지 매일 아침 침대에서

나와서 샤워를 할 겁니다. 당분간 그렇게 할 것이고, 그러고 나서 어떻게 될지 지켜보죠.

9. **일어나는 일에 관해 매일 일기를 쓰라.** *매일 일어나는 일을 글로 쓰면 아마 기억하는 데 도움이 될 거예요. 모든 것을 놓치지 않고 적으려고 최선을 다할게요.*

10. **성찰하라.** *물론, 일기를 다음 회기에 가져올 수 있어요. 사실 이건 조금 긴장되긴 하지만 그래도 제 결심을 잘 지켜나가는 과제를 수행할 거예요.*

내담자에게 연습을 소개하는 방법을 살펴보았으니 이제 할당된 연습 기간을 살펴보자. 일반적으로 일주일이 좋은 출발점이다. 합의된 회기 동안 내담자가 보인 반응을 함께 검토하라. 실험이 어떤 식으로 진행되었는지 전체적인 소감을 물어보라. 판단에 융합되지 않는 것이 좋다. 내담자가 알아차린 것을 살펴보자. 놀라웠던 것은 무엇인가? 실험을 진행하면서 더 어려워지거나 쉬워진 것이 있는가? 어떤 것이든 평가가 떠오르는 것을 내담자가 알아차렸는가? 1주 또는 2주라는 정해진 동안 어떤 행동에 전념한다는 것이 어떠했나? 가치에 따른 내담자의 행동에 대한 반응으로 다른 사람의 행동은 어떠했나? 이 중 어느 질문으로든 대화를 시작할 수 있다. 또한 내담자의 개인 반응도 물어보자. 어떤 느낌이 생겨났나? 생각이나 느낌으로 인해 가치 행위에 집중하기가 힘들었던 적이 있었나? 그 감정과 생각에 빠져들었을 때와 그렇지 않았을 때 결과가 각각 어땠나? 내담자에게 그간의 경과를 묻는 것은 스스로 경험을 알아차리게 하는 연습을 돕는 방법이다. 그리고 내담자의 마음이 '내 행동이 합리적이다, 옳다, 좋다, 유용하다.' 또는 그 밖에 무엇이든 이런 생각에 동의하지 않았음에도 불구하고 자신이 가치에 전념하였기에 행동할 수 있었음을 알아차리기를 희망한다.

자신이 선택한 가치를 평가하려 하거나, 어떻게 선택해야 도움이 될지 그 방법을 모르겠다고 생각하는 내담자와 함께 이 연습을 하면 도움이 될 것이다. 특히 한 번 이상 연습하는 게 더욱더 유용하다. 내담자가 한 가지 가치 작업을 1~2주간 시도하도록 한 다음 순차적으로 다른 가치 작업을 시도하라. 목표는 내담자가 원래보다 더 연장된 시간 동안 자신의 경험을 바탕으로 가치 행위를 평가하는 자신만의 방식을 유연하게 선택하고, 그 방식에 전념하고, 그 방식을 찾도록 돕는 것이다.

무엇이 가치를 지속하게 만드는가?

이 장의 주요 목표 중 하나는 장기적인 가치지향 행동 패턴 또는 전념 행동의 함양을 돕기 위한 도구를 제공하는 것이다. 이러한 논의 일부로 검토해야 할 핵심 요소는 가치 활동의 유지에 관한 ACT와 RFT 이론이다. 앞서 말했듯이, 가치란 자유롭게 선택한 규칙이자 행동학적으로 말하자면 혐오 조절 아래에서 벗어나 선택한 규칙이다. 가치 규칙의 영향 아래에 있는 행동을 선택하면 일반적으로는 미래에도 유사한 선택을 할 가능성을 높이는 강화 결과와 접촉하게 되고, 그 강화 결과가 계속되는 한 같은 종류의 행동을 비교적 높은 수준으로 유지하게 된다. 가치에 일치하는 삶을 계속해서 살게 되면 특정 강화 결과와 가치에 일치하는 강화라는 두 가지 유형의 결과를 접할 수 있게 된다. 두 가지 모두 가치를 지속하는 데 있어서 중요하다. 두 가지 모두 잠재적으로 내재적인 강화 결과에 해당하고 활동을 하는 것으로부터 강화가 발생한다는 의미이다. 이는 강화가 외부에서 인위적으로 제공되는 것과는 대비된다. 가치에 일치하는 강화는 가치 행위를 실천한 결과가 무엇인가에 상관없이 적용되고, 행동 패턴이 더 장기적으로 유지되는 데 중요한 역할을 한다. 이 두 가지 유형의 결과를 살펴보자.

특정 강화 결과

가치 행위를 하면 특정한 활동 자체로부터 한 가지 종류의 강화가 발생한다. 아래에 행동과 그 행동에 강화로 작용하는 결과의 몇 가지 예시를 제시하였다.

가치 행위	특정 강화 결과
어머니를 사랑하고, 나의 인생 안에 존재해줘서 기쁘다고 어머니께 말씀드리기	어머니가 나에게 감사하게 여기는 모든 것을 이야기하였다. 기분이 좋다.
따스하고 상쾌한 저녁에 산책하면서 석양을 감상하기	아름다움의 즐거움과 세상과 연결되어 있음을 느낀다. 마음이 더욱 차분해지고 나의 활동으로부터 에너지를 얻는다.

고양이를 돌보기	고양이를 껴안아 주고, 고양이가 현관에서 나를 반겨주고, 내가 필요한 존재이고 다른 생명체를 도울 수 있다는 느낌이 드는 일을 즐거워한다.

보다시피, 이 표에 적힌 각각의 가치 행위는 뒤따라오는 특정한 내재적 강화물을 제공한다. 사랑을 나눌 수 있는 어머니, 마음이 차분해짐, 반려동물에게 느끼는 애정 등의 결과가 특정한 내재적 강화물이다. 이 같은 결과가 생성되면 가치 행위가 다시 나타날 가능성이 커진다. 또한, 가치 활동에 참여하면 상당히 안정적으로 이러한 긍정적인 결과를 가져올 것이라고 기대할 수 있다. 사실 이런 이유로 이 활동들이 가치가 있고, 이러한 특정 활동이 일어나는 영역이 가치 영역이 된다. 표에 해당하는 영역은 가족, 영성 그리고 보살핌이다.

이런 가치 활동이 안정적으로 정적 강화 결과를 생성할 수 있다고 말했지만 가치 활동을 할 때마다 언제나 긍정적인 결과가 생긴다는 보장은 없다. 때로는 가치 활동에 참여하는 것이 심지어 혐오 결과를 가져올 수도 있다. 예를 들어, 어머니에게 사랑한다고 말했는데 어머니가 "글쎄, 왜 더 일찍 전화하지 않았니?"라고 대답할 수도 있다. 앞의 "느긋한" 산책으로 근육통을 겪게 되거나 비바람을 만날 수도 있고 고양이를 안아주려고 하는데 할큄을 당할 수도 있다. 이러한 종류의 결과는 앞에서 요약한 것만큼 그렇게 강화적이지 않다! 사실, 나머지도 다 이런 식이라면 이런 종류의 결과가 가치 활동에 다시 참여할 마음을 떠나게 만들 수도 있다. 그러나 우리는 가치 활동에 참여함으로써 얻게 되는 또 다른 결과가 있다고 믿는다. 항상 기대하는 만큼 정적 강화의 특정 결과를 얻지 못하더라도 가치 활동은 계속해서 이 활동으로 되돌아오도록 할 만큼 매우 강력하다.

가치에 일치하는 강화

가치 활동에서 유래된 두 번째 결과 유형을 가치에 일치하는 강화라 부른다. 이는 행동이 가치와 연결됨을 인식함으로써 생겨난다. 다음과 같이 설명할 수 있다. 가치란 자기 지향적 규칙으로 이 규칙에는 우리가 삶에서 되길 원하는 것에 관해 의도적으로 선택한 진술이 반드시 포함되어 있다. 이처럼 가치는 전부는 아니더라도 평범한 활동에서부터 가장 핵심적이고 중요한 활동까지 많은 삶의 활동이 분류되는 광범위한 위계적 관계망의 중심점이다. 의도적으로 가치에 일치하는 행동을 할 때 일관성이 있다는 감각을 경험하게 된다. RFT의 기술적 용어로 말하자면, 일관성 및 가능하다고 예상되는 미래의 보상이라는 관계에 따라 관계망 요소의 기능 변형이 발생한다. 여기서 일관성에 따른 관계망 요소의 기능 변형은 "내가 선택한 삶의 원칙에 따라 했으므로 이것이 나에게 의미가 있다."이고, (역주: 인간에게는 일관성이 자신의 행위에 의미를 부여하므로 그 행위는 이전에 없던 새로운 기능을 부여받은 것이다.) 미래의 보상에 따른 기능 변형은 "내가 선택한 삶의 원칙에 따라 행동하고 있으므로 이 원칙은 과거에도 올바른 길로 나를 인도해 왔고 앞으로도 계속 그 길로 안내할 것이다."가 된다.(역주: 자신의 행위가 미래의 보상을 받게 될 것이라 예상할 수 있다면 그 행위에는 원래 없던 새로운 기능이 발생하는 것이 된다.) 이런 방식으로 가치 활동은 삶에 의미를 부여한다. 본질적으로, 자신의 가치에 따라 행동한다는 규칙과 실제로 가치대로 행동하는 반응 사이의 일관성은 계속해서 가치에 일치하는 행동을 하게끔 자극하는 강화물을 만들어 낸다. 요컨대, 가치와 일치하는 행동을 하면 다시 가치와 일치하는 행동을 할 가능성이 커진다.

    강화의 이런 요소는 어머니가 쏘아붙일 때, 산책 후 피곤하고 아플 때, 혹은 고양이가 할퀼 때처럼 전념 행동을 하면서 즉시 "좋은" 느낌을 경험하지 못할 때 가장 중요하다. 각각의 경우, 경험 자체는 혐오 속성이 있을지라도 행위가 가치와 연결되어 있으므로 강화를 경험하게 되고 향후 그 행동 또는 비슷한 행동을 다시 할 가능성이 더 커질 수 있음을 의미한다. 이런 종류의 강화에 접촉하지 못한 상태에서 어머니가 쏘아붙인다면 날카롭게 대답하거나 대화를 끝내거나 한동안은 어머니에게 사랑한다고 다시 말하지 않을 것이다. 이 모든 행위는 어머니에 관심을 두는 자신의 가치와 일치하지 않는다. 그러나 어머니에게 사랑하는 마음을 전달하고자 하는 가치를 인식하고 있다면 대화를 이어가고, 어머니의 쏘아붙이는 말을 무시하거나, 나중에 마음을 표현할 수 있는 다른 방법을 찾아보는 등 가치에 일치하는 삶을 좀 더 지속할 수 있을 것이다. 당신의 진술에 어머니가 어떻게 반응하더라도 공간을 만들고 있어서 심리적으로 유연해지는 것이다. 게다가 이 특정한 경우가 가치와 일치함으로써 발생하는 강화로 인해 미래에 다시 이 가치에 따라 행동할 가능성이 커진다.

다음 예는 가치 활동에서 가능한 혐오 결과와 이에 상응하는 가치에 일치하는 강화물의 몇 가지 예시이다.

가치 행위	특정 혐오 결과	가치에 일치하는 강화
어머니를 사랑하고, 나의 인생 안에 존재해줘서 기쁘다고 어머니께 말씀드리기	어머니는 내가 몇 주간 전화하지 않았다고 화를 내셨다.	어머니를 사랑하는 나의 마음을 표현했다.
따스하고 상쾌한 저녁에 산책하면서 석양을 감상하기	피곤해서 정신이 빙빙도는 것을 멈출 수가 없다. 이제 폭우까지 내린다.	매일 운동하고 나 자신을 위한 시간을 가진다는 가치를 실천하고 있다.
고양이를 돌보기	고양이 주변을 걸어 다닐 때마다 내 발목을 할퀴고, 불러도 다가오지 않고, 밤새 울어 댄다.	나는 반려동물 돌보기를 좋아한다. 또 고양이들의 변화무쌍한 행동을 바라보는 것을 즐긴다.

이 표를 통해 가치와 연결되어 무언가 행동하는 것이 왜 중요한지 알 수 있다. 여기서 제시된 행동이 이전에 언급된 행동과 정확히 같지만, 제시된 결과는 실제로는 한 사람에게 동시에 두 가지 결과가 발생함을 보여준다. 각각의 경우에 혐오 결과가 발생할 수 있지만 행동한 사람이 그 행동의 밑바닥에 깔린 가치와 접촉하고 있다는 사실 덕분에 또 다른 결과가 발생할 수도 있다. 각각의 경우에 그 사람은 가치에 일치하게 살아왔고, 수용이나 탈융합 또 다른 과정을 통해서 때로는 부정적이거나 다른 불쾌한 결과가 발생하더라도 다시 가치에 일치하는 행동을 하기로 선택할 수 있다. ACT에서는 상당한 시간 동안 내담자가 자신의 행동에 관한 특정 강화 결과를 많이 경험하게 되기를 희망한다. 그러나 때로는 가치에 일치하는 삶에서 강화를 발견하는 법을 반드시 먼저 배워야 할 때도 있다.

가치 행위를 선택할 때 심리 유연성을 사용하면 그 선택은 실효성과 가치에 일치하는 삶에 기반을 두게 될 것이고, 선택은 그 결과에 따라서 진화하게 된다. 그러나 궁극적으로 가치 행위 중 적어도 일부는 특정 강화 결과를 통해 강화되어야 한다. 그렇지 않으면 장기적으로 그 가치 행위를 유지하기가 어렵다. 그리고 내담자는 종종 개인 환경이 그렇게 강화적이지 않음을 깨닫는다. 학대하는 배우자, 비참한 상사 또는 불우한 가정 등이 그러한 예다. 따라서 장기적으로는 정적 강화가 결핍된 상황이라도 내담자가 정적 강화를 구할 방법을 조금이라도 찾게끔 도와줄 필요가 있다. 예를 들어, 내담자가 어느 정도의 특정 강화 결과를 경험하기 위해 산책하거나, 테라스에서 식사하거나, 좋아하는 음악 듣는 등 하루에 자신을 돌보는 활동을 적어도 한 가지 정도는 실행할 수 있다. 시간이 지남에 따라 내담자가 유사하게 강화를 주는 더 많은 삶의 영역을 찾아내거나, 다른 환경에서 특정 강화 결과를 얻기 위해 주변 환경을 변화시키려는 의지를 발휘하도록 도움을 줄 수 있다(예: 새로운 일자리 얻기, 이사하기, 학대하는 배우자와 헤어지기 등).

관련 주제 한 가지를 살펴보면, 전념 행동은 결코 실제로 확인할 수 없는 결과를 향해 노력하는 것을 포함할 수 있다. 이런 경우에는 아마 틀림없이 가치에 일치하는 강화가 더욱 중요할 것이다. 그렇지만 이런 가치 행동에서조차도 여전히 특정 강화 결과를 경험하는 것이 중요하다.

지구 환경 보호를 가치로 두는 사람을 생각해 보자. 그가 결코 "건강한 지구"라는 결과를 볼 수는 없겠지만 자신의 가치에 기반하여 계속해서 재활용하고, 카풀을 하고, 집안의 에너지 효율을 높일 것이다. 이런 방식으로 행동함으로써 분명히 가치에 일치하는 강화를 끌어낼 것이다. 그러나 인생을 사는 동안 달성하지 못할 확인할 수 없는 결과를 얻기 위해 행동을 유지하려면 개인의 가치 활동 과정에서 특정 강화 결과를 얻는 것도 중요하다. 예를 들어, 동료 환경 운동가로 구성된 사회 네트워크를 통해 언어적 강화를 얻거나 친환경 정원을 가꿈으로써 만족을 경험할 수도 있다. 이것이 가치의 아름다움이다. 우리는 결코 볼 수 없는 결과를 향해 작업하지만 그 가치에 일치된 활동에 참여했다는 것으로 강화를 얻고 가치에 일치하는 행동 패턴을 유지할 수 있다.

다음 절에서 내담자의 가치 활동 계획을 수립하도록 돕는 구체적인 방법을 살펴볼 것이다. 6장에서 설명한 가치 과녁 워크시트의 마지막 부분을 사용해서 프랭크와 치료자가 가치 활동 계획 작업을 함께 해 나가는 것을 계속 추적 관찰할 것이다.

가치 과녁 워크시트를 활용하여 전념 행동 촉진하기

가치 기반 치료의 장기적 목표는 내담자가 가치 고유의 내재적 강화를 장기간 지속해서 접촉하고 선택한 가치 행동을 늘리도록 돕는 것이다. 이러한 강화와 접촉하기 위해서 내담자는 가치 방향으로 이끌어 줄 것으로 생각되는 시도를 시작해야만 한다. 3장의 내용을 상기해 보면 내담자는 종종 자신감을 느끼고 확신하고 싶다고 하거나 전념 행동을 실행하기 전에 그 결과를 알길 원한다고 말한다. 그러나 평가할 자료가 없으므로 도전하기 전에는 행동을 평가할 수 없다. 움직이기 전에 의지할 수 있는 것이라고는 우리의 마음이 전부지만 우리는 가치에 관해서 마음이 항상 좋은 정보원이 아님을 이미 알고 있다.

가치 과녁 워크시트 마지막 D 파트의 목표는 내담자를 내재적 강화물과 오랫동안 계속해서 접촉하게 하는 가치 활동 계획을 만들게 돕는 것이다. 이 부분의 작업은 흔히 회기가 끝날 때 이루어지며 과제 할당으로 쉽게 전환될 수 있다. 기본적으로 워크시트의 이 부분에서 내담자에게 다음과 같이 질문을 한다. "장애물이라고 이야기한 것이 존재하는데도 불구하고 가치 있는 삶이라고 말한 방향대로 바로 이 순간 기꺼이 실천할 시도는 무엇인가요?" 다음은 이런 치료 과정의 예시를 보여주는 프랭크의 첫 번째 회기 대화이다.

치료자 프랭크, 가치 과녁의 중심에 더 가까운 삶을 살아가기 위해 기꺼이 실천할 의향이 있는 시도(들)가 무엇인가요?

프랭크 어려운 질문이네요... 아마도 아내와 대화하고 좀 더 솔직해지고, 아내를 제 삶과 문제에서 배제하는 것을 중단하는 것이겠죠.

치료자 저는 당신이 준비되어 있지 않다고 느끼는 것에 전념하기를 원하지 않습니다. 이것은 당신의 삶이고, 여기서는 자신의 길을 찾아야 합니다.

프랭크 네, 맞아요. 하지만 제가 실천할 준비가 되어 있고 하고 싶은 일입니다. 동시에 좀 두렵기도 합니다.

치료자	좋아요, 프랭크. 자신의 가치를 위해서 이 두려운 순간을 받아들이는 것이 괜찮나요?
프랭크	네, 그래요. 저는 할 수 있어요.
치료자	다음 주에 우리가 만날 때 상황이 어떻게 풀렸을지 기대되네요.

이런 방식으로 내담자는 가치 방향으로 기꺼이 행동할 시도를 선택한다. 내담자는 그 시도에 전념하기로 하고, 치료자는 내담자가 자신의 행위에 책임감을 느꼈는지를 확실히 하고 그 결과가 어떨지에 대한 흥미와 호기심을 표현한다.

가치 과녁을 활용하여 가치 생활일기 작성하기

가치 과녁 워크시트는 쉽게 과제로 전환되어 치료실 외에서 가치 활동에 관한 일기를 작성할 때 활용할 수 있다. 과제 할당으로 가치 과녁을 사용하기에 앞서 치료자와 내담자가 가치 과녁 워크시트의 전체 과정을 작성해보는 게 도움이 될 것이다. 치료자가 가치 과녁을 가치 생활일기로 활용하려고 지시할 때, 내담자에게 가치 과녁을 집에 가지고 가서 매일 아침 그날 작업하려는 영역을 생각해 보고 가치 기록을 요청하는 내용이 포함된다. 그다음에 내담자는 이 가치에 대한 자신의 의도를 더 상세히 기술하고 일어날 수 있는 내부 장애물과 상관없이 그날 하루 동안은 이 가치에 전념하기로 한다. 하루를 마무리하면서, 내담자는 하루 동안 얼마나 이 가치에 따라 가치 과녁에 접근했는지 과녁판에 X로 표시한다.

이런 과제 할당은 내담자가 치료실에서 했던 모든 치료작업을 일상생활로 일반화하는 것을 도와줄 수 있다. 그러나 일부 내담자는 어떤 종류의 과제에도 열의가 없다. 다음은 내담자가 이 과제나 당신이 제시하는 다른 과제를 하면서 주의해야 할 사항들이다.

응종의 위험성을 알아차리기. 치료자는 내담자가 단지 응종에 의해서가 아니라 자기 자신을 위해 행동을 시작하길 원한다. 그러나 피할 수 없는 응종도 있고 내담자가 움직이는 것을 돕는데 유용할 수도 있다. 많은 내담자가 단지 치료자가 요청했다는 이유만으로 과제를 시작하기도 한다. 만일 응종을 통해서 내담자가 자신에게 의미 있는 무언가를 경험한다면, 응종에 의한 것이 아니라 가치 행동 계획을 유지하도록 도와주는 내재적 강화물을 찾도록 격려해야 한다. 이렇게 하면 빠르게 응종에서 벗어나 내담자에게 중요한 가치 행동 계획에 따라 선례 따르기 쪽으로 옮겨갈 수 있다.

더 의미 있는 가치 행동을 선택하라고 내담자를 압박하지 않기. 내담자가 어떤 단계에서 망설이는 모습을 보인다면 치료자는 이 모습에서 중요한 정보를 얻을 수 있다. 선택한 단계가 지나치게 큰 한 단계이거나 불편한 감정이나 힘든 생각이 엉켜 있는 단계이다. 내담자가 생각과 두려움에 빠지지 않게 노력하되 동시에 그 시점 내담자에게 너무 큰 단계일 수 있는 어떤 것을 하라고 압박하지도 말아야 한다. 내담자가 자신의 행위에 책임감을 지니게 하고 자신에게 적합한 단계와 지나치게 큰 한 단계를 어떻게 구별할 수 있을지를 이야기하게 하라.

함정을 예측함으로써 "자발성 부스터"를 제공하자. ACT에서는 내담자가 과제를 하지 않는 것까지 포함해서 어떤 식으로든 실패할 수 있다는 생각을 찬성하지 않는다. 그러나 내담자와 함께 전념 행동을 방해할 수 있는 모든 함정을 예측해 보는 작업이 유용할 수 있다. 함정을 예측해 보는 요지는 전념 행동을 하는 동안 나타날 수 있는 불편한 장애물에 스스로 대비할 수 있도록 돕는 것이다. 예를 들어, 프랭크는 자기 삶에 아내가 더 많이 참여하도록 허용하길 원한다고 말했다. 프랭크에게 예상되는 함정은 그가 자신의 가치 행동을 하지 않기로 선택할 수 있는 모든 방법 혹은 가치 행위를 하는 것이 불편하게 될 방법이 포함될 수 있다. 함정을 예측함으로써 '자발성 부스터'를 제공할 수 있다. 회기가 끝나기 전에 치료자가 내담자와 함께 잠재적 장애물을 위한 공간을 마련하고 어떤 식으로든 전념 행동에 참여할 것을 서약하는 작업을 할 수 있다. 하지만 너무 지나치게 주의를 기울여서 심리 장애물을 강화하지 않도록 조심하라. 내담자가 시도를 마친 후 단계들을 평가하면서 배우는 것처럼 치료자도 임상 실제를 통해 자발성 기르기와 잠재적 어려움에 지나치게 집중하기의 차이점을 배우게 될 것이다.

가치 과녁 일기

이 워크시트를 여러 부 복사해두고 내담자가 치료 시간에 올 때마다 가져올 수 있게 노트북에 넣어서 줄 수 있다. 내담자가 전념하기로 했던 단계를 시도하지 않더라도 일기는 중요한 정보를 제공해줄 것이다. 과제 할당이 너무 어려웠다거나, 다른 ACT 과정에 대한 치료작업이 더 필요하다거나, 혹은 치료 속도를 늦추고 당신의 분석을 다시 생각해 볼 필요가 있음을 알려줄 수 있다. 어떤 경우라도 내담자가 단계를 실행하지 않은 이유는 고려해야 할 중요한 정보다. 예를 들어, 두려움과 생각이 내담자를 괴롭히고 장애물을 제공한다면 치료자는 치료 시간에 이 고통에 대해 다루어야 할 것이다.

가치 과녁 일기 워크시트

매일 최선을 다해 이 워크시트를 완성하시길 바랍니다. 이전의 치료 시간에 다양한 삶의 영역에서 가치에 대해 작성한 워크시트를 다시 살펴보아야 할 수도 있습니다. 삶의 각 영역과 해당 가치를 살펴보면서 오늘 집중해서 개발하고 싶은 영역을 생각하고 여기에 적어보십시오. 그런 다음 해당 영역의 가치와 일관된 삶을 살아갈 방법을 고려해 보십시오. "치료자와 이야기하고 싶은 사항들"이라고 적힌 난에는 기억해 두었다 논의하고 싶은 질문이나 걱정 혹은 다음 회기에 다루고 싶은 다른 주제를 적어보십시오.

오늘 어떤 가치 영역을 개발할 것인가?
_____

자신이 이 영역에서 어떻게 되기를 원하는가?
_____
_____
_____

가치 과녁 의도를 충족하기 위해서 오늘 실행할 구체적인 단계는 무엇인가?
_____
_____

치료자에게 이야기하고 싶은 사항들
_____
_____
_____
_____

　　하루를 마무리하면서 계획이 어떻게 되었는지를 평가하십시오. 오늘의 행위가 가치 과녁의 의도와 일치하는 정도를 가장 잘 나타내는 위치에 X표 하십시오.

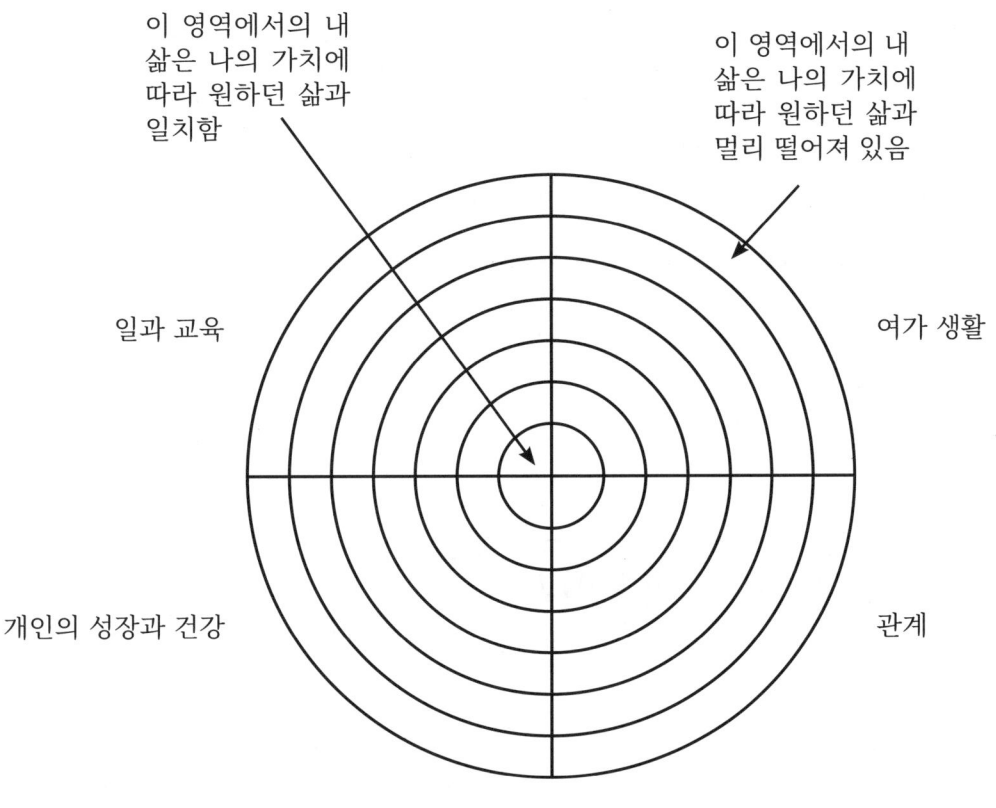

이 절에서 가치 과녁 워크시트를 과제 할당으로 활용하는 방법을 설명하였다. 또한, 가치 행동 계획을 수립하기 위해 가치 과녁 워크시트를 사용할 때 발생할 수 있는 치료적 함정도 검토해보았다. 프랭크가 가치 행위를 선택하고 자신이 과녁 중심에 얼마나 가까워졌는지를 표시한 후 치료자가 해야 할 일은 프랭크 자신에게 효과적이었던 활동과 그렇지 못했던 활동을 알아차릴 수 있도록 돕는 것이다. 이 과제의 전반적인 목표는 프랭크가 가치에 연결된 많은 다양한 행동을 선택함으로써 자신에게 강화적인 것이 무엇인지를 발견하는 방법을 배우도록 돕는 것이다. 그렇게 하면서 자신의 경험을 조사하고 활력을 찾는 연습을 하게 된다. 자신에게 효과적인 활동을 찾아낸다면 이 가치 경로를 또다시 이어 나가게 될 가능성이 커질 것이며 이는 모든 내담자가 바라는 목표다.

치료에서 가치 경로 유지하기

이 절에서는 감정적 어려움이 있더라도 가치지향 행위를 활성화하기 위해 치료자가 회기에서 어떻게 워크시트를 사용할 수 있는지를 검토할 것이다. 이 워크시트는 치료자 스스로 치료 중에 가치 경로에 계속 머물게 한다. 또한 내담자가 갇혔다고 느낄 때도 나아갈 수 있게 돕는다. 우리는 이 워크시트를 치료자에 대한 지도감독과 다른 임상 상황에서도 사용해왔다. 5장에서 자비심과 치료관계를 향상하는 방법에 대해 다루었던 모든 사항을 상기하면서 이 워크시트를 사용하길 바란다. 이 워크시트는 그러한 개념들을 토대로 만들어졌다. 이 워크시트의 내용은 내담자의 가치와 가치 방향대로 사는 것을 가로막는 장애물을 바탕으로 치료자가 내담자에 대해 시행한 기능 분석으로부터 나온다. 이 워크시트의 내용은 내담자가 당신에게서 필요로 하는 것과 원하는 것을 당신이 가장 효과적으로 수행하는 방법에 관한 가설을 기초로 구축된다. 이 워크시트를 사용할 때 치료자는 기꺼이 자기 성찰을 해야 한다. 특히, 치료 과정에 관한 중요한 요소들을 밝혀줄 수 있는 다음 질문들을 고려하는 것이 중요하다.

➤ 당신이 이 내담자에 대해서 가장 어려워하는 점은 무엇인가?

- 내담자와 함께 작업하면서 당신이 불편하거나, 어떻게 해야 할지 확실하지 않아서 또는 평가나 판단 때문에 회피하는 것이 있는가?
- 이 내담자가 당신 안에서 유발하는 것은 무엇인가?
- 이 내담자와 함께 작업하고자 하나 내담자를 그런 방식으로 밀어붙이는 게 너무 지나친 것은 아닌지 또는 이 시점에서 좋은 결과를 장담할 수 없다는 게 두려워서 회피하는 것이 있는가?

다음 사례를 살펴보자. 18세 린다와 치료자 헬레나는 4개월 동안 함께 작업하고 있지만 치료에 진전이 없음이 점점 분명해졌다. 린다는 할아버지에게 성적 학대를 받은 이력이 있고 지난 2년 이상 팔, 다리, 복부에 자해를 해왔다. 린다는 치료실에서 감정이 격해지면 분노와 적대감으로 행동한다. 이는 입소해서 머무르고 있는 주거센터 내의 일상 상황에서도 마찬가지이다.

헬레나는 린다와 유사한 과거력을 가지고 있다. 성적 학대를 당한 적이 있고, 14세부터 양부모 집에서 성장하며 자해를 하기도 했다. 헬레나는 린다를 매우 좋아하며 헬레나와 린다는 서로 매우 소중히 여기는 것으로 보이는 관계를 맺고 있다.

2개월이 지나면서 린다 치료에서 헬레나의 문제가 드러나기 시작했다. 헬레나의 사례 개념화에 따르면 린다 치료의 핵심 요소는 감정 노출과 대인관계에서 대담하게 취약성을 노출하는 것이다. 린다는 치료를 시작하면서 자신만의 아파트로 이사하고 싶고 친구나 남자친구 모두와 긴밀한 관계를 맺을 수 있길 바란다고 말했다. 그러나 헬레나가 감정적으로 부담이 있는 소재나 치료관계에 관한 대화가 포함된 연습을 제안하면 린다는 분노와 적대감으로 대응하고 심지어 헬레나를 위협하기도 한다. 이런 상황이 발생하면 헬레나는 조용해지고, 수동적으로 되고, 자신의 분석이나 자기 자신 또는 자기 신념을 내세우지 못한다. 이런 모습은 헬레나와 린다 모두에게 오래된 패턴이다. 보다시피, 서로의 행동에 영향을 끼치고 있고 그 결과 치료 과정이 진전되지 못하고 있다. 린다와 헬레나가 일상적인 이야기를 할 때는 둘 다 편안하고 연결되어 있다고 느낀다. 둘 다 치료관계를 중시한다는 사실은 중요하고 치료적 강점이다. 그러나 린다와 헬레나의 연결은 감정 회피 또는 거절에 대해 두려움이 아니라 가치를 기반으로 형성되어야 한다. 헬레나는 치료가 작동하지 않는다고 느끼지만 악순환을 깨고 치료가 앞으로 나아갈 방법을 찾지 못하고 있다.

다음은 헬레나와 그녀의 지도감독자가 헬레나의 치료 목표를 논의하는 대화로, 치료 목표가 치료 워크시트의 내용을 제공한다.

지도감독자 헬레나, 내가 보기엔 당신은 린다와 관계에서 특별한 힘을 가지고 있는 것처럼 보여요. 하지만 동시에 자기 자신의 감정과 싸우는 거처럼 보여요. 내가 생각하기에 당신은 린다를 위한 완벽한 치료자가 될 수 있다고 생각해요. 부드러운 방식으로 감정과 기억을 기꺼이 지니는 동시에 당신이 필요한 것과 믿는 것을 기꺼이 지켜내는 본보기가 될 수 있어요. 린다가 당신으로부터 정말로 필요로 하는 것이 뭐죠?

헬레나 제 감정에 갇혀 있는 게 맞아요. 해야 하기도 하고, 하고 싶기도 한 것은 치료실에서 중요한 주제로 계속해서 부드럽게 되돌아오는 것이죠. 지금 저는 아무것도 하지 않으면서 회피만 하고 있어요... 린다와 일상생활 이야기를 하고 있을 때, 바로 지금 여기에서 린다가 원하는 것과 관련된 가장 중요한 일을 하고 있는지 묻고 싶어요. 왜냐하면 대체로 그런 것 같지 않기 때문이죠. 그냥 경마와 일상생활에 관해서만 이야기하는 것 같아요. 이건 린다에게도 제게도 좋지 않죠!

지도감독자 좋아요, 중요한 부분이네요. 어떻게 하면 린다와 당신은 치료에서 중요한 주제로 부드럽게 돌아올 수 있을까요?

헬레나 몸을 앞으로 기울이고 어쩌면 손을 린다의 손 위에 얹고 부드럽게 눈을 바라보며 그냥 물어볼 수 있겠다고 생각해요. 그렇게 할 생각만 해도 겁이 나지만, 린다에게 도움이 되려면 우리의 패턴을 깨뜨릴 필요가 있어요. 그렇게 하면서 우리는 멈춰서 치료실에서 무슨 일이 일어나고 있는지 되돌아봐야 한다고 생각해요... 각자 자신의 내면에서, 또 우리 사이에 무슨 일이 일어나는지...

지도감독자 그건 중요한 부분이네요. 헬레나, 모든 자비와 수용을 사용하여 지금 느껴지는 감정을 느끼고, 떠오르는 모든 생각, 감정, 두려움을 위한 공간을 만들기 위해서 말이죠. 감정 회피 사이클을 깬 다음, 그 순간에 느껴지는 모든 감정을 위한 공간을 만들고 그저 머물러 있는 게 가능한지 살펴보세요. 당신이 경험할 수 있는 모든 것이 존재하는 바로 그 자리에 머물 수 있는지요. 당신이 만들어 낼 두 가지 중요한 치료적 움직임이네요. 분석에 들어맞기도 하고요. 그렇죠? 감정 회피를 중단하고 새로운 경험을 위한 공간을 만드세요. 해야 할 첫 번째 일로 이 두 가지 움직임을 적겠습니다. 그 밖에 또 뭐가 있을까요?

헬레나	저는 또한 린다에게 그녀의 가치와 접촉하기 위해 기억과 감정을 수용하는 작업에 관해서도 말하고 싶어요. 우리가 회피를 위해 있는 게 아니라 가치를 위해 머무르길 바래요.
지도감독자	좋아요, 제가 당신을 정확하게 이해한다면, 다시 돌아가서 린다에게 치료작업의 근거에 관해 간략하게 얘기해 주고 싶은 거죠? 린다의 행동을 본다면 그녀는 지금 어디로 가고 있나요? 린다와 가치 있는 삶 사이에 무엇이 놓여있나요? 이것에 대해 함께 작업하기 위해 당신은 무엇을 할 수 있고, 또 해야 할 필요가 있다고 생각하나요? 내가 당신을 정확하게 이해한다면, 사례 개념화를 계속해서 함께 상세히 검토해 나가고 치료실에서 심리 유연성을 작업한다는 것을 의미하는 거네요. 중요하네요. 이것도 기록해 두겠습니다.
헬레나	예, 제가 린다와 함께 하고 싶은 일이 하나 더 있어요. 도움이 될 수 있을 때 자기 개방 같은 것을 하고 싶어요. 제 자신의 과거를 피하고 거기에 갇히는 대신, 제 경험을 린다와 나눌 수 있었으면 좋겠어요. 그렇게 하면 방어 없이 감정과 기억을 경험할 수 있다는 본보기가 될 거예요. 그리고 또한 서로에게 개방적으로 되려는 우리의 공동 가치를 위해 좀 더 많이 행동하게 될 거로 생각해요.
지도감독자	흥미로운 생각이에요. 그것 역시도 적어 놓겠습니다. 좋아요. 헬레나, 다음과 같은 제안을 하겠습니다. 린다와 회기를 녹화하고 나중에 테이프를 보며 당신이 선택한 움직임을 할 때마다 집계표에 기록하세요. 다음 지도감독 회기에 테이프와 워크시트를 가져오세요. 그러면 당신이 어디에 있는지와 당신을 돕기 위해 우리가 무엇을 할 수 있는지 살펴볼 겁니다. 워크시트는 당신이 하려는 것을 얼마나 잘했는지를 평가할 수 있게 도와줄 거예요. 둘 사이에서 무슨 일이 일어났는지에 대해 어떤 가설을 세웠고 앞으로 어떻게 나아가고 싶은지를 다루며 다음 회기를 시작할 것도 제안합니다. 어떠세요?
헬레나	좋습니다. 이야기하면서 많은 감정과 어느 정도의 두려움이 생기지만, 네! 바로 제가 하고 싶은 일이고 해야 하는 일이죠.

헬레나와 지도감독자가 함께 작성한 워크시트는 다음과 같다.

치료 행위	1회기	2회기	3회기	4회기
감정 회피 무너뜨리기. 예를 들어, 앞으로 몸을 기울여 듣고 더이상 일상생활 이야기를 중단하기				
새로운 경험을 촉진하기				
가치에 관한 간단한 ABC를 참고하여 치료 근거를 반복하기, 유연성 작업하기				
자기 공개				

　이런 워크시트를 사용할 때 치료 회기를 진행하면서 오디오나 비디오 기록을 할 것을 제안한다. 테이프를 재검토할 때 집계표를 사용하여 치료에서 가치 기반의 움직임을 한 사례를 각각 기록하자. 오디오나 비디오 기록이 불가능하면 얼마나 자주 표적 행동을 시행했는지 그냥 추정할 수도 있다. 그러나 최대의 정확성을 위해 가능하다면 회기를 녹음하거나 녹화하기를 제안한다. 관점을 얻고 또 치료자로 기꺼이 성장하기 위한 마음을 촉진할 수 있도록 이와 같은 워크시트 사용을 규칙적인 관례로 만들기를 제안한다. 이런 유형의 워크시트는 치료에서 악순환을 방지하고 가치 경로로 돌아가도록 도와준다.

　이 사례에서 헬레나는 자신의 내담자와 함께 무엇을 할 필요가 있는지에 대해 좋은 아이디어를 갖고 있었다. 하지만 종종 관점 취하기를 방해하는 생각과 감정에 얽혀서 그렇지 못한 경우가 있다. 지도감독자의 역할은 치료자가 관점을 취하고 치료 행위를 정하도록 돕는 것이다. 치료자가 언제나 그룹 또는 개인 지도감독에 참여하기를 제안한다. 지도감독에 참여하는 것은 내담자와 치료자 모두의 가치에 맞춘 강력한 치료가 될 가능성을 크게 높일 것이다.

내담자와 함께 가치 행동 계획 세우기

회기에서 가치 행동이 더 많이 발생하는 맥락을 만드는 방법을 살펴보았으므로 이제 내담자가 가치 행동 계획을 수립하도록 돕는 방법을 알아보려 한다. 첫째, 단기 및 장기 목표 설정의 중요성을 논의할 것이다. 그다음에 내담자가 환경의 혐오 속성 안에서라도 가치를 발견하도록 동기 증진 규칙을 사용하는 방법을 검토할 것이다. 그리고 나서 가치와 가치 행동 주위를 둘러싸는 팀을 구성하는 방법을 논의할 것이고, 가치 행동 계획에 자신에게 의미 있는 사람을 포함하는 것이 중요하다는 점을 강조하기 위해 임상 사례와 간단한 이론적 논의를 활용할 것이다.

단기 및 장기 목표 설정: 가치 행위 패턴 확립하기

4장을 상기해 보면 목표를 설정하는 과정 동안 내담자를 압도할 수 있는 많은 방식이 있다. 내담자는 자신의 가치와 관련된 장기 목표를 선택할 수는 있어도 단기간 그 가치에 어떻게 참여할 수 있을지는 자신 없어 하거나, 가치와 관련된 더 큰 목표를 지향하지 않고 작고 단기적인 행동만 떠올릴 수도 있다. 다음 워크시트는 내담자가 가치 활동을 계획하는 제일 나은 방법을 찾을 수 있도록 도와준다. 이 워크시트는 내담자가 가치를 위한 구체적인 목표와 활동을 선택하도록 도울 수 있고 가치 과녁 일기를 사용하여 선택한 목표와 활동을 평가할 수 있으므로 워크시트와 가치 과녁 일기를 같이 사용하면 매우 효과적이다. 덧붙여, 워크시트는 내담자가 가치 행동 계획을 실행할 때 발생할 수 있는 내부 장애물과 외부 장애물 모두를 명시하도록 격려한다. 이는 명시한 장애물을 극복하기 위해 수용, 탈융합 등과 같은 다른 ACT 과정을 함께 사용하므로 도움이 될 것이다.

단기 및 장기 목표 확립을 위한 워크시트

이 워크시트는 가치 방향으로 움직일 때 당신에게 어떤 목표가 적합할지 알아내는 데 도움이 됩니다. 이 워크시트를 복사하여 어떤 목표든지 전념 행동에 관한 계획을 세우는 데 사용할 수 있습니다.

가치: _____

_____

장기 목표: _____

_____

장기 목표 도달을 도와줄 단기적 단계들: _____

1 _____

2 _____

3 _____

4 _____

내부 장애물 (떠오르는 불편하거나 원치 않는 생각, 느낌, 감각 또는 기억)

_____

_____

_____

외부 장애물 (자신 바깥의 상황 예를 들어, 자금 부족 또는 물리적 거리)

_____

_____

_____

_____

외부 장애물을 해결할 방법이 있습니까? 지금 당장 할 수 있는 방법 혹은 좀 더 시간과 인내가 필요한 방법일 수 있습니다(예를 들어, 전화하기 또는 돈을 모아서 멀리 사는 친척 방문하기). 여기에 방법들을 기록해보세요.

_____

_____

_____

_____

외부 장애물이면서 부분적으로 내부 장애물인 게 있습니까?(예를 들어, 나에게 중요하지만 오래 대화를 나누지 않았던 멀리 떨어져 사는 누군가를 방문하기가 두렵다.) 여기에 외부 장애물과 연결되었을 가능성이 있는 모든 내부 장애물을 적어보세요.

_____

_____

_____

_____

이 목표와 가치를 위해 오늘 할 수 있는 행동은 무엇입니까?(비록 아주 사소한 활동이라도 당신을 움직이게 할 수 있다!)

_____

_____

_____

_____

나는 오늘 이런 활동을 할 것이다.

_____

_____

_____

동기 증진 규칙: 혐오 행동에서 가치를 발견하기

이 책 앞부분에서 언급했듯이 인간 행동 대부분이 여러 가지 조절 요인의 영향 아래에 있다. 아주 오랫동안 단독으로 (어떤 식으로든 보상을 발견하기에 이 행동을 하게 되는) 유인 조절의 영향 아래에서만 행동하는 경우는 드물다. 비록 중요하다고 여기는 어떤 행동을 하는 중일지라도 인간의 마음은 당면한 상황을 혐오 경험으로 만들 수 있다. 예를 들어, 친밀한 파트너와 시간을 보낼 때 마음은 "아! 내 파트너는 왜 자꾸 짜증 나는 사장 이야기만 하는 거지? 피곤해서 그냥 자고 싶어."라는 생각을 만들어 낼 수 있다. 그러고 나면 좋은 저녁 시간일 수 있는 파트너와 시간을 즐기지 못하게 된다. 상사나 중요한 사람이 요청했기 때문에 자신이 특별히 원치 않는 일을 했던 최근 상황을 떠올려보자. 원치 않은 일을 할 때 무엇이 행동을 조절했는지 생각해 보라. 아마도 그 사람과 관계에서 나의 역할은 순응하는 것이므로 어느 정도 해야 한다고 느껴서 원치 않은 일을 했을 가능성이 크다. 그러나 행동을 통제하고 있는 또 다른 요인은 무엇일까? 어쩌면 훌륭한 근로자, 배려 깊은 파트너 또는 잘 맞춰주는 친구가 되는 것을 가치 있게 여기는 이유로 원치 않는 행동을 했을 수도 있다. 다시 한번 일상생활에서 가치에 일치하는 강화를 발견할 기회가 온 것이다. 특히 각각의 행동별로는, 당신이 하는 행동이 더 큰 가치와 함께 한다는 점을 깨닫기 어려울 수 있다. 예를 들어, 자정에 배우자를 위해 쓰레기 치우기 또는 점심시간에 상사를 위해 보고서 100부 복사하기에서 가치를 발견하는 것은 누구에게나 이러한 행동이 자신의 가치와 연결되어 있다고 끊임없이 깨어서 알아차리지 않는 한 몹시 어려운 일이 될 것이다.

행동에서 가치를 발견하는 것은 RFT 관점에서 가치를 보는 본질적인 방식인 동기 증진 규칙이 가치를 설명하는 예이다.(2장을 보라.) 일상 용어로 표현하면 동기 증진 규칙은 특정 행동에 참여하려는 동기가 커지면서 작동한다. 어떤 행동에서 가치를 발견하는 것을 목표로 하는 개입 맥락에서 표적 행동은 보통 혐오로 느낄 만한 행동이다. 그러나, 가치인 동기 증진 규칙은 이런 행동에서 "꼭 해야 한다."는 커다란 혐오 속성을 상쇄하는 기능을 하므로 행동의 혐오 특징에도 불구하고 인간은 그 행동을 수행한다.

어떤 행동 안에서 가치를 찾는데 기초를 두고 개입전략을 만드는 수많은 방식이 있다. 한 가지 방식은 내담자에게 특정 행동을 한 모든 이유를 나열하게 한 다음 작성한 이유를 처음부터 끝까지 각각 살펴보면서 내재된 가치가 있는지 살펴보는 것이다. 부모가 되는 것과 관련된 가치를 유지하는 데 어려움을 겪고 있는 알렉시스를 생각해 보자. 알렉시스의 세 살 아들은 이제 막 자폐증으로 진단받았다. 그는 아이의 분노발작을 다루고 아이가 저지른 문제를 뒷수습하는, 특히 공공장소에서 아이를 훈육하는 일이 매우 혐오스럽고 창피하다고 느꼈다. 알렉시스는 전문가가 권장한 행동 계획을 따르지 않고 그저 아들을 안고 놀기만을 원하는 자신에게 죄책감을 느끼며 부아가 치민 상태로 치료를 방문했다. 치료자와 함께 작업하며 아무리 혐오스럽고, 흉하고, 당혹스러울지라도, 모든 활동이 어느것 하나 빠지지 않고 아들에 대한 자신의 사랑과 연결되었다는 점과 아들의 삶에 대한 완전하고도 적극적인 참여가 자신의 가장 귀중한 가치인 아들의 성장에 필수라는 사실을 보게 되었다. 이런 깨달음이 아들이 공공장소에서 분노 발작할 때 느끼는 당황스러움과 지친 마음을 없애지는 못했다. 그러나 자신의 모든 행동이 사려 깊은 부모 되기와 관련된 가치에 연결되자 자신에 대한 부정적 평가에서 탈융합 될 수 있었고, 아들의 행동 계획을 따르는 데 느끼는 불편감을 수용하는 맥락 조성에 도움이 되었다.

다음은 집으로 가져가서 내담자가 "꼭 해야 하는" 상황이라고 묘사한 활동에 참여할 때 고려해 볼 만한 워크시트의 예이다.

즐겁지 않은 활동에서 가치 발견하기

별로 좋아하지 않는데도 하는 수많은 일이 있습니다. 때로는 우리가 중요하게 생각하는 것과 연결되어 있기에 그 순간에는 즐겁지 않음에도 그 일을 합니다. 예를 들어, 부모에게 아이의 기저귀를 교환하는 일이 특별히 즐겁지 않아도 아이 돌보기에 관한 가치 때문에 어쨌든 기저귀를 교환하게 됩니다. 이 워크시트는 즐겁지 않은 활동 안에 당신이 중요하게 여기는 것이 조금이라도 있는지를 살펴볼 수 있게 합니다. 여기에는 정답이 없습니다. 이 워크시트는 그저 즐겁지 않은 활동 안에 가치 있는 어떤 것이라도 숨겨져 있는지 볼 수 있도록 고안되었습니다. 있을 수도 있고 없을 수도 있습니다.

즐겁지 않은 활동
_____

왜 이 행동을 하는지 가능한 이유를 생각해 보십시오.(가령, 그렇게 행동하지 않는다면 어떤 방식으로든 중요한 사람 또는 중요한 것에 부정적 영향을 끼칠 수도 있다.) 그 이유를 아래에 적습니다.

1. _____
2. _____
3. _____
4. _____
5. _____

다음에는 이 행동을 할 때 알아차리는 생각, 느낌 그리고 신체 감각을 기록합니다.

생각

1. _____
2. _____
3. _____
4. _____
5. _____

느낌

1. _____

2. _____

3. _____

4. _____

5. _____

신체 감각

1. _____

2. _____

3. _____

4. _____

5. _____

이 행동을 하는 이유 중 비록 한 가지라도 가치가 존재합니까? 그렇다면, 이제 그 이유 속에 존재하는 가치를 여기에 기술해 봅니다.

_____

_____

_____

위에서 가치를 한 가지라도 작성했다면, 이번 주에 이 가치를 실천하기 위해 선택할 수 있는 행동 세 가지를 나열해봅니다. 원한다면 위에 기록하였던 원래 행동을 포함해서 적을 수도 있습니다. 왼쪽 공간에는 0~10 척도를 이용하여 각각의 행동을 기꺼이 하려는 마음의 정도를 기록하십시오. 0은 기꺼이 할 마음이 전혀 없음을 가리키고 10은 기꺼이 하려는 마음이 매우 많음을 나타냅니다.

___ 1. _____

___ 2. _____

___ 3. _____

이 워크시트는 내담자가 행동을 변화할 때 알아차리는 생각, 느낌 그리고 신체 감각이 무엇인지 추적하도록 돕는 방법을 살펴보게 한다. 이 워크시트나 이와 유사한 것을 사용하여 내담자가 일련의 수많은 행동 밑바탕에 깔린 가치를 발견하고, 이렇게 함으로써 이런 행동들이 갖는 가치에 일치하는 강화와 좀 더 많이 접촉하도록 도울 수 있다. 이는 가치에 기반을 둔 행동의 장기 패턴 확립에 필수적이다.

가치 행동 팀 결성하기

회기에서 가치 행동 계획을 개발하는 것은 치료의 중요한 개입 방법이다. 그리고 치료자가 가치 있는 삶의 가능성을 촉진하고 증진할 수 있는 추가적인 방법이 있다. 이제까지 알게 된 것처럼 ACT 치료자로서 우리는 사람과 그 사람의 내외적 환경이 상호 작용하여 인간의 행동이 발생한다고 가정한다. 환경에서 주변 사람들이 매우 중요한 부분이다. 그러므로 행위 계획, 과제 할당 그리고 전념하기 같은 개입이 성공할 가능성을 높이는 한 가지 방법은 내담자에게 중요한 다른 사람을 가치 행동에 포함하도록 요청하는 것이다. 이런 맥락에서 중요한 다른 사람에는 배우자, 친구, 친척, 다른 치료자, 룸메이트, 의료 전문가, 동료, 또는 내담자의 가치 활동으로 영향을 받거나 가치 활동에 영향을 줄 수 있는 모든 사람을 포함할 수 있다. 중요한 다른 사람을 포함하는 것은 잠재적 장애물을 줄이고 강화의 가능성을 높이는 것을 목표로 한다. 예를 들어, 만약 어떤 사람이 직장에서 발전하기를 원한다면 업무 내용 또는 업무 환경의 변화가 필요할 수 있으므로 상사 또는 직장동료들이 영향을 받을 수 있다. 영향을 받을 사람들을 참여시키고 그 사람의 참여에 준비하는 것은 환경과 가치 활동에 대한 환경의 반응에 영향을 미치는 한 가지 방법이다. 삶에서 패턴을 깨는 것은 종종 타인에게 영향을 미친다. 그러므로 일반적으로는 변화를 위한 환경을 준비하는 것이 좋다. 또는 이런 환경에 중요한 사람들을 포함해 내담자가 원하는 변화를 지원하는 방법을 찾는다면 더욱 좋을 것이다.

그러나 분명하게 짚고 넘어갈 것이 있다. 중요한 사람을 포함하는 것을 옹호하지만 내담자가 치료 중이라는 사실에 관한 비밀 유지를 치료자나 내담자가 깨뜨리는 것을 권하지는 않는다. 내담자가 다른 사람을 참여시킬 때 친구나 부모에게는 치료 중임을 이야기하는 게 효과적일 수 있지만 직장 상사와 같은 다른 사람들에게는 그 효과가 떨어질 것이다. 비밀을 유지하면서도 그저 다른 사람들과 가치 있는 삶에 관해서 건강하게 소통하는 하나의 방법으로, 내담자가 치료 맥락 밖에서 자신의 가치 활동 계획에 다른 사람들을 참여시키는 방법을 찾도록 도와주라.

다음은 샤샤와 그녀 치료자 사이의 대화이다. 샤샤의 업무 상황과 그녀가 직장에서 가치 행동을 취할 방법에 관해 이야기하고 있다. 샤샤는 간호사 수련을 받았고 최근에 심리치료자가 되기 위해 추가 교육을 받았다. 가족의 위기 상황을 신경 쓰느라 건강 상태가 좋지 않았고 두 달 동안 병가를 내어 그 기간에 치료를 받았다. 샤샤는 업무에 복귀하여 치료자를 주 업무로 하여 일하고 싶어 한다. 불행히도 샤샤에게는 타인에게 좌우되지 않고 자신에게 중요한 것을 주장하는 것이 어려웠고 항상 자신을 보살피는 일을 희생해서 다른 사람을 돌보았다. 샤샤의 치료자는 직장에서 장애물이 무엇인지 묻는다.

샤샤 음, 장애물이 참 많죠. 제 생각에 그들은 제가 심리치료자 과정을 다 끝냈을 때 어떻게 할지 잘 알지 못한 채로 저를 교육하는 것 같아요. 누군가는 제 다른 업무를 해야만 해요. 상사는 다른 간호사들이 어려운 상황에 놓이거나 지나친 업무 부담이 가지 않기만 하면 제가 심리치료를 하길 원한다고 말했어요. 그래서 상사는 괜찮아요. 웬만한 부분에서는 지지적이에요. 가장 문제가 되는 장애물은 동료 간호사들이죠. 제가 치료자로 일할 수는 있어요. 상사가 그래도 괜찮다고 했으니까요. 저 자신의 경험으로도 동료들이 저를 도와주는 것이 그다지 큰 문제는 아니라고 봐요. 업무 부담도 그리 크지 않아요. 하루에 2, 3시간을 치료자로서 수월하게 일할 수 있고 동료 간호사들이 저를 대신할 수 있을 거예요. 그건 문제가 되지 않을 겁니다. 사실은 제가 가장 힘든 내담자들을 돌볼 거라서 실제로 동료들에게는 도움이 되고 업무량이 줄어들 겁니다… 사실 제가 이 생각을 하고 동료들에게 상의할 때, 다른 간호사 중 한 명이 나를 돕겠다고 말했어요. 그러니까 정말 문제가 무엇인지 모르겠어요… 그냥 할 일이 있고 제가 기여하고 싶은데 다른 사람들이 저에 대해 나쁘게 생각하지 않았으면 할 때 기분이 너무 안 좋아요.

치료자 샤샤는 치료자로 일하고 싶고 상사는 이를 수락했네요. 적어도 동료 중 한 명 이상은 샤샤를 지지하고요. 제가 정확하게 이해했다면, 당신과 직장에서의 발전 사이를 가로막고 있는 것은 당신이 충분히 기여하지 못하고 다른 사람이 당신을 나쁘게 여길 것이라는 느낌이네요. 기여하지 못 한다는 생각이 떠오를 때, 불안해지고 가치 방향을 무시하면서 불안을 줄이기 위한 일을 하게 되네요. 맞나요?

샤샤   예, 저도 그렇게 생각해요. 직장에서의 오래된 패턴에서 빠져나오는 것이 두려운가 봐요. 항상 다른 사람을 돌보았고 정말로 나만의 시간을 가진 적이 없었어요. 만약 치료자로 일을 시작하면, 간호직과 동료 간호사들을 떠나야만 할 것처럼 느껴져요.

치료자   그래요, 뭔가 새로우면서도 감정을 수반하는 일이라는 것을 이해합니다. 원하는 일인 동시에 두려운 일이기도 하네요, 그렇죠?

샤샤   예, 저는 정말 정말 치료자로 일을 하고 싶어요.

치료자   시도하기에 알맞은 첫걸음으로 무엇이 있을까요?

샤샤   동료들과 대화를 나눌 필요가 있겠어요. 제가 원하는 것과 어쩌면 두려워하는 것들도 동료들에게 말해야 해요. 치료자가 되는 게 저에게 중요하다는 것과 우리 부서에도 도움이 될 거라고 말하고 싶어요. 우리는 서로를 잘 알고 온갖 일들에 관해 허심탄회하게 이야기해요. 정말 마음을 열고 이야기할 수 있을 것 같아요. 만약 제가 속마음을 털어놓으면, 동료들이 좀 더 도와줄 수 있다는 생각까지 드네요. 그렇지만, 일부 부정적인 반응에 대해서도 대비할 필요는 있겠죠.

치료자   좋아요, 당신은 네 명의 동료 간호사와 이야기할 생각이고, 도움을 주겠다는 반응과 그렇지 않은 반응 모두에 대해 마음의 준비를 했어요. 호의뿐 아니라 동료들이 이 발전에 좀 더 참여하게 할 수 있는 방법이 있을까요?

샤샤   아마도 치료가 필요하다고 생각하는 내담자를 의뢰하도록 부탁할 수 있어요. 어쩌면 정말로 어렵고 힘든 일부 내담자를 중심으로 한 팀이 되어 일할 수 있을 겁니다. 제 동료들은 개방적이라서, 효과가 있을 거로 생각해요.

치료자   참 재밌고 흥미롭네요. 동료들을 포함해서 치료 팀을 만드는 것 말이죠. 상사도 어떤 방식으로든 포함할 수 있다고 생각하나요?

샤샤   흠, 확신하지는 못하겠어요. 어쩌면 동료들과 협업을 시도하자고 제의하고 이에 대한 상사의 생각을 물어볼 수는 있을 거예요. 그렇게 하면 아마도 상사가 좀 더 관여하고 있고 영향을 주고 기여할 기회가 있다고 느끼게 만들 수 있어요. 실제로, 치료작업을 평가하는 방법에 관한 그의 의견을 물어볼 수 있어요.

이 대화는 사람이 생각과 느낌에 얼마나 얽매일 수 있는지 보여준다. 샤샤에게는 마치 생각이 진실이 된 것 같았다. 상사와 동료가 자신이 치료자로 일할 가능성에 대해 부정적이라고 대화를 시작했다. 그러나 대화 마지막 즈음 치료자로서 일하는 가치 방향에 참여하지 못하게 하는 것은 팀에 기여하지 못하고 팀의 일원이 아니라는 두려운 느낌과 과감히 가치 방향으로 나아갈 때 생길 수 있는 위험과 관련된 두려움이라는 점이 명료해졌다. 치료자는 샤샤에게 원하는 것과 두려운 것을 물어봄으로써 스스로 두려움을 성찰하도록 도왔다. 상사와 동료들에게 이야기함으로써 샤샤는 자신의 가치를 향해 나아가려는 동기를 부여할 기대감을 만들어 낼 수 있었다. 게다가 가치를 밝히고 동료와 상사에게 피드백을 구하는 것은 그들이 샤샤의 가치 행동 과정에 영향을 끼치도록 하여 샤샤가 실제로 치료자가 되려고 조처하게끔 어느 정도 압력을 줄 수도 있다. 치료실에서 샤샤가 가치 과정을 시작하는 데 도움을 주기 위해 이런 치료 개입에 역할극을 추가할 수도 있다.

요약

이 장에서는 전념 행동과 가치에 일치하는 행동을 취할 가능성을 높이는 방법을 논의했다. 내담자가 가치 방향으로 나아가도록 돕고 이런 가치 행동을 유지하고 증가시키는 것이 궁극적인 ACT 치료 목표 중 하나이다. 여기서는 가치 행동 계획을 세우기 위해 가치 과녁 워크시트의 마지막 부분을 사용하는 방법과 가치에 일치하는 행동의 가능성을 높이는 두 가지 개입으로 행동에서 가치 찾기와 가치 행동 팀 만들기를 살펴보았다. 다음 장에서는, 치료 과정 내내 내담자와 치료자 모두가 가치를 지향할 수 있게 하는 도구로 가치 나침반을 사용하는 방법을 보여주면서 계속해서 가치 행동을 살펴볼 것이다. 가치 나침반은 가치 과녁과 함께 사용하거나 혹은 가치 과녁 대신으로 때에 따라 적절히 사용할 수 있다. 가치 나침반은 가치에 참여하고 가치 행동의 장기 패턴을 구축하는 부가적 모델로 제시한다. 또한 가치의 우선순위 매기기와 가치의 균형 맞추기의 긍정적, 부정적 측면에 대해서도 논의할 것이다.

9장
가치 나침반

이제까지 가치 있는 삶을 방해하는 언어 장벽과 가치의 기능적 의미를 주제로 논의해 왔다. 가치와 관련된 ACT 핵심 기법에 대해 논의했고 가치 추구 행동을 조성하고 유지하는 전략을 제시하였다. 이 장에서는 가치 나침반을 이용하여 모든 것을 하나로 모은다. 가치 나침반은 치료를 시작하는 가장 초기 단계부터 치료 과정을 구조화하는 데 유용하다고 알려진 조직화 은유이다. 가치 나침반은 RFT가 제시한 은유의 몇 가지 중요한 이점(6장에서 논의하였음)과는 별개로 조직화 은유로서 여러 기능이 있다. 첫째, 힘든 경험을 다루는 실효성 없는 전략의 대가를 드러내고 대안 반응을 살짝 보여줌으로써 ACT 각 과정을 소개한다. 둘째, 회기마다 기반이 되고 살을 붙일 수 있는 치료의 체계를 확립한다. 셋째, ACT 작업과 일관된 공통 언어를 제공하며 치료자와 내담자가 심리적 불편감을 다루는 오래된 혹은 새로운 전략을 논의할 때 사용하게 한다.(역주: 가치 나침반이 제공하는 공통 언어는 심리적 경직성과 유연성을 모두 포함하므로 실효성 없는 오래된 전략이나 유연한 새로운 전략을 논의할 때 모두 사용할 수 있다.)

이 장에서는 가치에 초점을 맞춘 ACT 작업에 사용할 수 있는 하나의 가능성 있는 조직화 은유로서 가치 나침반을 제시한다. 이 도구는 매우 다재다능하여 치료 전체 과정에 걸쳐 진단, 기능 분석, 개입전략을 촉진한다. 그러므로 8장에서 기술된 가치 과녁 일기를 비롯하여 이 책에서 소개되었던 다른 가치 개입 방법을 보완할 수 있다. 이 장을 읽고 난 후 가치 나침반이 가치 작업에 도움이 된다는 점을 깨닫게 되는 것은 물론 내담자뿐 아니라 치료자 스스로 가치를 평가하는 데도 사용하고 싶은 감명을 받기를 기대한다.

가치 나침반: 치료를 위한 코스 만들기

현대의 치료 형태 대부분이 어떤 식으로든 삶의 질과 관련된 문제를 건드리지만 ACT는 가치 명료화 요소에 중요성을 두고 이를 명시적으로 다룬다는 점에서 차이가 있다. 지금까지 보았듯이, ACT의 중요한 목표 중 한 가지는 내담자가 정신적 산물에서 탈융합하고 가치와 일치된 삶을 위한 경험을 수용하는 맥락을 제공하는 것이다. 내담자가 이러한 목표를 달성하면 치료 참여에 대한 동기와 치료 과정에 대한 책임감을 느끼는 깨달음을 얻게 되고 치료 이후에는 스스로 가치와 일치하는 선택을 계속할 수 있는 길을 열게 된다. 또 이렇게 되면 치료자가 동기부여자 혹은 코치 역할을 하는 대신 섬세한 치료 기술에 더 집중할 수 있다.

얼핏 보기에 가치 나침반은 믿기 어려울 만큼 간단해 보인다. 하지만 치료자가 핵심 ACT 과정에 관한 사전 지식과 경험이 부족하면 가치 나침반은 잘해야 피상적인 결과가, 최악의 경우 내담자 상태와 맞지 않는 결과가 나올 가능성이 크다. 이런 이유로 가치 나침반을 책의 끝부분에서 논의하고 있다. 이 시점에는 당신도 ACT의 이론적 지식, 특히 가치의 중요성을 어느 정도 습득하였을 것이다. 이러한 지식이 가치 나침반을 이해하는 데 유용한 도움을 준다.

가치 나침반을 예시, 도움이 되는 힌트, 치료 각 단계에서 발생할 수 있는 잠재적 문제에 관한 논의 등과 함께 아주 자세히 제시한다. 이렇게 하는 데는 두 가지 목적이 있다. 독자가 도구에 익숙해지는 것 그리고 ACT에서 다루는 가치 작업의 복잡성을 심도 있게 이해하는 것이다. 이 장의 대부분에 걸쳐 가치 나침반을 구체적으로 제시하는 데 초점을 맞추고 치료 초기, 중기, 후기 단계에서 각각 어떤 식으로 사용할 수 있는지 보여준다. 잠재적 문제와 가능한 해결책을 모두 논의하는 도구로서 카린의 가상 사례와 함께 다른 예시도 제시할 것이다.

가치 나침반

여기서는 내담자에게 하는 지시를 포함하여 가치 나침반 작업 전체를 소개한다. 워크시트를 복사해서 실제 임상이나 연구에 자유롭게 활용해도 좋다. 가치 나침반을 제시한 다음에는 사용 방법에 따라 목표, 임상 지침, 함정, 가능한 해석, 치료적 함의 등 부분별로 하나씩 논의할 것이다. 또 이 도구를 사용할 때 추가 도움을 제공하기 위해 실제 치료 회기에 나왔던 내용도 담을 것이다. 이 워크시트에서는 내담자에게 "가치" 대신에 "가치 방향"이라는 용어를 사용하였다. 그 이유는 가치의 뜻이 더 구체적으로 되고, 나침반 은유와 연결되며, 자기 삶 전체를 통틀어 계속해서 지향하는 방향이라는 개념과 연결되기 때문이다. 또한 3장에서 기술한 '여행의 방향'인 가치와 '달성 가능한 특정 중간 지점'인 목표 사이의 구분도 강조한다.

내담자와 가치 나침반 작업을 할 때 워크시트를 함께 채우면서 작업하는 것이 유용할 수 있다. 커다란 화이트보드를 사용하는 것이 좋을 수도 있고, 좀 더 자유롭게 활용하기 위해 작은 크기의 노트를 사용하는 게 좋을 수도 있다. 이런 형식의 양식을 사용한다면 후속 회기에 사용할 수 있도록 양식을 여러 부 복사해둔다. 어떤 형태를 선택하든 치료자와 내담자는 펜이나 매직펜을 갖고 있어야 하고 나란히 앉아서 작업해야 한다.

가치 나침반 워크시트

다음 페이지에 가치 나침반이 있다. 중앙의 인물은 자기 자신을 나타낸다. 자신으로부터 10개의 화살표가 나와서 서로 다른 10개 삶의 영역을 향하고 있다. 아마도 각 영역이 특별하고 독특한 방식으로 자기 삶에 기여하고 있다. 이 워크시트를 사용하면서 각 영역이 갖는 특별한 의미 혹은 특별한 속성을 찾게 된다. 이 속성을 가치 방향이라 부른다. 그림에서 각 영역을 나타내기 위해 "일" 혹은 "여가활동"과 같은 명칭을 사용하였지만 이는 단순히 표현일 뿐이며 다른 용어로 생각해도 괜찮다. 예를 들어, 일에는 집안일이나 자원봉사 활동이 포함될 수 있고, 영성이 꼭 체계를 갖춘 신앙에 국한되지 않는다. 각 영역에서 자신에게 중요한 특별한 의미 혹은 특별한 속성, 즉 해당 영역과 관련된 자신의 가치 방향은 아마 지금까지 살아오는 내내 존재했고 앞으로 살아가는 동안에도 계속 존재할 것이다. 하지만 가치 방향이 표현되는 방식이나 그 방향을 취하는 형태는 살아가는 동안 변할 수 있다. 예를 들어, 친구 영역을 생각해 보자. 친구로 구성된 집단 안에서 적극적으로 행동하는 방식이 삶에서 비교적 변함없이 중요했던 가치 방향일 수 있다. 하지만 누가 친구였는지, 친구와 어떤 상호 작용을 했는지 그 형태는 일생 꽤 많이 바뀌어 왔을 것이다. 돌봄 부분에서는 어릴 때 길렀던 반려동물이든, 부모가 된 이후 돌보았던 자녀든, 또는 은퇴 이후에 활동하는 학교 자원봉사든 상관없이 누군가 혹은 무언가를 돌보는 만족감이 변함없는 속성이 될 수 있다. 가치 나침반은 7단계로 나뉘어 완성된다.

1. 가치 방향 파악하기

첫 번째 단계에서는 10개 영역별로 자신의 가치 방향을 되돌아보고 표현한다. 몇몇 영역이 겹치는 듯 보여도 각 영역이 나의 삶에 어떻게 독특하게 기여했는지 찾아보라. 지금 인생을 어떻게 살고 있는지 혹은 인생에 관한 생각이 얼마나 가능한지와는 상관없이 오히려 모든 것이 가능하다면 선택하였을 가치 방향을 기술하라. 다른 말로 하면, 현실주의가 되지 말라. 대신 인생의 어느 과거 시점에 이 특정 영역이 절대적으로 최상이었을 때 경험했던 특별한 속성을 생각해 보라. 자신이 바라는 속성을 표현해보라.

10개 영역 각각에 당신이 원하는 핵심을 나타내는 한 개 내지 세 개의 단어를 생각한다. 그리고 10개의 영역별로 의향이라고 표시된 박스 안에 그 단어들을 적는다. 작성할 때 다음 지침이 도움이 될 수 있다.

- ➤ 성취할 수 있는 목표가 아니라 가치 방향을 반영한다.
- ➤ 양적인 것이 아니라 질적인 것을 기술한다.
- ➤ 특정 사건, 장소, 시간, 대화를 포함하는 구체적인 것보다는 일반적이고 포괄적이다.
- ➤ 현재 연령과 삶의 조건을 초월하여 전 생애에 걸친 노력을 나타낸다.
- ➤ 오직 자신의 관점에서 비롯된 것으로 다른 사람의 기대나 "옳다"고 여기는 것에 기반을 두지 않는다.
- ➤ 오로지 자기 자신의 행동과 상관이 있고 다른 사람의 행동과는 관련이 없다.

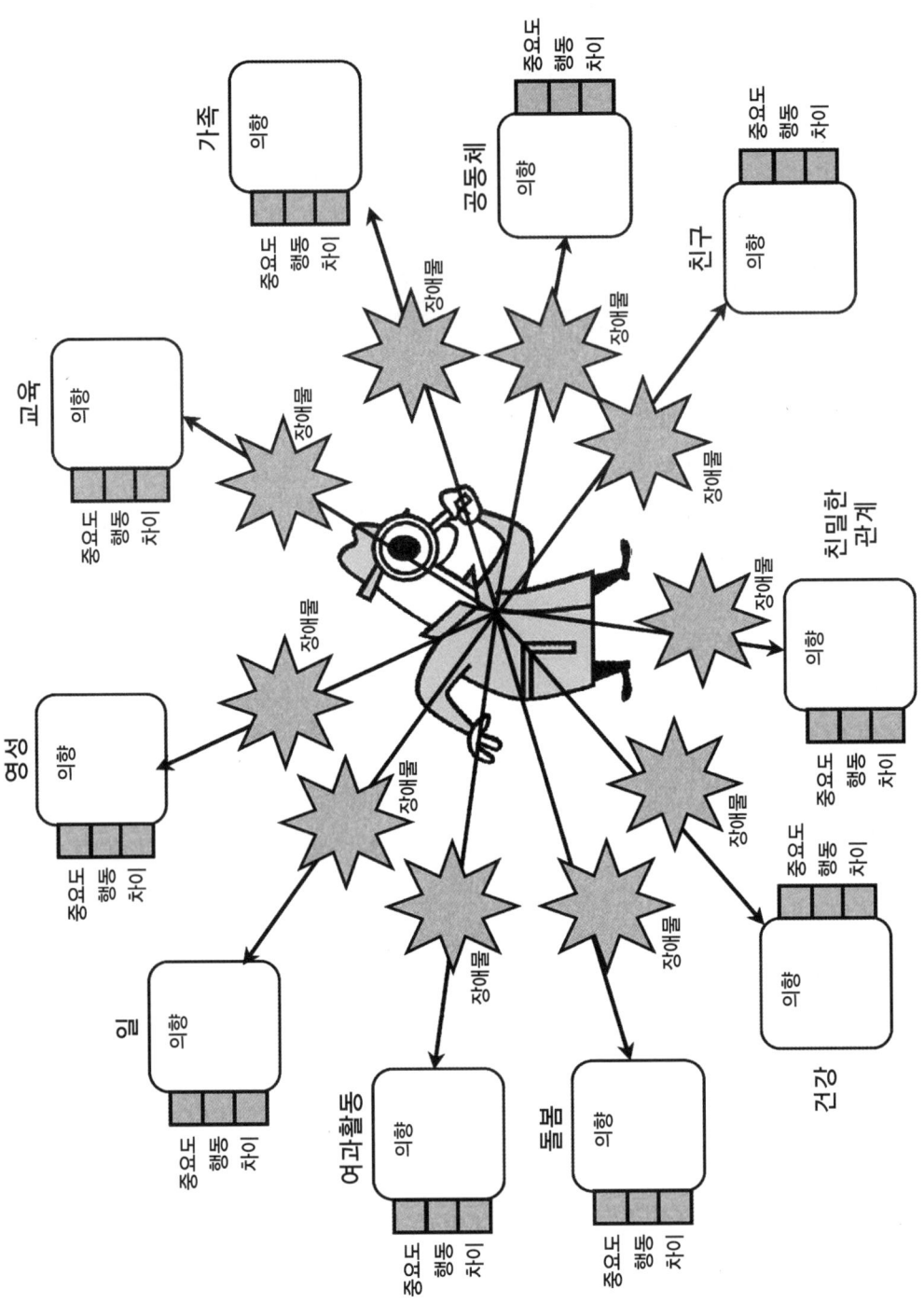

2. 평가하기

10개의 의향 박스 옆에 "중요도", "행동", "차이" 박스가 있다. 이번에는 3개 박스 각각에 점수를 매길 것이다. 먼저 이 방향이 자신에게 갖는 중요도를 평가해서 점수를 매긴다. 두 번째는 자신의 현재 행동이 그 방향과 얼마나 일치하는지를 평가해야 한다. 세 번째 박스에는 중요도와 행동 간의 점수 차이 혹은 불일치를 기입한다.

중요도. 나침반에 표현한 각각의 가치 방향을 깊이 생각해 보라. 각 영역이 자기 삶에서 얼마나 중요한지 0에서 10점까지 척도로 점수를 매긴다. 여기서 0점은 전혀 중요하지 않은 것이고 10점은 가장 중요한 것임을 의미한다. 영역 사이에 순위를 매기지 않고 영역별 중요도를 다른 영역과 독립적으로 평가한다. 자신이 그렇게 느낀다면 모든 영역이 같은 정도로 중요할 수도 있다. 가치 방향의 중요도를 고려할 때 각각에 대해 더 높은 포괄적 속성으로 보려고 시도하라. 이 속성은 과거에도 어떤 의미가 있었고, 오늘도 여전히 그렇고, 아마 앞으로도 항상 어떤 의미를 지닐 것이다. 다시 말해서, 가치 방향의 중요도에서 현재 상황을 기준점으로 활용하지 않도록 해야 한다. 자신에게 이렇게 질문하라. "가능한 최선의 시나리오에서 내 인생이 이러한 속성을 갖는 게 얼마나 중요한가?"

행동. 지난 2주간 자신의 행동이 가치 방향과 얼마나 일치하였는지 평가한다. 의향으로 기술하였던 자질을 경험할 기회를 만들기 위해 스스로 얼마나 많은 행동을 투자했는지를 자문해보면 이 점수를 어떻게 매길지 생각하는 데 도움이 될 것이다. 다시, 0에서 10점 사이 척도를 사용하고, 0점은 자신의 행위가 가치 방향과 전혀 일치하지 않았음을 의미하고 10점은 자신의 행위가 가치 방향과 가능한 최대로 일치했음을 의미한다. 그러므로 아마 높은 점수는 지난 2주간 이 속성을 만들기 위해 상당한 투자를 했고 이러한 자질을 경험하였음을 의미할 것이다. 낮은 점수는 자신을 위해 기회를 만드는 데 많이 투자하지 않았거나 이 영역에서 자신이 추구하는 속성을 경험하지 않았음을 의미한다. 어떤 식으로든 지난 2주 기간이 자신의 전형적인 삶을 대표하지 않는다면 그 이전 2주를 선택하라.

불일치. 첫 번째 '중요도' 점수에서 두 번째 '행동' 점수를 뺀 차이를 세 번째 박스에 기록한다. 이 숫자는 얼마나 가치 방향과 일치하는 삶을 살아가는지를 나타낸다. 점수가 낮을수록 주어진 영역에서 가치와 일치하는 삶에 가깝다.

3. 가치 경로에서 장애물 확인하기

이 절에서는 지금 여기 있는 자신이 스스로 중요하다고 선언한 가치 방향을 향해 실제 걸음을 내딛는 것을 가로막는 게 무엇인지 알아볼 것이다. 가치 방향의 중요도와 지난 2주 동안 실제 행동 사이에 조금이라도 불일치가 있었던 영역을 생각해 보라. 대부분 사람에게, 전부는 아닐지라도, 여러 영역에서 불일치가 나타날 것이다. '장애물' 박스에 가치 방향에 일치하는 삶을 가로막는 장벽을 가장 잘 나타내는 단어나 짧은 문구를 쓴다. 다시 말해, 불일치를 보이는 각 영역에서 자기 자신이 선언한 가치 방향과 완전히 일치하는 방식으로 행동하지 않고 있는 주된 이유를 기술하라.

4. 장애물 관련 규칙

이 단계에서는 가치 방향의 맥락에서 자신의 규칙이 장애물과 어떤 식으로 관련되는지를 확인해 볼 것이다. 예를 들어, 불안을 조절해야 친밀한 관계를 위해 행동을 취할 수 있다고 믿는 한 여성을 생각해 보자. 여기 두 가지 예시가 있다. "만일 체중이 3kg 빠진다면, 그렇다면 용기를 내어 관계를 시작해볼 수 있겠다." 혹은 "만일 덜 피곤하게 느껴진다면, 그렇다면 공부를 더 많이 할 수 있겠다." 보다시피 이러한 규칙들은 '만일, 그렇다면' 형태로 제시된다. 그래서 이 부분의 워크시트에서는 '만일, 그렇다면' 구문의 형태를 사용할 것이다. 이 양식에서는 3개의 장애물만 쓸 수 있다. 자신의 경험에서 가장 중심이 되거나 흔한 장애물 3개를 골라 왼쪽 열에 써넣어라. 중간 열에는 규칙의 '만일'에 해당하는 부분을 적고 오른쪽 열에는 규칙의 '그렇다면' 부분을 써넣어라.

장애물 1	만일 이것을 제거할 수 있었다면,	그렇다면 다음을 했을 것이다.
장애물 2	만일 이것을 제거할 수 있었다면,	그렇다면 다음을 했을 것이다.
장애물 3	만일 이것을 제거할 수 있었다면,	그렇다면 다음을 했을 것이다.

5. 이 규칙이 자신에게 어떻게 작동하였는가?

이 단계에서는 자신의 나침반을 보고 행동과 가치 방향 사이에 불일치가 있었던 3개 영역을 선택할 것이다. 이 3개 영역은 가치 방향과 일치하는 방식으로 행동하지 않았음이 분명한 영역이 된다. 다시 말하지만, 여기서는 단지 3개 장애물만 평가한다. 다음의 표 왼쪽 열 위 칸에 자신의 가치 방향을 기록하고 그 아래 칸에 가치 방향에 일치하는 삶을 살아가는 데 방해가 되는 주요 장애물을 기록하라. 다음 열에는 장애물을 해결하거나 다루기 위해 전형적으로 사용하는 주요 전략을 간단히 기술하라. 다음 열에는 전략의 단기 효과를 평가하라. 다른 말로 하면, 이 전략을 사용한 결과 실제로 장애물을 즉시 통제할 수 있었는지 자문해보라. 가장 오른쪽 열에는 전략의 장기 효과를 평가하라. 장기적으로 이 전략을 사용한 결과 특정 가치 방향에 일치하는 삶에 더 가까워졌는가 아니면 더 멀어졌는가?

가치 방향과 장애물	장애물을 다루기 위해 사용하는 전략	단기 효과	장기 효과

여기 예시가 있다.

가치 방향과 장애물	장애물을 다루기 위해 사용하는 전략	단기 효과	장기 효과
교육	계속되는 요구 사항들에 우선순위를 정하고 기회를 뒤로 미룸	요구로부터 벗어나고 덜 피곤하게 느낌	교육을 받지 못하고 개인 성장이 거의 이루어지지 않음
피곤함			

6. 자신의 경험이 무엇을 말해주는가?

이 절에서는 자신이 사용하는 전략이 앞서 선택한 세 가지 특정 가치 방향과 삶의 질 전반에 걸쳐 어떻게 작동해왔는지 그 경험이 말해주는 바를 평가하고 기술할 것이다. 다루거나 해결하고자 애쓰고 있는 장애물을 왼쪽 열에 적는다. 중간 열에는 목표로 하고 있었던 가치 방향을 써넣는다. 오른쪽 열에는 "더 가까워지게" 혹은 "더 멀어지게" 중 하나에 동그라미를 친다. 예를 들면 다음과 같을 것이다. "내 통증 문제를 해결하려는 노력이 충실하고 성실한 직장인이 되려는 나의 가치 방향을 향해 행동하는 것에서 더 멀어지게 하였다."

_____을(를) 해결하려는 노력이	_____을(를) 하려는 나의 가치 방향을 향해 행동하는 것에서	더 (가까워지게/멀어지게) 하였다.
_____을(를) 해결하려는 노력이	_____을(를) 하려는 나의 가치 방향을 향해 행동하는 것에서	더 (가까워지게/멀어지게) 하였다.
_____을(를) 해결하려는 노력이	_____을(를) 하려는 나의 가치 방향을 향해 행동하는 것에서	더 (가까워지게/멀어지게) 하였다.

7. 얼마나 기꺼이 수용하고 나아가려 하는가?

이번 마지막 단계에서는 바로 여기 이 순간에 반드시 문제를 해결해야 한다거나 가치 방향의 삶을 살기 위해서는 먼저 앞에 놓인 장애물을 반드시 극복해야 한다는 전략을 기꺼이 놓아버릴 수 있는 마음이 어느 정도인지 평가하게 된다. 기꺼이 놓아버리는 정도는 전략들이 얼마나 실효성이 있었는지 자신의 경험에 근거를 두어야 한다. 완전히 다른 방식을 시도하는 것은 새로운 경로에 착수하는 것이고 더는 같은 전략에 따르지 않음을 의미한다. 아래 질문들을 생각해 보라. 6단계에서 경험을 요약하여 근거로 삼을 때 기존의 전략을 기꺼이 포기하고 완전히 다른 무언가를 시도하려는 마음이 얼마나 생겼는가? 다음 척도에 기꺼이 시도하려는 마음의 정도를 표시한다.

매우 기꺼이 함 ──10──────5──────0── 기꺼이 할 마음이 없음

가치 나침반의 목적

가치 나침반을 사용하는 목적은 사람들이 다음을 할 수 있게 하려는 것이다.

- ➤ 중요한 가치 혹은 가치 방향을 확인하기(가치 확인).
- ➤ 현재 행동이 가치 방향과 얼마나 일치하는지 평가하기.
- ➤ 가치 방향 쪽으로 한 걸음 내딛기(가치 행동).
- ➤ 가치 방향으로 향하는 행동을 가로막는 언어적으로 구축된 장애물을 확인하기(융합 확인).
- ➤ 장애물과 관련 있는 경험 회피의 패턴 찾기.
- ➤ 증상에 미치는 단기 영향과 선언하였던 가치 방향과 관련 있는 장기 영향의 관점에서 경험 회피 전략의 기능을 분석하기.
- ➤ 언어 장애물과 경험 회피의 행동 패턴으로 향하려는 경향성을 기꺼이 수용하고, 포용하고, 가치 경로에 기꺼이 머무는 걸 연습하기.

가치 나침반에서 사용한 그림에는 10개의 삶의 영역이 나온다. 4장에서 논의되었던 것처럼 여기 제시된 범주가 가치를 규정하려는 의도가 있거나 사람의 핵심 가치 영역이란 이런 것이어야 한다는 최종 의견을 내려는 것이 아니다. 단지 내담자가 가치 방향을 선택할 때 유용하게 사용될 수 있는 지침일 뿐이다.

내담자는 가치 방향을 확인하는 바로 그 시작점부터 형태와 기능 사이를 분별하라고 요청받는다. 따로 지침이 없다면 내담자는 아마도 현재 삶에서 나타나는 구체적인 특정 사례를 들면서 형태의 측면에서 대답할 것이다. 하지만 치료자는 내담자가 지금 취하고 있는 가치 행동의 특정 형태의 너머를 바라봄으로써 더 일관되게 지속되고 있는 가치 속성을 기술하도록 요청하고 있다. 예를 들어, 내담자가 친밀한 관계 영역에서 현재 파트너에 관한 얘기를 할 수 있지만 파트너가 누구든 상관없이 친밀감이 자신에게 어떤 의미인지 생각해 보게 한다. 일 영역이라면 내담자가 현재 직업을 얘기할 수 있겠지만 치료자는 현재의 특정 직업이 무엇이든 상관없이 일반적으로 일에 관해 내담자가 무엇을 중시하는지 알고 싶어 한다.

여기서 볼 수 있듯이, 가치 나침반의 목표가 핵심 ACT 과정과 긴밀히 연결되어 있으므로 치료의 모든 단계에서 조직화 은유를 사용할 수 있다. 이 장의 나머지 부분에서는 가상 회기를 사용하여 치료의 초기, 중기, 후기 단계에서 가치 나침반을 사용하는 방법과 가능한 문제점, 함정, 해석, 치료적 함의를 탐색하는 데 주로 할애할 것이다.

치료 시작부터 가치 나침반 사용하기

가치 나침반은 치료의 어느 시점에서든 소개할 수 있다. 우리는 임상 연구에서 종종 가치 나침반을 첫 회기부터 바로 사용하곤 하였다. 치료자가 처음 얘기 나누고 싶은 것이 내담자의 현재 문제가 아니라 가치라고 하면 놀라지 않을까 생각하면서 이 도구를 그렇게 일찍 소개하는 것이 적절한지에 대해 많은 치료자가 의문을 던진다. 하지만 우리의 경험에 따르면 내담자에게 익숙한 문제를 다시 설명하라고 할 때보다 내담자 자신에게 중요한 것이 무엇인지 질문할 때 대부분 즐거워하면서 놀라는 듯이 보였다. 내담자와 개방적이고, 진정성이 있고, 자비로운 치료관계의 토대 위에 가치에 관한 초기 의사소통이 이뤄지는 것이 이상적이다. 곧 두 사례를 제시할 텐데, 다른 기대를 하고 있던 내담자에게 가치 주제를 일찍 소개하는 것이 어떤 모습일지 잘 나타나 있다.

사례를 제시하기 전에 이번 장에서 논의하는 모든 가상 사례에 행동의 비언어적 측면을 관찰한 내용을 포함할 것임을 밝힌다. 왜냐하면 ACT를 시행할 때 비언어적 방법을 활용하는 개입 기술을 제시하고 싶기 때문이다. 앞선 여러 장에서 설명한 것처럼 가치와 연결된 상태나 경험 회피의 표현과 같은 많은 치료 관련 정보가 비언어적 행동에서 관찰된다. 회기에서 치료자가 현재 순간에 주의를 기울이면 내담자가 진정으로 가치 방향과 연결된 것인지 아니면 응종에 의해 혹은 들은 대로 앵무새처럼 단지 흉내만 내는 것인지 그 차이를 더 쉽게 변별할 수 있다. 치료 회기에서 경험 회피의 비언어적 표현이 매우 흔히 나타나고, 그 순간에 치료자가 행동의 기능 분석을 할 수 있는 기회를 준다. 내담자가 가치 나침반 작업을 하면서 가치 방향에 더 가까워질수록 회피 행동은 온갖 종류의 신체 형태로 나타난다. 많은 사람이 마치 회피하지 않는 것처럼 말하는 법을 배웠지만 신체 언어는 회피를 보이고 있을 수 있다. 그래서 사례에 생각의 내용과 다른 무언(無言)의 행동을 이탤릭체로 표시하였다.

가치 나침반 소개를 위한 무대 설정

다음 대화는 첫 회기 혹은 치료 초기에, 심지어 첫 회기의 맨 처음부터 가치 나침반을 작업할 때 어떻게 준비하는지 보여준다. 가치 나침반을 사용한 실제 작업은 후반부에 제시될 것이다.

제인과 함께 가치 작업 준비하기

제인은 최근 자신의 친구와 남편이 불륜 관계를 이어왔음을 알게 된 후 치료를 찾았다. 스스로 "인생의 위기"라고 부르는 이유를 갖고 치료에 온 것이다. 얼굴과 눈이 부어 있고 많이 울어서 눈에 충혈되어 있다. 치료자 사무실에 걸어 들어와 *뻣뻣하게 의자에 앉는다. 가방 안 커다란 뭉치에서 휴지를 꺼내는데 휴지를 가지고 왔다는 사실은 오랜 시간 동안 울 준비가 되어 있음을 나타내는 것일 수 있다. 제인은 마치 치료자가 신호를 보내기만 하면 고통스러운 이야기를 시작할 준비가 되어 있다는 듯 손에 몇 장의 휴지를 쥔 채 편안한 자세를 취하고 있다.*

제인   이제 준비됐습니다.

치료자   그런 것 같군요. 그리고 당신이 고통을 겪어왔고 바로 지금도 고통스러워하는 걸 알 수 있습니다. 이전에 전화로 삶에 어떤 일이 일어났는지 간단히 말씀하셨습니다. 이 일 전부를 저에게 말할 준비가 되었단 사실을 알겠습니다. 이 문제를 지금 당장은 여기 제 책꽂이에 안전하게 보관해 두고 대신에 당신에 대해 얘기해 보는 건 혹시 어떨지 궁금합니다.

제인   와우! 예. 음... 저는 남편이 한 짓에 관해서 선생님이 알아야 한다고 생각해요. 배신에 대해서 말이죠.

치료자   사실 말이죠, 제 내담자는 제인이에요. 남편이 아니고요. 그리고 제 관심은 제인에게 있습니다. 괜찮으시면 남편의 행동은 저 책꽂이에 놔두고 당신이 누구인지, 당신에게 중요한 게 무엇인지, 저에게 알려 주셨으면 합니다. 그래도 괜찮을까요?

| 제인 | (휴지를 내려놓고, 의자 뒤로 기대앉는다. 이완된 것처럼 보이고, 미소에 가까운 표정을 지으며 호기심 어린 시선으로 치료자 눈을 응시한다.) 예, 물론이죠. |

이제 가치 나침반 작업을 시작할 수 있는 준비가 되었다.

케이티와 함께 가치 작업 준비하기

케이티는 잦은 자살 시도로 인해 치료 가정에 수용된 10대 소녀이다. 자살 시도에는 팔이나 다리를 긋는 심각한 자해도 포함된다. 케이티가 상담을 청하지는 않았지만 정부가 치료 프로그램의 일부로 상담을 계획하였다. 케이티는 바로 어제 팔을 깊게 그었고 병원 응급실에서 대부분 밤을 보냈다. 오늘 케이티는 자신의 방에서 나오기를 거부하였다. 치료자가 케이티를 찾아와서 침대 옆에 앉아 거기서 회기를 진행하려고 한다. 케이티는 천장을 빤히 바라보고 있고 치료자를 모르는 척한다. 통증이 있는 듯 붕대 감은 팔을 살살 흔들고 있다.

치료자	케이티, 여기 너랑 같이 앉아있는 거 괜찮을까? 어젯밤 네가 꽤 힘든 시간을 보낸 것 같아. 어젯밤 일을 얘기하러 여기 온 건 아니야.
케이티	(고개를 끄덕이며 수동적으로 응한다.) 잘됐네요. 어젯밤에 대해 별로 말하고 싶지 않거든요.
치료자	있잖아 케이티, 어젯밤만이 아니라 그전에도 자해를 해왔던 걸 알 거 같아. 네 몸에 있는 모든 흉터를 보니 얼마 살지도 않았는데 아주 여러 번 긋는 걸 반복했단 걸 알겠어. 이 사실이 슬프지만, 그걸 이야기하고 싶은 건 아니야. 나는 케이티 너와 이야기를 나누고 싶어. 그 흉터들 너머에 있는, 이 모든 문제 너머에 있는 여자애 말이야. 그 케이티와 이야기를 나누고 싶은데, 그 애가 여기에 있을까?
케이티	(회의적인 태도로 치료자를 곁눈질하면서 조심스러운 목소리로 말한다.) 걔는 여기 있어요. 하지만 지금 당장은 누구하고도 얘기하지 않을 거예요.
치료자	(얼굴에 미소를 지으며 긴장을 푼다. 자비롭고 부드러운 목소리로 말한다.) 네가 내 메시지를 그 애에게 전할 수 있을까?
케이티	(더 긴장을 풀고 조금 더 장난스러운 눈으로 대답한다.) 제가 검열하는 만큼만요. 그 애는 아무 사람이 아무 말이나 하도록 그냥 놔두진 않아요.

치료자	그 애가 사실은 자신을 위한 삶을 살고 싶어 하는 여자아이임을 내가 이미 알고 있다고 얘기해줄래? 그 애가 친구를 갖고 싶어 하고, 소속감을 느끼고 싶어 하고, 무언가 배우거나 만들고 싶어 하고, 다른 애들처럼 남자친구를 사귀고 싶어 하고, 집에서 안전하다고 느끼고 싶어 하는 걸 알고 있다고. 이게 내가 알고 있는 몇 가지라고 그 애한테 이야기해줘. 그런 게 자해나 붕대, 흉터보다 삶에 훨씬 더 중요한 부분이라는 걸 내가 알고 있다고 그 애에게 얘기해 줄 수 있겠니?
케이티	(치료자를 쳐다본다. 눈에 눈물이 고인 채 고개를 끄덕인다.)

이제 가치 나침반 작업을 시작할 수 있는 준비가 되었다.

성찰하기

위 두 사례에서 치료자는 예측된 혹은 전통적인 경로에서 벗어남으로써 내담자의 허를 찔렀다. 두 사례 모두 치료자는 기존의 경로를 벗어나도 되는지 동의를 구한 뒤 새로운 경로에 오른다. 이 새로운 경로는 내담자에게 중요하고 가치 있는 것으로 특징지어진다. 치료자는 시급한 당면 문제에 맞춰진 초점을 부드럽고 자비롭게 가치라는 더 높은 수준으로 옮겨간다. 이로써 가치 나침반을 소개할 수 있게 준비되었다. 가치 나침반을 소개하는 목적은 내담자를 둘러싸고 있는 가치 맥락을 수립하는 것이다. 이렇게 되면 현재의 문제나 행동 패턴을 가치 관점에서 더 넓게 볼 수 있게 된다.

치료 시작부터 가치 나침반을 활용하면 내담자 삶의 질을 향상할 수 있는 핵심 요인이 무엇인지 수집할 수 있을 뿐만 아니라 현재 문제와 연관된 행동 패턴의 예를 파악할 수 있다. 치료 초기의 가치 나침반 작업은 치료에 무엇이 중요할지 치료자가 곧장 확립할 기회를 제공한다. 치료가 이야기를 늘어놓는 시간이 되거나 치료자가 특정 문제의 해결, 증상 제거 또는 내담자의 고통 감소를 위해 많은 시간을 들여 애쓰는 대신 치료 시작부터 가치를 살펴보는 새로운 경로를 수립할 수 있다. 하지만 가치로 시작하는 것 또한 잠재적으로 고통스러울 수 있다. 만약 내담자가 자기 삶에서 가치 영역을 의도적으로 회피해 왔다면 더욱 그럴 것이다. 치료를 시작하는 시점의 내담자가 심리적 고통을 받고 있고 자신에게 중요한 것이 무엇인지 질문을 받는 형태의 지지를 감당하는 게 익숙하지 않을 수 있음을 생각하면 모든 내담자를 따뜻하게 격려하는 게 중요하다. 가치로 치료를 시작하는 것에 이런 기능이 있음을 알고 나면 고통스럽게 노력하고 있는 내담자를 지지할 수 있는 새로운 방법이나 치료자만의 실효성 있는 치료 시작 방법을 찾을 수 있게 해줄 것이다.

치료 시작부터 가치 나침반을 사용하는 경우 치료자는 보통 내담자가 가치 방향과 경험 회피 사이에서 어떻게 움직이는지를 주의해서 지켜본다. 기꺼이 가치 방향으로 접근하려는 마음을 나타내는 몸짓이나 진술뿐 아니라 가치 방향을 향해 다가가면서 떠오르는 장애물을 나타내는 언어 구축물이 있는지도 주시한다. 가치를 논의하거나 가치 행동을 연습할 때 가치와 관련된 유연성이나 경직성을 찾아봄으로써 내담자가 장애물과 어떻게 관계 맺는지 평가할 수 있다. 그렇게 함으로써 경험 회피와 융합이 내담자에게 어떤 식으로 나타날지 알 수 있다(예를 들면, 가치 혹은 가치 행동을 다루는 방법에 관한 특정 규칙).

내담자의 비언어적 행동을 관찰하는 연습

가치 나침반 워크시트에서 첫 질문을 시작하면서 내담자의 행동을 관찰하라. 내담자가 당면한 과업에 주의를 기울이고 있는지 혹은 마음이 동요되어 개인 사건에 초점을 맞추고 있는지 살펴보라. 지금이 행동 패턴에서 경직성이나 유연성의 정도를 관찰할 좋은 기회이다. 내담자가 치료자에게 모든 권한을 넘기는가, 혹은 자신이 가치 있게 여겨야 할 것이 무엇이라고 생각하는지 물어보는가? 어느 쪽이든 높은 수준의 응종을 의미한다. 내담자는 자신의 이야기에 얼마나 융합되어 있는가? 어쩌면 가치 나침반 과제가 어떤 것인지 보지 않으려 하면서 가치 나침반 작업 전체를 꺼리는 식으로 융합이 표현될 수 있다.

가치 방향을 조사하는 동안 내담자가 여러 영역에 어떻게 접근하는지 관찰함으로써 중요한 정보를 모을 수 있다. 처음 접근하는 영역이 무엇이고 마지막 영역은 무엇인가? 내담자가 다른 영역보다 더 수월하게 접근하는 영역이 있는가? 어느 영역이든 관련된 혐오 혹은 회피 행동을 보이는가? 어떤 반응이든 탈융합이나 수용과 같은 핵심 ACT 과정을 다룰 기회가 될 수 있다. 회기 중이나 회기가 끝난 뒤에 경험 회피나 융합의 가능성이 있는 예시와 관련하여 내담자가 가치와 관계를 짓는 독특한 방식을 언급하는 것이 유용할 수 있다.

내담자는 종종 가치 나침반을 완성하는 동안 규칙을 표현한다. 예를 들어, 만성 통증을 가진 내담자는 일의 영역을 보면서 "내 통증을 없앨 수만 있다면 기꺼이 일에 복귀할 텐데." 하고 얘기할 수 있다. 이런 반응은 규칙을 의미하고 가치 나침반 옆에 "규칙"이라는 제목을 붙이고 그 아래에 적을 수 있다. 규칙을 적는 것은 이 규칙과 관련된 내담자의 융합을 강화하지 않으면서 내담자의 표현을 수인해주는 방법이 될 수 있다. 규칙을 적고 난 후 그 규칙이 가치 있는 삶에 어떻게 장벽으로 기능하고 있는지 분명하게 보여주는 방식으로 다시 써보도록 하는 것이 도움이 된다. 이 사례에서는 통증 자체보다는 일을 다시 하려면 통증을 없앨 필요가 있다는 규칙이 장벽이다. 이런 관점에서는 통증이 존재할 때도 일의 영역에 있는 가치 행위를 할 수 있다. 예를 들어, 내담자가 "이 통증을 없앨 수만 있다면 기꺼이 일할 수 있을 텐데."라고 말하면 기능적 맥락에서 다음처럼 다시 쓸 수 있다.

가치 방향: 나는 일하는 것을 중요하게 여긴다.
장애물: 일을 시작하기 전에 내 통증을 조절할 필요가 있다는 규칙
영향: 일을 하지 않는다.

이 분석은 치료자가 가치의 합리성, 특정 사건이 일어날 확률, 상황과 관련된 규칙이 무엇인지 살피는 것이 아님을 내담자가 알게 도와준다. 그보다는 단순히 내담자의 규칙이 일과 관련된 가치의 맥락에서 어떤 실효성이 있는지 살펴보고 있다. 회기가 끝날 무렵 가치 나침반을 완성하는 마지막 단계에서는 자신의 가치 방향대로 살아가는 행동을 시작하기 위해 실효성 없는 전략을 기꺼이 포기할 것인지 내담자에게 물어본다. 이는 사실상 내담자 자신에게 중요한 것을 기꺼이 고수할 마음이 있는지를 묻는 전념에 관한 질문이다. 내담자가 초점을 증상 조절에 맞추던 태도를 내려놓고 기꺼이 가치 방향으로 걸음을 내디디려 할 것인가? 내담자 대답에서 표현되는 끈기와 인내심의 정도를 알아차려야 한다. 대답을 표현하는 방식이 전념 행동과 인내심의 정도를 드러낸다고 간주할 수 있다. "저도 그러고 싶어요." 혹은 "생각해 볼 수도 있겠어요."라

는 대답은 "저는 다시 직장에 복귀하겠습니다." 혹은 "아이들과 다시 가까워지기 위해 전념할 겁니다."보다 낮은 정도의 전념을 나타낸다. 내담자가 장애물을 받아들이면서도 여전히 가치 방향으로 기꺼이 나아가려는 정도를 알아차리고 기록하라. 어려움을 맞닥뜨리더라도 수용, 자발성, 가치 있는 삶에 대한 전념을 늘리는 것이 ACT의 일반적인 목표다.

가치 나침반에서 나타난 ACT 과정: 사례

가치 나침반에서 그랬던 것처럼 내담자가 특정 영역을 피해 왔다면 언어 과정을 통해 가치 방향과 접촉하는 것이 몹시 고통스럽게 느껴질 것이다. 이런 경우 명백한 경험 회피가 일어날 가능성이 크고 어떻게 행동해야 한다거나 혹은 자기 삶에서 가능한 것이 무엇이라는 규칙과 융합된 내용이 경험 회피에 힘을 실어주고 있을 것이다. 만성 통증을 호소하는 50대 여성 카린의 사례를 통해 회기에서 경험 회피와 융합이 어떻게 나타나는지 살펴보자.

카린은 형제 중에서 맏이다. 어머니가 젊은 나이에 돌아가신 이후 카린은 아버지와 동생들을 돌보는 데 대부분의 인생을 보냈고 아직도 그렇게 하고 있다. 카린은 자신을 의지할 만한 사람이라고 설명한다. 결코 친밀한 관계를 맺어본 적이 없고 친구도 많지 않다. 한때 간호사가 되고 싶었지만 교육받을 기회가 전혀 없었다. 카린은 노인을 위한 재가 건강도우미로 일하고 있다. 카린의 치료자가 이미 가치 나침반을 소개한 적이 있다. 지금 카린이 몇 개의 의향 박스에 몇 개의 단어를 적으면서 화이트보드 앞에 치료자와 함께 서 있다. 치료자가 주의 깊게 관찰하다가 카린이 다른 사람을 돕는 영역에서는 꽤 빠르게 내용을 채우는 것을 알아차린다. 카린은 다음의 순서대로 의향을 적는다.

1. 가족: 도움이 되고 지지적이다.
2. 돌봄: 나에게 의지하는 사람들에게 착하고 친절하고 관대하다.
3. 일: 내 고객들 앞에서 단정히 하고 그들에게 도움이 되고 친절하다.
4. 공동체: 동물 보호소에서 매주 하루씩 자원봉사를 한다.

카린은 이렇게 가치 진술을 기입하고는 다른 영역을 바라보면서 멈추고 주저한다. 카린의 행동으로 판단하건대, 다른 영역들이 처음 4개의 영역보다 더 멀리 있는 듯 보인다. 카린은 1~2분쯤 당황스러운 모습으로 서 있고 치료자가 도움을 주면서 개입한다. 다른 사람에게 봉사하는 가치를 기술할 때는 카린이 편안해 보였는데 자신을 돌보거나 자신에게 활력을 불어넣는 가치 영역은 모두 생략하고 넘어가는 걸로 보였다고 치료자가 자신의 관찰을 언급한다. 치료자가 친밀한 관계 영역에 대해 구체적으로 질문할 때 카린이 친밀한 관계는 자신과는 전혀 관련 없는 일이라는 듯 손을 내젓고 고개를 가로 흔든다. 치료자가 카린을 주의 깊게 바라보면서 친밀한 관계가 우리를 매우 취약하게 느끼게 할 수 있다고 부드럽게 말한다. 그리고 혹시 카린이 다른 사람을 돌보느라고 자신의 개인 관계는 옆으로 젖혀 둔 것이 아닌지 물어본다. 질문에 대한 반응으로 카린이 눈을 감싸면서 떨리는 목소리로 말한다. "다른 사람과 가까워지거나 무엇이든 다른 사람에게 요구하는 것이 가장 두려웠어요. 제게는 다른 사람을 돌보는 것이 언제나 가장 쉬운 일이었습니다."

경험 회피를 탐색하기

친밀한 관계 영역과 연관된 언어 내용과 단순히 접촉하는 것만으로도, 카린에게 경험 회피 행동의 반응이 충분히 일어났다. 여기 회기에서 보이는 경험 회피는 카린의 삶에서 일반적으로 일어나는 행동 패턴의 단지 한 예시라고 가정하는 게 적절할 것이다. 가치 나침반 연습을 하면서 카린은 다른 사람을 돕는 가치 방향(가족, 돌봄, 일, 공동체)에는 쉽게 접촉하지만 자기 돌봄이 필요하다고 분류할 수 있는 영역(영성, 건강, 여가활동, 교육, 친구, 친밀한 관계)에서는 어려움을 보였다.

카린의 만성 통증 문제가 이런 불균형과 연관되어 있다고 초기의 사례 개념화를 할 수 있다. 카린은 다른 사람을 돌보는 일에 가치를 두지만, 자신을 돌보는 일에는 가치를 두지 않고 있다. 10개 영역 중에 적극적으로 가치 방향을 추구하는 영역은 4개밖에 되지 않는다. 회기에서는 대개 자기 돌봄 영역을 피하고 특히 친밀한 관계에 대해서 경험 회피를 드러내는 모습을 보였다. 카린이 자기 돌봄 영역들에서 내용을 채우지 않았다는 사실은 카린이 이런 분야에서 실제로 무언가를 회피하고 있음을 가리킨다. 카린이 불안 때문에 자기 돌봄 활동에 경험 회피를 하면 단기적 결과로 불안의 완화를 가져오지만 시간이 흐르면서 계속 자기 돌봄 활동을 배제하게 되어 삶이 협소해지고 있다. 치료가 진행되면서 치료자는 카린이 자기 돌봄 활동을 회피하면서 치러야 하는 대가를 평가하게 도울 것이다.

카린의 예는 가치 나침반이 어떻게 ACT 핵심 기술을 사용하여 조기 개입을 시작할 기회를 제공하는지 보여준다. 계속 카린의 사례를 따라가면서 핵심 ACT 과정과 어떻게 관련되어 있는지 또 어떻게 그 과정이 사용되고 있는지에 주목할 것이다. 이제 막 카린이 눈을 감싸면서 친밀한 관계가 가장 두렵다고 치료자에게 얘기했던 치료실로 돌아가자.

치료자   (더 다가와 앉으며 눈을 감싸고 있는 카린의 손 위에 치료자의 손을 얹는다. 그리고 서로 눈이 마주칠 수 있게 부드럽게 손을 치우도록 이끈다.) 당신에게 어려운 주제라는 걸 알겠어요. 지금 어떤 일이 일어나고 있는지 제가 이해할 수 있도록 지금 여기에 멈춰볼 수 있을까요?

지금 우리는 현재 순간과 접촉하는 예시를 보고 있다. 카린은 친밀한 관계와 연관된 고통스러운 감정과 생각에 접촉하고 있는 것 같다.

카린   (이제 드러내 놓고 울고 있지만 더 이완된 모습이다.) 그냥 이건 너무 어려워요. 이런 거에 대해 얘기하는 건 너무 어려워요. 너무 창피해요. 생각하지 않으려고 노력해요.

고통스러운 영역을 생각하지 않으려는 이러한 노력은 지금 여기에서 일어나고 있는 경험 회피의 한 예이다.

치료자   (여전히 가까이 앉아 카린이 마음을 열어 놓은 틈을 놓치지 않기 위해 앞으로 몸을 숙인다.) 당신이 얘기하는 게 무엇인지 방금 보았다고 생각해요. 당신은 화이트보드에 서 있었고 친밀한 관계 영역을 그냥 건너뛰었어요. 다른 사람들보다 자신에게 집중해야 하는 영역도 다 그냥 넘어갔어요. 제가 이것에 관해 물어봤을 때 당신은 눈을 감싸면서 두렵고 당황스럽다고 말했어요. 자, 바로 여기 이 방에서 당신은 이런 것을 생각하지 않으려고 노력했는데, 어떤 일이 일어났나요?

카린   (현재 순간에 존재하며 집중한 상태. 더 울지는 않지만 글썽이는 눈을 하고 살짝 웃으며 말한다.) 다른 어떤 것도 생각할 수 없었어요.

카린은 생각을 통제하려는 노력이 무용하다는 예시를 볼 수 있었다. 이런 점은 다음에 이어지는 추가 작업에서 예시로 사용될 수 있다.

치료자   (계속 가까이 머물러 있다.) 우리가 생각을 통제하려고 버둥거릴 때 이렇게 됩니다. 생각은 더 강해져서 바로 돌아옵니다. 이 이야기는 나중에 더하기로 하고, 지금은 친밀한 관계, 우정, 교육, 건강을 돌보는 활동, 여가활동, 영성의 영역에 대해 알고 싶어요. 건너뛴 이 영역들에 대해 차근차근 하나씩 알고 싶어요. 방금 보았듯이 이 영역들에 다가가는 것이 당신을 고통스럽게 한다는 것을 이해합니다. 하지만 사실 지금 여기서 본 현상이 당신이 겪고 있는 만성 통증 문제와 어떤 연관이 있을 것 같아요. 다른 사람과 관련된 가치는 그렇게 쉽게 표현하면서 자기 자신을 돌보는 것과 관련된 영역들은 너무 어려워하고 심지어 피하기도 한다는 사실 말입니다. 어떻게 생각하세요?
카린   (떨리는 목소리로 눈물을 글썽이면서 말한다.) 예, 그런 거 같기도 해요. 그런 느낌을 받은 적이 있었어요.

카린은 자기 돌봄 활동에 가치를 두지 않아서 건강에서 그 대가를 치르게 되었다는 사실을 무의식적으로 인지한다.

치료자   (여전히 가까이 머물러 있다.) 여기서 나와 함께 방금 느꼈던 창피함과 두려움을 이 방으로 기꺼이 가져올 수 있겠습니까? 나와 함께 여기서 그동안 피해왔던 고통에 마음을 기꺼이 열어보겠습니까? 당신이 살고 싶은 삶에 더 가까워지려고 이렇게 하는 것입니다.
카린   (기꺼이 하려는 자발성의 마음을 표현하고 둘이서 추가 탐색을 계속해 나간다.)

위에 나타난 상호작용에서 카린은 삶의 질을 확장하기 위해 기꺼이 고통스러운 경험을 수용하려는 자발성을 보여준다. 카린과 초기 회기를 발췌한 짧은 내용에서도 가치 작업이 어떻게 현재 문제와 연관된 경험 회피의 행동 패턴을 유발할 수 있는지 그 사례를 보여준다. 계속되는 경험 회피와 반대로 가치 방향으로 향하는 내담자의 행동 목록이 확장되는 사례가 적극적으로 강화되어야 하고 미래 작업에서 예시로 활용될 수 있다. 이렇게 하면 기능 분석의 측면에서 가설을 세우기 시작하고 이어서 적절한 ACT 개입을 시작하는 데 도움이 될 것이다.

개념으로서 자기와 융합을 탐색하기

내담자가 처음 가치 나침반을 사용하면서 가치를 표현할 때는 모든 것을 포괄하면서 평생 추구할 방향 같은 것보다 더 구체적이고 특정한 목표를 표현하는 경향이 있다. 예를 들어, 내담자는 일 영역에 "간호사가 되는 것" 또는 돌봄 영역에 "아이를 갖는 것" 같은 것을 쓸 수 있다. 이는 구체적인 목표를 가치로 개념화하는 예로 개념으로서 자기 관점에 더 치우쳐 있는 것이다. 내담자는 이 목표들이 내용을 특정하여 표현한 것이고 그저 기능군 중 하나의 예일 뿐이라는 점과 정작 우리가 찾으려는 것은 그것들의 기능임을 이해할 수 있어야 한다. 이를 위해서는 대개 도움이 필요하고 치료자는 내담자를 밑바탕에 있는 기능이나 가치로 안내할 필요가 있다. 예를 들어, 한 내담자가 일 영역에 "경찰관"이라고 썼을 때 치료자는 경찰관이 된다는 것이 내담자에게 어떤 의미가 있는지 묻는다. 만일 경찰관이 된다면 내담자는 어떤 중요한 가치를 추구할 수 있는가? 특정 목표가 그것의 밑바탕이 되는 가치와 같지 않다는 사실을 이해하도록 돕는 것이 탈융합의 핵심 과정이다. 이는 내담자가 개념으로서 자기에서 맥락으로서 자기로 이동하도록 돕는다.

카린의 치료자가 탈융합과 맥락으로서 자기로 이동을 포함하는 초기 개입의 예시 하나를 살펴보자. 카린이 이 방 안에서 고통과 괴로움을 기꺼이 허용하겠다고 선언한 이후 치료자와 카린은 함께 화이트보드를 바라보고 서 있다. 치료자는 카린에서 가치를 확인하기 어려웠던 나침반 영역으로 돌아가는 것이 괜찮은지 묻는다. 치료자는 "친밀한 관계" 단어를 가리키고 이 영역을 재검토하도록 한다. "어려운 영역으로 돌아가 봅시다. 제가 '친밀한 관계' 단어를 가리킬 때 어떤 일이 일어났나요?" 카린은 몸을 움츠리고 시선을 딴 데로 보내면서 몸에 단단히 힘을 주고 긴장한 다음 숨을 깊이 들이마신다. 치료자는 카린에게 "친밀한 관계"라는 단어를 볼 때 자신에게 어떤 일이 일어나는지를 단지 알아차려 보라고 요구한다. 카린은 그저 "친밀" 단어를 보는 것만으로도 두려움과 회피 반응이 유발됨을 치료자에게 시인한다. 그 시점에 카린은 치료자의 개시 유도에 반응하여 둘 다 단어의 철자를 거꾸로 쓰고 아래위로 뒤집고 다른 색깔로 쓰기 시작한다. 카린은 글자를 가지고 놀면서 이 글자가 그렇게 의미심장하지 않다는 사실에 웃음을 짓고 이 글자가 자기 삶을 얼마나 두렵게 만들었는지 놀라워한다.

치료 초기에도 이런 종류의 탈융합 기술을 사용할 기회가 많이 있다. 카린 사례에서 초기 개입은 카린이 친밀한 관계에 관한 생각이나 심지어 '친밀한 관계' 단어조차도 피하고 있다는 예비 가설에 기초한다. 친밀한 관계의 가능성과 연관된 생각이나 감각에 의해 촉발되는 불안이 즉각적으로 완화되기 때문에 회피가 유지되고 있을 가능성이 크다. 카린의 치료자처럼 치료실에서 경험 회피나 내용과 융합이 나타나는 즉시 마음챙김, 수용, 탈융합 기술을 사용할 준비가 되어 있어야 한다. 모든 기회를 이용하여 내담자를 개념으로서 자기에서 맥락으로서 자기로 이동하도록 도와주라.

가치 나침반 작업의 잠재적 문제점

우리는 가치 나침반을 작성하는 동안 내담자가 궤도에서 벗어나는 경우가 많이 발생함을 알게 되었다. 내담자가 가치 나침반 작업을 완성해 가면서 보이는 많은 어려움을 이 절에서 자세히 제시한다. 알기 쉽게 설명하기 위해 카린의 사례를 종종 이용하였다. 또한 나침반을 작성할 때 내담자가 점수를 매기는 방식의 문제점에 대해 몇몇 가능한 개념화를 제시하였다. 실제 진료에서 이런 유형의 함정을 만났을 때 치료자나 내담자가 낙담하지 않고 오히려 가치 방향과 일치하는 활력 있는 삶을 선택하는 법을 계속해서 찾는 기회가 되길 바란다.

가치 방향끼리 서로 경쟁함

대부분 내담자는 가치 나침반을 사용하면서 가치에 등급이나 순위를 매기지 말라는 지시에도 불구하고 그렇게 한다. 예를 들어, 만약 내담자가 가족 영역에서 가치를 10점으로 평가하였는데, 가족을 일 보다 우선시한다고 느낀다면 가족과 일의 영역 모두에서 같은 정도로 강하게 가치를 느낀다고 하더라도 일에 더 낮은 점수를 매기게 된다. 서구 문화의 우선순위를 매기는 일반 관습 때문에 그럴 수 있다. 우리 대부분은 우선순위라는 게 필요하고 미래의 보상을 위해서는 희생이 필요하다고 배워왔다. 내담자 스스로 모든 영역 혹은 대부분 영역에서 상대적으로 높은 중요도 점수를 부여하는 경우, 비록 모든 영역에서 활동적이지 않더라도 다양한 삶의 영역에 존재하는 잠재적인 강화 속성을 알아차리고 있음을 보여주는 것이다. 가치 나침반을 과제로 내지 않고 치료자와 함께 작성할 때 이점은 내담자가 가치 방향의 중요도 평가에 어떻게 접근하는지를 지켜볼 수 있다는 점이다. 처음에 또는 마지막에 어느 영역을 평가하는가? 개별 영역을 평가하는 데 얼마나 시간이 걸리는가? 고통스러운 기억과 경험 회피처럼 가치 영역과 연결되는 징후를 찾아보라. 내담자가 평가하면서 표현하는 모든 규칙을 기록하자.(예를 들어, "일로 그렇게 바쁘지 않다면 가족들과 더 많은 시간을 보낼 것이다.")

규칙에 융합

내담자와 가치 나침반 작업을 시작하면서 가치 방향의 장애물뿐 아니라 가치 방향과 관련하여 내담자가 표현하는 규칙을 경청하라. 그리고 내담자가 이 규칙과 융합된 정도에 주의를 기울여야 한다. 여기에 상당히 높은 수준의 융합을 가리키는 몇 가지 표현의 예시가 있다.

- 그건 단순히 생각이 아닙니다. 그게 사실입니다!
- 단지 통증이 있다고 생각하는 게 아닙니다. 전문가가 제게 내린 진단이 있습니다.
- 어쩔 수 없어요. 항상 이런 식이었어요.

카린은 첫 회기에서 많은 규칙을 표현했다. 카린이 점수를 매기면서 표현한 두 가지 규칙과 이어지는 기능 분석을 다음에서 살펴보자.

영역: 건강
규칙: "마침내 집에 도착했을 때 건강한 음식을 만들거나 걷기에는 너무 지쳐있었다."

기능 분석
가치 방향: 운동을 하고 건강한 음식을 먹음으로써 나 자신을 돌보기
장애물: "너무 피곤해."하는 생각
영향: 운동을 하지 않고 집에서 만든 건강한 식사를 하지 않음

영역: 친밀한 관계
규칙: "난 이제 나이가 너무 많아서 친밀한 관계가 더이상 중요하지 않아."
기능 분석
가치 방향: 마음을 열고, 취약해질 수 있고, 신체적으로나 정신적으로나 모든 면에서 친밀감을 느끼고 싶음
장애물: "난 너무 나이가 많아서 친밀한 관계는 더이상 중요하지 않아."라는 생각
영향: 친밀한 관계를 맺지 못함

카린이 여러 규칙에 융합이 되면 경험 회피가 이어진다. 이런 규칙은 가치 방향으로 다가가는 것을 피하는 이유가 된다. 카린의 치료자는 초기 개입에서 가치 있는 삶이 인내심 있게 지속되었던 예시를 찾고 인내심을 강화하기 위해 가치 나침반을 이용한다. 예를 들어, 카린은 항상 의지할 만한 사람이고, 기꺼이 주위 사람들을 도우려고 하고, 공동체에 자원할 기회를 계속해서 찾고 있다. 카린은 다른 사람을 돕는 영역은 지속성이 잘 유지되지만 자기 돌봄 영역에서는 지속성이 떨어진다. 지속성이 덜한 영역이 있었을 때, 카린은 가장 중요한 가치를 확인하고, 그녀의 가치 방향으로 한 걸음 나아가고, 조건화된 혐오적인 생각, 느낌, 기억을 가로막고, 이런 반응을 경험하면서도 끈기 있게 가치 방향을 지속한다. 어떤 것이든 지속되는 가치지향 행동의 새로운 패턴이 회기에서 나타난다면 치료실 밖과 이후 치료 과정을 안내하는 은유로 사용할 수 있다.

중요도가 아닌 활동량으로 평가하기
가치 방향의 중요성을 평가하는 것은 그 영역에서 실제 행하고 있는 어떤 행동이

나 활동과 독립적이다. 그러나 어떤 영역에서 활동이 전혀 혹은 거의 없었음을 알아차리게 되면, 이와 동시에 그 영역이 중요하다고 밝히는 게 약간의 심리적 불편을 일으킬 수 있다.(관계틀이론을 기반으로 가치에 일치하는 강화의 중요성에 관한 논의가 8장에 있다.) 내담자는 활동적이지 않은 영역에 대해 낮은 중요도를 부여함으로써 그런 불편함을 피하려고 할 것이다. 카린의 사례를 살펴보자. 카린은 각 영역에서 현재 활동하는 수준에 따라 가치의 중요도를 평가했다. 실제 활동이 없는 영역에 해당하는 가치가 중요하다는 건 이해하기 어렵다. 이는 언어 규칙의 영향력을 보여주는 예시이기도 하며, "만약 내가 어떤 영역이 중요하다고 밝힌다면 나는 그 영역에서 활동적이어야 한다." 또는 "만약 내가 적극적이지 않다면 그 영역이 나에게 중요하지 않기 때문이다."의 형태로 나타난다.

중요도가 아닌 현실성으로 평가하기

일부 내담자는 자신의 일상생활에서 가치 있는 속성을 체현하는 게 얼마나 현실적인지 평가하는 것과 중요도 평가를 같게 여긴다. 예를 들어, 카린은 (개인의 성장을 포함하는) 교육 영역에서 창의성을 발달시키는 것이 중요하다고 느끼지만 현재 삶이 어떤지를 고려하고 미래의 삶이 어떨지 상상하면서 창의성을 발달시키는 것이 현실적이지 않다고 판단한다. 따라서 낮은 중요도를 부여했다.

낮은 중요도 평가

우리가 가치 나침반에 기록된 모든 의향이 반드시 높게 평가되어야 한다는 건 아니다. 그러나 이전에 언급한 대로 각 영역에서 높은 중요도는 활동 수준과 상관없이 잠재적 강화 속성을 얼마나 자각하는지 그 정도를 보여주는 것이고 우리의 경험에 의하면 강화의 다양성은 클수록 좋다. 다시 말하지만, 특정 형태나 내용, 활동의 양보다는 단지 그 가치 행위에 내재된 강화 속성에 대한 자각을 지칭하는 것이다. 가치 나침반 사용은 내담자에게 이런 자각을 촉진하는 한 가지 방식이다.

일반적으로 말하면, 낮은 점수를 매긴 영역에 대해 열린 자세를 갖고 논의하기를 권한다. 미래에 이 영역을 누릴 기회가 생기면 내담자는 강화를 제공하는 새로운 영역을 발견할 수 있게 될 것이다. 시간이 지나면서 내담자의 행동 목록에 회피와 융합의 비중이 줄면서 다른 영역이 더 중요해지게 될 것이다.

경험적으로 보면, 낮은 점수는 가치와 관련된 중요한 치료적 주제를 가리킬 때가 많다. 낮은 점수는 또한 회피 신호거나, 이 영역이 강화의 잠재적 근원이 될 수 있다는 인식이 부족한 것이거나, 이 영역에서 경험이 부족함을 나타내는 것일 수 있다. 그러므로 치료 후반에 이 영역을 다루기로 했다 하더라도 낮은 점수의 본질을 더 자세히 조사하는 것이 중요하다. 카린이 가치 나침반에서 몇몇 영역에 낮은 중요도를 부여했을 때 치료자가 어떻게 중재하는지 살펴보자.

카린과 치료자는 카린의 나침반에 적힌 점수를 보면서 나란히 앉아있다. 치료자가 가치 나침반 위에 10개 영역이 있는 이유를 일반적으로 사람들에게 이 영역들이 어느 정도 중요하다고 관찰되었기 때문이라고 설명했다. 카린도 이에 수긍한다. 치료자는 카린이 낮게 평가한 영역들을 짚어본다. 특히 0점이라고 매긴 친밀한 관계를 가리키면서 이 점수에 관해 설명해달라고 요청한다. 카린은 이런 영역들에 경험과 자신감이 없어서 그냥 자기 삶에서 차단하는 법을 배웠다고 대답한다. 치료자는 대부분 사람이 친밀한 관계 같은 영역에 어느 정도의 중요도를 부여하고 또 친밀한 관계에 수반되는 불안을 어느 정도 경험한다고 이야기한다. 치료자는 친밀한 관계 영역의 가치를 중요하게 여기면서도 동시에 경험이 적고 자신감이 없다는 생각을 가지는 게 가능하다고 보는지 카린에게 물었다. 카린은 사실 그런 것도 가능하다고 인정한다. 이어서 치료자는 친밀한 영역에서 경험과 확신이 부족하다는 생각이 있으면서도 동시에 친밀한 관계와 관련된 가치 속성을 경험하는 수단으로 치료관계의 예를 이용한다.

카린과 치료자는 일부 영역에서 가치에 낮은 중요도를 부여하는 행동을 통제하고 있는 것이 무엇인지 검토했다. 특히 친밀한 관계의 추구와 관련하여 경험이 부족하고 자신감을 느껴야 한다는 생각에 융합되어 낮은 점수를 매기게 되었다. 낮은 점수를 매기게끔 조절하는 요인이 무엇인지를 검토함으로써 추가적인 치료 표적을 발견했고 카린은 친밀한 관계 영역의 가치가 사실은 어느 정도 중요하다는 점을 확립했다.

낮은 불일치 점수

불일치 점수는 가치의 중요도 점수와 그 가치에 일치하는 삶을 살기 위해 실행한 행동 사이에 나는 차이의 정도를 가리키는 것이며 어느 방향으로든 갈 수 있다. 높은 중요도 점수와 낮은 행동 점수가 짝을 이루면 양(+)의 불일치 점수가 되고, 낮은 중요도 점수와 높은 행동 점수가 짝을 이루면 음(-)의 불일치 점수가 될 것이다. 높은 중요도 점수와 낮은 행동 점수로 인한 양의 불일치 점수가 가장 흔하다. 이상적으로는 어느 방향에서든 불일치가 가능한 적어야 한다. 예를 들어, 수지가 공동체에 대한 가치가 중요하다고 평가하고 이 영역에서 가치 일관성 행동 점수가 높다고 평가한다면 불일치 점수가 낮을 것이다. 그러나 모든 경우가 수지처럼 명확하지는 않다. 불일치 점수가 낮게 나오는 다른 경우는 중요도와 가치 일관성 행동 점수 모두에 낮은 점수를 매기는 것이다. 이것이 어떤 문제일까? 마리안을 생각해 보자. 우울한 마리안은 친밀한 관계와 친구에 관한 가치를 중요하지 않다고 평가하고 이 영역의 가치 일관성 행동에도 낮은 점수를 부여했다. 그 결과로 나온 낮은 불일치 점수는 실제로는 마리안의 삶에서 이런 영역들에 강화가 결핍되어 있음을 드러내지 않게 된다. 어쩌면 강화의 부족이 현재 마리안의 우울 상태에 대한 중요한 요인일 수 있다. 치료자가 낮은 불일치 점수 때문에 이 영역을 전부 무시한다면 마리안이 강화를 얻을 수 있는 삶의 영역을 논의할 기회를 놓치게 될 것이다.

높은 불일치 점수

높은 불일치 점수는 보통 선언한 가치 방향의 중요도와 실행한 행동 사이에 더 큰 불일치 정도를 보여준다. 높은 양의 불일치 점수는 분명 문제가 있음을 알려준다. 하지만 가치 일관성 행동 점수는 높지만 가치를 비교적 중요하지 않게 여기는 음의 불일치 점수가 높은 것 또한 중요하다. 음의 불일치 점수가 높은 것은 밑바탕에 있는 가치와 잘 연결되지 않은 채 높은 수준의 전념 행동이 있음을 뜻한다. 이런 양상은 시간이 지나면서 소진이나 분노와 같은 더 큰 고통으로 이어질 가능성이 크고 아마 무의미하다고 느끼는 감정이 점점 자라날 것이다. 존을 살펴보자. 존은 일 영역의 가치가 비교적 중요하지 않은 것으로 평가하였고 실제로 인생에서 일을 필요악이라고 여긴다. 존은 가족들이 겨우 먹고 살 만큼 벌려고 두 가지 직업을 갖고 있고 일 영역에서 가치 방향이나 장기적 강화를 찾지 못했다. 비록 그런 행동이 스스로 내재적 가치를 두지 않는 활동에 매일같이 억지로 참여하게 강요하는 것임을 의미하는데도 불구하고, 매일 긴 시간 일하는 그의 행동은 겨우 먹고 살아가기라는 제한된 가치와 매우 높은 일관성을 보인다. 이런 식으로 존은 일 영역에서 매일 또 매번 혐오가 조건화된다. 실제로 존의 가치와 일치하지 않아 강화를 느끼지 못하는 직장에서 그렇게 많은 시간을 소비한다는 점이 아마도 존이 갖는 불안과 우울을 설명하는 유의미한 요인이 될 수 있다.

일반적으로 말해, 높은 불일치 점수는 치료작업을 시작하기에 적절한 지점임을 드러낸다. 특정 영역에서 높은 불일치가 보고된다면 이는 가치를 두는 것과 실제 행동하는 것 사이의 불일치를 내담자가 인식하고 있음을 가리킨다. 즉, 내담자는 삶에서 자신이 원하는 장기 강화를 접하지 못하는 방식으로 행동하고 있다. 인지 부조화 관련 연구는 이런 식의 불일치를 자각하는 것이 일치되는 방향으로 행동을 변화하게끔 동기를 부여할 수 있음을 보여준다(Egan, Santos, & Bloon, 2007). 관계틀이론 용어로 설명하면, 그런 불일치를 인식하는 것은 가치 규칙의 동기 증진 효과에 관계 비일관성이라는 혐오 자극을 추가할 것이다. 즉, 내담자가 높은 가치를 두는 것(동기 증진 규칙)과 자신이 가치 방향에 일치하지 않게 행동을 하고 있다는 것(관계 비일관성)을 인식하게 되면 내담자가 선언한 가치 방향으로 움직이려고 행동을 바꿀 가능성이 더 커진다. 한편 이런 비일관성 혹은 불일치를 회피하는 것은 궁극적으로 더 큰 심리적 고통을 초래할 것이다.

가치 나침반으로 기능 분석을 개발하기

일단 내담자가 가치 방향을 지정하면 치료자는 그 내담자에게 장기적 정적 강화가 어떤 모습일지에 대한 감이 생긴다. 내담자가 그 가치 방향을 자각하게 되면 그 방향으로 나아가려 하거나 실제로 나아갈 것이다. 그러는 와중에 불편한 느낌과 마주하게 되고 가치 경로로 여행을 계속할 수 없는 다양한 이유를 대는 생각을 알아차릴 가능성이 크다. 만약 이런 생각에 귀를 기울이거나 그 생각을 진실로 여긴다면 느낌과 생각이 심리 장벽이 되고 내담자는 가치 경로에서 벗어날 것이다. 친밀한 관계 영역에서 갈등하는 카린에서 기능 분석의 예를 살펴보자. 카린은 친밀한 관계에서 발견되는 몇몇 속성을 중시한다는 것을 알았다. 그러나 이 방향으로 나아가려고 단지 생각만 해도 두려움에 질리고 확실히 거절당할 거라는 생각을 믿게 되었다. 이런 융합된 생각과 두려움은 가치에 참여하지 않음으로써 위험을 회피하게끔 이끈다. 이런 회피는 두려움으로부터 단기적인 안도감을 제공하지만 동시에 친밀한 관계를 확립할 기회를 놓치는 걸 의미한다.

내담자와 함께 가치 나침반을 활용하는 것은 현재 문제를 진단하고 치료 지침을 만드는 것 모두에 유용하다. 일반적으로 나침반은 중요한 가치 방향, 선언한 가치 방향과 현재 행동 사이에 일치하는 정도, 중요한 가치와 그에 일치하는 행동을 가로막는 특정 언어적 구축 장애물 등을 드러낼 것이다. 가치 나침반을 작업하는 과정에서 내담자가 이런 장애물과 어떻게 관계 맺을지 결정적인 예시를 보여줄 가능성이 크다. 여기서 장애물에 대해 내담자가 전형적으로 사용하는 전략이 드러날 것이다. 내담자에게 이런 전략의 실효성을 요약하게 하면 자기 행동의 결과에 결론을 내리고 비효율적으로 보이는 행동을 바꾸게 된다. 장애물을 수용하는 과정과 기존 전략을 내려놓는 자발성의 출현은 강제로 되는 게 아니다. 가치 방향을 선택하고 명료화하는 것과 기존 전략을 포기하는 선택은 치료 회기마다 반복해서 일어나야 한다.

치료 중반에 가치 나침반 활용하기

가치 나침반은 과정이지 최종 결과가 아니다. 치료자의 여정을 추적하고, 위치를 계속해서 업데이트하고, 경로에 맞게 가고 있는지 혹은 의도한 길에서 얼마나 멀리 이탈했는지 평가하는 GPS와 같다. 위치와 방향을 점검하기 위해 가치 나침반을 GPS처럼 자주 사용하지 않는다면 안내를 유용하게 받을 수 없다. 이상적으로는 치료 도입부에 가치 나침반을 사용함으로써 내담자가 자신의 가치 방향을 확인한다. 하지만 가치 방향의 확인 작업은 계속 진행되는 과정이고 내담자가 직면하는 모든 새로운 상황에서 질문은 같다. "여기서 나에게 가장 중요한 가치는 무엇인가? 지금 내가 하는 행동이나 하고자 하는 행동이 가치 방향과 일치하는가? 아니면 수용할 수 없는 어떤 느낌이나 생각의 경험 회피로 기능하는 행동인가? 내가 취한 행동 중 어떤 것이 가치 방향과 일치하고 있는가? 내가 디딘 발걸음이 가치 방향에 더 가까이 다가가게 했는가 아니면 더 멀어지게 했는가? 가치 방향으로 나아가는 길에 나타나는 장애물을 허용하고 더 나아가 포용할 의지까지 있는가?" 이런 질문은 가치 나침반 작업의 진행 과정을 반영한다.

　내담자가 회기에서 치료자와 함께 여러 번 가치를 향한 단계를 밟고 위와 같은 방식의 평가를 연습하는 것처럼 치료실 밖에서도 같은 과정을 연습해야 한다. 초기 회기에서 카린은 교육을 받고 간호사가 되는 목표를 향해 나아가길 원한다고 했다. 그리고 이를 가로막는 장애물이 통증 문제를 먼저 해결해야 한다는 조건에 주로 초점을 맞추었던 것이라고 말했다. 7 회기가 되자 카린은 치료 회기 밖에서도 목표를 향해 나아가는 단계를 밟기 시작했다. 7 회기에서 어떤 일이 일어났는지 살펴보자.

　카린은 대개 일찍 와서 치료자가 오는 것을 기다린다. 그러나 이때는 카린이 몇 분 늦게 뛰어 들어왔다. 흥분한 동시에 스트레스를 받은 것처럼 보인다. 일단 의자에 앉은 후 얼굴을 손에 묻고 안도의 한숨을 쉰다. 지난 회기 마지막에 카린은 성인 교육 상담가와 만나기로 약속했었다. 카린이 이제 매우 초조해 보였으므로 치료자는 교육과 관련된 가치로 연결하는 마음챙김 연습을 하도록 청하며 회기를 시작하였다. 능력을 개발하고 도전하길 원하는 가치에 잘 접촉한 상태가 된 후, 카린이 성인 교육 상담가와 만났고 사실은 많은 어려움을 겪었다고 치료자에게 털어놓았다.

　치료자가 이제는 익숙해진 인생선 스카프를 바닥에 놓고 카린에게 가치 방향으로 나아갈 때 무슨 일 일어났는지 역할극을 해 보자고 요청한다. 카린에게 스카프의 한쪽 끝에 서도록 하고 치료자는 다른 쪽 끝에 서서 과제 연습에서 했던 가치 방향을 확인해 보라고 한다. 카린은 간호사가 되려는 현재 목표와 함께 잠재력 개발에 대한 전념을 재확인한다. 치료자는 종이에 카린의 가치를 쓰고 가치 방향을 나타내기 위해 카린의 반대편 벽에 종이를 붙인다. 그 뒤에 치료자는 지금 가치 경로 위에 서 있는 카린의 옆에 서서 무슨 일이 일어났는지 물어본다. 카린은 앞으로 한 걸음 내디디며 실천하지 말아야 할 이유가 머릿속에 가득 찼음에도 불구하고 상담가를 만나러 갔다고 설명한다. "너를 비웃을 거야."와 같이 상담가의 사무실에서 멀어지게 하려고 괴롭히고 잡아당기는 걱정을 감지했지만 카린은 어쨌든 사무실에 갔다. 대기실에서 거의 공황 발작을 겪을 뻔했지만 그에 대응해서 눈을 감고 가치 경로를 찾아보았고, 가치 경로를 발견했고, 불편함과 함께 대기실에서 머물렀다.

　인생선이나 가치 나침반과 같은 실습은 어느 회기에서나 내담자가 가치 경로로 돌아오고, 가치 방향에 다시 전념하고, 장애물을 확인하고, 장애물과 어떻게 관계를 맺을지를 탐색하게 돕는 수단으로 사용할 수 있다. 이런 방식으로, 내담자는 가치 방향으로 걸어가는 동안 엄청나게 다양한 장애물에 대해 스스로 심리 유연성을 연습하는 자신을 보게 된다.

치료를 종결할 때 가치 나침반 적용하기

치료 후반부를 향하면서 가치 나침반은 치료 이후의 삶에서도 계속해서 가치 일관성 행동이 풍성해지도록 내담자가 이런 행동을 최대한 일반화하는 걸 돕는데 사용된다. 만약 내담자의 행동을 안내하고 조정하기 위해 매회기 가치 나침반을 사용해왔다면 이 시점에서는 가치 나침반이 내담자 삶의 패턴 안에서 통합되어야 한다. 만약 내담자가 가치 과녁 일기도 사용해왔다면 이것도 일상에서 가치 행동을 늘리는 데 도움이 될 것이다. 일반적으로 치료 후반부 무렵에는 내담자가 수용과 유연함을 지니고 불쾌한 생활 사건에 접근하는 방법과 새로운 모든 삶의 상황에서 가장 중요한 가치 방향을 인식하는 방법을 배웠어야 한다. 또한 언어로 구성된 자기 나름의 전형적인 장애물을 자각해야 하고, 장애물에 융합되어 마음이 말하는 바를 그대로 볼 것이 아니라 그저 마음의 산물인 장애물임을 바라볼 수 있어야 한다.

치료 후반부에 가치 나침반을 사용하여 미래 사건과 그것에 뒤따라오는 장애물을 예측해 볼 수 있다. 카린의 예에서 치료 후반부 회기에서 가치 나침반을 어떻게 사용할 수 있는지 살펴볼 것이다. 카린은 고등학교 졸업장을 취득하려는 생각을 가지고 이제 막 성인 교육을 받기 시작했다. 실패에 대한 끊임없는 두려움에도 불구하고 카린은 매우 의욕적이고 우수한 성적을 받았다. 학교에서 좋은 친구 여럿을 사귀어서 기쁘다. 치료자와 카린은 치료를 종결하기로 했다. 카린은 몸에 밴 가치 나침반을 가지고 와서 테이블 위에 올린다. 둘은 함께 지난 4개월의 과정 동안 어떤 일이 일어났는지를 보기 위해 각 영역을 살펴본다. 한 번에 한 영역씩 중요도와 가치 일관성 행동 점수에 어떤 변화가 있는지 검토한다. 관찰 내용을 기초로 미래에 일어날 것 같은 일을 함께 예측한다. 치료자는 이 과정을 여행을 가기 전에 지도를 살피는 것에 비유한다. 치료자는 가치 나침반을 벽에 붙이고 그저 이것을 말로 하는 것보다 여정을 실제처럼 연기해 보는 것이 더 효과적일 거라고 제안한다.

치료자는 나침반에서 각 영역을 한 번에 하나씩 검토하기 위해 인생선 실습을 이용하자고 제안한다. 카린은 마지막 세 번의 회기에 걸쳐 전체 가치 나침반을 끝까지 작업한다. 각 영역에서 가치를 다시 정의하고 가치의 중요도와 행동이 얼마나 가치와 일치하는지 그 정도를 평가한다. 또한 친숙한 장애물과 그 장애물과 어떻게 관계할지를 새로운 시각으로 바라본다. 카린은 많은 영역에서 새로운 전념 행동을 하고 치료자와 함께 어떤 종류의 장애물이 나타나서 경로에서 벗어나게 하려고 괴롭힐지 예측해 본다.

가치와 일관된 삶: 몇 가지 중요 주제들

지금까지 치료의 초기, 중기, 후반기에 가치 나침반을 어떻게 사용하는지 논의했다. 이제 가치에 일치된 삶을 위한 가치 나침반 작업에서 내담자가 흔히 만나게 되는 여러 문제를 이야기할 것이다. 이 책 앞부분에서 논의한 두 가지 주제인 '기능과 형태', '균형과 우선순위'에 관한 주제를 다시 한번 이야기하려 한다.

형태와 기능

가치 나침반에 적힌 10개 영역을 보는 내담자는 전형적으로 압도적인 스트레스 반응을 보인다. 이러한 반응이 가치 있는 삶과 관련하여 기능보다 형태에 융합된 첫 번째 신호일 수 있다. 이런 반응의 몇 가지 예를 살펴보자.

- ➤ 이 모든 것을 채워야 한다면 정말 스트레스를 받을 겁니다.
- ➤ 영역 10개를 바라보는 것만으로도 짜증이 납니다.
- ➤ 말도 안 돼요! "꼭 해야 할 일"을 새로 추가한다고요? 그게 모두 저한테 필요한 거라니...

이런 유형의 반응은 대개 다양한 영역으로 이름을 붙인 것과 관련된 특정 내용의 형태에 대한 반응이다. 스트레스를 받는 내담자가 자신에게 추가적인 요구라고 생각되는 것을 보고 주저한다고 생각하면 이해하기 쉽다. 내담자가 "가족" 단어를 보고 나서 해야 한다고 생각을 하면서도 실천하고 있지 않은 모든 의무가 떠오른다고 상상해 보자. 내담자는 "의무" 목록에 직면할 뿐만 아니라 의무를 다하지 않았음에 죄책감을 보이기도 한다. 마찬가지로 얼마간 병가 중인 만성 통증 내담자가 "일"이라는 단어를 보게 되면 어떤 일이 일어날지 상상해보라. 내담자는 아마도 직장에서 경험한 요통을 떠올리게 될 것이고 직장을 떠난 죄책감, 직장에 대한 그리움, 직장에 대한 혐오 등이 뒤섞인 감정에 압도당할 것이다. 또한 현재의 경제적 궁핍과 공허함을 떠올릴 수도 있다. 일반적으로 각각의 가치 영역을 표시하는 단어들은 그것과 연관된 형태와 내용을 유발하지 않을 수 없고 내담자는 보통 이런 연상에 반응하게 된다.

이 점이 ACT 치료자들이 탈융합과 맥락으로서 자기라는 핵심 과정을 소개할 때까지 가치 작업을 하지 않고 기다리는 이유 중 하나이다. 그런 식으로 해야 내담자가 가치 방향을 개념으로서 자기보다 맥락으로서 자기 관점에서 꾸준히 확인할 가능성이 클 것이다. 경험적으로 보면, 처음부터 가치 작업을 할 수 있지만 그렇게 하려면 치료자가 모든 단계에서 모든 ACT 핵심 과정을 사용할 수 있어야 한다. 사례에서 본 것처럼, 치료자는 내담자가 가치 방향과 연관된 언어 과정을 접촉하는 동안 함께 움직이면서 융합과 경험 회피의 패턴을 관찰하고 내담자가 이를 알아차릴 수 있도록 멈춰 서서 모든 ACT 핵심 과정을 사용하고 있다. 따라서 가치 나침반은 가치 방향에 비추어 실효성 없는 행동 패턴을 개념화하는 수단으로 이용되고 이를 위해서는 모든 핵심 ACT 과정을 사용해야 한다.

가치 나침반을 사용하면서 해야 하는 첫 과제 중 하나는 내담자가 가치 방향에서 기능과 형식을 또 질과 양을 변별하도록 돕는 것이다. 7장과 8장에서 제시된 많은 개입과 체험 실습이 가치 나침반 작업에 도움이 될 수 있고 내담자가 내용과 융합된 상태에서 벗어나 더 높은 위치에서 어떤 특정 내용이라도 초월한 가치의 속성을 볼 수 있도록 돕는다. 이 속성이 바로 기능이다. 가치의 속성이나 기능이 특정 시간, 장소, 사람을 초월한다는 사실을 알게 되는 순간 바로 형태에서 기능으로 전환하는 것이다. 이러한 전환이 이루어지기 전에는 내담자가 "나는 정말 가족 관계를 소중히 여기지만, 가족이 너무 멀리 떨어져 살기 때문에 자주 볼 수 없어." 또는 "나는 친구들과 함께하는 것을 좋아했지만 다들 너무 바빠서 많은 시간을 낼 수 없었어."처럼 이야기할 것이다.

이런 종류의 진술은 내담자가 어떤 영역에서 가치를 경험했지만 실현 불가능한 가치 추구 행동의 특정 형태와 융합되어 있어서 가치 방향으로 향하는 행동을 중단했음을 보여준다. 그런 내담자는 강화의 원천에 접근할 수 없게 되고 그 결과 삶이 협소해진다. 일단 형태가 아닌 기능으로 가치를 이해하게 되면 다시 가치에 일치하는 행동을 시작할 수 있다. 예를 들어, 이 책 저자 중 한 명(JD)은 확대 가족 없이 다른 나라에 사는 세 아이의 싱글맘으로 살고 있다. 매사 불확실한 젊은 엄마인 자신과 그녀의 어린아이들에게 가족이 중요한 역할을 한다는 것을 이해한 후 할머니 역할을 해줄 사람에 대한 구인 광고를 냈고 한 명을 구했다. 이는 가족이 어떤 식으로 보여야 한다는 식의 특정 내용이나 형식에 융합되지 않는다면 가족이라는 가치의 기능을 얼마나 더 수월하게 만들 수 있는지를 보여준다. 아이를 입양한 많은 사람이 만들어진 가정의 성공적인 결합을 증명할 수 있다. 이는 현재 맥락에서 가능한 방식으로 가치의 기능이 작동하는 행동의 좋은 예이다.

만성 통증 사례와 유사하게 어떤 내담자는 자기 삶이 바꿀 수 없는 외부 상황에 의해 제약받고 있다는 확고한 믿음을 가지고 치료실로 온다. 마리에따의 경우를 살펴보자. 마리에따는 어머니 집 지하에 살면서 두 자녀를 위해 두 개의 일을 하는 젊은 싱글맘이다. 마리에따는 지치고, 기운이 빠져 있고, 하는 일의 전망을 비관적으로 보고 있었기 때문에 자기 직업에서 강화를 받을 수 있다는 생각을 비웃었다. 마리에따의 치료는 가치를 표현하고 행동하는 방식이 더 유연해지도록 돕는 것에 초점을 맞췄다. 자녀들이 자기보다 더 나은 삶을 살 수 있도록 열심히 일하는 것에서 가치를 찾기 시작했고 자녀에게 강한 직업윤리를 보여주는 것에서 약간의 강화를 받았다. 추가해서, 가치 나침반 작업을 할 때 즉시 동의하였던 "가족을 돌보고 사랑하기" 가치에 관한 행동의 일관성을 키우는 데 집중했다. 자녀와 같이 있을 때의 행동과 어머니에게 마음을 더 열고 도움에 감사하는 행동 두 가지를 모두 연습했다. 치료가 진행됨에 따라 마리에따와 치료자는 더 많은 교육을 받거나 덜 피곤하면서도 더 많은 월급을 받는 직업을 찾는 것의 장단점을 따져보았다. 마리에따는 자신에게 새로운 직업을 갖는 방법이 있다는 사실을 깨달았지만 새로운 직업을 찾을 수 있을 때까지 현재 직장에서 일하는 불편은 받아들이기로 했다.

가치 있는 삶은 근본적으로 한 사람의 환경에 정적 강화의 가능성을 활짝 여는 것이다. 이는 현재 순간의 마음챙김 자각을 통해 훨씬 더 즉각적으로 접근할 수 있게 된다. 융합, 회피, 개념화된 자기에 대한 애착에서 벗어나 주위 세상에 관심을 기울인다면 약간의 노력으로 또는 특별한 노력 없이도 삶이 주는 풍요로움을 경험할 수 있다. 가치 나침반은 내담자가 양적 그리고 형태 기반의 관점에서 벗어나 결과에 상관없이 자신의 가치와 일치된 삶을 살아가는 과정 자체를 가치 있게 여기는 질적 그리고 기능 기반의 관점으로 방향을 전환하도록 돕는다. 가치 나침반 작업은 다양한 삶의 영역에서 내담자가 새롭게 강화를 알아차리는 데 도움이 될 것이다. 중요한 가치를 인식하고 그 가치에 따른 삶을 의식적으로 선택하는 지점으로 내담자를 데려오는 것이 가치 나침반의 궁극적인 목표이다.

우선순위 매기기와 균형 잡기

우리 대부분은 우선순위를 매기는 능력이 스트레스를 다루고 소기의 목적에 달성하는 데 도움이 된다고 배워왔다. 사실, 이는 많은 스트레스 완화 과정에서 가르치는 기술이기도 하다. 이 맥락에서 "우선순위 매기기"가 의미하는 것은 (균형 잡기와 반대로) 하나의 가치 방향을 다른 것보다 더 중요한 것으로 정하고 다른 방향의 활동을 희생함으로써 분명 더 중요해 보이는 방향의 활동에 참여하기를 선택하는 것이다. 삶의 여러 단계에서 다양한 우선순위 매기기의 형태를 볼 수 있다. 학생들은 대개 적절한 수면, 신선한 공기, 운동과 같은 건강 관련 활동보다 공부와 파티에 더 우선순위를 둔다. 젊은 부모는 보통 친구들과 사교나 여가활동 참여보다 아이들과 활동을 우선으로 한다. 경력을 쌓는 사람은 그 어떤 것보다 일을 우선시 할 것이다.

우리는 모두 어떤 특정 시점에 다른 활동을 제쳐두고 한 가지 활동을 선택할 때 어느 정도는 우선순위를 매긴다. 그러나 장기간에 걸쳐 다른 가치를 줄이거나 심지어 완전히 제외하면서 어떤 특정 가치를 위한 활동을 일관되게 우선시한다면 문제가 생길 수 있다. 사람들이 우선순위를 매길 때 종종 그것이 일시적인 측정치라고 믿는다. 학생은 자신의 건강하지 않은 행동이 대학을 다니는 동안으로 국한될 것이고, 졸업하는 순간 바로 건강한 습관으로 돌아갈 것이라고 믿을 것이다. 젊은 부모는 아이가 자라면 자신의 흥밋거리를 되찾고 친구들과 다시 어울릴 것으로 믿는다. 경력을 쌓는 어떤 여성은 특정 직위를 획득하면 정상 삶으로 돌아갈 것이라고 믿을 것이다. 그러나 일시적으로 균형을 잃고 출발하면 그런 패턴이 더 영구적으로 된다. 그 결과 강화 원천의 다양성이 줄어들고, 행동의 목록이 축소되며 삶의 질은 낮아질 것이다.

게다가 가치 방향과 관련하여 우선순위를 매기는 것의 위험성에 대한 경험적 근거가 있다. 예를 들어, 많은 연구가 역할 다양성이 정신과 신체의 건강 및 지각된 삶의 질과 정적인 상관관계가 있음을 보여 주었다(Aube, Fleury, & Smetana, 2000; Park & Liao, 2000). 여성 건강에 관한 한 연구(Lee & Powers, 2002)에서는 세 개 이상의 역할(예를 들어, 부모, 고용인, 돌봄이, 신체적으로 활동적인 사람, 사회적으로 활동적인 사람, 공동체 봉사자)을 하는 여성이 더 적은 수의 역할을 하는 여성보다 더 건강하다는 사실을 발견했다. 또 다른 연구(Moen, Ericsson, & McClain, 2000)에서는 공동체 봉사, 사교 활동, 지속적인 교육을 통한 학습, 운동 등 여러 가지 활동적인 역할을 지속하는 고령 은퇴자가 더 적은 수의 역할을 하는 사람보다 더 건강하고 삶의 질도 높았다. 이런 연구들은 역할과 행동의 다양성이 건강과 안녕을 증진하는 효과가 있다고 시사한다. 반대로 역할이나 강화 원천의 제한은 궁극적으로 더 빈약한 심리 건강과 아마도 더 나쁜 신체 건강을 초래할 수 있다.

우선순위 매기기의 해로운 효과에 대한 증거는 이 책 저자 중 한 명에 의해 수행된 만성 통증이 있는 중년 여성에 관한 연구(Dahl, Wilson, & Nilsson, 2004)에서도 볼 수 있다. 이 연구를 진행하면서 저자는 만성 통증이 있는 중년 여성 내담자에게 자주 관찰되는 신체 및 심리 취약성에 비교적 일관되게 나타나는 가치 활동 사이의 불균형이 동반됨을 발견하게 되었다. 각 여성 사례에서 가치 활동이 일과 돌봄(자녀, 확대 가족, 다른 사람들)에 국한되어 있었다. 한편, 모든 여성에서 친구, 영성, 건강, 여가, 교육, 친밀한 관계 등 "자기 돌봄" 활동 영역에서 가치 활동이 결핍되어 있었다.

가치 나침반은 내담자가 가치 방향에 우선순위를 매기는지를 빠르게 알 수 있게 도와준다. 그런 우선순위 매기기가 현재 문제와 직접 연결된 경우가 꽤 자주 있다. 치료자가 가치 협소화나 가치 부적응으로 간주하는 문제가 단순히 우선순위 결정에 의해 발생하는 때가 종종 있다. 이런 우선순위 결정은 십중팔구 다른 영역보다 한 영역에서 가치의 중요도를 높게 특정하는 규칙에 기반을 둔다. 내담자는 한 특정 영역에 모든 에너지를 쏟아야 한다는 규칙에 융합하여 우선순위를 매기고 결과적으로 강화 원천에서 자신을 차단하는 자신을 발견할 것이다.

그런 규칙의 한 예로는 "나는 밖에 나가서 친구들을 더 만나야 해. 하지만 지금은 일이 가장 우선순위야. 승진하고 나면 다시 친구들을 만날 수 있을 거야." 같은 것이 있다. 이 경우 자신을 친구로부터 그리고 강화의 중요한 원천으로부터 차단하는데 이는 사회 활동 목록을 감소시키고 삶을 위축시킨다. 게다가 고대하던 승진 목표를 이루었을 때조차 여전히 경력의 중요함을 명시하는 규칙에 깊게 융합되어 있을 가능성이 크다. 그러면 이 패턴이 개선되기보다는 아마도 지속되거나 더 악화할 것이다. 장기 효과는 활기가 부족한 삶과 심리 부적응, 신체 건강 악화의 위험성이 커지는 것이다.

우리는 하나의 활동을 다른 것보다 우선해서 선택할 때마다 순위를 정하는데 이는 필연적이다. 그러나 심리학적 연구는 혼합 활동이 장기간 균형을 유지해야 한다고 제안한다. 여기서 균형은 마음과 몸의 평형이나 항상성으로 정의한다. 이는 몇 번 언급했던 실효성의 개념과 가장 밀접하고 삶의 질 척도로 볼 수 있다. 실효성이 없는 방식으로 살고 있을 때 보통 대부분이 이를 알고 있다. 균형이 무너졌을 때 대개 짜증이나 좌절감, 신체 증상이 발생한다. 하지만 가치 있는 삶의 가능성은 주변에 항상 존재한다. 가치의 균형 잡기는 단지 특정 맥락이 제공해야 하는 것에 자각을 요구할 뿐이다. 가치 나침반은 누구라도 가치를 균형 잡기 위해 모든 가능성에 주의를 기울이도록 할 수 있다. 가치 나침반을 사용하면서 우선순위를 매기는 대신 순간순간 행동을 의식적으로 선택하면서 균형 잡는 방법을 배운다. 마음챙김은 균형을 유지하도록 도와준다. 규칙과 관례를 따르는 방식은 건강한 활동에 가치 두는 것을 도울 수 있지만 현재 순간에 필요한 것에 대한 마음챙김 자각을 대신하지는 못한다.

요약

이 장에서는 치료를 조직화할 때 사용할 수 있는 유용한 도구이자 은유로서 가치 나침반을 제시했다. 우리의 경험에 의하면, 내담자는 가치 나침반 작업을 하면서 다양한 삶의 영역에 삶의 의미와 가치가 잠재적으로 스며들어 있는 인생 전체를 쉽게 떠올린다. 예를 들어, 가치 나침반의 한 줄기인 인생선 실습을 함께 제시하면 내담자가 가치 방향으로 움직이는 데 무엇이 관련되어 있는지에 관한 체험적 통찰을 얻을 수 있다. 치료 시작에서부터 치료 과정 전반에 걸쳐서 가치 나침반을 사용하면 가치 방향 각각의 속성과 내담자를 경로 밖으로 끌어내려고 위협하는 특정 언어 함정이나 장애물을 확인하고 명료화하는 데 도움이 된다. 또한 가치 행동이 특정 형태를 취한다는 개념과 융합에서 벗어나서 가치를 평생의 기능으로 더 확장된 시각으로 자각하게끔 돕는 방법에 관해서도 논의했다. 그리고 한 개 이상의 가치 방향을 다른 방향보다 우선시하는 것이 어떻게 불균형과 협소한 삶으로 이끌고 반면 마음챙김 자각이 어떻게 삶의 균형과 질을 유지하는 데 도움이 되는지 살펴보았다.

　　가치의 깊이와 폭을 확인하면 삶이 확장되고 풍요로워진다. ACT에서 치료자는 내담자의 가치, 비전, 자발성을 한데 엮어서 의미와 목적의식을 만들어 낸다. 이는 내담자가 갇힌 곳에서 빠져나와 진짜 삶을 시작하게끔 도움을 줄 것이다. 이렇게 가치 방향으로 향하는 움직임을 선택하는 것은 인생의 필연적인 어려움을 완전히 알아차리면서 실행되는 일종의 전념 행동이다. 가치와 완벽하게 일치하는 삶을 살 수 있는 사람은 드물다. 하지만 연습을 통해서 가치에 따라 살지 않고 있는 순간을 더 잘 알아차리고 그 불일치를 바로잡기 위해 행동할 수 있다. 각각의 내담자가 이런 종류의 마음챙김을 설정하는 것을 목표로 삼는다. 일부는 도달하고 일부는 도달하지 못한다. 그러나 치료자로서 가치에 따르면 중요한 것은 결과가 아니라 과정이다. 내담자가 스스로 원하는 삶을 살아가는 데 도움을 주기 위해 치료자가 ACT 모델 참여에 전념할 때, 치료자도 비로소 자신의 가치에 따라 살아가는 것이 될 것이다.

참고 문헌

American Psychiatric Association. (2000). *Diagnostic and statistical manual of mental disorders* (4th ed, text revision). Washington, DC: Author.

Aube, J., Fleury, J., & Smetana, J. (2000). Changes in women's roles: Impact on and social policy implications for the mental health of women and children. *Development and Psychopathology, 12*(4), 633-656.

Barnes, D. (1994). Stimulus equivalence and relational frame theory. *Psychological Record, 44*, 91-124.

Barnes, D. (1996). Naming as a technical term: Sacrificing behavior analysis at the altar of popularity. *Journal of the Experimental Analysis of Behavior, 65*(1), 264-267.

Barnes-Holmes, D., O'Hora, D., Roche, B., Hayes, S. C., Bisset, R. T., & Lyddy, F. (2001). Understanding and verbal regulation. In S. C. Hayes, D. Barnes-Holmes & B. Roche (Eds.), *Relational frame theory: A post-Skinnerian account of human language and cognition* (pp. 103-117). New York: Klewer Academic/Plenum.

Barnes-Holmes, Y., Barnes-Holmes, D., McHugh, L., & Hayes, S. C. (2004). Relational frame theory: Some implications for understanding and treating human psychopathology. *International Journal of Psychology and Psychological Therapy, 4*(2), 355-375. Barnes-Holmes, Y., Barnes-Holmes, D., & Smeets, P. M. (2004). Establishing relational responding in accordance with opposite as generalized operant behavior in young children. *International Journal of Psychology and Psychological Therapy, 4*(3), 559-586.

Beck, A. T., & Emery, G. (2005). *Anxiety disorders and phobias: A cognitive perspective*. Cambridge: Basic Books.

Berens, N. M., & Hayes, S. C. (2007). Arbitrarily applicable comparative relations: Experimental evidence for a relational operant. *Journal of Applied Behavior Analysis, 40*(1), 45-71.

Dahl, J., & Lundgren, T. (2007, May). Bull's-eye: Validity and reliability. In J. C. Plumb

(Chair), *Engaging in life: Values and valued action as catalysts for change.* Symposium presented at the annual convention of the Association for Behavior Analysis, San Diego, CA.

Dahl, J., Wilson, K. G., & Nilsson, A. (2004). Acceptance and commitment therapy and the treatment of persons at risk for long-term disability resulting from stress and pain symptoms: A preliminary randomized trial. *Behaviour Therapy, 35*(4), 785-801.

Dymond, S., & Barnes, D. (1994). A transfer of self-discrimination response functions through equivalence relations. *Journal of the Experimental Analysis of Behavior, 62*(2), 251-267.

Dymond, S., & Barnes, D. (1995). A transformation of self-discrimination response functions in accordance with the arbitrarily applicable relations of sameness, more than and less than. *Journal of the Experimental Analysis of Behavior, 64*(2), 163-184.

Dymond, S., & Barnes, D. (1996). A transformation of self-discrimination response functions in accordance with the arbitrarily applicable relations of sameness and opposition. *Psychological Record, 46*, 271-300.

Egan, L. C., Santos, L. R., & Bloom, P. (2007). The origins of cognitive dissonance. Evidence from children and monkeys. *Psychological Science, 18*(11), 978-983.

Feldner, M. T., Hekmat, H., Zvolensky, M. J., Vowles, K. E., Secrist, Z., & Leen-Feldner, E. W. (2006). The role of experiential avoidance in acute pain tolerance: A laboratory test. *Journal of Behavior Therapy and Experimental Psychiatry, 37*(2), 146-158.

Feldner, M. T., Zvolensky, M. J., Eifert, G. H., & Spira, A. P. (2003). Emotional avoidance: An experimental test of individual differences in response suppression using biological challenge. *Behaviour Research and Therapy, 41*(4), 403-411.

Hayes, S. C. (1989). *Rule-governed behavior: Cognition, contingencies, and instructional control.* New York: Plenum.

Hayes, S. C. (1991). A relational control theory of stimulus equivalence. In L. J. Hayes & P. N. Chase (Eds.), *Dialogues on verbal behavior* (pp. 19-40). Reno, NV: Context Press.

Hayes, S. C. (1994). Relational frame theory: A functional approach to verbal events. In S. C. Hayes, L. J. Hayes, M. Sato, & K. Ono (Eds.), *Behavior analysis of language and cognition* (pp. 9-30). Reno, NV: Context Press.

Hayes, S. C. (with Dahl, J., Wicksell, R. K., & Sonntag, R. F.). (2007). *Values and action* (120-minute DVD). Oakland, CA: New Harbinger.

Hayes, S. C. (2008, May). *The roots of compassion.* Keynote address presented at the fourth Acceptance and Commitment Therapy Summer Institute, Chicago, IL.

Hayes, S. C., Barnes-Holmes, D., & Roche, B. (2001). *Relational frame theory: A post-*

Skinnerian account of human language and cognition. New York: Klewer Academic/Plenum.

Hayes, S. C., Bissett, R., Roget, N., Padilla, M., Kohlenberg, B. S., Fisher, G., Masuda, A., Pistorello, J., Rye, A. K., Berry, K., & Niccolls, R. (2004). The impact of acceptance and commitment training and multicultural training on the stigmatizing attitudes and professional burnout of substance abuse counselors. *Behavior Therapy, 35*(4), 821-835.

Hayes, S. C., Brownstein, A. J., Haas, J. R., & Greenway, D. E. (1986). Instructions, multiple schedules, and extinction: Distinguishing rule-governed from schedulecontrolled behavior. *Journal of the Experimental Analysis of Behavior, 46*(2), 137-147.

Hayes, S. C., & Hayes, L. J. (1989). The verbal action of the listener as a basis for rule-governance. In S. C. Hayes (Ed.), *Rule-governed behavior: Cognition, contingencies, and instructional control* (pp. 153-190). New York: Plenum.

Hayes, S. C., & Hayes, L. J. (1992). Verbal relations and the evolution of behavior analysis. *American Psychologist, 47*(11), 1383-1395.

Hayes, S. C., Luoma, J. B., Bond, F. W., Masuda, A., & Lillis, J. (2006). Acceptance and commitment therapy: Model, processes and outcomes. *Behaviour Research and Therapy, 44*(1), 1-25.

Hayes, S. C., Strosahl, K. D., & Wilson, K. G. (1999). *Acceptance and commitment therapy: An experiential approach to behavior change.* New York: Guilford.

Hayes, S. C., Wilson, K. W., Gifford, E. V., Follette, V. M., & Strosahl, K. (1996). Experiential avoidance and behavioral disorders: A functional dimensional approach to diagnosis and treatment. *Journal of Consulting and Clinical Psychology, 64*(6), 1152-1168.

Kaufman, A., Baron, A., & Kopp, R. E. (1966). Some effects of instructions on human operant behavior. *Psychonomic Monograph Supplements, 1*, 243-250.

Kohlenberg, R. J., & Tsai, M. (1991). *Functional analytic psychotherapy: Creating intense and curative therapeutic relationships.* New York: Plenum.

Lee, C., & Powers, J. R. (2002). Number of social roles, health, and well-being in three generations of Australian women. *International Journal of Behavioral Medicine, Special issue: Women's health, 9*(3), 195-215.

Leigland, S. (2005). Variables of which values are a function. *Behavior Analyst, 28*(2), 133-142.

Lowe, C. F. (1979). Determinants of human operant behavior. In M. D. Zeiler & P. Harzem (Eds.) *Advances in analysis of behavior. Vol. 1. Reinforcement and the organisation of behavior (pp. 159-192).* Chichester, England: Wiley.

Luciano, C., Gomez-Becerra, I., & Rodriguez-Valverde, M. (2007). The role of multiple exemplar training and naming in establishing derived equivalence in an infant. *Journal of the Experimental Analysis of Behavior, 87*(3), 349-365.

Lundgren, T., Dahl, J., & Melin, L. (2007, May). Using the bull's-eye to measure values attainment and believability. In J. C. Plumb (Chair), *Assessment of ACT processes: Values and psychological flexibility.* Symposium conducted at the annual conference of the Association for Behavior Analysis, Chicago, IL.

Luoma, J. B., Walser, R. D., & Hayes, S. C. (2007). *Learning ACT: An acceptance and commitment therapy skills-training manual for therapists.* Oakland, CA: New Harbinger.

Matthews, B. A., Shimoff, E., Catania, A. C., & Sagvolden, T. (1977). Uninstructed human responding: Sensitivity to ratio and interval contingencies. *Journal of the Experimental Analysis of Behavior, 27*(3), 453-467.

McAuliffe, D., Barnes-Holmes, D., & Barnes-Holmes, Y. (2004, May). Excessive rule-following and depressive symptomology. In S. Smyth (Chair), *Acceptance and commitment therapy: Core principles and measures.* Symposium conducted at the annual conference of the Association for Behavior Analysis, Boston, MA.

Michael, J. (1982). Distinguishing between discriminative and motivational functions of stimuli. *Journal of the Experimental Analysis of Behavior, 37*(1), 149-155.

Moen, P., Ericsson, M., & McClain, D. (2000). Social role identities among older adults in a continuing care retirement community. *Research on Aging, 22*(5), 559-579.

Park, J., & Liao, T. F. (2000). The effect of multiple roles of South Korean married women professors: Role changes and the factors which influence potential role gratification and strain. *Sex Roles, 43*(7-8), 571-591.

Pepper, S. (1942). *World hypotheses.* Berkeley, CA: University of California Press.

Roche, B., & Barnes, D. (1996). Arbitrarily applicable relational responding and sexual categorization: A critical test of the derived difference relation. *Psychological Record, 46,* 451-475.

Roche, B., & Barnes, D. (1997). A transformation of respondently conditioned stimulus functions in accordance with arbitrarily applicable relations. *Journal of the Experimental Analysis of Behavior, 67*(3), 275-301.

Shimoff, E., Catania, A. C., & Matthews, B. A. (1981). Uninstructed human responding: Sensitivity of low-rate performance to schedule contingencies. *Journal of the Experimental Analysis of Behavior, 36*(2), 61-68.

Skinner, B. F. (1938). *The behavior of organisms: An experimental analysis.* Englewood Cliffs, NJ: Prentice Hall.

Skinner, B. F. (1974). *About behaviorism.* New York: Vintage Books.

Skinner, B. F. (1989). The origins of cognitive thought. *American Psychologist, 44*(1), 13-18.

Steele, D. L., & Hayes, S. C. (1991). Stimulus equivalence and arbitrarily applicable relational responding. *Journal of the Experimental Analysis of Behavior, 56*(3), 519-555.

Stewart, I., & Barnes-Holmes, D. (2001). Understanding metaphor: A relational frame perspective. *Behavior Analyst, 24*(2), 191-199.

Vilardaga, R., Hayes, S. C., Levin, M. E., & Muto, T. (2008). *Creating a strategy for progress: A contextual behavioral science approach.* Manuscript submitted for publication.

Vowles, K. E., McNeil, D. W., Gross, R. T., McDaniel, M. L., Mouse, A., Bates, M., Gallimore, P., & McCall, C. (2007). Effects of pain acceptance and pain control strategies on physical impairment in individuals with chronic low back pain. *Behavior Therapy, 38*(4), 412-425.

Wegner, D. (1994). Ironic processes of mental control. *Psychological Review, 101*(1), 34-52.

Weiner, H. (1970). Human behavioral persistence. *The Psychological Record, 20,* 445-456.

Wilson, K. G. (with DuFrene, T.) (2009). *Mindfulness for two: An acceptance and commitment therapy approach to mindfulness in psychotherapy.* Oakland, CA: New Harbinger.

Wilson, K. G., & Murrell, A. R. (2004). Values work in acceptance and commitment therapy: Setting a course for behavioral treatment. In S. C. Hayes, V. M. Follette, & M. M. Linehan (Eds.), *Mindfulness and acceptance: Expanding the cognitive behavior tradition* (pp. 120-151). New York: Guilford.

Zettle, R. D., & Hayes, S. C. (1982). Rule-governed behavior: A potential theoretical framework for cognitive behavior therapy. In P. C. Kendall (Ed.), *Advances in cognitive behavioral research and therapy* (pp. 73-118). New York: Academic.

대한맥락행동과학연구회의 다른 책들

**과정기반치료
어떻게 할 것인가?**

저자: 스테판 호프만, 스티븐 헤이즈,
데이비드 로샤이드

역자: 곽욱환, 이강욱, 조철래

360쪽 / 26,000원

마음챙김 명상 지도의 실제

저자: 롭 브랜즈마

역자: 구본훈, 서혁수, 이강욱

324쪽 / 26,000원

임상대화의 달인되기

저자: 마티유 빌라트, 제니퍼 빌라트,
스티븐 C. 헤이즈

역자: 곽욱환, 전유진, 노양덕,
류재형, 전봉희, 정진,
맥락행동과학연구회

488쪽 / 26,000원

**심리치료에서
자기를 다루는 법**

저자: 루이스 맥휴, 이안 스튜어트,
프리실라 알마다

역자: 나의현, 곽욱환, 김문성,
이두형, 조철래, 맥락행동과학 연구회

226쪽 / 19,000원

노출치료의 혁신

저자: 조나단 S. 아브레모위츠,
브렛 J. 디콘, 스티븐 P.H. 화이트
사이드

역자: 김선욱, 전유진,
맥락행동과학 연구회

440쪽 / 26,000원

**치료관계의 혁신,
기능분석정신치료**

저자: 가레스 홀먼, 조너선 칸터,
메이비스 차이 外 2인

역자: 나의현, 곽욱환 外 7인

340쪽 / 21,600원

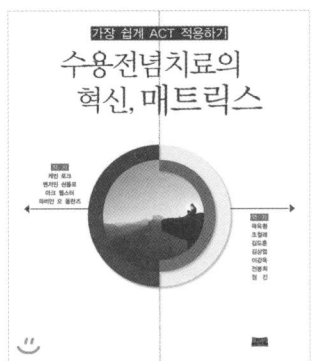  

수용전념치료의 혁신, 매트릭스

저자: 케빈 포크, 벤자민 쇤도르프, 마크 웹스터, 파비안 오 올란즈

역자: 곽욱환, 조철래, 이강욱, 김도훈, 김상엽, 전봉희, 정진

380쪽 / 21,600원

수용전념치료의 혁신, 매트릭스2

저자: 케빈 포크, 벤자민 쇤도르프, 켈리 윌슨

역자: 곽욱환, 조철래, 이강욱, 정진

296쪽 / 21,000원

과정 기반 인지행동치료

저자: 스티븐 C. 헤이즈, 스테판 호프만

역자: 곽욱환, 이강욱, 조철래

540쪽(양장제본) / 32,000원

대한맥락행동과학연구회(KCBS)

The Korean psychiatry research group for **Contextual Behavioral Science**

https://kcbs.ne.kr